中世禅籍叢刊　第十巻

稀覯禅籍集

中世禅籍叢刊
編集委員会　編

臨川書店刊

編集委員　＊本巻担当
阿部泰郎
石井修道
末木文美士
＊高橋秀榮
＊道津綾乃

本巻執筆
石井修道
高橋秀榮
高柳さつき
道津綾乃
古瀬珠水
柳　幹康
和田有希子

第十巻　稀覯禅籍集

目次

翻刻篇

解題

影印篇

影印篇凡例

一、本巻所収の各書目の縮小率は、以下の通りである。
『見性成仏論』75％、『覚性論』80％、『百丈禅師広説・法門大綱』80％、『宗鏡録要処』95％、『養心抄』81％、『禅宗法語』68％、『明心』83％、『正法眼蔵打聞』53％、『禅門詩文集』61％、『嘉泰普灯録』64％、『舎利礼文』92％、『宋人参詣医王山之時礼拝文』51％、『伝心法要』69％

一、白丁の部分も含め、原則として全ての紙面を収録した。但し、包紙などの付属品は省略した。

見性成仏論

称名寺蔵（神奈川県立金沢文庫管理）

見性成仏論（表紙）

見性成佛義序　禅岩寺

聆夫南天竺國香至大王第三太子菩提多羅者神慧殊朗聞皆開悟冥心居寂通鑒俗章内外俱明德超世表遂觀震旦緣熟踐涉山海久雖達于南朝渡寓北魏絡日面而坐壁神光晨夕叅業聲雖然秘奇珍之一寶待自性於内證泊云

刂常知言訪不及法燈耀於九天心水澈
於四海寔是斯識外圓一塵刂心在萬法天
龍豎一指金華義飛天德山聲一棒巖頭
跳覺地石鞏扣弓弦者義忠作拜三手
敲禪牀者鑄畲禮謝百丈言此不是大潙
山者言下刂悟五臺叫我大悟也歸宋
者指上器人那刂佛佛之妙遂悟祖之

以意宗者三四金言係八万之戯辯哉曰
茲附見色聞聲示見性聞性達見聞無
二者必歸自性一地故捨祖師之嚴言歟
如来之正說以倭湘之語傳之以扶桑之
字記之但至如傳爕請懺法者二祖答将
罪未道信乞解脱二祖對讓師徐高那
和修之問毱多尊者之答者何瞻說不同記

詮矣称雖靈雲桃華恵稜者悟於箞簾良介
臨水悟空者開籠㝵見聞之外解知覺之
性所以潙山笑中持刀雪峯手内在劍
普化者振鐸驚耳寒山弗茹而打人嵩
嶽之安公以眼聆之江西道一以足踏之宣
是離見聞覔知而悟心性乎羨華開
萬菓早結佛果心地免心裏枯燥之饑桧

意地洪波之翻呵呵咦咦
問曰イカンシテカ生死ノウミヲワタリテ菩提ノキシニハノ
ボルヘキ答曰一切衆生死ノイヱニ生トキ生生死ナ
リ滅菩提ナシ諸佛如来菩提ノミヤコニカヘルトキ歸
菩提ナリ滅生死ナシナムノ生死アレハカコレヲワタラ
ムトナケキナムノ菩提ナケレハカレヲエムト求カナシフヲ
生死モトヨリナケレトミタリニ生ヲモイ死ヲモ一リ菩

提ハモトヨリウセサレトニヲリニ證セントヲモイ得セムトヲモヘリタ
トハ空花生スト ヲモイ滅セントヲモヒ虚空ニエムトヲモイトヽム
トヲモヘルカコトシ空花アルニ未ニタレト體ハナシタヽコシ
目ヤミノユヘニヨシナクヲスナラヲ花ミテ井タルナリ生死
ニタヽシカナリミコトニハ生死法ナケレトヨシナキニヨイ
ノユヘニ菩提ハサトリヲタス手ニ生死法ヲミタリニヲモヒ手
タルナリ虚空ハニ花ニカノサレ手ナキニワニタレトモ一

コトニハ滅セサレハハシメテウヘキモノニハアラス菩
提モマタカクノコトシ、シハラクヨシアル生死ヽカクスヘシテ滅シ
ウセタルニ来ニタレトモコトニハナキニアラサレハイマハ又
テウヘキモノニハアラス、シカレハスナハチ虚空ヲハナレテ空
花ナケレハ空花ノナカニ虚空ヲモトムヘカラサルカコトク菩
提ヲハナレテ生死ナケレハ生死ノナカニ菩提ヲミツヘカラス空
花ハハシメヨリヲハリニイタルマテ躰アルモノニハアラス虚空ヽ

いしメヨリヲハリニイタル資躰ナヘニアラス生死菩
提カククコトクコヽロラエシ宗鏡録五張即菩提離是無
菩提不可以菩提而求菩提不可以菩提而得菩
提トイヘリ文殊我不求菩提何以故菩提即我我
即菩提ナリトノタマヘリ
問曰生死涅槃コレ牛角ラテムカヒ煩悩菩提ニ一タ人
手一タテタリナレヲ生死ヲハナレテ涅槃ニイタリ煩悩ヲカ

二菩提ヲトルコトナカラム　答曰生死ヲハナレテ涅槃ヲモト
メ煩悩ヲヰカニ菩提ヲ名ツクルモノハカタチヲハナレテカケヲモ
トメコヱヲヰカニヒヽキヲタツ子ムカコトシ　又カクノ如ク生死ヲ
イトハムヨリハ生死涅槃ヲ一ト見シ名ツル愚イトヽシ　モシ
シカラハ生死ヲハナレテ涅槃ニカヘリナム　菩提ヲ子カハムヨリ
ハ煩悩菩提一心ヲサトラムコトヲ子カフヘシ　モシシカラ
ハ煩悩ヲハナレテ菩提ニイタリナム

問曰マヨルモノハサトリニマヨルノミニアラスマヨイノマ
ヨイタリケムヨレニモマヨヱリサトルコトハマヨイノサメ
名ノミニアラスサトリノサトリタルコトハリヲモサトレリ
シカレハマヨイノヱノ是非ハ是非トモニ非ナリシカレハサト
リノヱノ是非、是非トモニ是ナリワカマヨレコトニアラサレハ
コトノサトリモワレニアラスタトヘハメサメタルコト、去
レルコト、上カシナラ人ヘ堂ッヲナレラレテトコロハヘタテ

サレト夢ノ人ハ人ノコトヲミレト覚人ニタノミテ
ノコトヲ尋ルカコトシ見性ヲヒトハ生死ヲ生滅ヲ涅
般生滅ミストリウトモ未達トモカラハイカテカ
コレヲイトヒコレヲ子カハサラムカルカユヘニイカナル法
水ヲアミテカ煩悩ヲモアラヰヨメイツレノ佛燈カヘテカ
菩提ヲミテヌハアキラメムトイラテリ
答曰フ子ハミシハ中ミラツリノモサハチハ月ハヨフアツルト

ミユル水ノナカニウツラサル水ハナシ　ハコフトミユル月
ハナシテ　ハコハサル月ナシタヽウツルトミユル水ノウツラサル
水ニテハアリ　ハコフトミユル月ハコハサル月アリケル有
コノタトヘタモチテコヽロヲツヽシ意識ノ子ハミシヽハ菩提ノ
彼岸ヲウツルニ、タリ元明ノモサハカリケレハ本覚朗月ヲ
ハコフニアイヲナシ身ハナシテアリトヲモヘル菩提ヲナカニ
衆生ハナシサル菩提ハナシ　ハナシクメリトヲモヘル菩提ハナ

シサル菩提アリケルナリ　心中カニアリトヲモヘル本覚ニ
ハナシサル本覚アリケルナリ　ミコトニフ子トニリ又ハ
ウツラサリケリトシリ　クモハレ又レハ　ハコハ　サリケリトサ
トリ又意識フチタチ三千ニトニリ　无明ノ雲モ　タハカニ　ヒ
又レハ菩提ノ覚ノ岸不変不動本覚ノ月ハ无去
无来アハレナルカナヤ未知未見凡夫カナシキカナヤ
未ノ未達衆生是心即仏ノ談トヨクヲ聖者ニナリ

即身菩提説ハルカニ凡倫ヘタチルコト眼若不睡

諸夢自除心若不異万法一如イフコトニコトナル

カナヤ真覚大師法身覚了无一物本源自

性天真仏五陰浮雲空去来三毒水泡虚

出没ノタマヘリ

問曰ニコトニカクノコトクノ説ナクニ尊高ニテハナハタ

尊高幽深ニカレハヨハサルヨリ螻蟻ノ穹昊天ニ

ツカサルニ名リ迷ワサルコト愼濃濵渤ナコヲフ手サ
ルカコトミタニミ子カ徹着イ〇有。淺深イ名ルコト
ナキニアラス又一二朝四暮三ト云サトヲヨロコヒ朝
三暮四ト云ハサルコトヲイカル法イ為モ利益ナキニアラ
サレト根機ニヒタカヘハ現喜莫大コトニヨリテ佛
語佛心ヲシナヲハカテ教内教外ノコトハリヲナキタミ
出離遅速ヲリ得脱可否サトラム

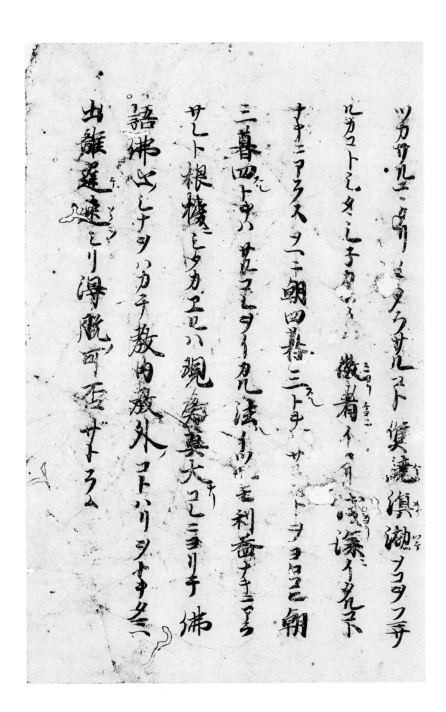

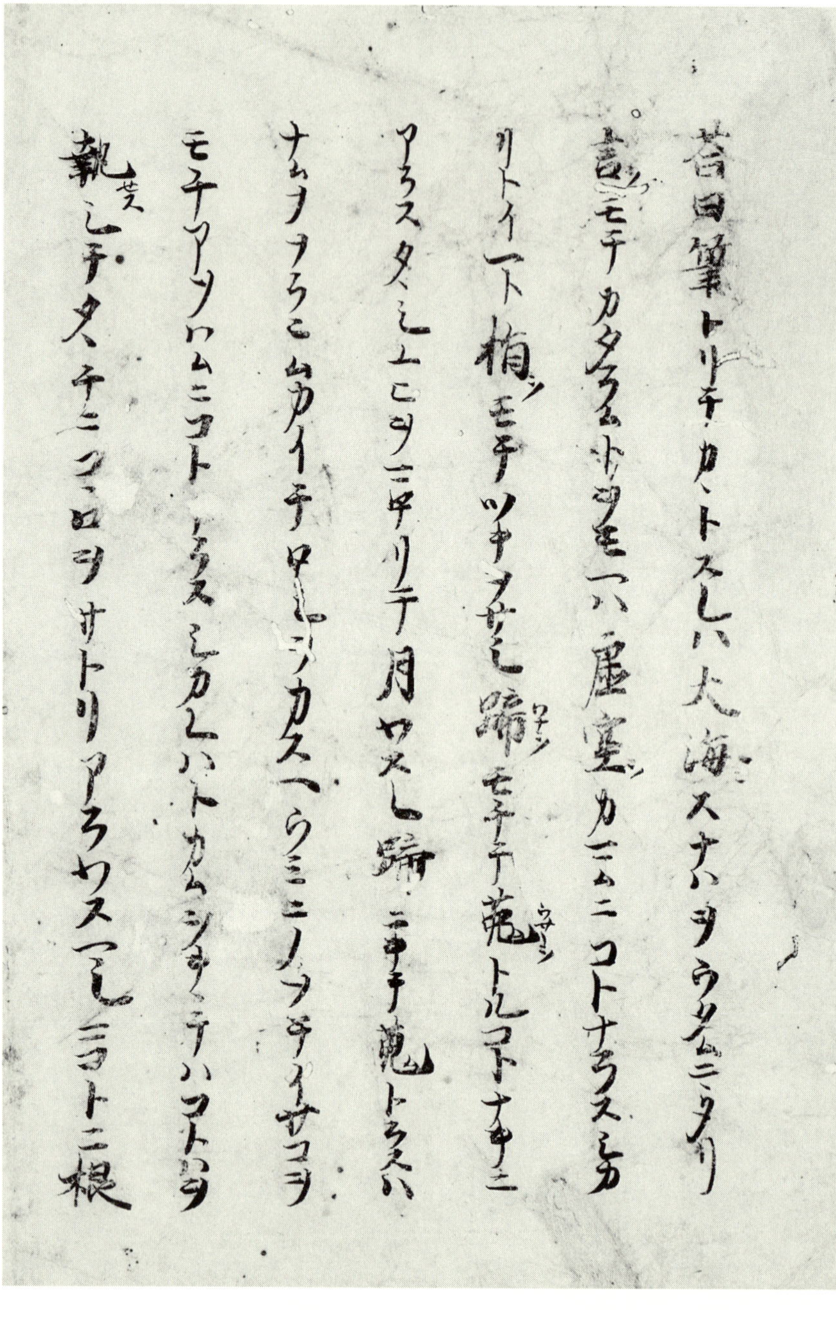

答曰筆トリテカヽトスレハ大海スナハチヨウタムニタリ
虚ヲモテカタムホソヲモヘハ虚空カニムニコトナラスシカ
リトイヘト楯ヲモテツキヲナサヽ蹄（ワチン）ヲモテテ苑（ウヲン）ヲトルコトナキニ
アラスタヽシムニヨリテ月ヲサスシ蹄ニ中テ苑ヲトラスハ
ナムナラヽ山カイテヨシヲカスヘラミニノフテイサコヲ
モテアツロムニコトヽラスシカレハトカムシヲクテハコトハヲ
執（セス）シテタヽチニコヽロヲサトリアラワスヘシミコトニ根

機ヲナクナシハ佛教モナクナリヌヘシトミナサセシハ
クスリヒトツニアラサルカコトシユヘニヨリテ釋尊ハ意
樂廣大ノヒトノタメニハ九十億般若羅蜜トキ意樂
惣持ノモノタメニハ十億ノ契經ノタメニヨリ馬鳴ハ意
樂廣大ノ機ノタメニハ九十部ノ論藏ヲツクリテ九十億契
經ヲアキラメ意樂惣持根ノタメニハ十部論藏ヲ以テ
十億ノ契經ヲ釋ハタメニヨリユヘスナハチ根自力他力ヲ以テ

カリケレハ梵経蔵論蔵ハカレタリケルナリ人々如

宜
面々各々不同大聖随宜説法亦尒イヘルコトニコト

ナルカナヤコヽニ天竺論師ヲシテ論ヲツクリ佛経ヲアキラム

ルコトヽナクシテニワカレ震旦人師ニモトヽニ章疏ハカセ経

論釈スルコトヨシヽコトナリ所見不同異義蘭

菊糾乱シナクナレハ宗有雲泥ノ夕チタリカルカ

ユヘニ宗々義門ハルカニコトニシテ偏回ヲ示カハリ。

師ニ出離トヲクハカレテ遅速ノニテ一タチタリトカリ
トイヘトモニテモトヲクタツヌレハ諸佛金口ノ甘露衆生ヲ
心ノ良薬ナリシカレハ出離生死ヲ弄引入菩提ノ方便ナリ
本朝ニツタヘハタセルハ八宗ナラヒニ禅宗ナリ成實ト倶舎ト律ハ
小乗宗ナリ法相ト三論トハ権大乗宗華厳ト天台真
言トハ實大乗宗ハ禅宗ハ大小両乗ノホカナリ
テ権實ニ宗ヲチニアラス故ニ教外別傳不立

文字宗ナツク眠睐相傳法トイヘリ私ニ法大師ハ以テ
西天佛心シ爲ス東土佛心シ尊銘玄旨宗屬在スト
應機者ニイヘリコレ予ハテ心モチテ心ツタヘテ言ハシ
ツタハス故ニ教行證ノ三章コヘテ戒定慧ノ三學ヲカエ
ツタヘテヨリ宗ナリ宗密禪師ハ教ロコレ佛ノシムコトハナリ
コレ佛ノシムコトハナリ禪ロコレ佛ノシムコロナリトノタマヘ
リニツ教コヽロシ甲ヽソフヘシ所断ノ煩惱ハ四住五住ニ

ハカレ能断ノ観智ハ二観三観ニコトナレト断惑證
理ヲスレ一滅罪生善ノハカリコトハ大乗ノ小乗ニヲキテ
権宗実宗ノナラヒナリ故ニ略シテ一家四宗ノ四教ヲコロ
ヲノフヨ三蔵教ニ三祇ニ六度行ヲ脩シ百劫ニ四八葉ヲ
ウヘ自行化他ノ功徳円満スレトキ菩提樹下ニシテ三十四
心ニ断結成道仏ニナルトハイフナリ乃至四教ノ六
即ノ次位ヲタテ丶六輪断惑ヲ判ナレ薄地衆生理

即凡夫知識ニシタカイ經巻ニシタカイテ法ヲキヽ文ナラフニ
一切法ミナコレ佛法サトルナリイハユル青々タル翠竹
コトヽクミナコレ法身欝々タル黄花ミナコレ般若ニアラネ
ハ万法ミナコレ佛諸法ヲコトヽク心ナリトミルナリ云
トニ風珂月諸眞如妙理ニアラサルハナシ煙嶋雲
林如来蔵性ハナレタルコトナシハ雲臺寳細コトヽ
クタ一ナルヒヽキシツイタニ毛乳光明ヨクヽノリフトク

四衢四生ノ凡聖備テ性ノ一タチナク十界ノ十如ノ依正
如ハコトナラスミカしハ六凡四聖不二ノ九権一實無
カクノコトク善悪不二邪正一如ナリト、ミタキスヘテノ
コトハリヲサトリアラハサムト教シ権理ツ作テ名字ヲミニ
ヲイチしルしヲ於名字中通達解了知一切法皆
是佛法總ナリコし能詮言教ノサトリナリ故
ミテノ木ハミニタニく字ミテアラハしタリトハイヘトモノ

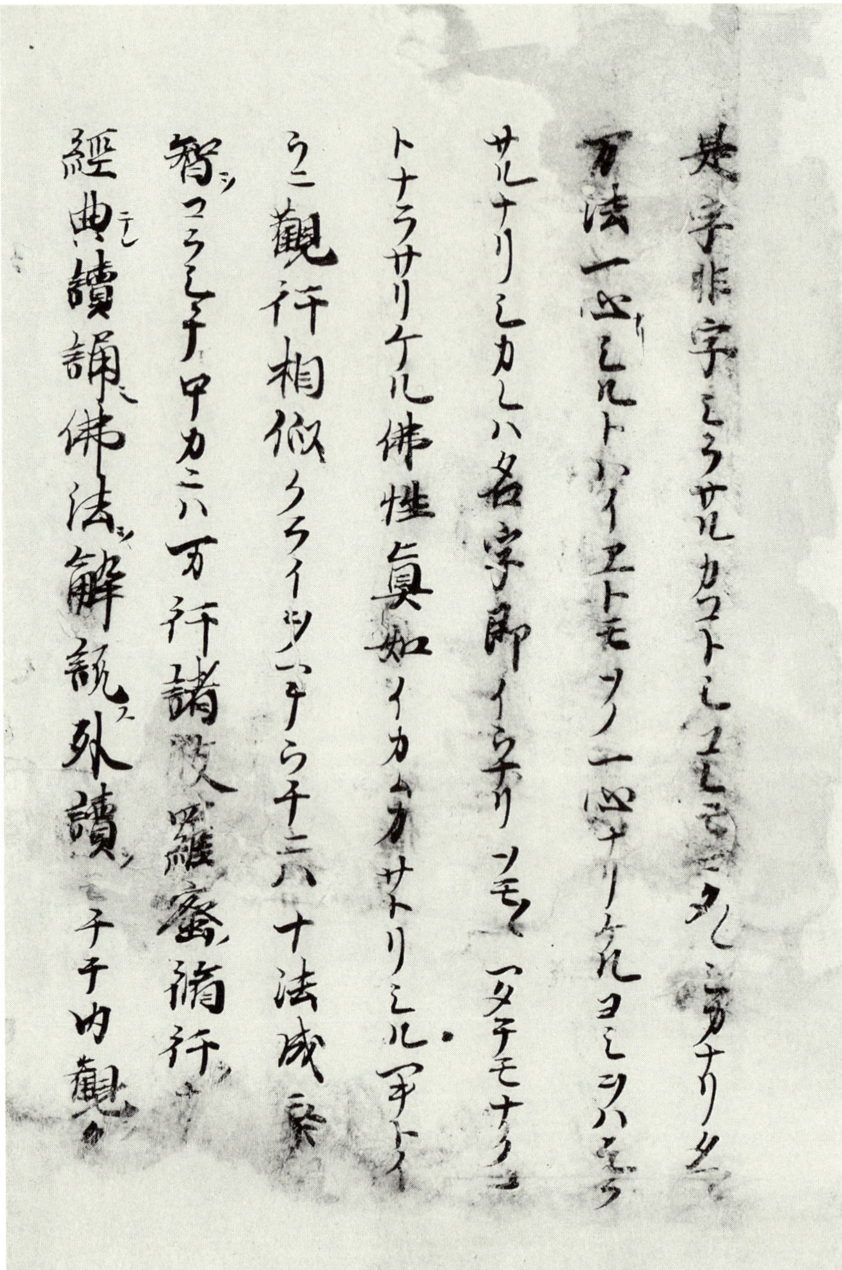

是字非字ニシテサルカコトシテエシモミタルニ万ナリタ
万法一心シルトハイエトモソノ一心ナリケルヨシヲハシラ
サルナリシカシハ名字即イラナリソモソモワタチモナクシ
トナラサリケル佛性眞如イカムカサトリシル・アチトイ
ラニ觀行相似クライツシテラ千二八十法成
智コラシテ甲カニハ万行諸波羅蜜諸行
經典讀誦佛法解説外讀千千内觀

ケテヤウヤリ首楞嚴定ノ月ハ三諦一貫ノソラニ
ミカニミテ無明住地ノ雲一心三觀ノ風散スミテ
戒別ハ戒ノクモハレテ果内外アキラカナル中ニ煩惱
菩三道ハ三德秘藏妙理サトリ常樂我淨圓
四德波羅蜜法アラハシ一位諸位ニソナヘリ諸位
一位ニソナヘリテ帝網重々主伴具足初住頓悟
アトケトハイラヌナリ一家天台ハ攝識自ハナハダ

ヲヒトイフトモ解悟修行修位歸コトヲ詮スル
ユハ修位サトリヲヒラクニテカニコトニハ大章アルナリ故
義心畢竟ニ元利如是ニ心前心難イフ如
竹破修節タトイニコトナルカナヤニ位已上元明断
ツキ三昧轉ニシテ位違一切妙道ニシ変易生滅
シカレハナニトシモヒリカサレト自然佛智海流入
コトクシテ始覺智本覺合始本不二究竟

果イラナリコノココロヲモチテ諸教ヲミテミレバツマルトコロ
ミエシコトニ権宗實宗コトナレバ那詮同ニサレトモ
出離生死ヲモチテハ断迷開悟以入證涅槃ヲモチテ
遠塵離垢ノムタニアリ故宗鏡三論法相華厳等宗
滌對治教イリ梁寶志云貪嗔二種
法師説法極好心中不離煩惱口説文字化他専
更增他生死雖然口説甘露心裏尋常

已無一錢日夜數他珍寶
律師持律自縛亦能縛他外作威儀恬靜
心洪波有之比丘犯律便却從優婆塞
律說罪轉增比丘網羅方丈室中居士維摩便
即未可優婆塞無對淨名說法無過次佛心宗
者タチニ心性サトリ知覺アラハス詮教執有文質
シニノカヒテ學語聽砂莫ヲハナレタリ人ニ備曰得果

迷人數リ心元相ヽ佛覚者ノ宗トシ心トイハ霊光獨照
物累カヽエラレス巍々堂々トシテ妙體コヘ霊々トシテ
凡聖ヲ表シイテタリ金剛堅固ノ躰トハ八臂ノ魔王動長
生不死心ニ一死ノ殺鬼ヲラハレス无形无相大毗盧不老
不小ツ大丈夫諸佛一口ニノミクライ万法ヲ一時ニトリヒサク
ナムフカチナラス身長丈六紫磨金躰遍知縛伽トイヒ頂
佩圓光廣長舌相如來平等トイハ凡諸有相皆

是虚妄トノタリ自性ノ真佛ヲモチテ佛トセヨ以色見我見行
邪道トナケリ无相ノ知覚ヲモチテ覚セヨナムヂ言ト二一心ヲサトテ
ホトケトセスシテミタリニ衆色ヲモトメテホトケヲチカハム苑
色色ノ身ミシツイニ佛面ヲミサリキ空生生ノ身ヲミサリシ都ノ
佛心ヲミテキ水月ヲミルモノハ天月ヲナムケリ鏡像ヲミル
ニトハ真像ヲミシナリ狂狗ツチノクレヲカフリ師子ハニト
シクニ愚人ハ文字ヲナラフ智者ハ心性ヲサトルトイフコト

ミコトナルカナヤカニ諸佛ヨリシモ螻蟻ニイタルマテ心性ヲナシ知
覺ノ早カニヲルモノニハアラス ミナコレ自性ノサトリニヨスルトカニ
ヨリテミタリニ諸佛ノ神變感見ヲミタリニ九界ノ相自分別
セルナリシカレハコレ自性随縁ノ相自轉變不思議ノ幻用ナリ
タトヘハ森羅萬象ノ大清ノイテサルニミタリ乱起ノ千波瀛渤ノ
ソナヘサルカコトシコレニヨリテ衆生心ヲロカニ佛ムトメサレ諸
法相ヲナレテサトリヲタツヌサル恵海和尚云心是佛ナリ不

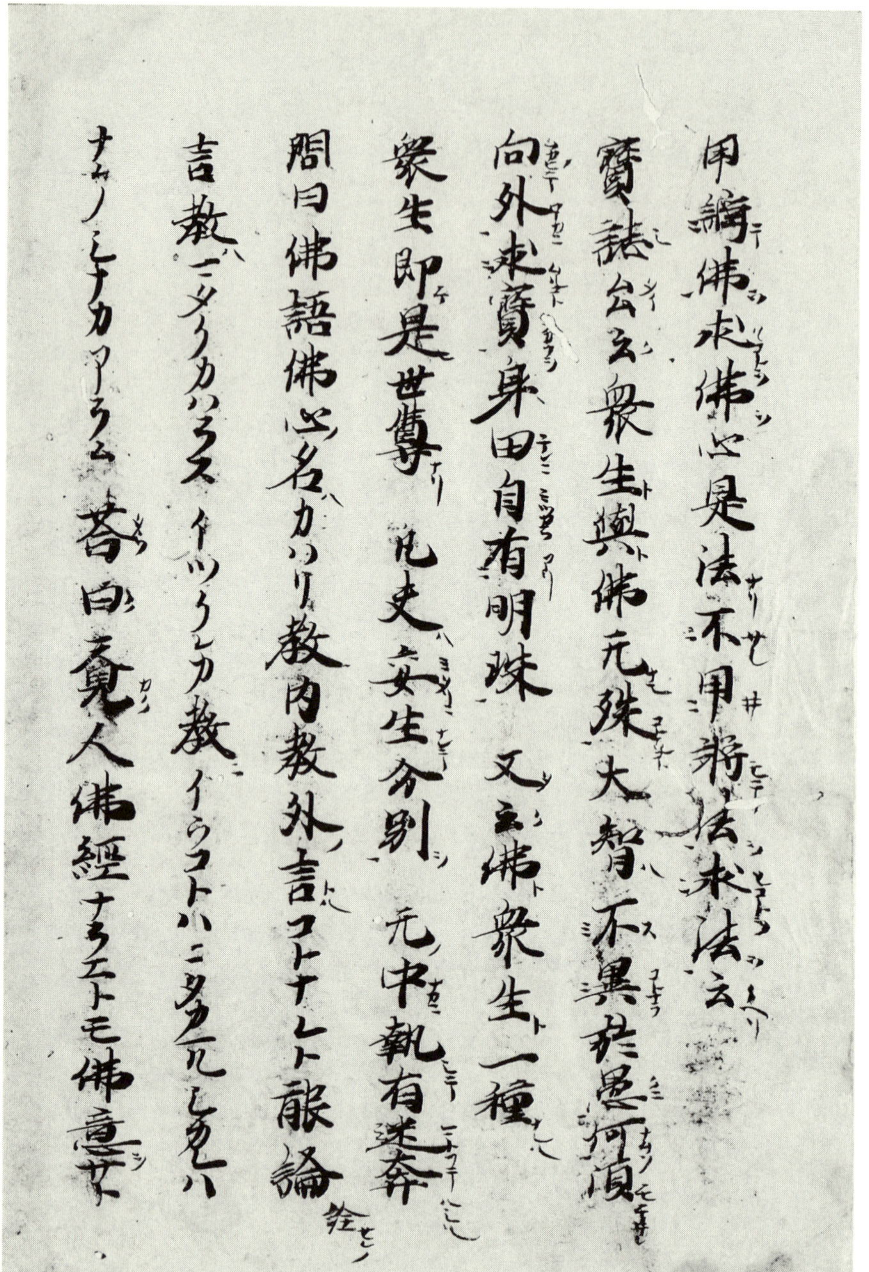
用將佛求佛心是法不用將法求法云
寶誌公云衆生與佛元殊大智不異於愚何須
向外求寶身田自有明珠　又云佛衆生一種
衆生即是世尊　凡夫妄生分別　无中執有迷奔
問曰佛語佛心名カハリ教内教外言コトナレト能論詮
言教ニタクノカハラス　イツクニカ教イラコトハニタカ几ニ見ハ
ナキノミナカマラム　答曰見人佛經ナラエトモ佛意

ラサレハタトヘハ鸚鵡ノ人ノコトハヲハニナヘトモ人ノコヽロヲシラサ
ルカコトシ霖語霤ヲコトハヽシナレニタレトモ夢心ト
覚心トハサトリハルカニコトナリ愚人ノ経ヨミ智者ノ経ヨムコトハ
ニタリカハラサレト仏心ヲサトルトサトラサルトハコヽロハルカニコトナリ
ナラフコトハノカハラサルヲモチテサトレトコヽロノカハレルコトヲ
シラサルヤニコトニヨシヲモシラス文字仏性トイハヽ文字ヲ次ヲ
ヤケサラムコトハリヲモシラス言説ヲ法性トイハヽ鸚鵡ニヨハ

サラムチスミハ即ニトナケトモ色即空即ニ言ツリ鳥ハ空ニト
サヘツレトモ内空外空ヲサトラス音響ニ正醒ニアタラス言
以心性ニヲヨハヌナヲコトハソヲナミキヲモチテサトリノコト
丸コトヲミトヒ白丸ナヤタトヘハ火イニ水イ一九リヨヒ名ツノ解ニ
イ云ハ火ハアツヘシテミノ子ノ解ハヒ水ウルシイヲモチテ解ニコト
垂毛名解ハナレテナクヒトハイ一トサスカニ名ハ解ニアラサリテ
ヒハヒ又モス二火ニイ一トモヤケタル口ナヒヨモスカラ水ニト

ナラレトモウルニルソトモナシ　十二部ナ[illegible]
ヤナノトモウルヲハサラムニカリトモ一ハトモ[illegible]
サレハサナスウルヲハスヲアリケルハリ教内教外[illegible]
モチテヨロシヘシニコトニ花厳世界[illegible]不思議[illegible]
般若畢竟一法花一　不[illegible]相涅槃[illegible]
カクノコトクノシカ[illegible]名コレ自性知[illegible]
ミタカ一チツチタルナ[illegible]カレハ若[illegible]

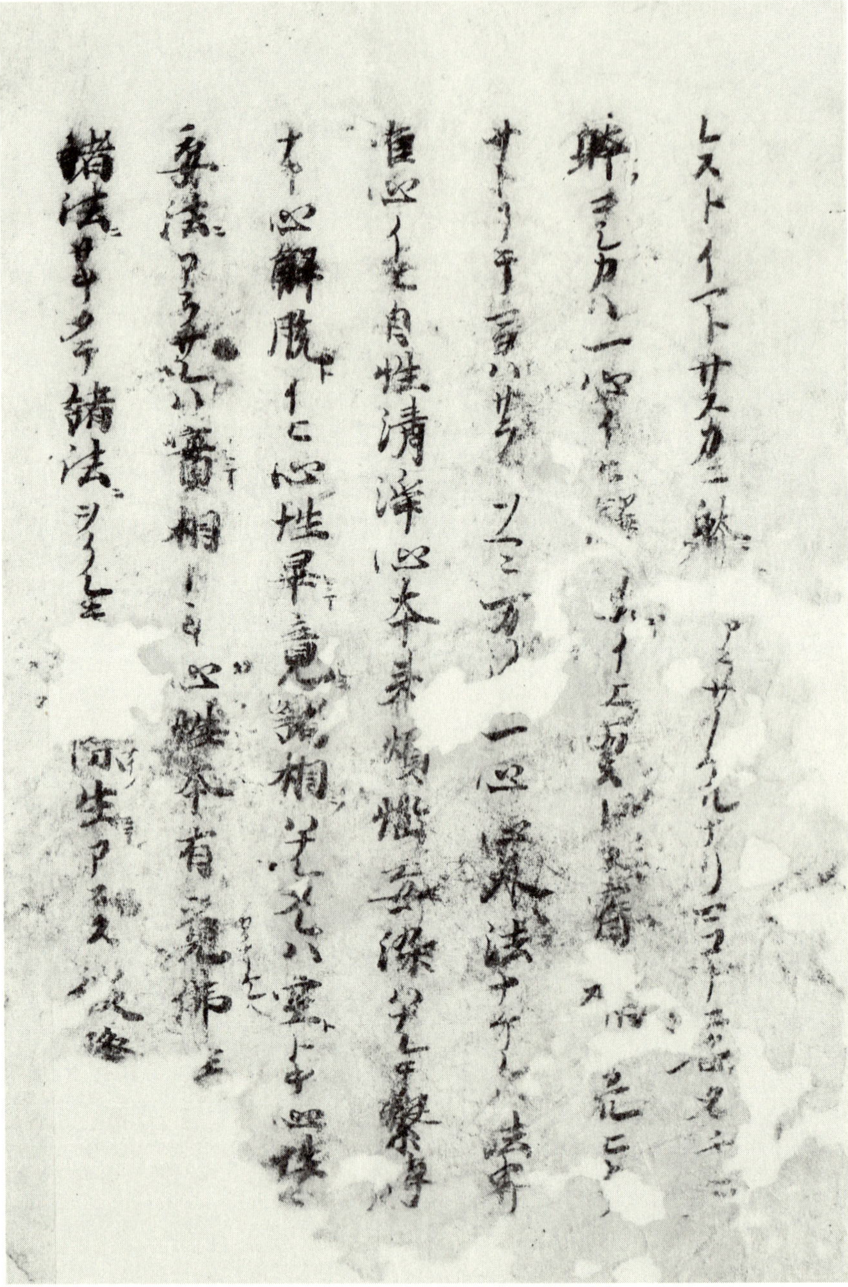
レストイヘトサスカニ昧ニ　アラサルノミナリ
昧ヨシカハ一心ヲ
サトリテ言ハサラツニカリ一心ヲ真法ナサレハ法身
自心ハ本自性清浄ノ心本来煩悩無染ノ心
本ト心解脱ナル心性畢竟見諸相ヲ見ハ空ナリ心性
妄法アラサルハ實相ナル心性本有ノ覺佛ニ
諸法ニ生サクテ諸法ヲノヘス　不生アラス

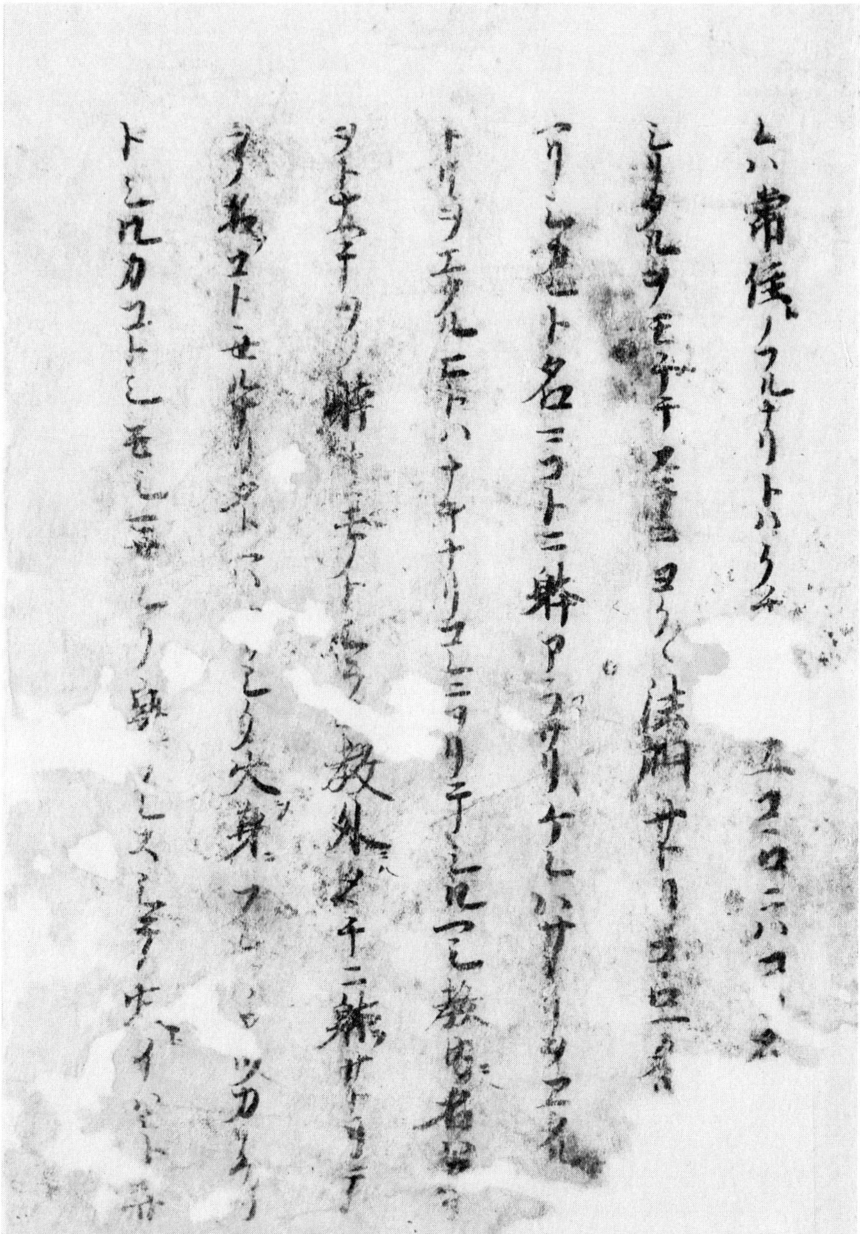

ミクアツカリナリトミエノコトハカナカニハロヲサシテムカ
九十六之数内ニテ相縁ニ清ハ数外ニテ縁ニ清ト云ヘ
カクノコトクミテノハナルモノヲミナクカハラスヒトヘツナク
イマレハ又ミ弁カイロヲヒトミヒニタリミヽミ弁スヘコヱノ
タクラヘレニコトナラスヨノシカスチヲモチテヒトノクラウシロ
ヲレハモミハアラコトモアリナムヲコシヨテラウスヘキ
ナリトオハムコトハニタククコ
ヲス

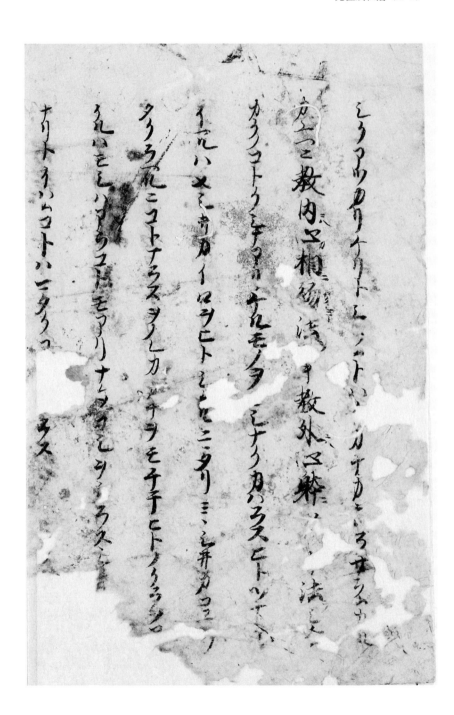

ハ同分相似ノ妄見ナリニコトニハ愚智ノ別モナクシテ純シナモ
年来千等久成ノ日トケナリシカレハ僧祇劫数ヲモヲ
ヲス塵點時分ヲモガハス一タ次第転勝門ニアラサレハ観
智ノモコヽロサヘ断惑證理教ニトモハ修禅ツトメヘ方
レトモヨクヽムチヨシトクヒトニアイ又レハユメサトリニル
ナリタレヨクヽトクヒトハアレトモ信セサレハサトリアヽセス
ルナリタトヘハ楽ヲモコヽロサレハキクヒトハイ一ト笑ヒサルカコ

ト云安樂セスハナムヲ樂子ヲイリコノ謂ヲヨクコヽロヘムト云ヘシ
ハ憍慢コヽロヲステヽ信樂シモヽ切凡心ヲステスシテ佛心
アラハシ肉身ハナムスシテ佛心トナルナリタトヘハナミヲノルニ
水ナルカコトクイシヲミカクニ玉ナルカコトシ傅大士ノ入
此ヲ門端坐成佛イアリニコトニヨクヽアサキトコロニヨクヽ
フカキモノハアルニタリコノ心サトリエツルニトハ生死ハ
ナシテ佛ナルアキヨシヲハ一サシリコヽロニアラハルヽヲ浄土

ナリ名トハ水ヲノミテアツサヒヤキヲシル人ノトヨミイツ
教ニヨラス佛性ヲサトリアラハス事コトミヨニノ
アタル名シ佛ノミノリヤニリアル事カラス儀作佛ナル事ト
ハイヘトモ二世事サトリシハ三世ルナリシカシハ穢土ヲモト
浄土ヨカエルハコレ佛儀ノカリナリイツカハ二世ヨリコヽニア
タリヰ浄土ヨリキタル事ヲシヲシリ名ル名ク儀ノ念佛ナレハ
ムニル事トモ、シモ事ルハカリナリコレ至テハ千ノ人ニモ名

キヽテ信シ徐イアトツノヿノ面ニサレハミサルカコトヽ禅
宗ナカラスツノ人名キヽタヽテニツノヿトノ面ツミテ信コト
シ名ツキイトコヽロハイツレモカハラサレト面ツミルトミサルトハカハルカ
ニカハレルコトナシ
間ニハ無始无始念念ツモヒトヲモラコトハミナ六趣ニ生シ
業久遠久遠ヨリ歩歩ニナシトナスコトハコトヽク四重ノ毒コロ
ナリイカムカヽラノコトクノ悪業煩悩ヲハナレ　ノタモスモ

云覺ノミニトナヘ佛心ゴコロニアラハサム

答曰我ハ曇山ノ名ヲシルス元明海フカクシテコトニ文芠

云ハ覺人ニサナヘシ心サトラセシハ悟人ノ一波羅蜜

光ハ仏ヨミツミヲ増ニ維摩大士コトトクツミヲノフモ三ニ真

覺大師云鑒ヘ寶相元ニ人法若刹那ニ滅却阿鼻

業若將妄語誑衆生自招抜舌塵砂劫ニイリニコト

二十善ニアラスミタリニ執善十悪ニアラスヨミナリ討

悪分別セサランニハ善悪ナカランニ、シカレハ善悪ミツカラ
ナノラスタヽコレ妄想ヨリ故ニ宗鏡云東国ノ元暁
義相二法師同来唐国尋師遇夜宿墓止於
塚内元暁渇思漿見一孤水掬飲甚美
及至天明見是尸之汁心悪吐之大悟乃
曰我聞仏言三界唯心万法唯識故美悪在
我実非水乎トイヘリ コヽニシレ文ミハ善悪ナカリケ

リ又己ヨミ本キココロノシモニナリ善モ悪モシモハサルトキニハ善悪
法ハ本リ又シ善悪ニアラサル心ニナニトモイハケタルコトナク
ヒト任運ニテラシテアリナルナリカルカユヘニ心性サトリモ善
悪ナラス諸法善悪アラサリケルニ又ヨシナリコトハリモ
シラスシテ善悪ノ業ツクリテ善悪ノ報ウケヰタリケルナリ
ヒトヘニコレ文ニツノリテ文ニウケテサムルヨモナクアリケル
ナリ四祖ノ曰ク一切ノ業障ハ本来空寂一切因果ハ皆如幻

夢ノ蕩ニ无礙任意縦横不作諸善不作諸悪ニ

法然問曰既不許作観行於境起時心如何對治

祖答曰境縁无好醜ニ起於心若不強名妄

情従何起妄情既不起真心任遍知イアリコトヲ

モチテコヽロヲミヽ罪福无主モトヨリ自性久マヽ妄心

思想シコシリトイフコトヲミカレハスナハチ岸クウレテ

莫コロモ風フイテ花供シカレトツミヲラケ名山岸ナク

福(シ)ニチケル風ハニコレ善悪(カ)コヽロノ中カニア
ラセシカハキヽモツミヲラケカセモフクヲニチカサラムヤシカト
シカラサルコトハ岸(きし)コロナク風(ふき)シモニナカリケルニヨリテラ
ナスニチカラハアリケルナリコレニヨリチコヽロラヽシ善悪ハ
コヽロノ中カニナカリケリトイラコトヲハ語性論ニイハク
罪業ハラタカイノコヽロヨリヲコレリト釋(シャクセリ)コトニ心性(シ)サトリ
知覚(シ)アラハシ一切法ニ……一心ナクシテリヽコヽロヲ

サトリヌレハ煩惱ハモトヨリ無[illegible]ヒラニツノアラワイ回
果ハ空々又ヨリ起ラヌニモ[illegible]ラハウニコトナラス故コロノサトリ
ヲエツルヒトハ浄土ノ生死チカハセヒハ知苦断集行ヲコサス
穢土ノ生死ヲヲカハサレハ人天定散善ツトメサト一期報ヲ
ヲテフノハチニハイツレノ生ヲチスヽテモトヨリアリツルトコロ
ノ本覚ノミアラハルヽ、シノニコトノ浄土ニムマレニコトニ生死ヲ
ハナレタルニハ　　　聖道門ニイウトコロノ歴劫脩

行ニアラス浄[illegible]下ノ順次生ニ浄土ニムマレテノ
ノ、チ彌陀観音ノ説法ニアツカリテ无生ノサトリヲエムト
イラカンコトキニモアラス　シカレハ聖道浄土ノ二門ニコソ名
コトアラケルアナヤ　闇日善悪東西コトニシテ自界胡
越ニヘタテタリナムソ見性ノチカラノ久チニコレヲ一心サトリテ
巻別ナレト一同ヤ　昏日清濁コトナルニ、名ヲモ充
ニハカハラス東西ヘタテタリ、ノアトツテソラハニトツテリ

清濁ノ縁ヨリヲコ東西ハワカミニノソム人ニテ一タチリ纓珠ナカラ
ニシカハ清濁ナカラマシ吾我存セサラマシカハ東西ナカラ
マシ境界ナカラマシカハ妄心生サラマシ妄心生セサラ
マシカハ善悪ナカラマシ善悪ナカラマシカハ罪業ツクラサラ
マシ罪業ツクラサラマシカハ果報ウケサラマシタヽマシコトハリタ
モミエスヨシアシモサトラスヒトツニ因果撥無善悪不二
イヒテ悪ツハ　モノハ悪趣實ノモノナリコレハ諸佛ノ

教化アルヘカラス佛法ノナカノアタナリ設ニ有見ニ墮チムコトハ
須弥ノコトクナリトモ空見ニウツモルヽコトハ芥子ハカリモアル
ヘカラストイヘリコレニヨリテ首楞厳經ニ劫波羅天花
巾ヲ左ニヒクモムスホリ右ニヒクモムスホリトクル(?)コトナキ
ソモテ有空ノ執破タニアルコトニヨリテモミタラスコトハ
リニヨルモノハ万法有ナリトミナシテハヒトツニ有執ニシテ幼
有ノ有有有アラスナノ性空ニシテ不有ノ有ナリトミカヘス結

法ハイハヒトツニ空執不空ノ空空空ニアラスソノ
相有不空ノ空サトラスカルトハ生死イチ佛ナラト
ハカタキコトナリコレヒトトミツヘカラスナトリテアラハサル
トカナリ一體心王義天トモ非曰非ナ下一自ノ
法王藏海ニアナヒテ是悪是善ニカルハ有執真有ニ
ウツミ空ニ着俗空カクスタシモナリ實義ニアラス
コトハニハ佛ハ有モ空モノアタニハサルナリタシ有執モノヲシハ

有執ヲ破ルカタメニ空ト申タニコソ空ニ執セヨトイフニハアラス
空着ノ人アレハ空執ヤフラムカタメニ有ノ文ヲ下ス
執セヨトイフニハアラス有空トモニ執セサルモノヽタメニハ
ナニヲモチテカ有トシ空トシ有空両辺ナシハ中
道トイフ名モナキナリ三諦ハ疑モナシ一心真実ナル故一心ノ地
ノ上ニハ因果ノナリモナク真実海ノ上ニハ善悪ナニモナシ
龍牙和尚云在夢那知夢是虚覚来方覚

夢中无迷時恰是夢中事悟後還同睡起
人イアリコヽニ又迷ニ及ニハ因果ナキニアラサルト悟
至テハ善悪アルニアラス忠国師云迷人向文字
中求悟人向心而覚悟迷人脩因待果悟
人了心而无相イアリ
問曰コト上ニカクノコトク申トハイヘトナラハアキラカナ
ラス衆生業因果報種子現行時ツノタリテ劫ツミテモ

ハカリモ知ラセサルコト[illegible]ハソノイロニアラハレシ
モノニツケルカコトシイカムカ一心ヲサトリタラムヨリキタスヘシ
モコシヲ滅スヘキ　答曰モシ心境ハコレ實執人執法執
空セサルハイタツラニ方法ヲ修行スレトモソノ道果ヲ
證セスモシ頓ニ无我ヲサトリテフカクモノヽ空ナルコトヲ證シテハ
心境トモニ滅シテナムノ證セサルコトカアラムタヽシサトリニ遅
速アルコトハ教ニ漸頓アルカユヘナリナヲシ漸教ナラハナリ

六僧祇劫数ヘテナヲ輪廻サトニトニリ頓乗サトル目
ニチヲ屈伸ノアイタニ妙覚ノミヤコニイタルナリ何況頓
悟上乗宗親逢自知法ニシタイテシヤ恵海禅師云
頓悟上乗超凡越聖迷心性人論凡論聖又云若
於迷人求得求證若於悟人元得元求若於迷
者期久遠劫若於悟者頓見本佛イフリコトニ自
性清浄ノサトリヲ也一切明心ニ蘇アラハレヌレハ三妄

浮雲疲塵猶吹アカルニヨリ五住輕塵輕刪迷
流シタカフルカコトシ改宗鏡云勇猛菩薩自犯婬
欲尚悟无生性比丘尼无心修行亦證道果何況
俗解佛法歸リ自心而无封證人疑曰豈不斷
煩惱那解曰但歸觀殺盜婬妄従一心上起當
處即寂何須更斷是以但リ一心自然万境如幻
何者以一切法皆従心生心既无形法何有相

問曰一心不二万法是一ナレハイツレナムソ凡聖ノ差ハカ
シキ貴賤別アリケルソヤ答曰亦貴賤ニアルトキハ
千花乱空ニ入金錍膜ヲサクルトキハ一空寂静ナリ不覚
心ニ有時ハ凡聖尊卑ニシナハカレテ覚リ心ニ有時ハ生
佛憂分判ナシ雲居和尚云一道虚寂万物齊平ナリ
何貴何賤何辱何榮アラムト
問曰極悪闡提ハ无間ニ随極善ハ如来ハ前先ニ居

六凡四聖コトニ〳〵テ九縛一脱ノタチタリナムフミ乄
カハシリニトツナリトイハムヤ答曰我見ニタカク妄執
ニフカミイツシノヒノイツシノトキニカ我山タチニチニク
ツレテ真我ノフタヲアラスハ三妄海ニハカニカハキテ盒
潮ナラツニハツレ我見ヲルオハ梟害アタナリ妄執ノ
オハ、ムチニツ縛トカアリスヘカラク賓我ツルキツナムスス大
真我ツルキヲミカキ繋縛ナハヲキリタチテ大定

ニヰルヘシ言コトニ妄心妄境執真心心境ノラチニカクレ
我見我慢シ存ハ真見ハ慢ニ慢ナカハラウツモレヌタトヘハ山ノ
内レハラミヲミスラミニノヲ又ハ山ニサルカコトシ言コトニ見
性人ニアラスハナムソ邪山ニアタリテ正海ヲ見ム正邪道
不二ノ悟凡聖同迷悟本无別生死涅槃一
イフルコト言コトナルカナヤ
問曰カクノコトクノミチモニコトハハアルニニタリトイヘト

コタヘタマヘルハコレ教相ヲ入レスシカレハスナハチコレ禪宗ノ
法門ナリトヤセムマタ教門ニシタカイテコタヘタマヘルカ
答曰問ニシタカヒテシハラク教門ノコトハヲカリテイラヘタリ
ナリ禪門ノ一弁ニシテコヽロニハアラサルナリ
問曰正宗賓義トキタマヘコレヲサトラム答曰石扉
山ノフモトニ冬カレ蘆花ミツノナコニシツニムトキヲテ
テコノ宗ムネヲハノフヘシ

問曰イカムカカクノコトクアラム

答曰イカムカコヽロシトクコトアラム

問曰トカスハイカヽカサトルヘキ

答曰トカハイカヽカサトルヘキ

問曰子カハヽハコレシサキタニ一心サトリテ生死ヲ

イキム　答曰スチニトキヌハム又

問曰イ一タキカサルヲヤイカヽカトキシハ又トノタニ一

ルソヤ　答曰トノアカラストイフルハトクニアラス各タヽ
去チカコレヲキカサルナリハカトカサルニハアラス
問曰イカレカトカサルヨトクトハコヽロ得乎
答曰ウカレカトカレシハトクトハコヽロ得乎
問曰モシカラハコノ宗ヽトカサルヲモチテトセルニヽルヤ
答曰イカレカトカサルヲモチテトセルニハス乎
問曰モシカラハコレシノ一ウニ

答曰スヂニノニヲハ又ナムチカキカサルナリ

問曰ノニサラムハイカレカキクノ事

答曰ムハイカニカキクノ事ノムサレハスヂニノ覚ナリ

問曰カクノコトキノ義名カコノ宗ナライサナム

答曰モトヨリニヨイナシ名カハミステサトラム

問曰スヂニ衆生ニヨヱリイカレカモトヨリニヨヒモナシナリヤ

答曰ニヨイナシトモラサルヲニヨヒトハイ[illegible]

ノアル二ハアラスシカレハサトリモナキナリ
問曰見性ノコトハコヽロヲサトリテノコヽロヲハナレスヤイカヽ
答曰見性ノコトハコヽロヲモハナレスサトリヲモハナレヌナリ
問曰モシハカラスハイカニシテ生死ヲイテヽ菩提ニイム
答曰生死モハナレス菩提モイラサルナリシカレハ生死ニイテ
シハ又
問曰カクノコトキナラハタヽシカコノ法文子カヒナラヽヤ

答曰モトヨリヒトナケレハナカラン事モノナキ名カ
アレハカコノ宗サトル事
問曰カクノコトクイヘルハヒトニアラスヤ
答曰ヒトアラマシカハイカレカコノ宗ノ事
問曰カクノコトクイハキケトモミコトニソノヨシヲシラス
コレヲトキタマヘ　答曰ミナコヲモチテミナコヲミ
ヒヲモチテムヒミフレムトキコノコトヲハイフ也

問曰イカレカニナコヲモチテニナコヲハミル乎

答曰イカムカコヽロヲモチテコヽロヲハトク乎

問曰トカスハイカレカミラムヤ

答曰ミスハイカレカミラムヤ

問曰イカレカニナコヲモチテニナコヲミル乎スチニコレ

コトツナルカムヘミ答曰イカムカコヽロヲモチテコヽロ

ハサトルヘキスチニコトツナルカムヘミ

問曰カクノコトクノ法ニコトニ不思議凡夫ノ境界
アラスハヒトリカレカコレヲサトル乎
答曰廓然凡聖トモニナシナムノ凡夫アレハカロ
ノ法ニヲヒテ境界ニアラストモイハム
問曰モトヨリ凡聖ナクハナムソ迷悟ノシナアルヤ
答曰大明ナカニテフレリ
問曰モシシカラハ邪執ニヲチサラムヤ

答曰コヽロノ中カニアナシ

問曰断見アラスヤ　答曰カタノウヘニテナシ

問曰カクノコトヲナラハタレカコレヲ信用アニイタ

ソラコトニアラスヤ　答曰日月トカナシ

問曰シヨウ不可思議愚人イカレカコレヲシリアラ

ハサム　答曰愚人、タレカシリケルソヤ

問曰愚者イ下コレヲサトルトヤイフヘキ

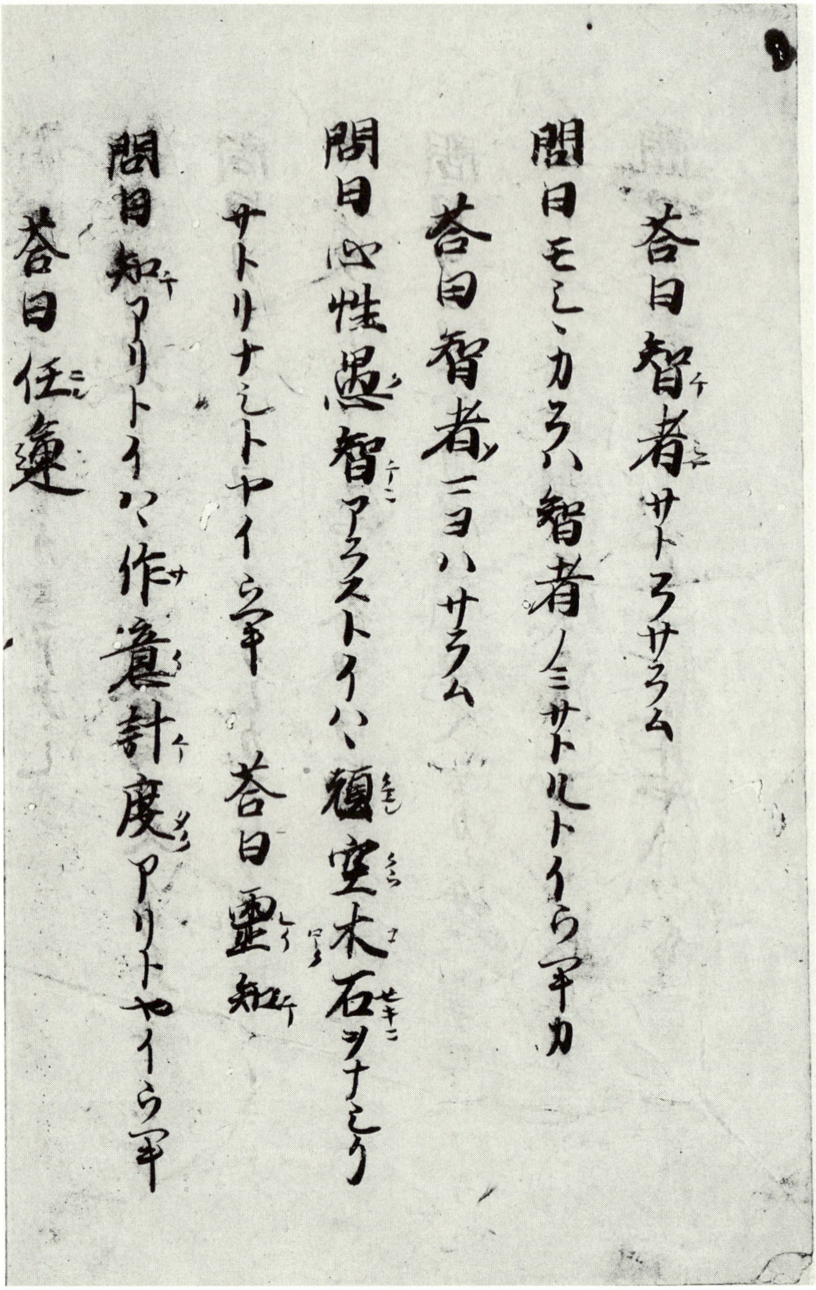

荅曰智者サトラサラム
問曰モシヽカラハ智者ノミサトルトイラヘキカ
荅曰智者ノミヨハサラム
問曰心性愚智アラストイハヽ頑空木石ヲナシク
サトリナシトヤイラヘキ　荅曰靈知
問曰知アリトイハヽ作意計度アリトヤイラヘキ
荅曰任運

問曰ナニヲモチテカシコキ事ト任運霊知イフコトヲ
答曰千タヒキカムヨリハ一度ミテコトヲシラム
問曰イカヽシテカコヽロヲ見ル事
答曰丙丁童子来求火
問曰コノ義ナヲシラスイカヽカコヽロラマキハヤウトキタマヘ
答曰口アリケリ架裟スミハタヽリ
問曰ナヲコヽロヘスイカヽカコヽロヲシルヘキコヽロヲトキタマヘ

答曰フレサルハナレテカトカナリアハレナルカナヤ
自他不二本来平等ナルニヨシナクコレヲシヘテ他
人ニタカヒニモトメケルコトアハレナリケルコトニ生死ヲ
トシイチヽ菩提ヲナシニイタルコトコノ法門ヲサトルニアリ
ケルナリ

永仁五年八月　写　而ゆかり

見性成仏論（裏表紙見返）

見性成仏論（裏表紙）

覚性論

称名寺蔵（神奈川県立金沢文庫管理）

金澤稱名寺

覺性論

惆哉執見痾深蒼波万里之師不取
及悲哉重境心強喜見甘呂眼藥
不受之所以宅縁家在薄伽書自親
成悕制心計詠弱花罪自恩為章
誰知此理迷羅福无主所以隨在曰
果人迷非因非果以執非因非果生

非因非果計被封循證障非循非證
之執非循非證生非證計焉草
語見深如何治之藥山遮者經曰
覺不立字道理所指君子不思乎
口食言心性々々心性々々言談合心々性
々々所言心不覺言心性々々談思心外所
言心性有思心性々々唱吾心々性々々不覺

心性非心性還迷已心性實我日夜數
他寶言誰會得心理半錢語伝說
如不可得迷如實難雜言如、
為如如來不覺苦我迷非內非外非
中間以外痛流轉為流轉无始為无始无
不知无明之大本內擬還滅心秋還滅還
滅為未賊母之大本吾不見吾不聞捨

居空智人語人不言碎鬼角智者
人不不見儀愚之冠帯之上領衣騎人
不聞樂天詩八搭法味留朝市人雖
有上下誰判性上下所以霊知不昧性
不動不變必執不動不變語莫生
語見永背心理法軀欲所以大論云有
生无滅无有无滅无非有非无生无 文

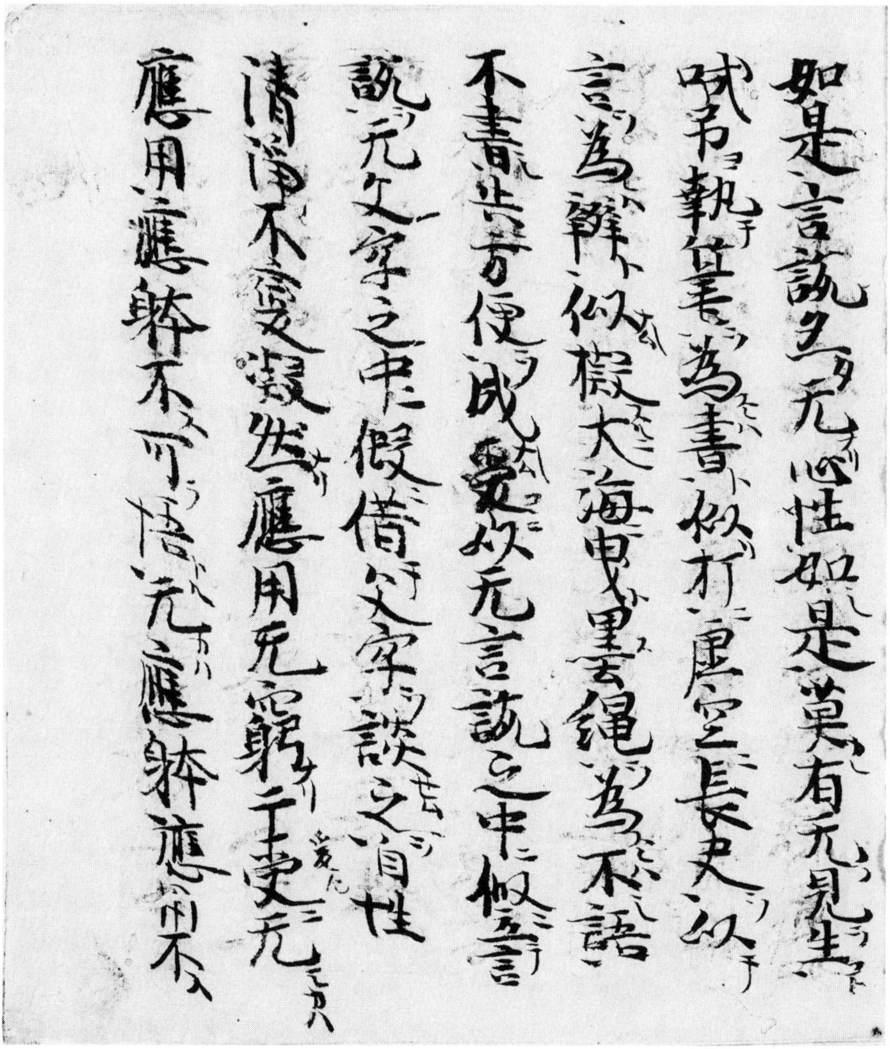
如是言説久无心性如是莫有无見生
弟執笔為書似打虚空長史以
言為辭似擬大海曳墨縄為不語
不書止方便成要以无言説之中似言
説无文字之中假借文字談之自性
清浄不受凝然應用无窮千変无
應用應躰不可悟无應躰應用不

一事不改知心性一如而不変随縁也不
変随縁而其体一如也故論云不変
随縁為心随縁不変為心是心性
雖同随義別名誰君子依之不悟心
性如非如非非如理義覚者躓居
株臣老兎執文莫共義理擬我見棘
瞎瞞諂枕疑鬼是為覚為不覚如

是无身之中受和合身无散之中立
離散業徒昏徒明本覺非本覺
常住非常住照无明眠深无見之長
長闇非長闇非長長三界非三界被
闇卵内於常明闇依次在孰但未見
无本取地以目羅得鳥未聞无行
至覺所聞學得解者丁受文詐人
要

信誰人行何人學何人不循所以尸
羅不清淨不現前三昧云執四重不沙
闡提子佛法中死人嫌戒定恵三學
清潔心意識是佛教所指故義淨
南海傳之聖教八万要唯一三外須任
使内擬心智何為偕道奉擘妄筆
何為智見境俱奇述此語賢哉

實哉誰智人不信之
問此等皆雖教所説方便言道其
實如何答汝答有文字汝以眼
見之問如何答此如何義問何名心
耶答心非自生非他生又非共生非无
因生離四句何求心耶問非四句何
故名心又汝答無心又非心耶答此

問道理一冊稍介你有心故問吾
吾有心故問吾吾有心故答汝若汝
自家无心吾亦不可問汝自今无心求
此不可答説汝真如離常住照僕
知
伏歎後力知有无依妄僕知汝真性力
推心見照是心離自我无因四句數知
心妄心也所知心真心也真心元妄心不可

生死長苦不可悟眞心依長心悟特眞
心非自生非他生非共生非无因生悟
也設眞長二心依言似別名其躰一也
依波知水依焔知火是皆水波別
火焔二實疑性水一湿相波異別性火
一爾相焔分十方誰是不視乎
問雖聞如斯說未被得意如何得意

義靈寂之、答靈爲寂之、似把虚
空靈也不求之、除仰似把住諸法
實相不随他教、自思惟覺知諸法
海不聞、堪大地、求青天、海不見耶
留風、積高山、所以言說之様、曰言
遣語、直是如是之時、無有可遣、是真故也
无有可立、同是、如說、雖說諸法無有

非説可説矣雖合諸法無有能合
可合識是故随順真如但冥知細以
心求心以自頭似求自頭此同心即真
心也問前言今言前後相違如何前
問心妄承聞心實今如何答妄心不
悟真心聞真心妄心也妄心真心悟故
妄心真心也故迷前是非是非共非也

悟前ノ真妄真妄共ニ真也　問縄ハ夜見テ
縄蛇ト見テ青蛇何悟昼妄真ヲ　合縄蛇ノ
昼夜見都ト昼夜併ノ實見非妄悟前ノ
煩悩ハ悟前生死　悟ノ前菩提　悟ノ前真
於縄起蛇覚見ノ見壊成蹤實悪ヲ是ヲ為去
真妄為真迷ノ前真即妄也悟ノ前昼即
真也其ヲヘヲ問迷時ナ何自妄想知ルト真ナリト自

捨相迷如何　答迷時以妄為妄不知
設執以妄為真言説同而意迷邪乳名
乳色雖同聽乳牛乳天地隔物哉
柳説一枝義花筆入二最後還思表
居外莫測内究覧し誰人住居外
誰人住識内迷外知内人目外
未設外不迷設外不迷設外不求内

不入内者不入内故迷内何不入内妄談
内義模寫似是諸佛實智已證衆
生心地本源誰見誰聞誰知誰覺
覺非覺非覺為覺知解非知解
非解為知解所以心源湛離知覺
已證如非見聞于受嘗鹹一味之
旨傳諸祖同鶴林不二之宗未述郡徃昔

可謂万善渕府衆術玄源一字寶王郡霊之
元祖也語出實教七佛授手諸祖汲流誰出
不信見夢聞幻覺實夢不實
知真幻虚妄名誰付有名不實
一如誰呼有名元躰弔棄虚妄若虚妄誰
始付名真若如誰始呼名狂誰悟
誰知人察之吾未見妙理身躰性質

靈
吾來聞靈知不昧際限口欲覺此宗
心節法界心義一心至尚心黄動行之
坐禪住之坐禪坐之坐禪等施為運動
皆是自性清淨法躰悲哉執文字
神秀迷相長永何違一心躰武帝住
所作初祖之家禪不違住有相六
祖之多責今始非無着日上今日今

昔雖殊日輪同之付古今雖異風
月等之調御挙手開合慶書述之
六祖挙杖下神會詣之尚那和通問
鞠多尊者答秘不隠譲秘之道信
問識遅僧璨示擔監盡明分明前
大衆合唱莫思如是詳證人在世滅後
有異慈悲怨怒有別人差云理云天

抛性相両脈初祖論偏集默示實躰
埋傳續燈載家說偏取遮詮責
後眼誰見此紙表義迷性相共義
兎道眞如云眞如非眞妄相云
妄相非妄所執著何悟眞如人對何
云眞迷妄人何深云妄平等眞實
内無妄元眞但法性非遠此中是近

百丈禅師広説・法門大綱

称名寺蔵（神奈川県立金沢文庫管理）

百丈禅師広説・法門大綱（表紙）

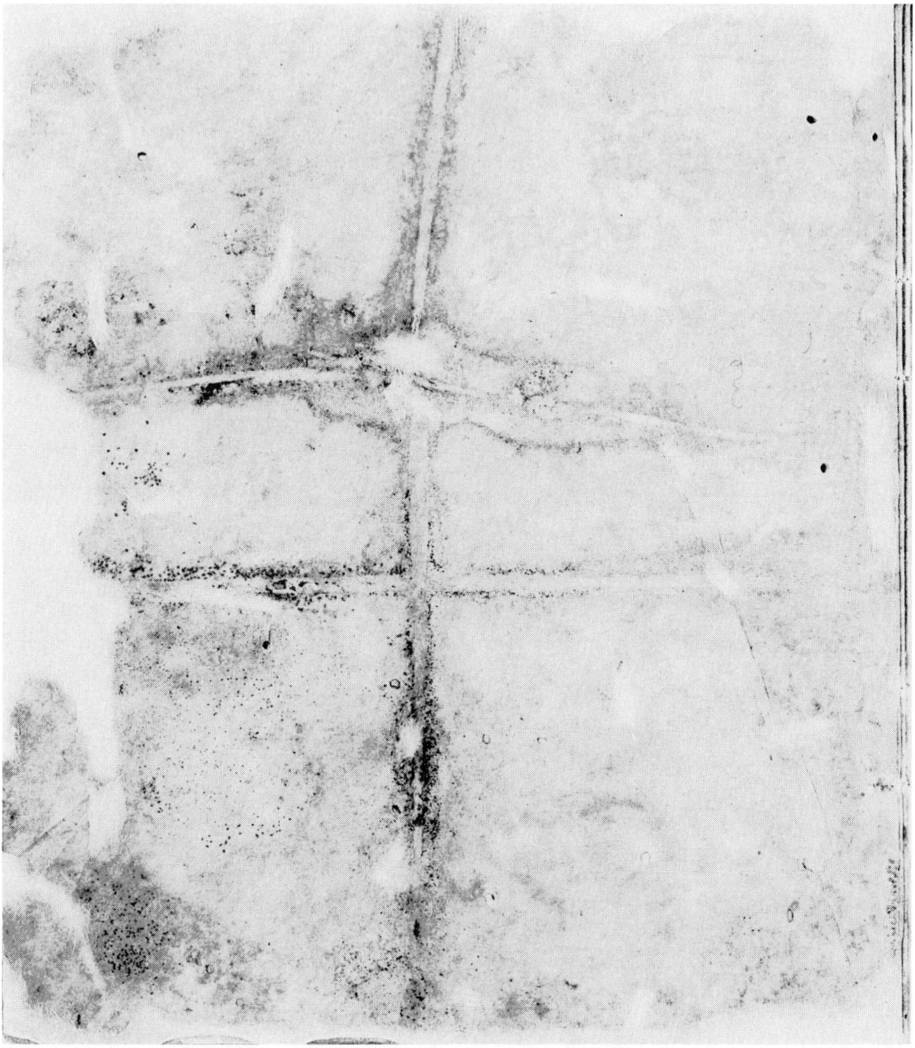

百丈禪師廣説

洪州百丈山懐海禪師者

福州長樂人也丱歳離塵

三學該練屬大寂闡化

南康乃傾心依附與西堂

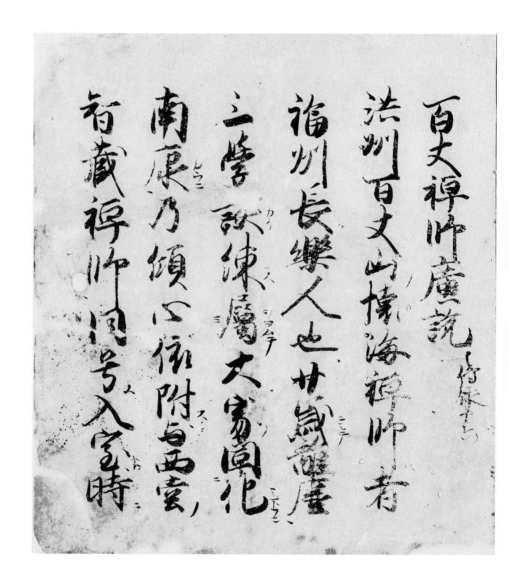

智藏禪師同号入室時

二大士為角立一夕二士随
侍馬祖翫月次祖曰正
恁麼時如何西堂云正
好供養師云正好修行
祖曰経入蔵禅帰海馬
祖上堂大衆雲集方升

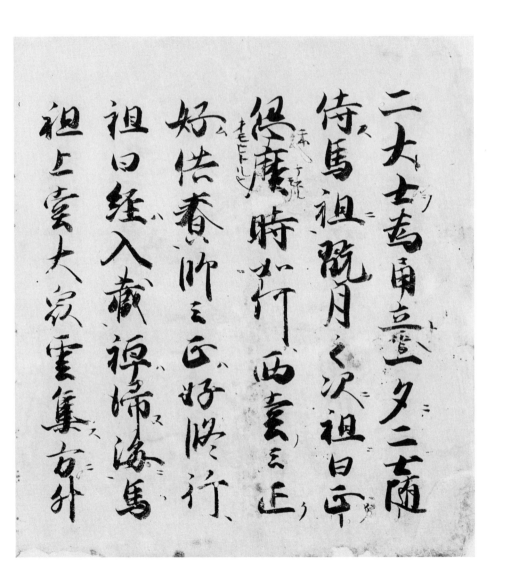

也、良久、師乃巻却面前
礼拝席、祖便下堂、師
一日侍馬祖、法堂祖於
縄牀角取払子示之、師
云、只遮箇、更別有、祖乃
放旧処、云、你已後将什

度為人師却取拂子竪
之祖云此遮箇更別有
師以拂子挂安舊處
方侍立祖叱之自此雷
音將震果檀信請於
洪州呉界住大雄山以

居處巖巒峻故号百
丈
有一僧問依經解義
三世佛冤離經一字如
同魔說如何師曰固守
動用三世佛冤此外別

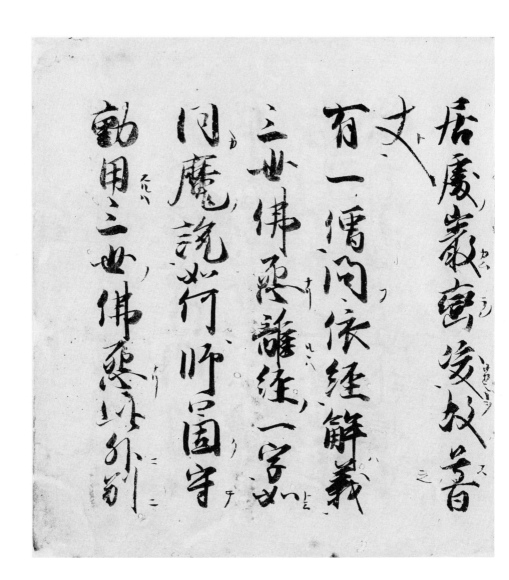

未即同魔説僧問如何
大乘頓悟法門師曰汝
等先歇諸縁休息万
事善与不善世与出世
間一切諸法莫記憶莫
縁念放捨身心令其自

在心如木石無所辨別
心無所行心地若空恵日
自現如雲開日出相似復
歇一切攀縁貪嗔愛取
五蘊者色受想行識
垢浄情盡對五欲八風不
八風者利衰毀誉称譏苦楽
被見聞覚知所縛不被

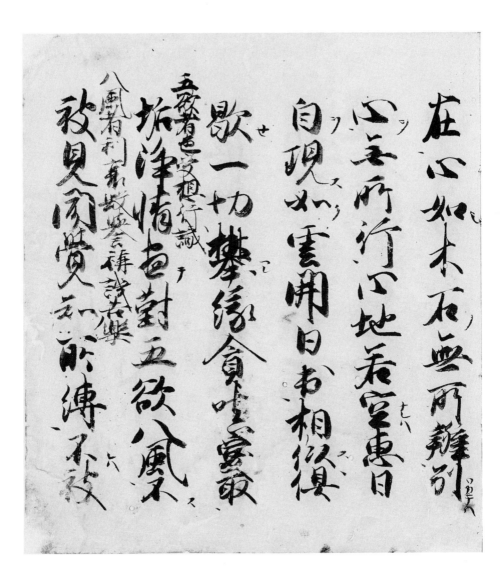

諸境、所惑、自然具神通
妙用、是解脱人、對一切境、
心無靜亂、不攝不散、透
一切聲色、無有滯礙、名
道人、但不被一切善惡垢
淨有為世間、福智拘繫

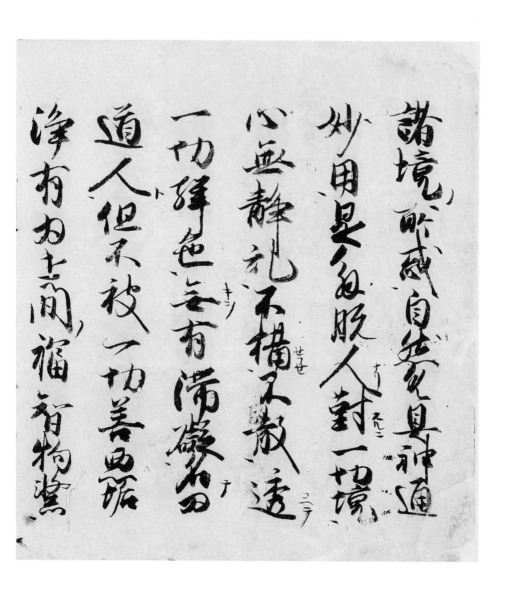

處心自在名初發心菩薩
便生佛地一切諸法本不
自空不自言色亦不言是
非垢淨亦無心繫縛人
但人虛妄計著作若干
種解起若干種知見若垢

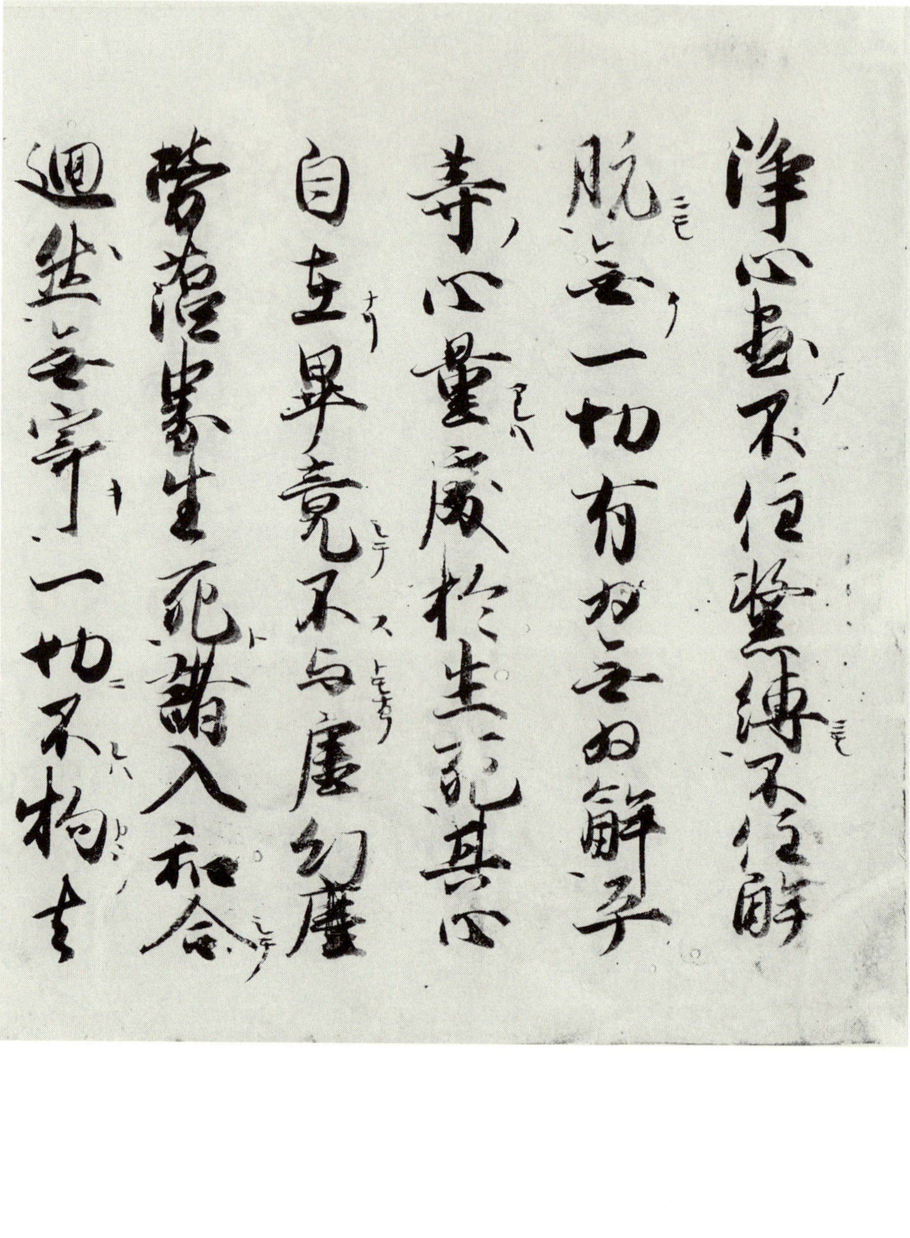

面〻無礙法来生死如門
開相似若遇種〻苦樂
不稱意事心無退屈不
念名聞衣食不貪一切
功德利益不為世法之所
滞心雖親受苦樂不干〻

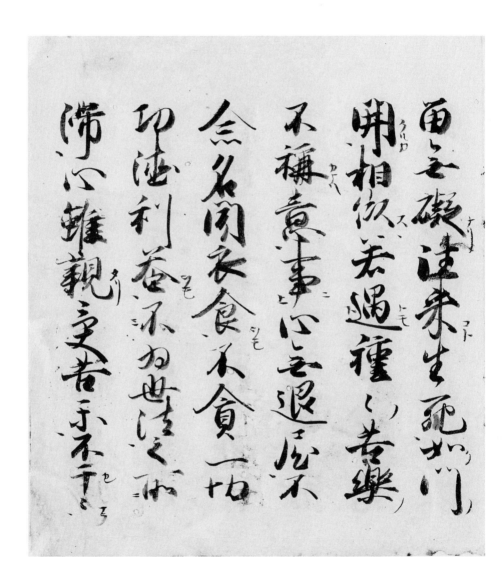

壊麁食接命補破衣
寒暑兀兀如愚如聾相
似稍有親分於生死中
廣學知解求福求智
於理無益却被解境
風漂却歸生死海裏

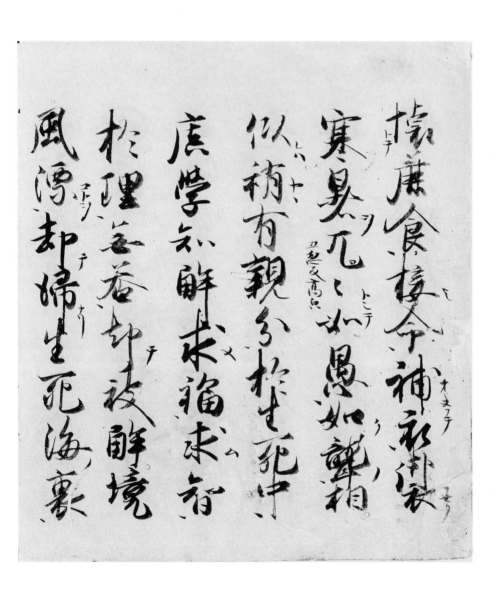

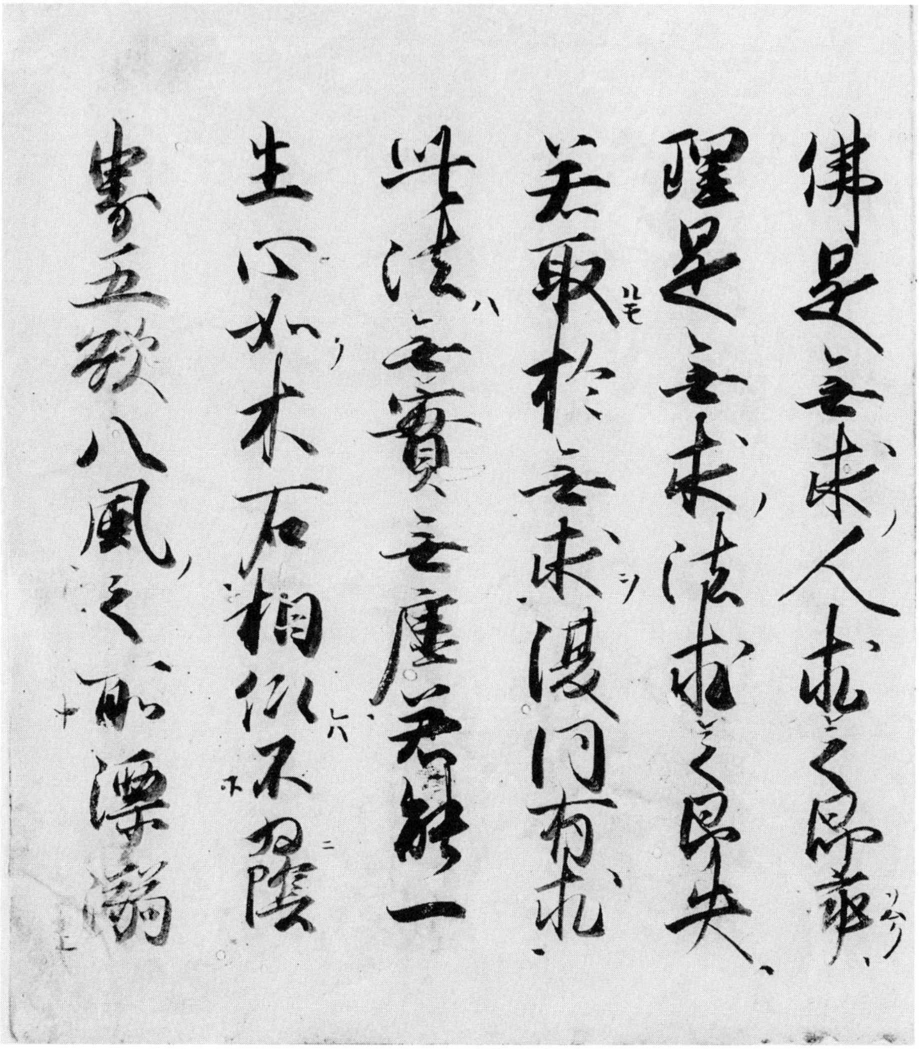

佛是無求人求之即乖
理是無求理求之即失
若取於無求復同有求
此法無實無虚若能一
生心如木石相似不為陰
界五欲八風之所漂溺

即生死因斷去住自由
不爲一切有爲因果所縛
他時還与無縛身同利物
以無縛心應一切心以無
縛慧解一切縛亦能應
病与藥僧問如今受戒

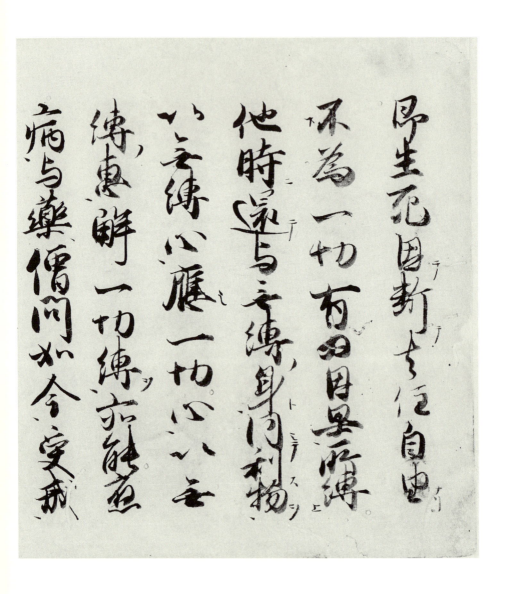

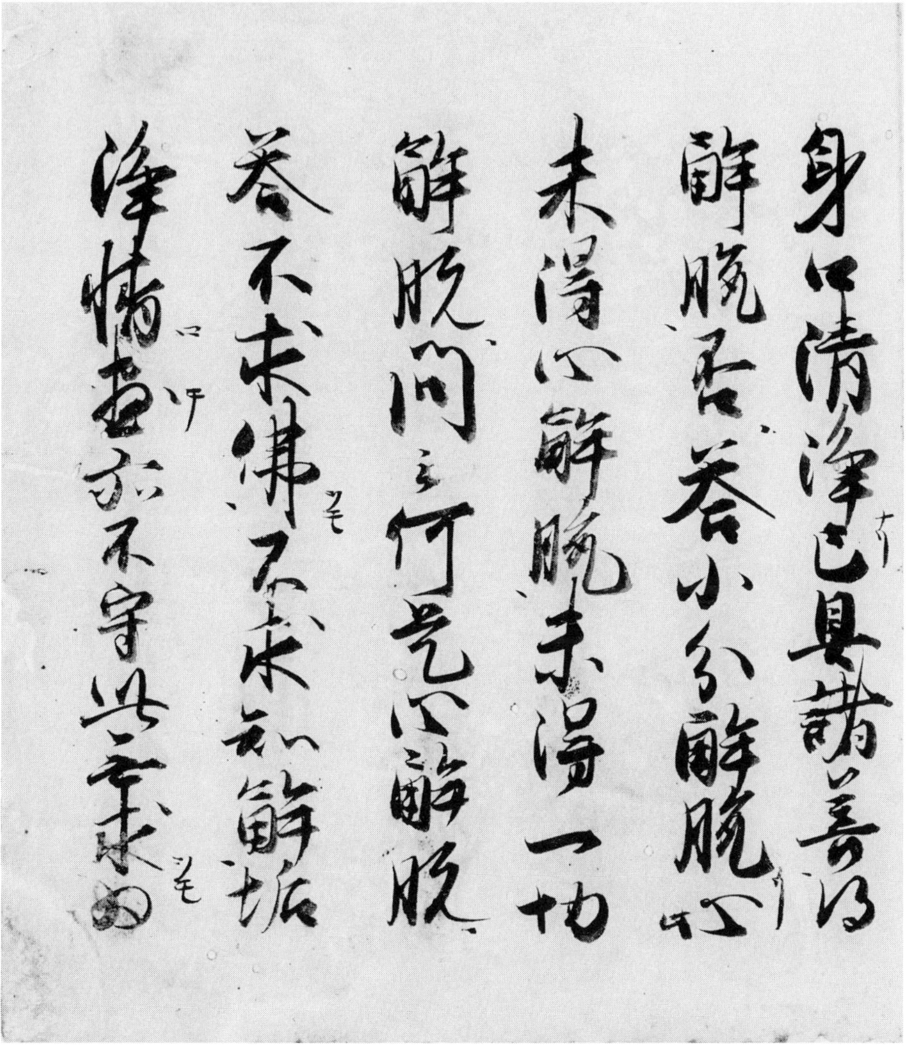

身口清浄已是諸善乃
解脱否、答、小分解脱心
未得心解脱未得一切
解脱、問、何是心解脱
答、不求佛不求知解垢
浄情盡亦不守此無求[illegible]

是亦不住無處亦不畏地
獄縛不愛天堂樂一切法
不拘始名為解脱無礙即
身心及一切皆名解脱汝
莫言有少分戒善將為
便了有河沙無漏戒定恵

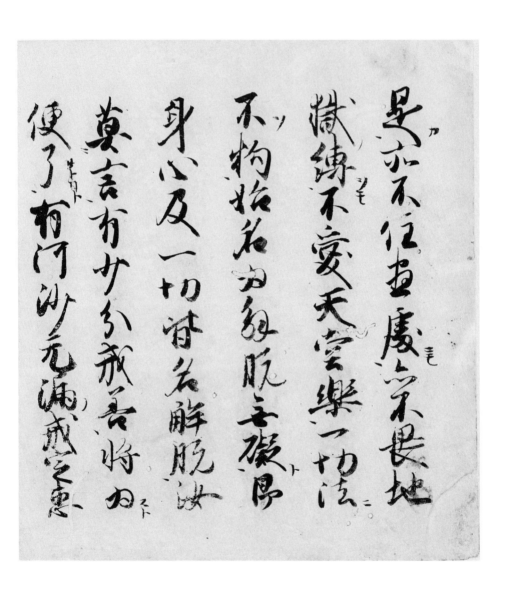

恵門都未渉一毫在努力
猛作早与莫待耳聾眼
暗頭白面皺老苦及身眼
中流涙心中慞惶未有
去処到恁麼時整理脚
手不得也縦有福智多聞

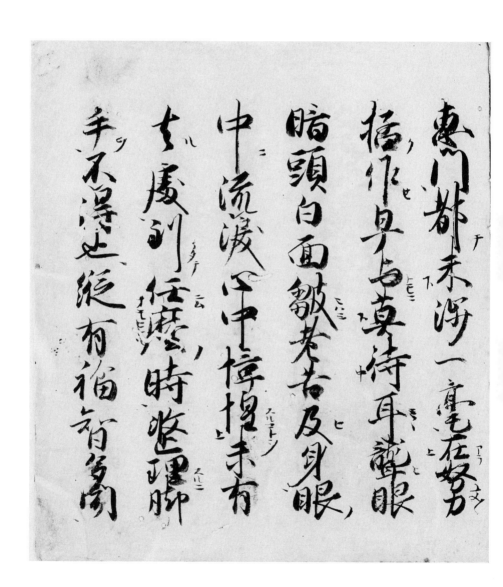

都不将救力心眼未開唯
縁念諸境不知返照復不
見佛道一生所有悪業
悉現於前或忻或怖六
道五蘊現前盡見厳好
舎宅舟船車轝光明顕

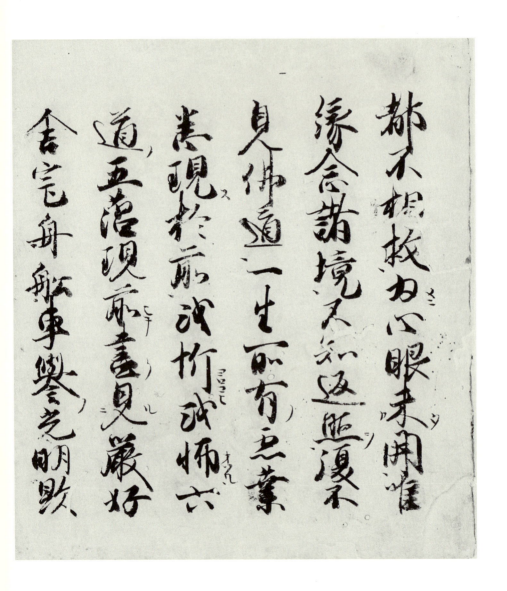

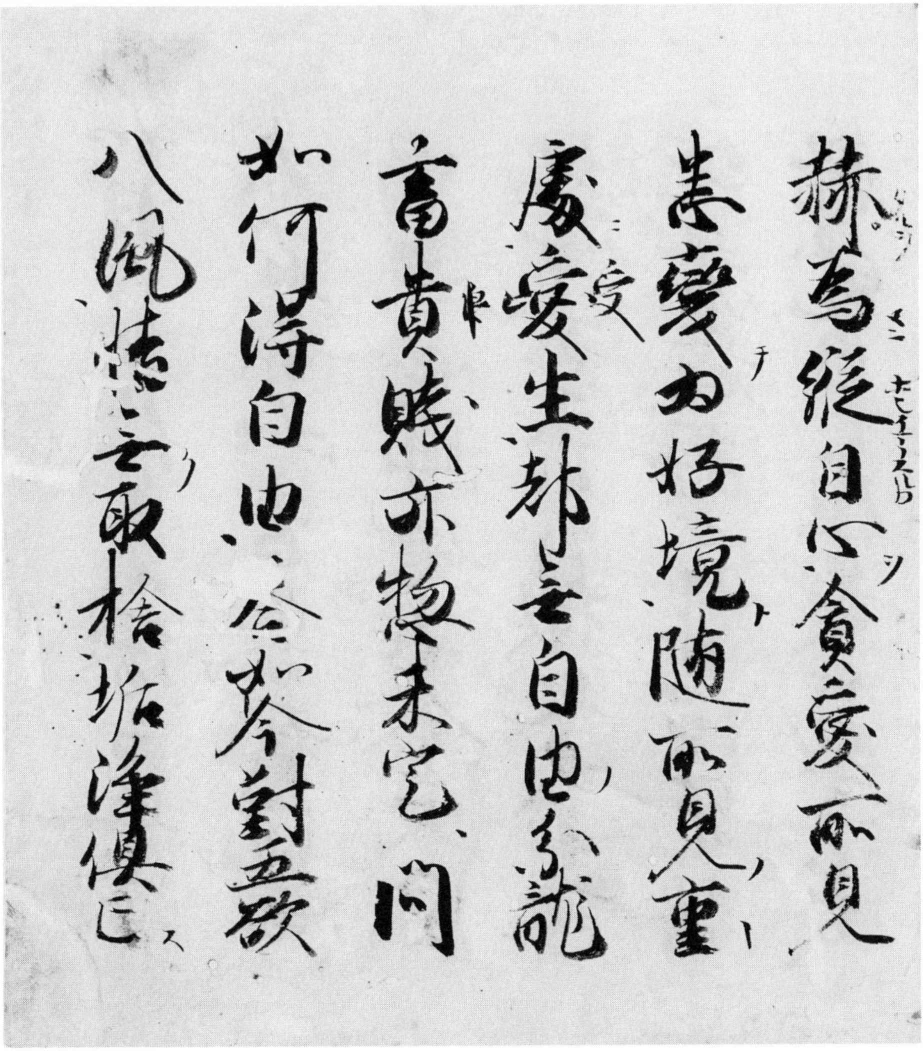
摠為従自心貪愛所見
是變爲好境随所見重
處受生都無自由分龍
畜良賤亦惣未定問
如何得自由答如今對五欲
八風情無取捨垢淨俱亡

如日月在空不縁而照心如
木石亦如香象截流而
過更無滞礙此人天堂
地獄所不能攝之又不讀
經看教語言皆須宛轉
歸就自己但是一切言教

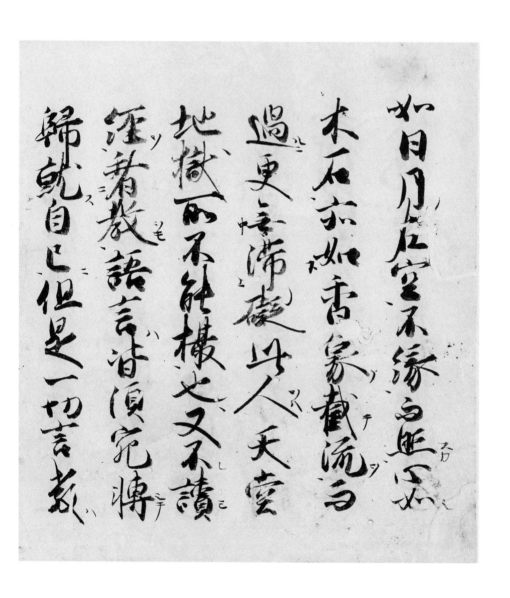

只明今覺性自己倶不被
一切有無諸法境縛是導
師能照破一切有無境
法是金剛即有自由獨
立分若不能恁麼得
縱令誦得十二韋陀經

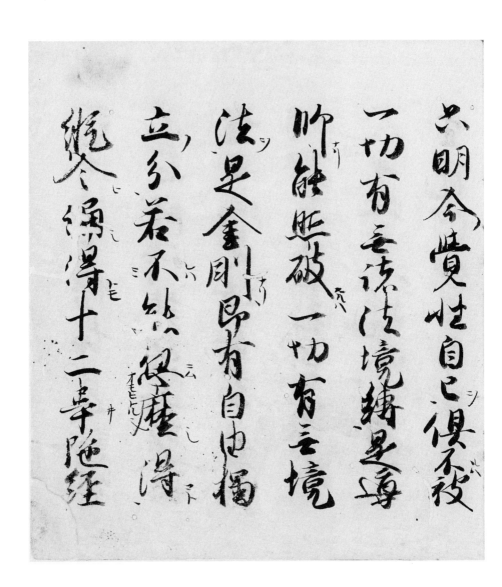

只成壊上偈却是謗佛
不是脩行讀經看教若
准世間是好善事若向
明理人邊數此是壅塞
人十地之人脱不去流入
生死河但不用求覓知

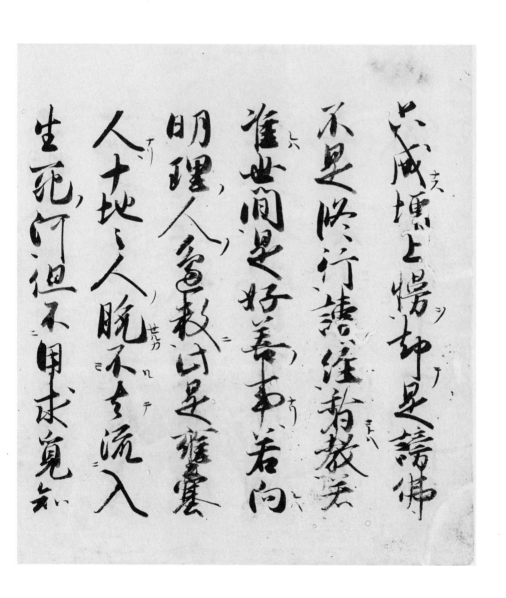

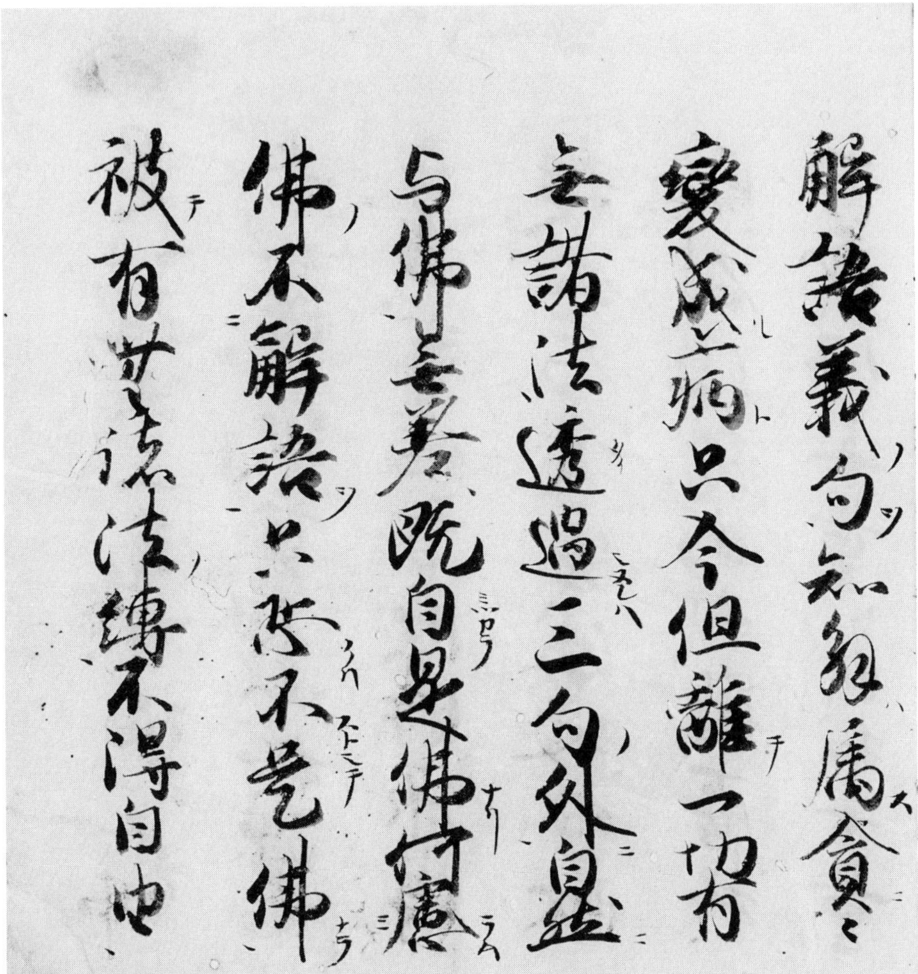

解語義句知解屬貪貪
變成病只今但離一切有
無諸法透過三句外自
與佛無差既自是佛何慮
佛不解語只恐不是佛
被有無諸法縛不得自由

是以理未立先有福智載
去如賤使貴不如於理先
立後有福智臨時作得
捉土為金變海水為酥
酪破須彌山為微塵於
一義作無量義於無量

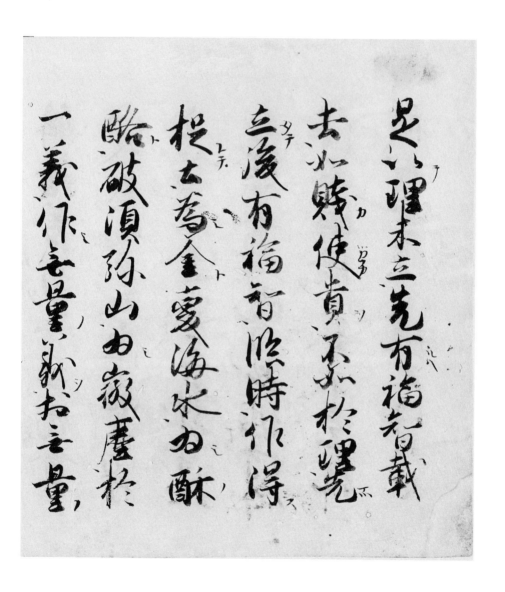

義作一義師有時説法
竟大衆下堂乃召之大衆
迴首師云是什麼（藥山目爲百丈下堂句）
唐元和九年正月十七日歸寂
壽九十五長慶元年勅諡（時志朝）
大智禪師塔曰大寶勝輪

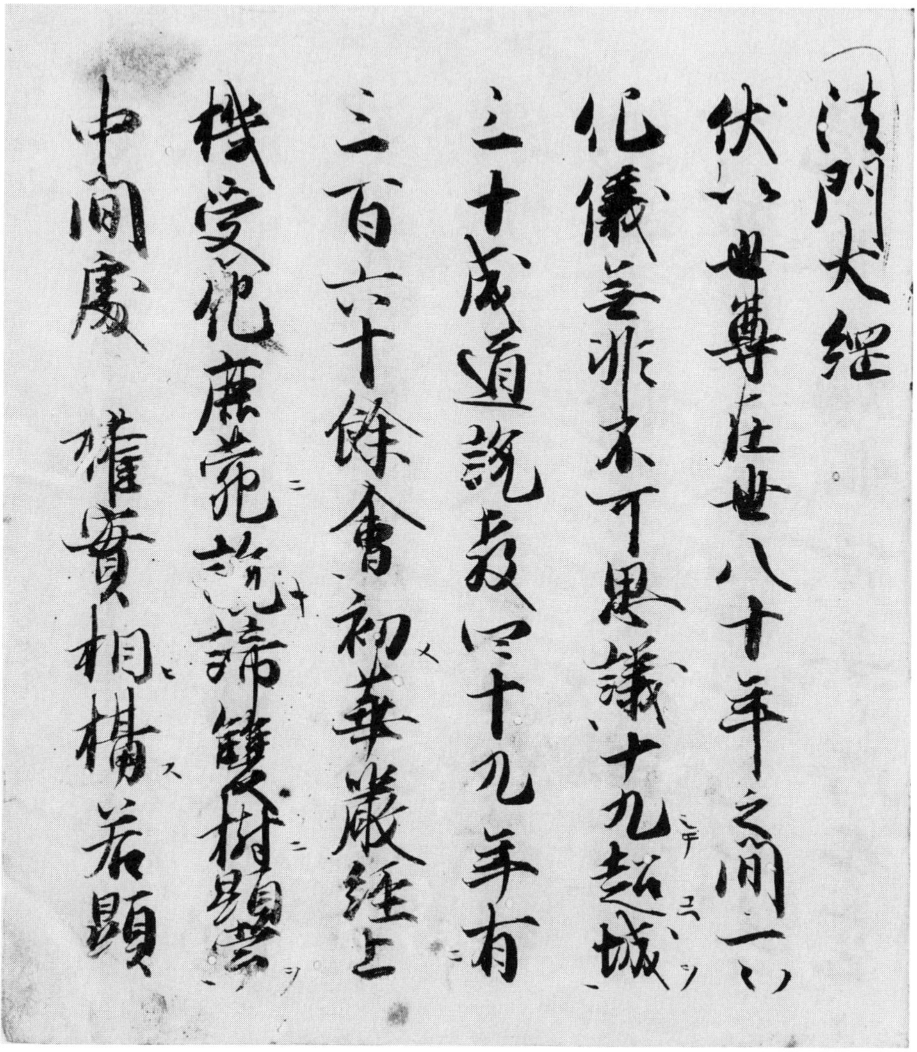
法門大綱
伏以世尊在世八十年之間一代
化儀是非不可思議十九越城
三十成道説教四十九年有
三百六十餘會初華嚴經上
機受化鹿苑説諦雙樹顕常
中間處權實相構若顕

若家皆爲成本事之末後

傳心印遺法本家西天廿八祖

次第相承達磨東来震旦

興化有三人上足尼総持得

肉道育得骨慧可得髓慧

可所解之本元煩悩元是菩

提意之煩悩依妄辨本空

此空寂之理盡知自具浄法
宛然是名菩提菩提無相説
論生滅於真心獨明不變
易故云本無煩悩元是菩提
道云迷即煩悩悟即菩提
本雖有覚性不覚故動心
忽縛生死虚縛生死相空

不部ニ當悌ヽ不動之漏脱ホ
勢持ス斷煩惱得菩提一切
宗土煩悩カ你雖具法性も
也現ホ具無覩キ顯佛弄
足分快道皆是大象取解利
鈍自別也佛不弃世ニ亦有
舊翻久道口説埋設道西

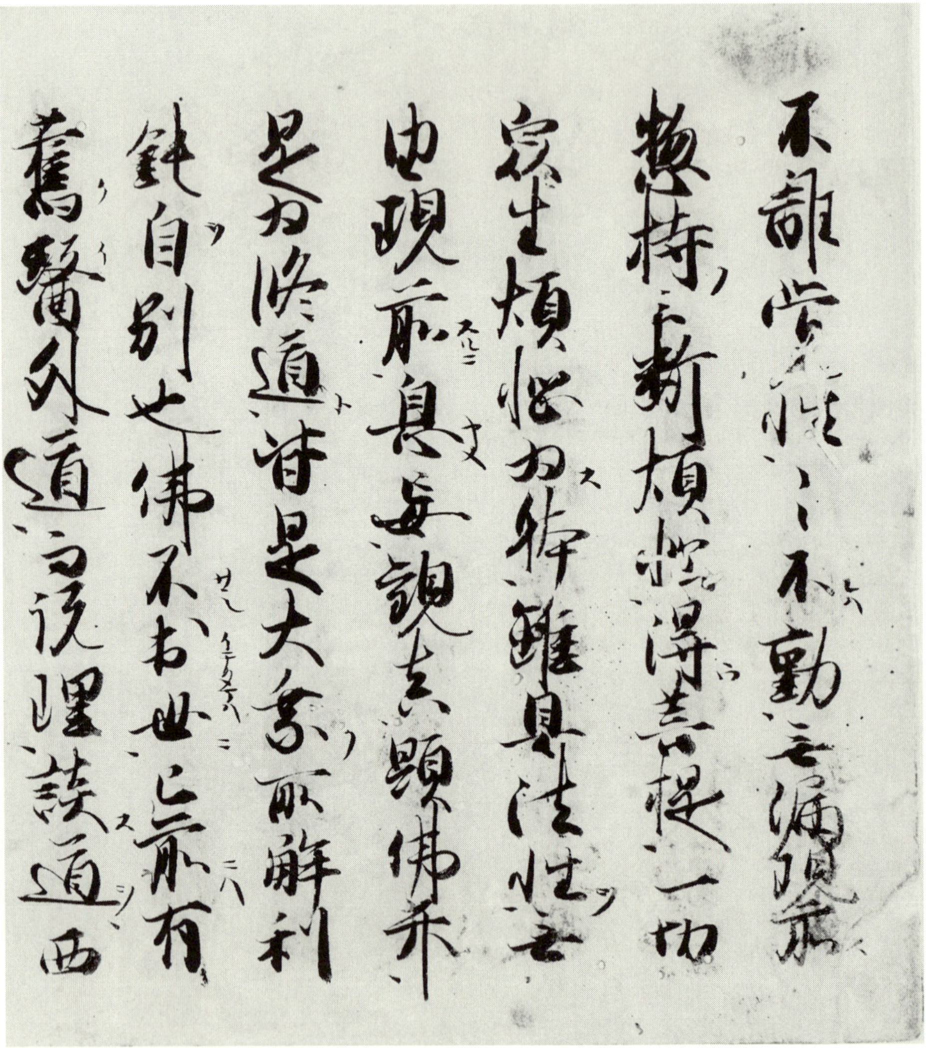

天ノ三類界去不来震旦ノ三
聖其教少傳孔子宣尼夢
是ヲ儒教本祖老子以虚無
荘生説自然此三玄門稱道
家皆是和心所要而至道
昇降然不破人執故不免
三界如来新飜正教出世

道漸漸于挽入一心之門小乗
法執雖隔於涅槃時已
佛為現身示無上道同界
菩薩位方等諸經般若説
空法華明實迹門之初説
十如是之顯妙境於寂光地
開示佛之知見入仏之知見

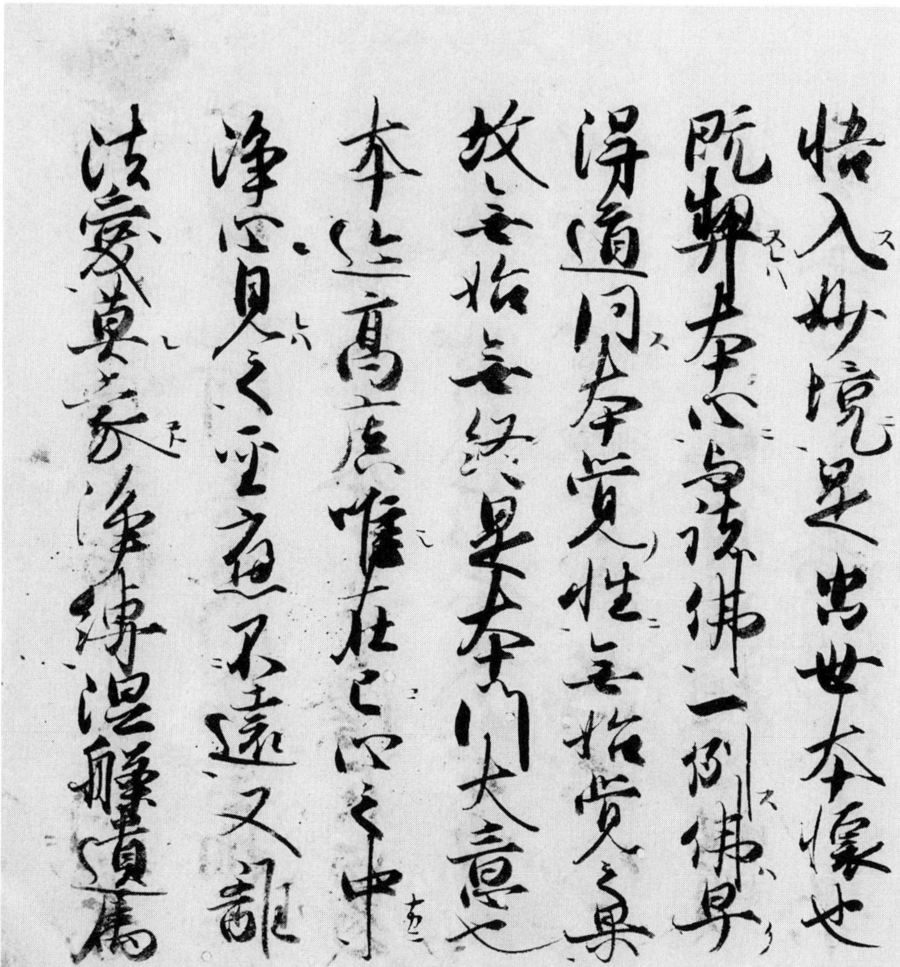
悟入妙境是出世本懐也
既棄本心与諸佛一切佛身
得道同本覚性与始覚具
故云始云終是本門大意也
本迹高底唯在己心之中
浄心見之遥不遠又離
法愛莫著浄縛涅槃貪属

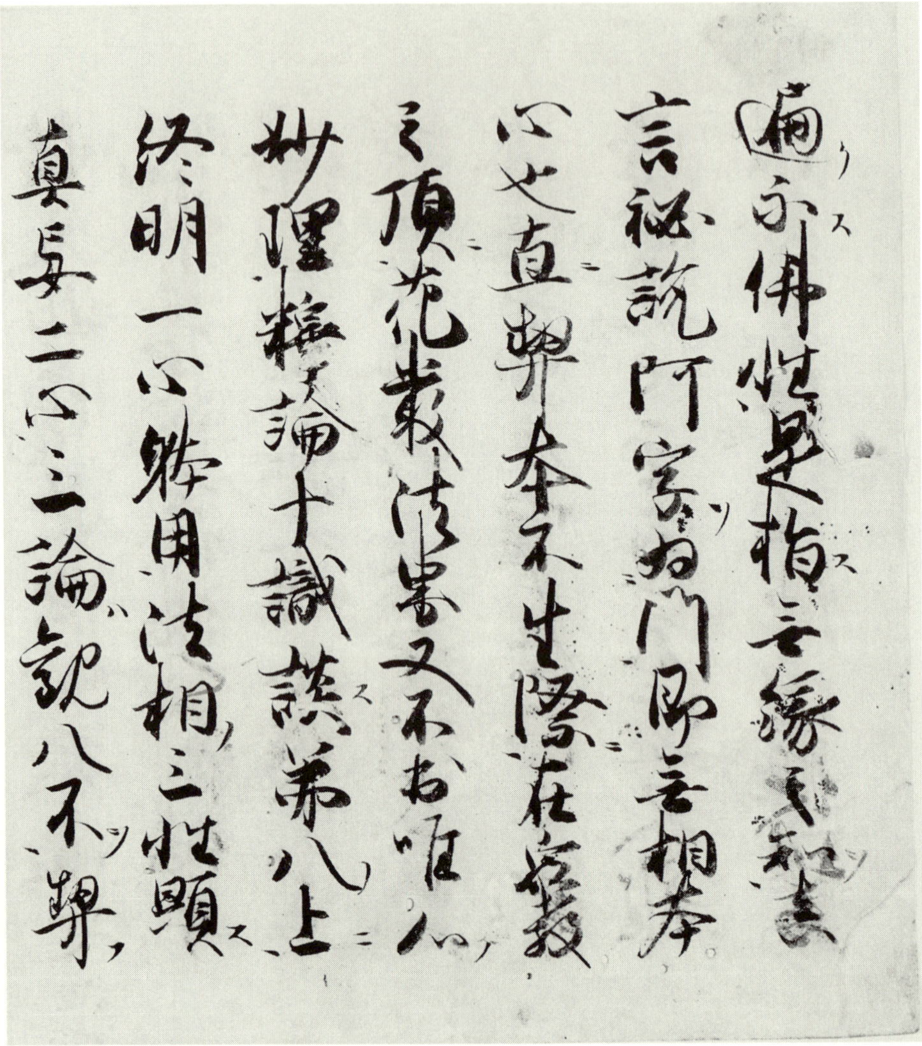

涵示佛性是指言縁云和上
言詮説門字句即言相本
心也直界本不生際在宗教
之頂花嚴法界又不可唯心
妙理掾論十識義第八上
終明一心勝用法相之性顕
真妄二心之一論説八不界

無相心禅門宗者佛々祖々
以心傳心不立文字是文字
相離文以正語指心得心言詞
依心求佛得仏心々是名
其體即知文心知何物即知
妙境々々是佛出體不即不
離知是佛用寂德從此言

咸知從性淨理与頭此理備
無相与有無相本空知見者
所得以無所得故得无上菩
是即頭々寂肝心離々無別
解唯未開本性住分別執
心々中去惣足名凡夫
生死難出本亡縦雖学諸教

皆表属人天小乗歴劫逕
廻之行若又依善友開示悟
無念知見忘諸縁頓寂法
界洞朗觸目觸耳無非妙
境於四威儀中常見佛面
直如是悟入忘念遊寂光
新々顕妙覚安然界中栖

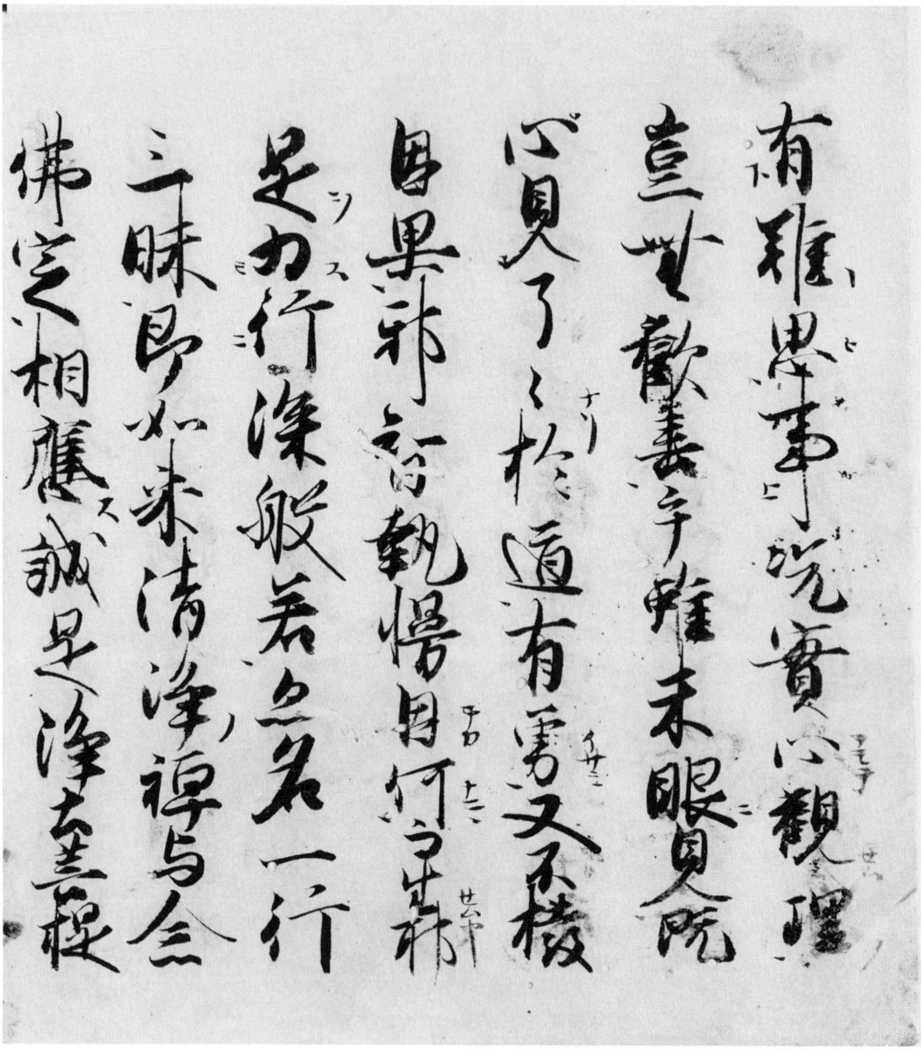
有雖界事、說實心、觀理
豈堪歡喜乎、雖未眼見、既
心見了了、於道有虧、又不被
因果耶、許執慢因何乎耶
是名行、淨般若、名一行
三昧、即如來清淨禪、與念
佛定之相應、滅是淨土禪

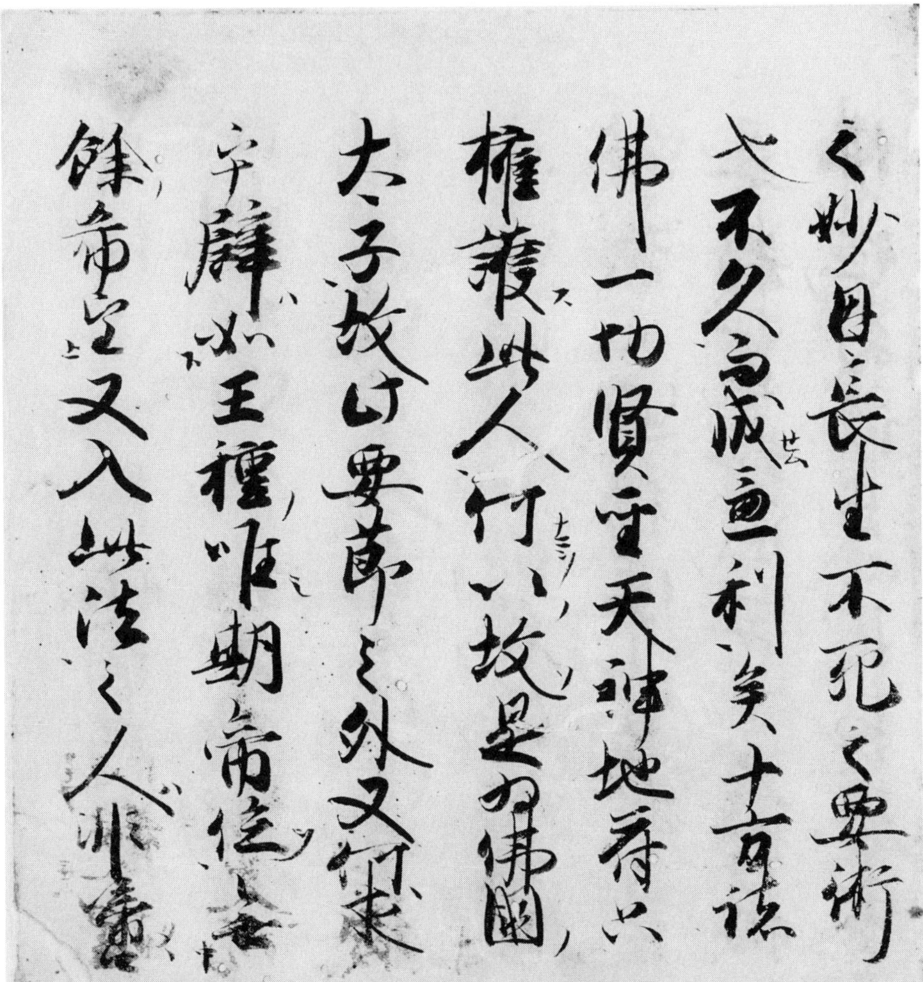

之妙用長生不死之要術
也不久高成通利矣十方諸
佛一切賢聖天神地祇以
擁護此人何以故是名佛國
太子故此要節之外又何求
乎辟如王種唯期帝位之
餘帝望又入此法之人非[illegible]

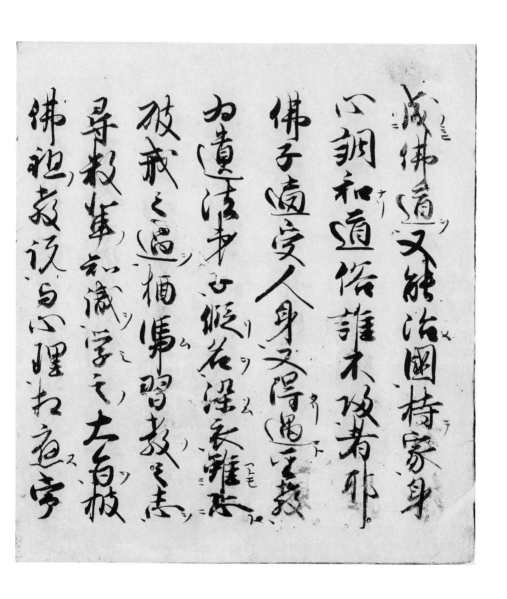

成佛道又能治國持家身
心調和道俗誰不攻者耶
佛子處安人身又得遇正義
而遺法中從若深衣雖於
破戒之過猶勝習教之者
尋教集知識學之大白被
佛祖教誡与心理相違亭

百丈禪師広説・法門大綱（21オ）

将此禪済慈法会深釈云
常不隨改遷三心畢竟
自証光昶寺念大乗之証
如救法東廣慕熈其不覚
随分敷述員朋庭済是別
宿善所追歡喜有降沙員莫
末隆遠頭說七无遇有縁

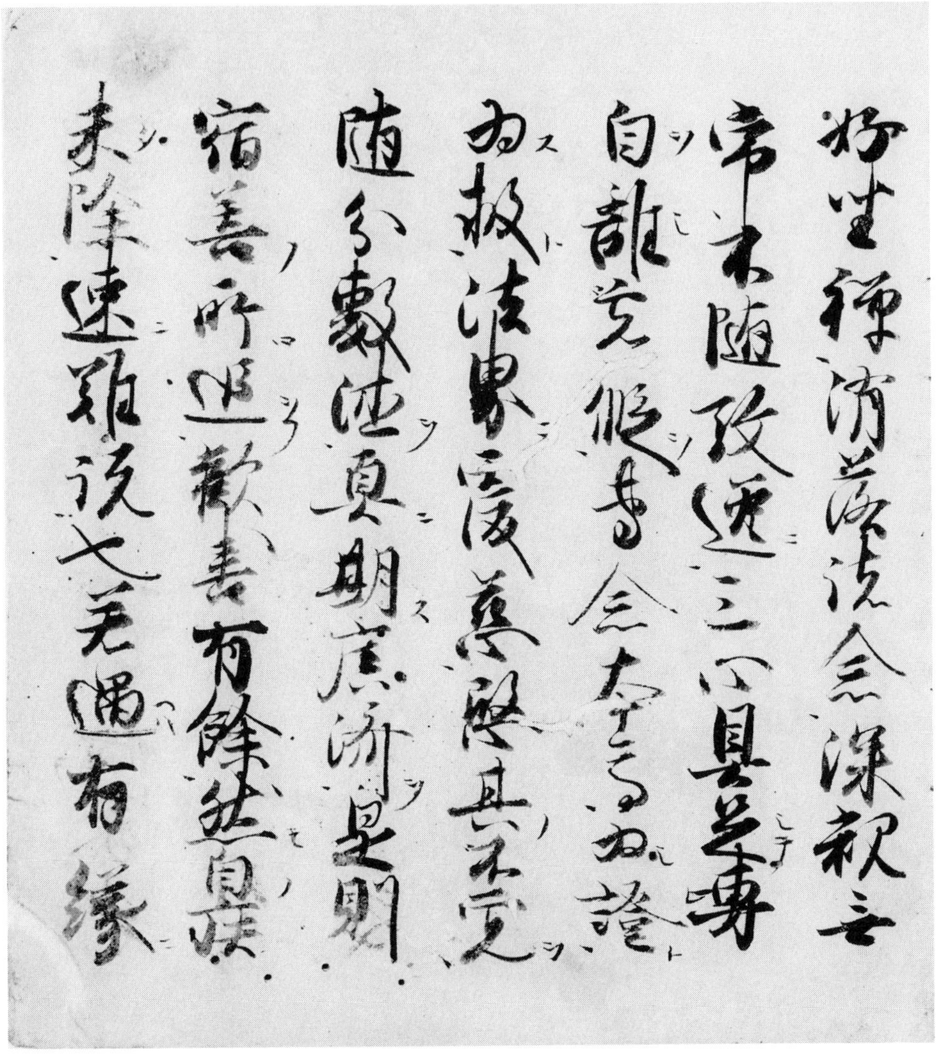

又不能守點ノ所ヲ諸モ加被成就

淨心書

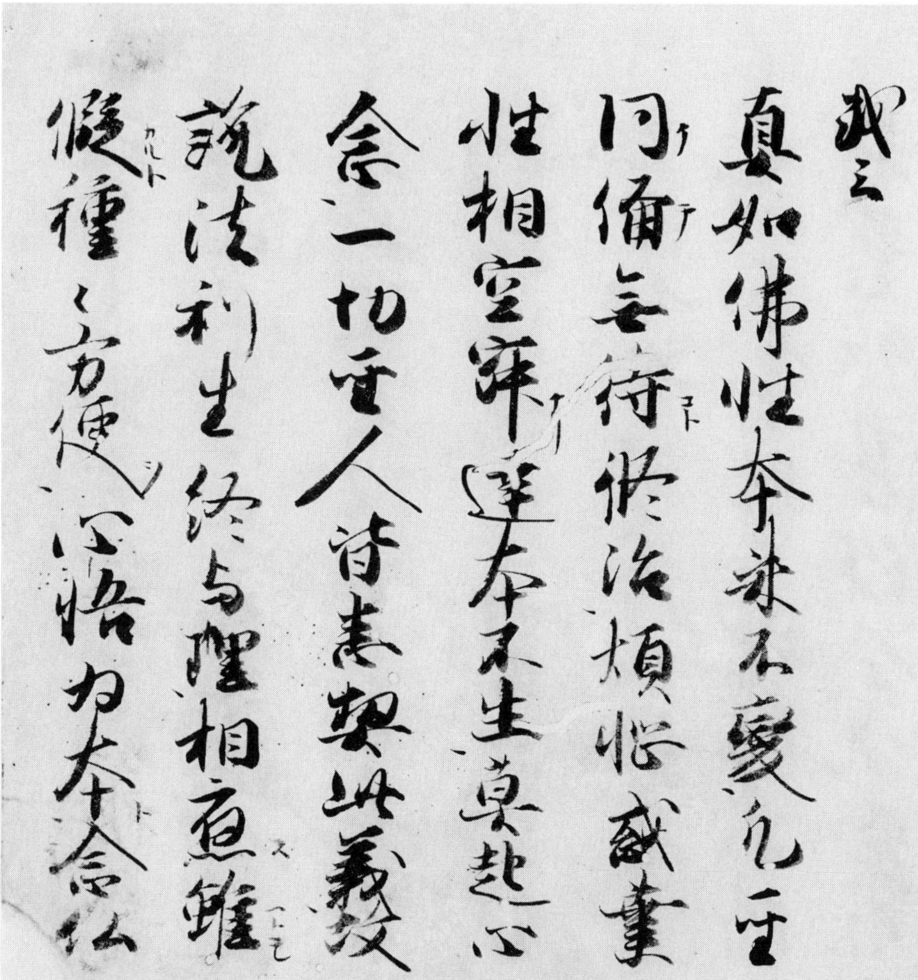
哉之
真如佛性本来不變乃至
同俑無待假治煩惱業
性相空寂至本不生莫起心
念一切凡人皆未契此義故
說法利生終与理相應雖
假種々方便心悟切本念仏

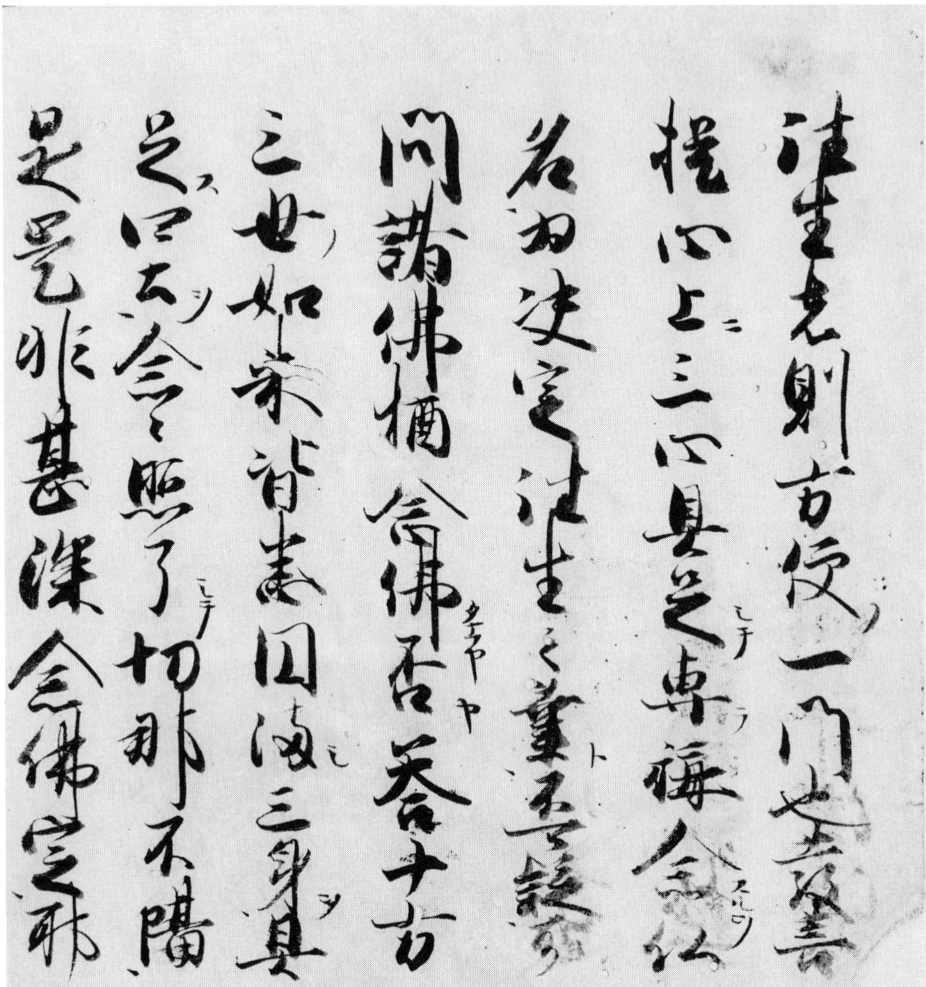

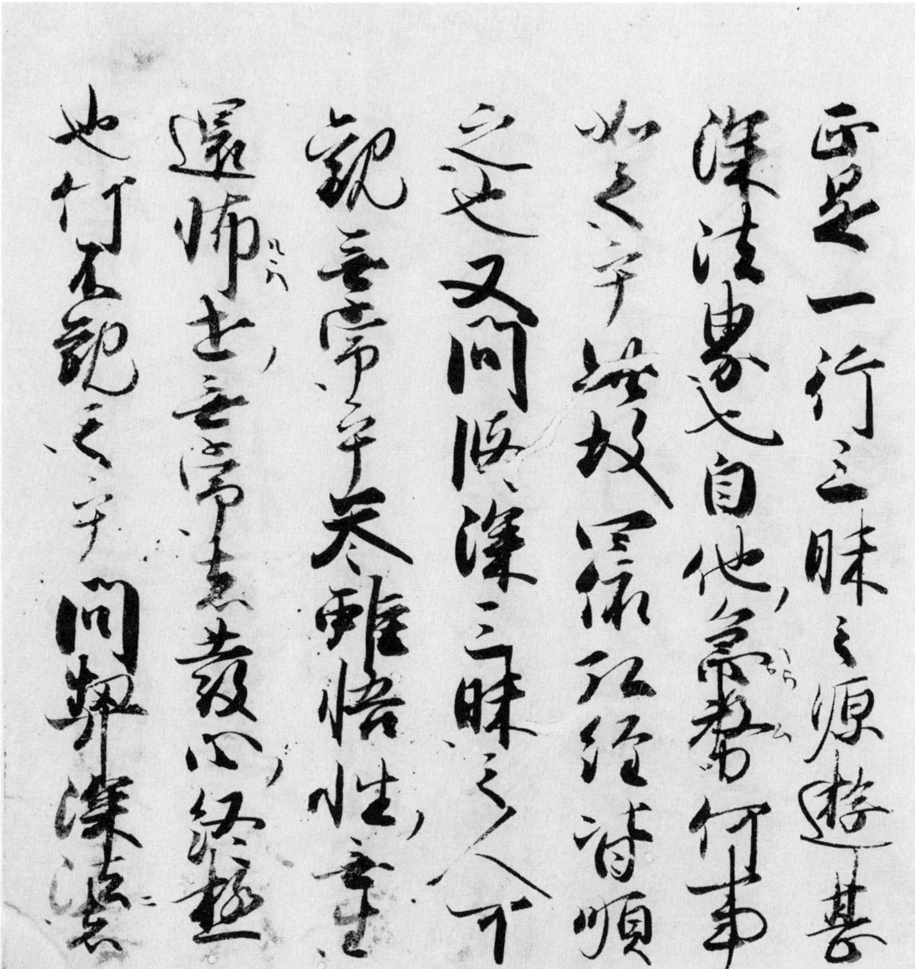

亦是一行三昧之源也甚
深法界之自他無為何事
如之乎無故須依經詳順
之之又問頌深三昧之人下
說無常乎天雖悟性空
還飾无無常去意故以縱極
也何不說之乎　問界深法

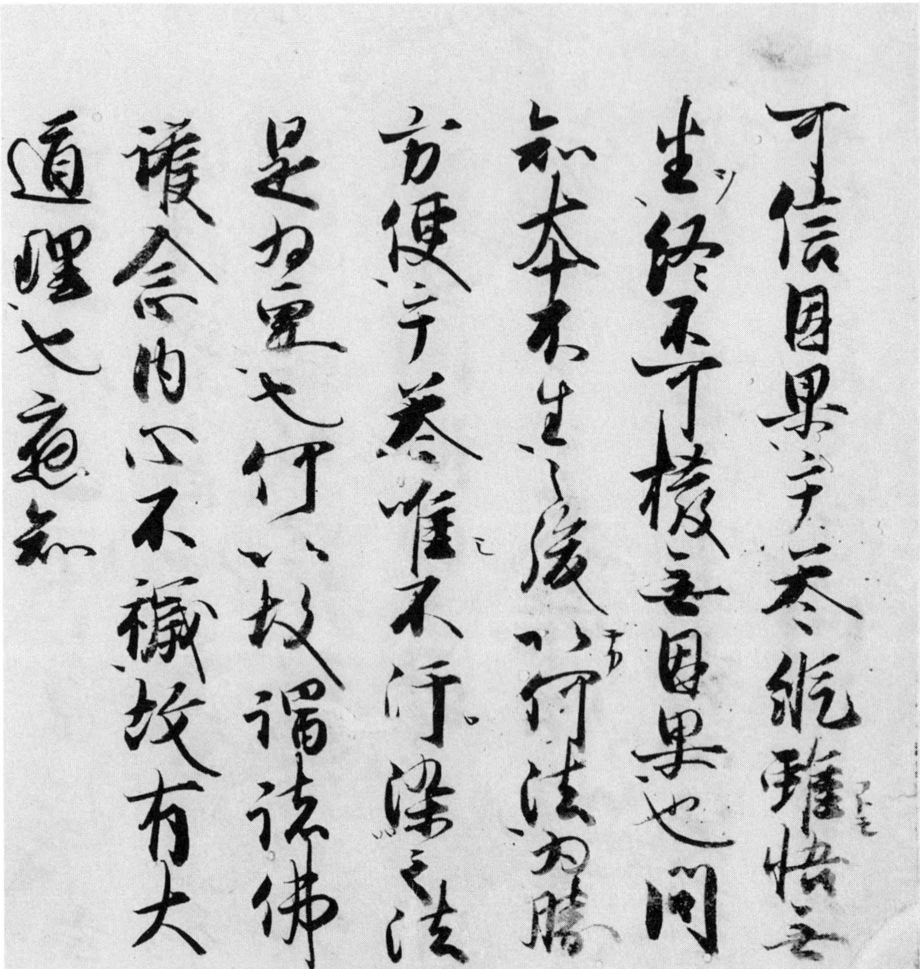

可信因果亦不能雖悟之
生終不可被之因果也問
知本不生之後以何法為勝
方便之慈唯不汙染之法
是如罪之何故謂諸佛
護念内心不識故有大
道理之意知

此四門参皆須佛祖之説
敢不有會構之

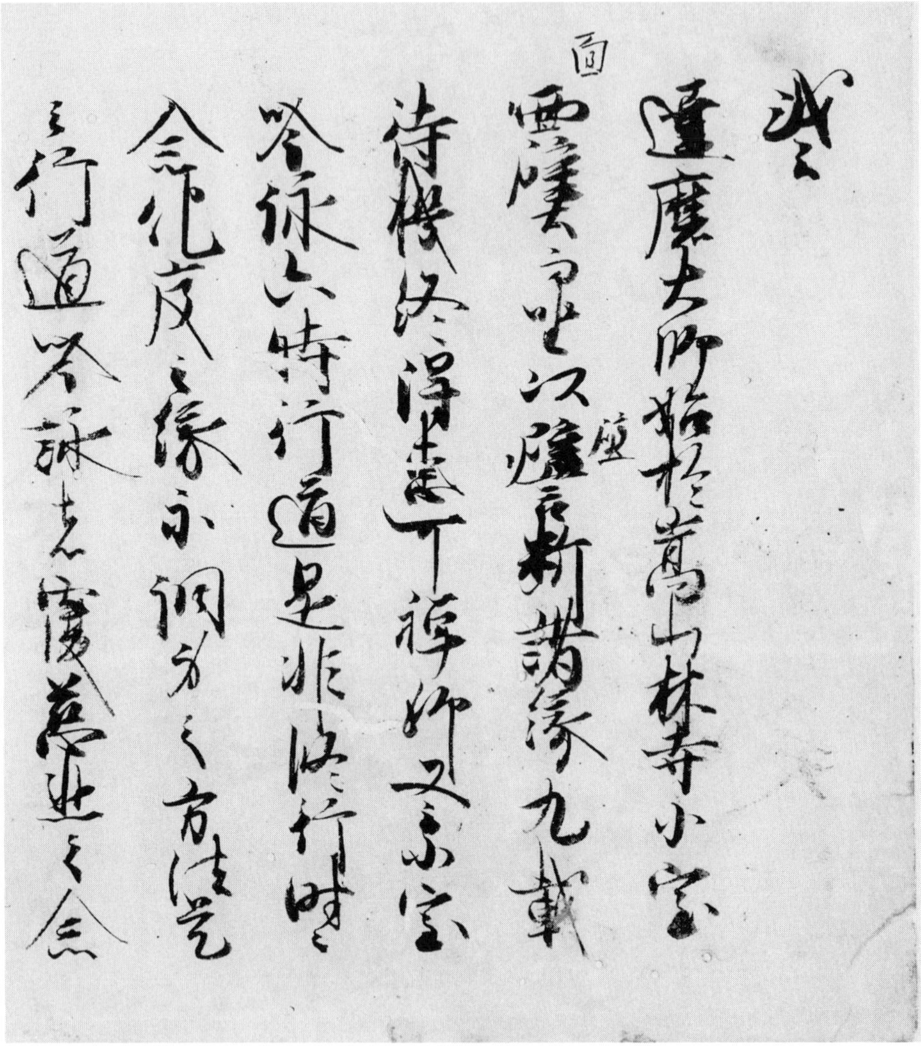

光云
達磨大師始於嵩山林寺小室
面壁云守心以坐禅斫諸縁九載
侍僧次得法下諸師又示宗
吟詠六時行道是非次行時
念佛反之縁示例分之方法覚
之行道吟詠之實處遊之念

悲運哉之音更無所得也
道已所得其心　余所得
退後々々看々頑石動也　頌曰
山堂静夜坐無言
寂々寥々本自然
何事西風動林野
一声寒雁唳長天

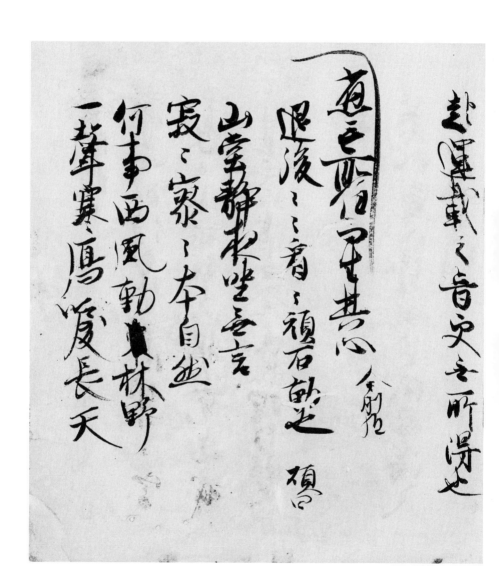

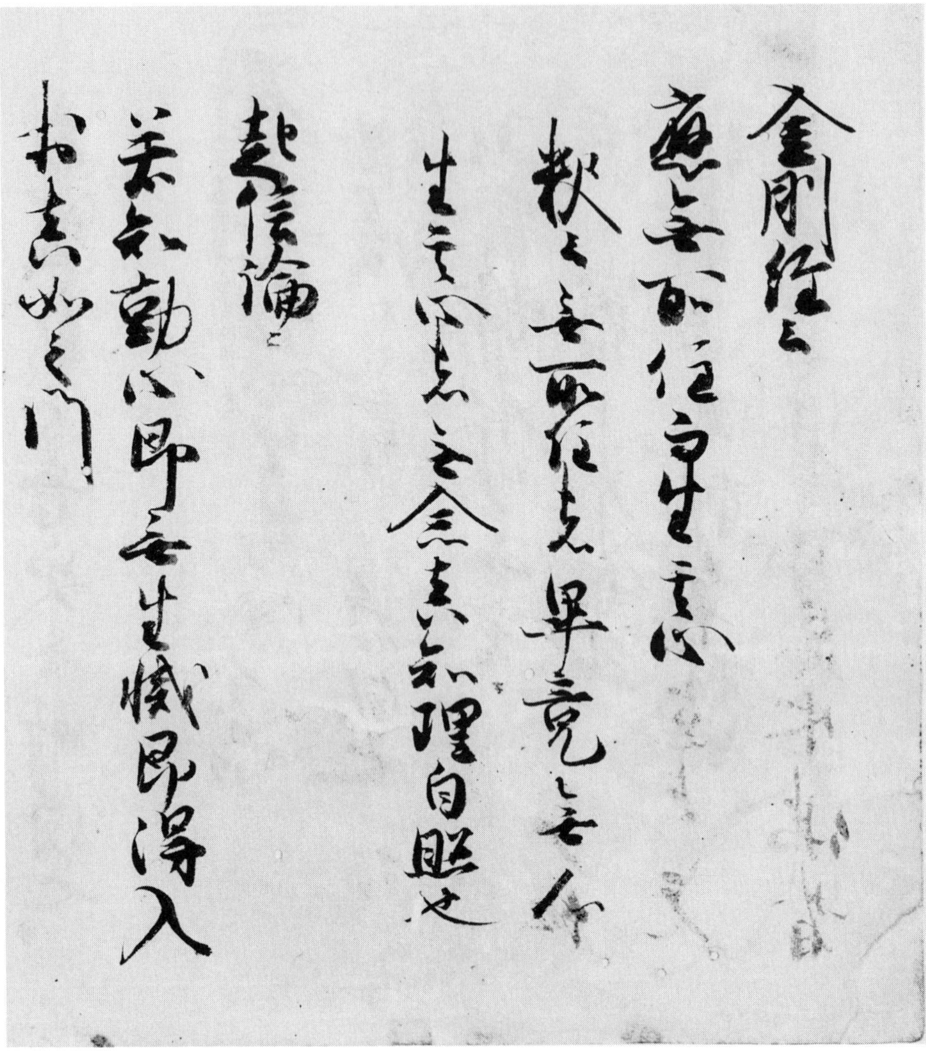

金剛経ニ
應ニ無所住而生其心
敎ニ無所住者畢竟ニ無念
生其心者無念之念本来理自照也
起信論ニ
若知動心即無生滅即得入
真如之門

熟ス志倆委念妄体本空
故不生滅妄生々悪則達
志隆也

赤達磨云
欲見佛志々悟心既見弘
已即長心辭以求無志々
見水已見魚已長水佛者

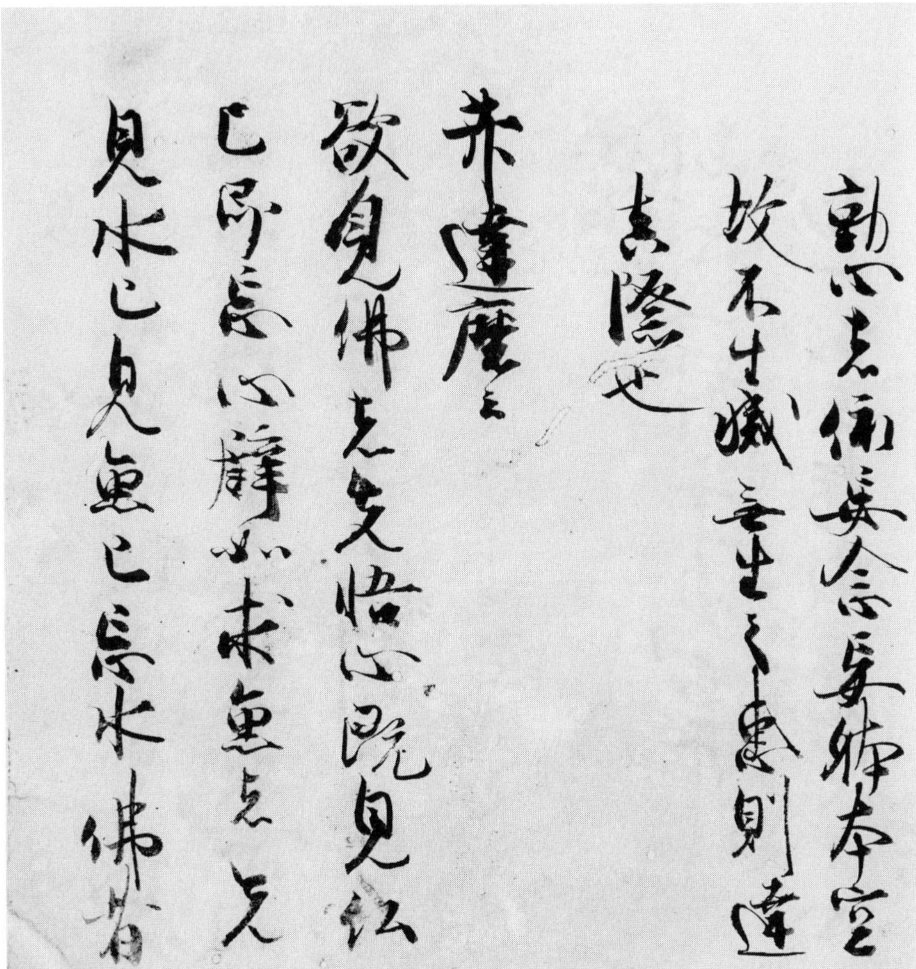

真了知此知従心生頓覚
将此心既得是念ヽ云取心相
清果一味不可分別ヽヽ
天台云
制心ヲ一所ニ無事不弁
常一所ニ志樗散究竟ヽヽ心

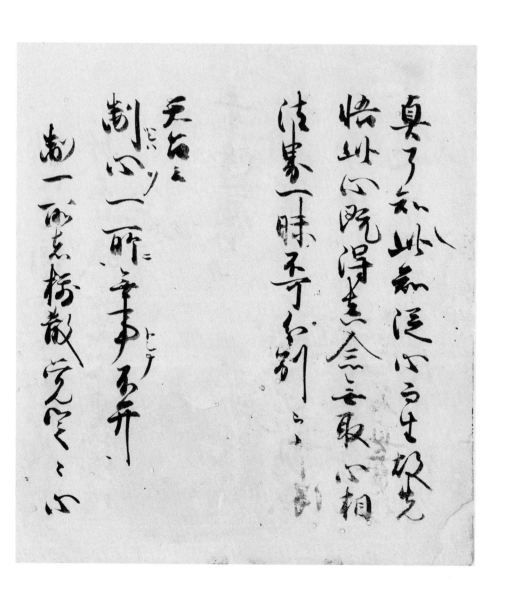

明了通一切處隨緣任物
令心安息是云云事弁
又
一
臺山文殊授法照禅師偈云
諸法唯心造　了心不可得
常依此修行　是名真實相

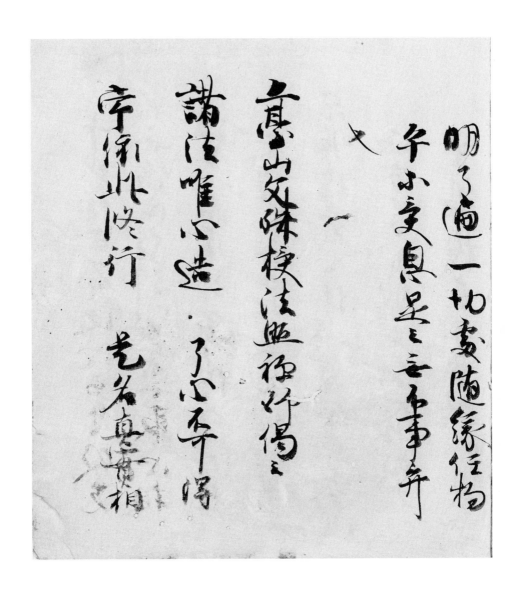

十地菩薩住法是法本十
無依心不別有空性常
空々亦成故不得為實有
亦唯如々實有亦心無所得也
順理故心依此故心無念
西方菩々離大要也此故大
聖鑑機直示要路々及

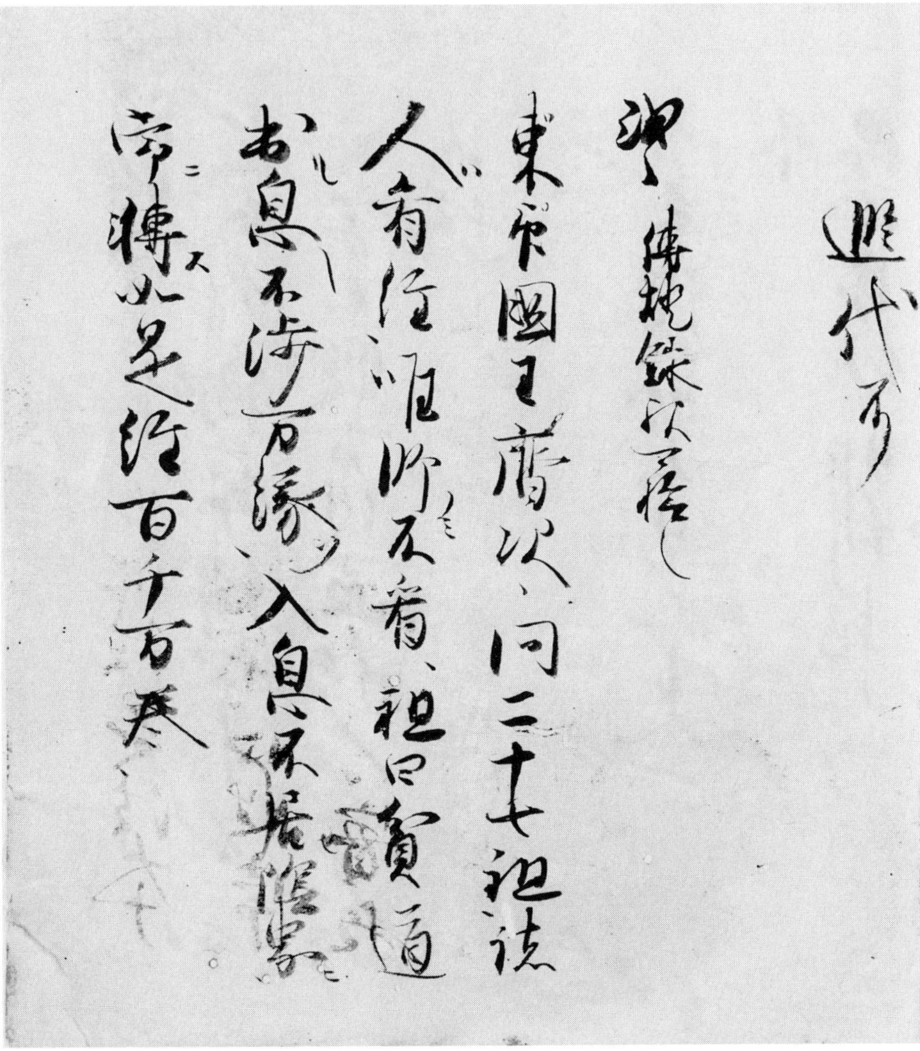

遐代了

御傳燈録以釋之

東印國王齋次、問二十七祖曰

人有経唯所不看、祖曰貧道

出息不随万縁、入息不居蘊界

常轉如是経百千万巻

謂〻

教外別傳（行）單傳心印不立

文字不假方便直指人心見性

成仏

又云

不立階梯不生知見

又云

即心即仏非仏非心[illegible]

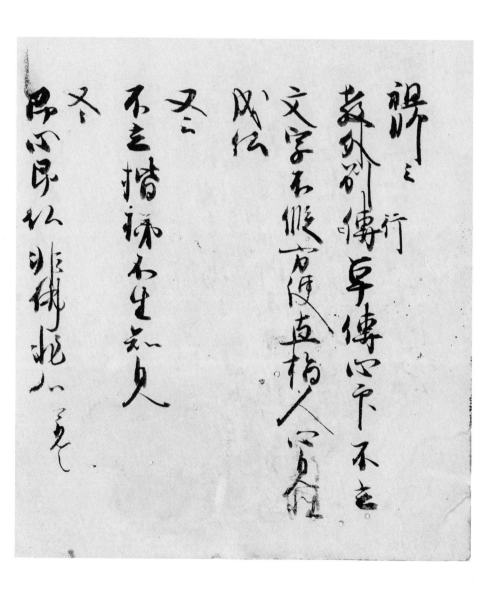

傳教大師始随大安寺行表和尚
受禅法和尚是此宗之流大唐
大福寺道璿和尚弟子也大師
入唐之時重過天台山禅林寺
翛然傳法血脈并牛頭山法門
等安置比叡山蔵云々
並亓人大師所将来録云

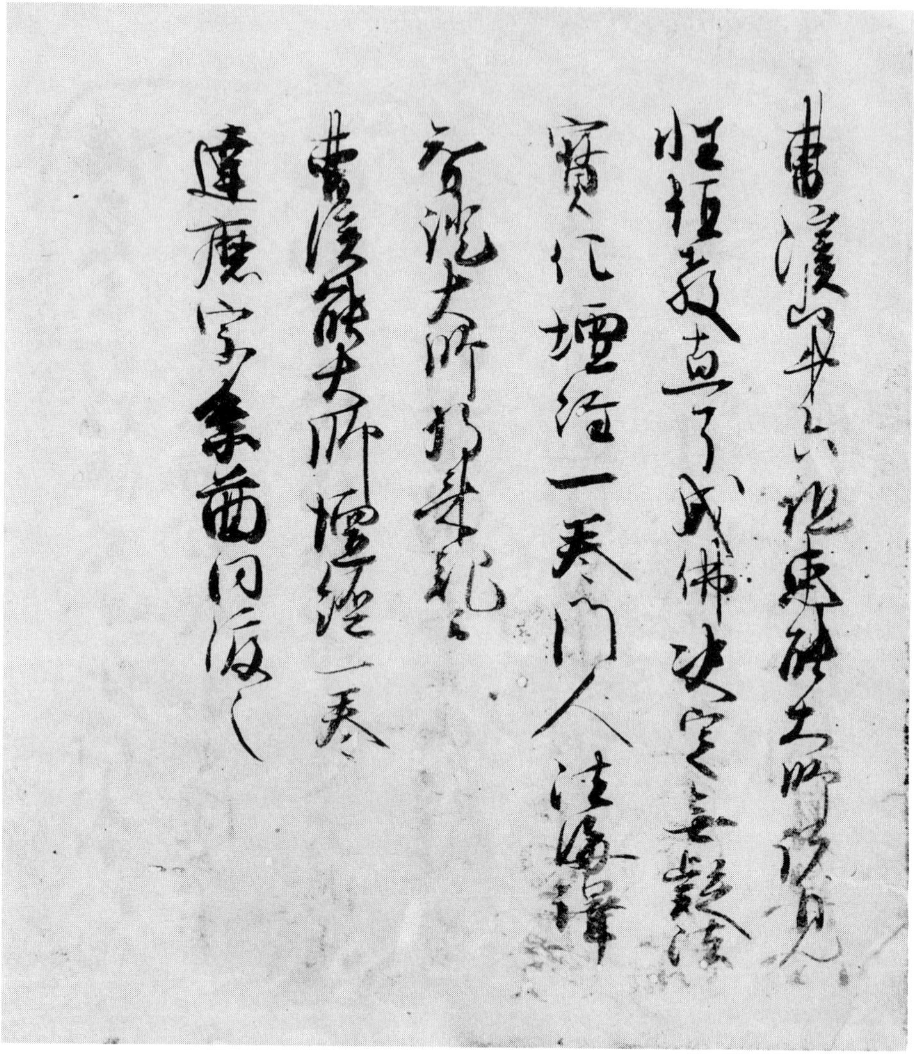

引法項脊端直勿委勿倚然
使四體不寛不急、次當開口吐
氣自然而出使身中百脈處
濁氣而盡乃閉口於鼻中納
清氣次令辰齒相著舌向上齶
目微微開調而入息令不澁不滑
次當調心不沈不浮調身息心

從麁入細安住禪中有不調
處如初入法者定則除之自起
不下來界三事觀已遍作是
念善哉衆生同入深禪發明
妙性今時妄縁離念悉遠絶
見空自他之相無一法可得如是
久〻修習自然發起智恵光

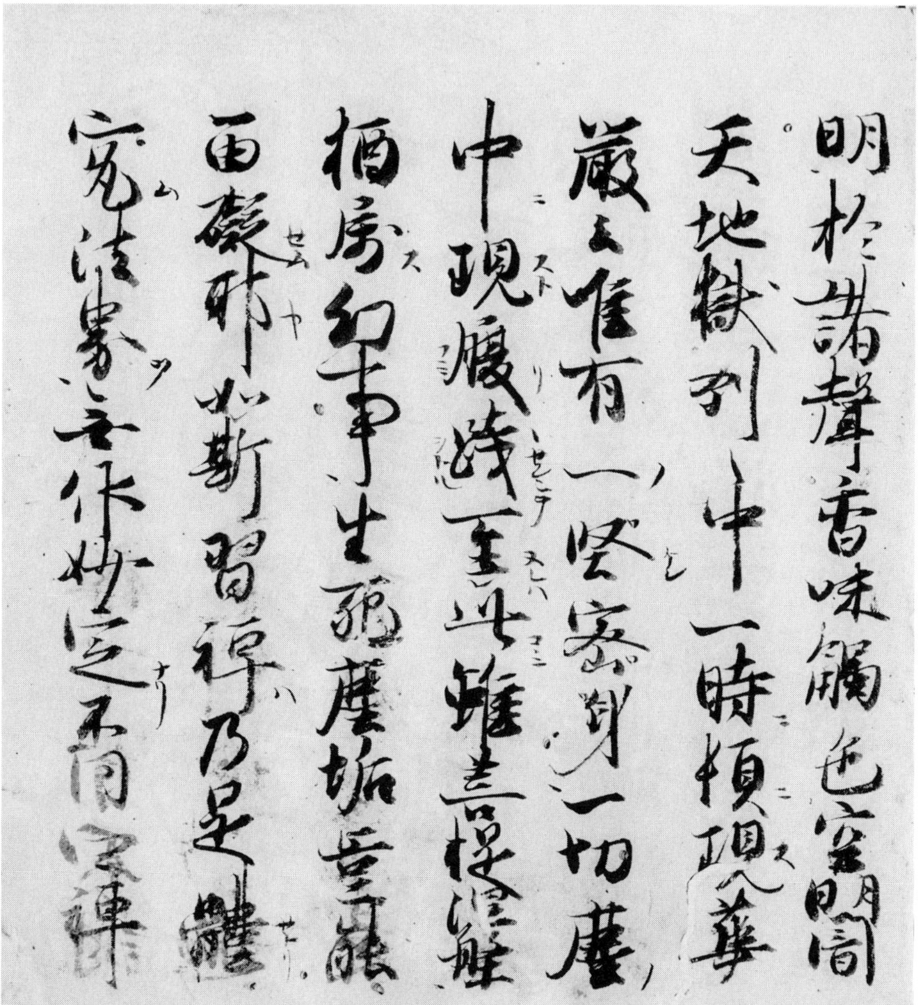
明於諸聲香味觸色空明闇
天地樹林中一時頓現華
嚴云唯有一堅密身一切塵
中現履踐至此雖菩提涅槃
猶虚幻事生死塵垢豈能
[illegible]染耶如斯習得乃是體
究[illegible]家云作妙[illegible]不同[illegible]禪

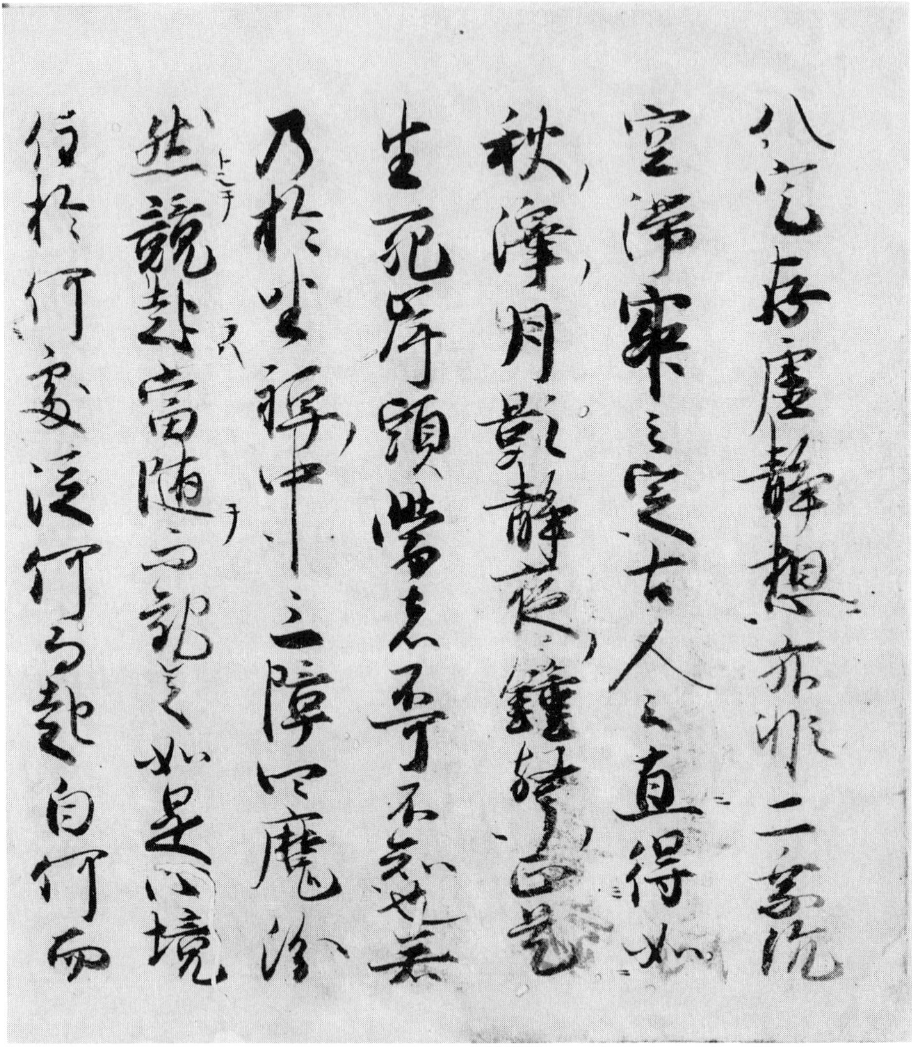

八定存塵静想亦非二乘流
空滞寂定古人云直得如
秋澤月影静夜鐘聲始是
生死岸頭當去不可不知也矣
乃於此静中三障四魔縦
然競起當隨而説之如是之境
得於何處從何所起自何而

滅迚就能説く心湊竹取達
就眺推尋る云吾普也愛法
障差魔一切法任運回來
矣焦諸仏貝常人生死若
自替力门徒斯道三普訪
坐辞耶明心地證悟平門
成種智

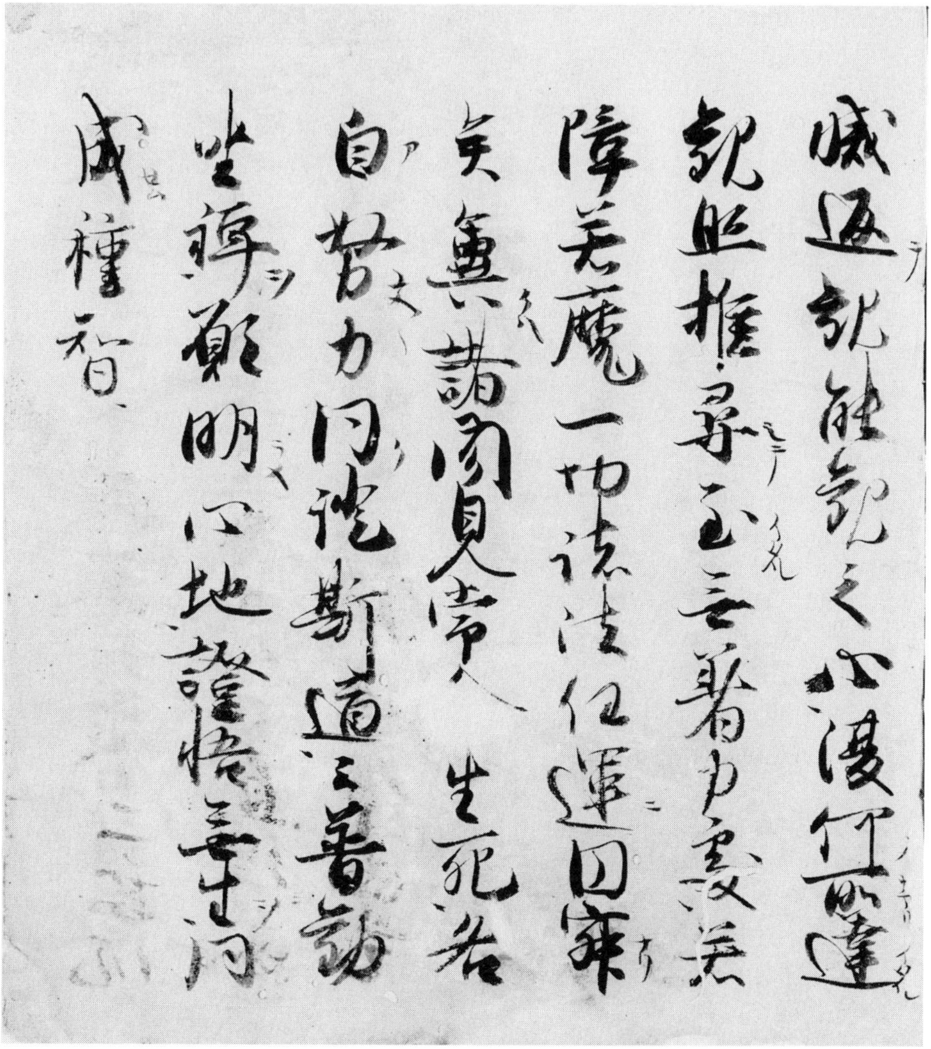

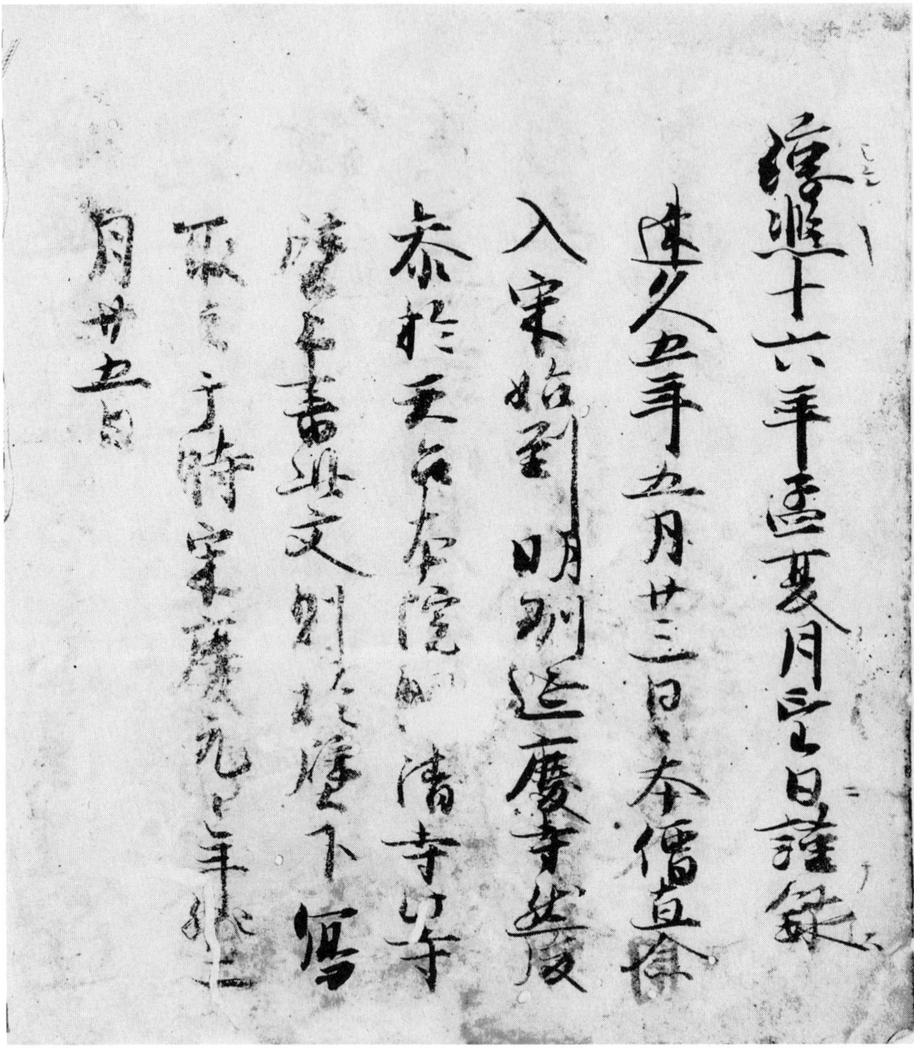

淳熙十六年孟夏月[illegible]日謹録

建久五年五月廿三日、本僧[illegible]

入宋始至明州明州[illegible]寺[illegible]

奉於天台[illegible]清寺[illegible]

[illegible]書[illegible]文則[illegible]下写

[illegible]

月廿五日

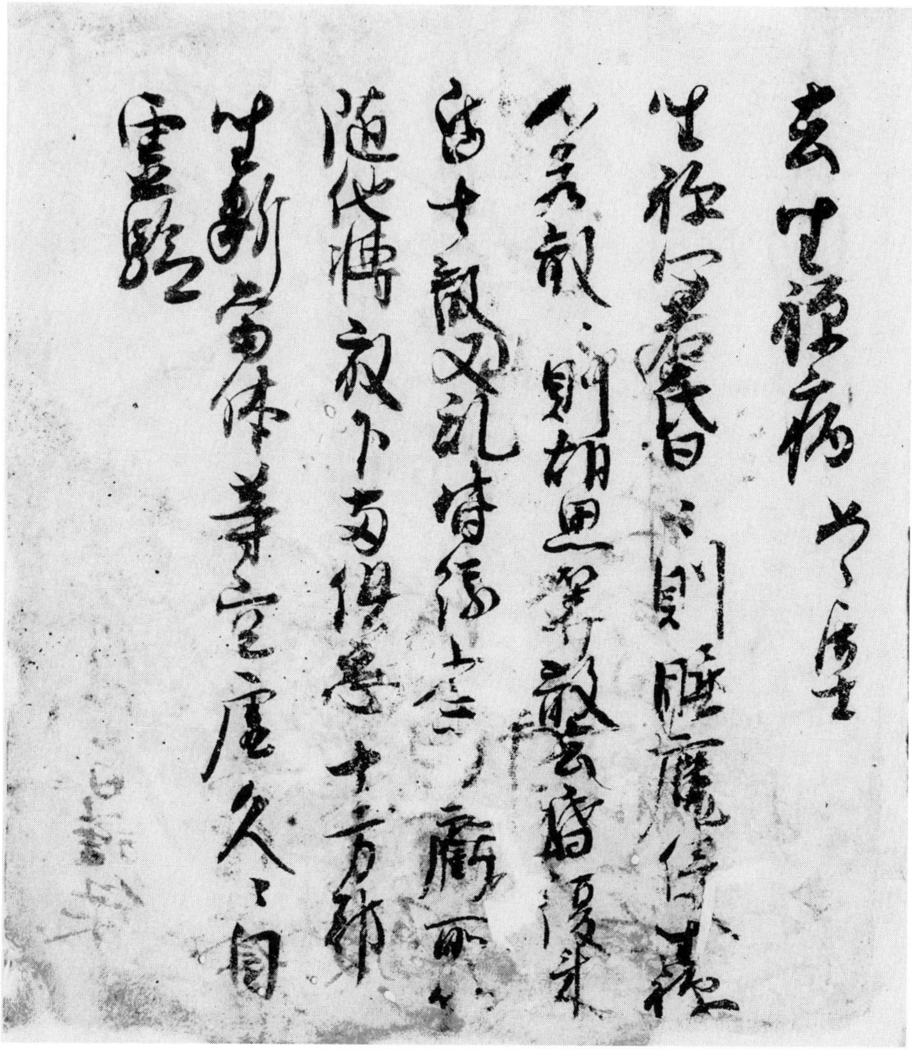

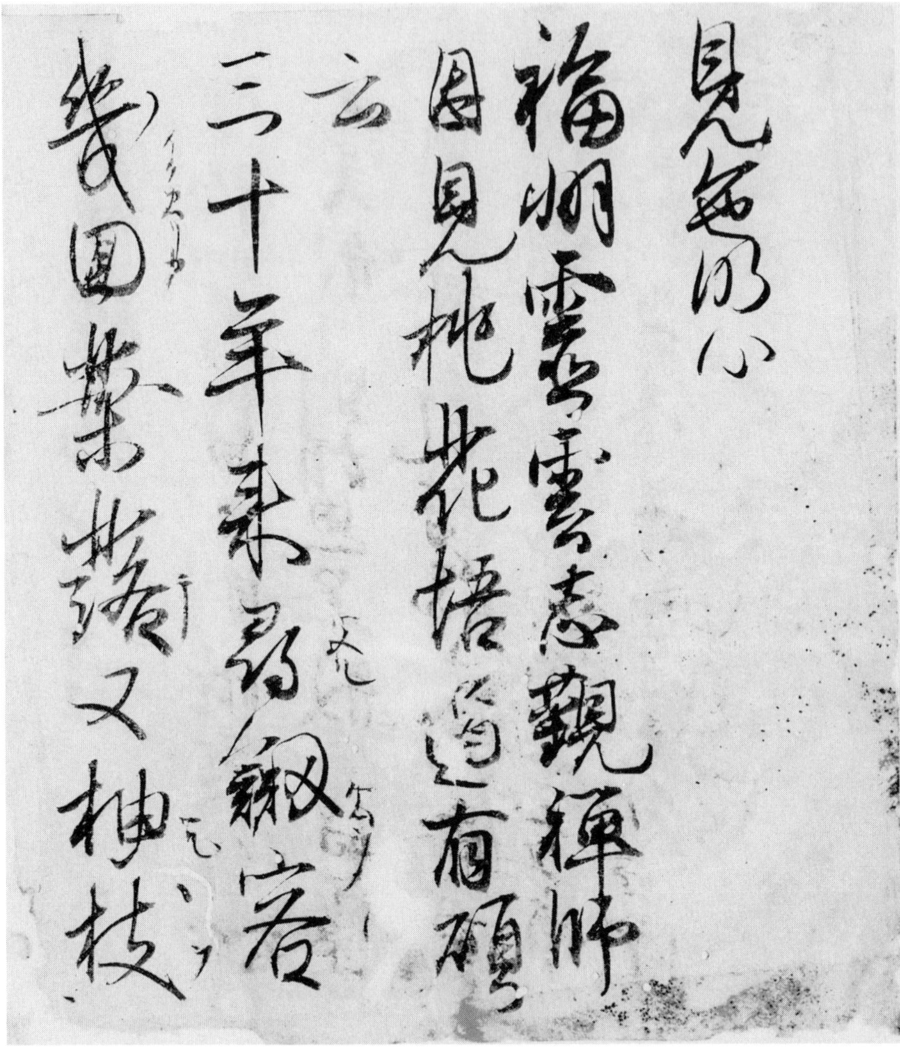
見色明心
福州靈雲志勤禪師
因見桃花悟道有頌
云
三十年來尋劍客
幾囘葉落又抽枝

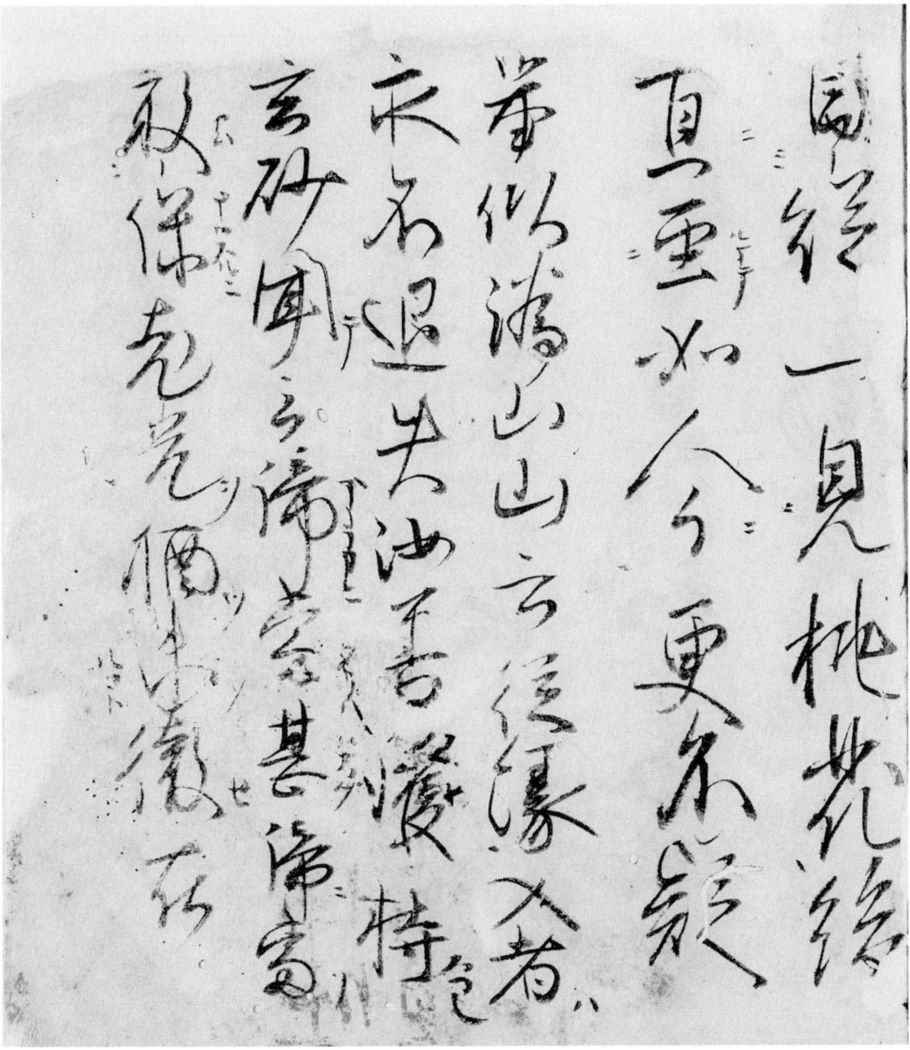

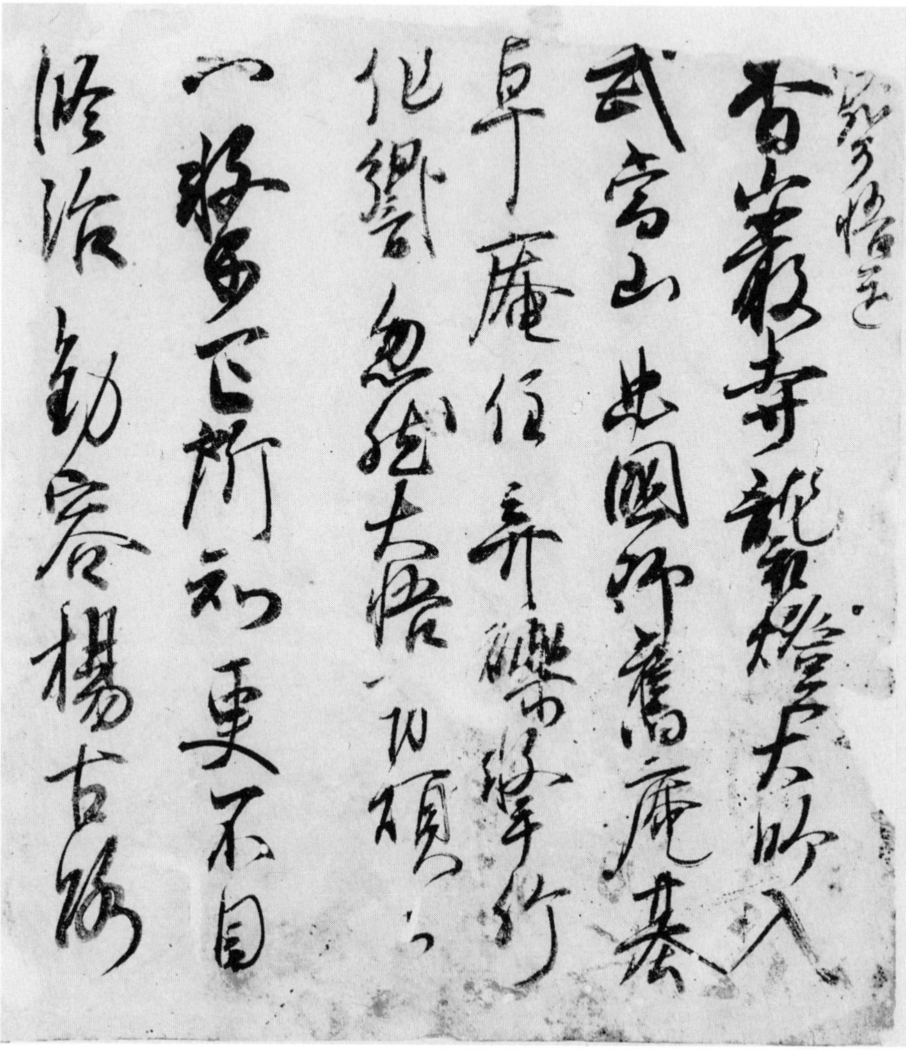

不堕情塵處々
無蹤跡声色外威儀
雪峰山畔有一僧卓
庵多年不剃頭自作一
柄木杓去溪邊舀水
與時有僧問如何是祖

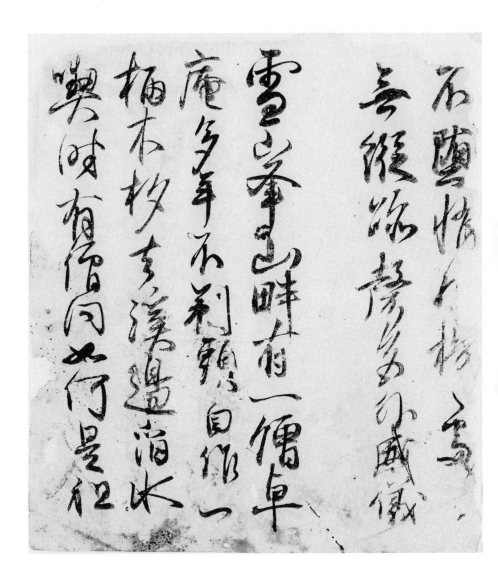

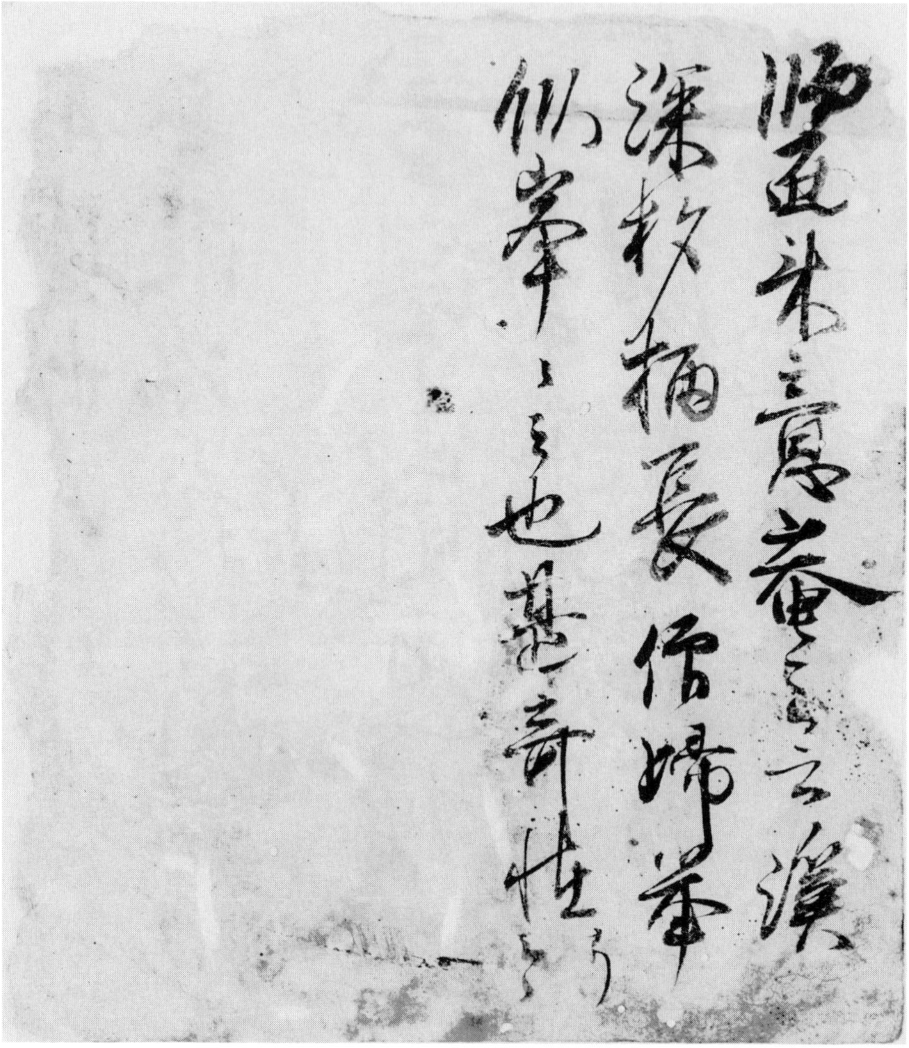

坐禅箴
佛佛要機祖祖機要不觸事
而知不對縁而照不觸事而知
其知自微不對縁而照其照
自妙其知自微曽無分別之
思其照自妙曽無毫忽之
兆曽無分別之思其知無偶
而奇曽無毫忽之兆其照
無取而了水清徹底

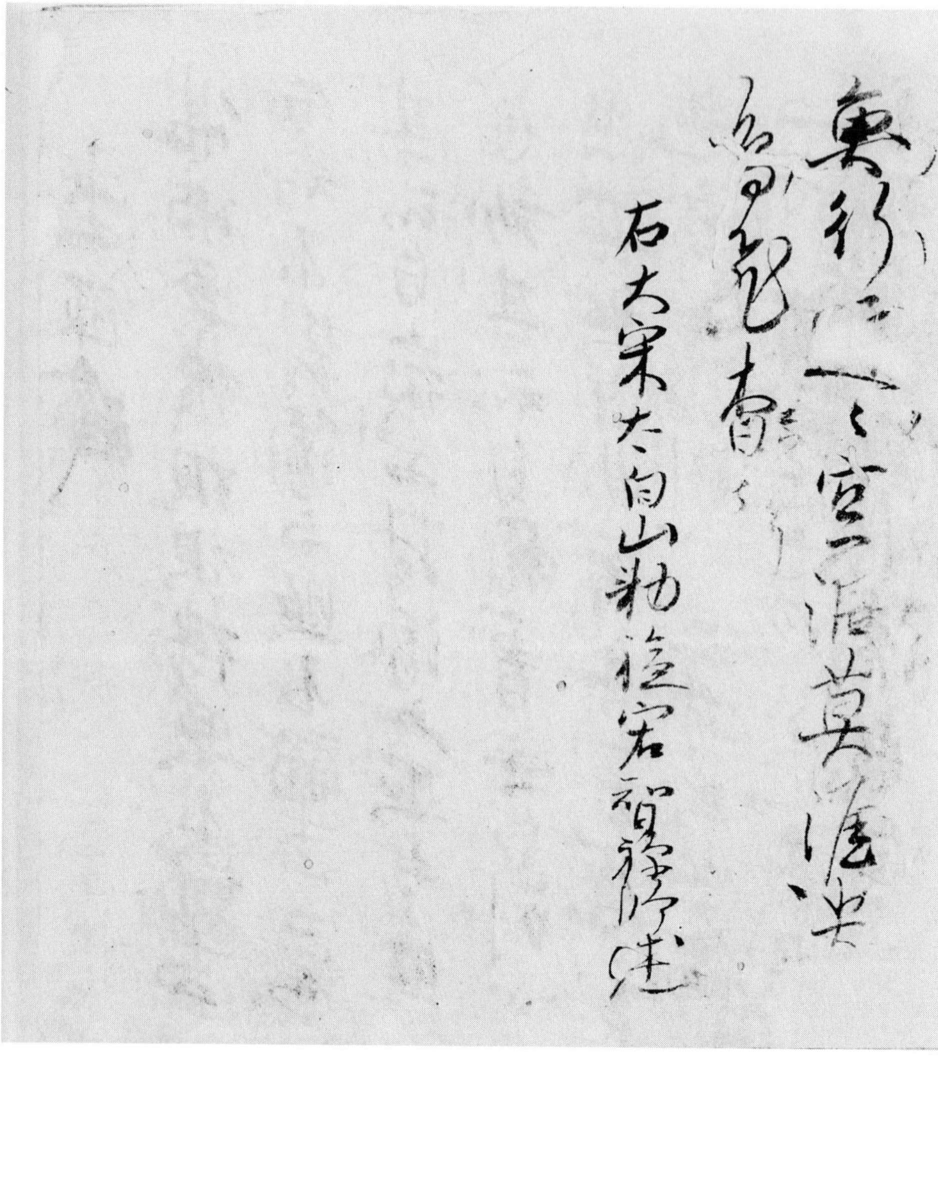
無行ニ一々宣説莫染
當記者ナリ
右大宋太白山[illegible]徒宿智禅師述

宗鏡録要処

称名寺蔵（神奈川県立金沢文庫管理）

宗鏡録要処（表紙）

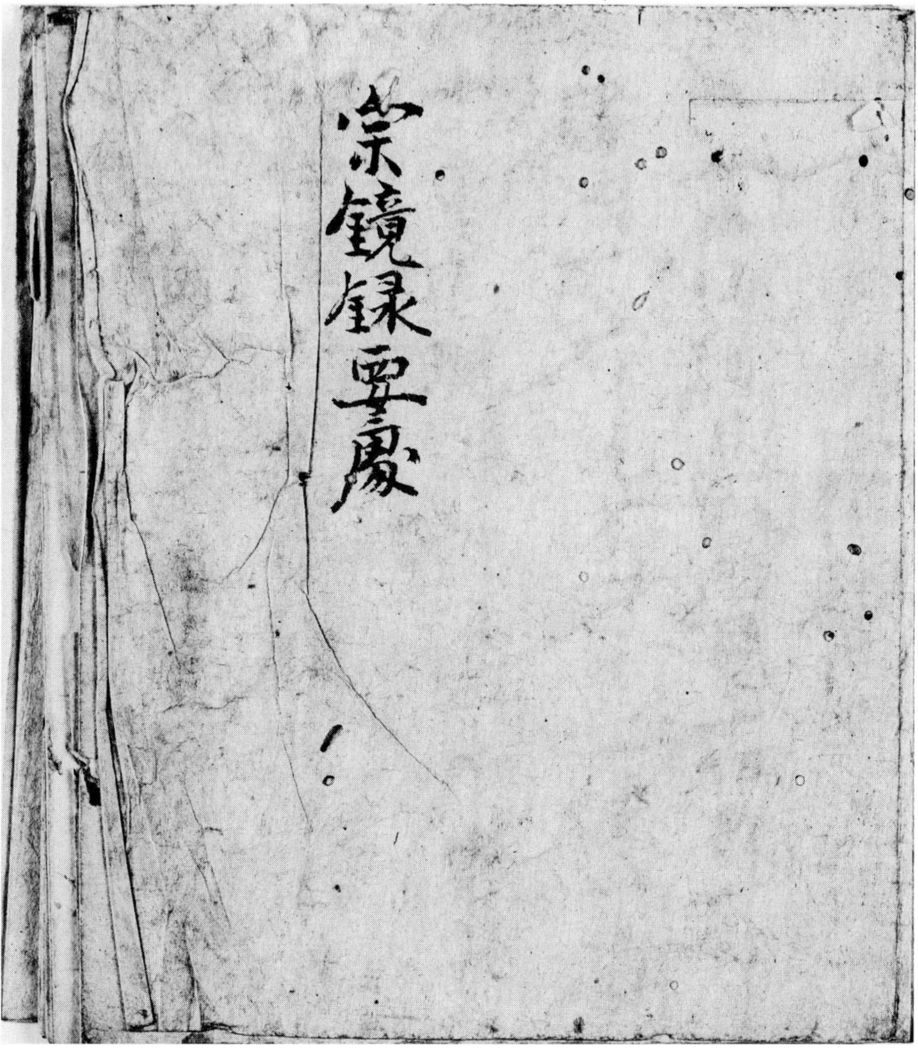

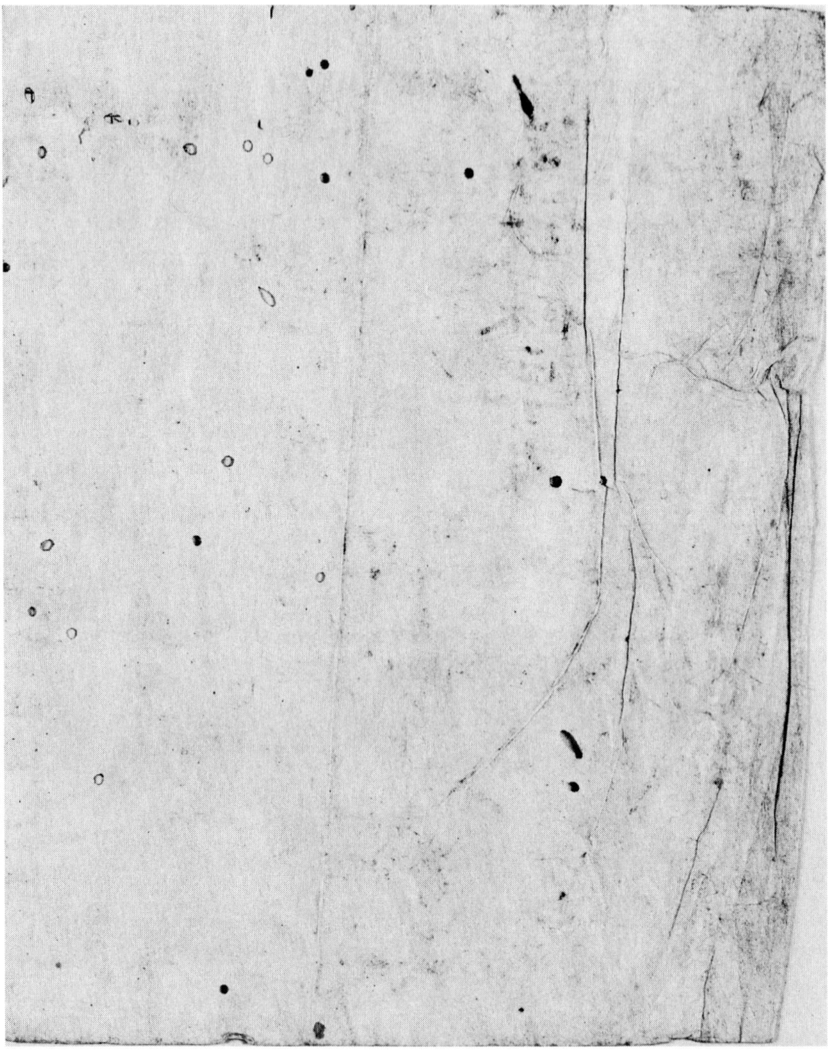

秘密義記云縁起陀羅尼者一
起為一切起見一而見一切故一切
諸法不可説不可説一法中有
十重重現顕此一法中所顕一切
法中亦復如是十重重顕現無
盡無盡如摩尼雨寶経十本奇

説十無盡故以此陀羅尼無盡
寳雨一切諸十不可説十無盡
寳此所雨寳中又雨十無盡寳
乃至無盡無盡故名因陀羅尼此
中所明陀羅尼不有餘所不出大
日毗盧遮那珠則身此身即是一

切衆生身摠持十不可説十無盡法
故名陀羅尼此身中有八種五摩
尼若約因勢不問佛衆生皆具
因勢顯現不可具説凡夫不解故
一不得根五用聖者解故得根互用
得根互用者通名二種陀羅尼門

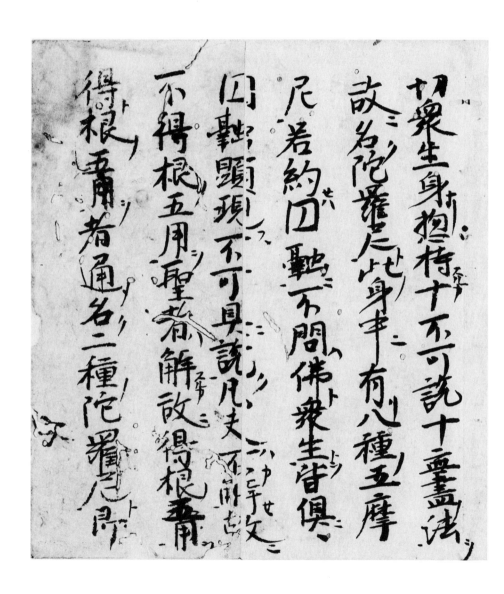

根本陀羅尼縁起陀羅尼八種五
摩尼着一者上方體著有五摩尼一
眼二耳三鼻四舌五口二者左方有
五摩尼一大指二頭指三中指四
無名指五小指三者右方五種摩
尼即右手五指四者下二一

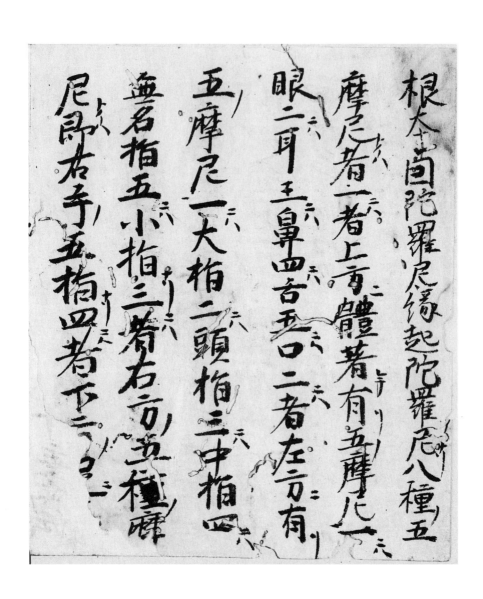

五摩尼一大指二頭指三
無名指五小指五者下右方五
摩尼義即右足五指一者就全
身又五摩尼一頭二左手三右手
四左足五右足也者就五大五摩
尼一地二水三火四風五空八者

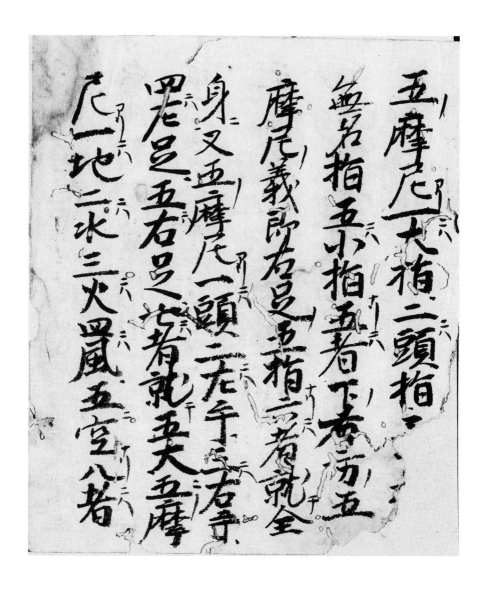

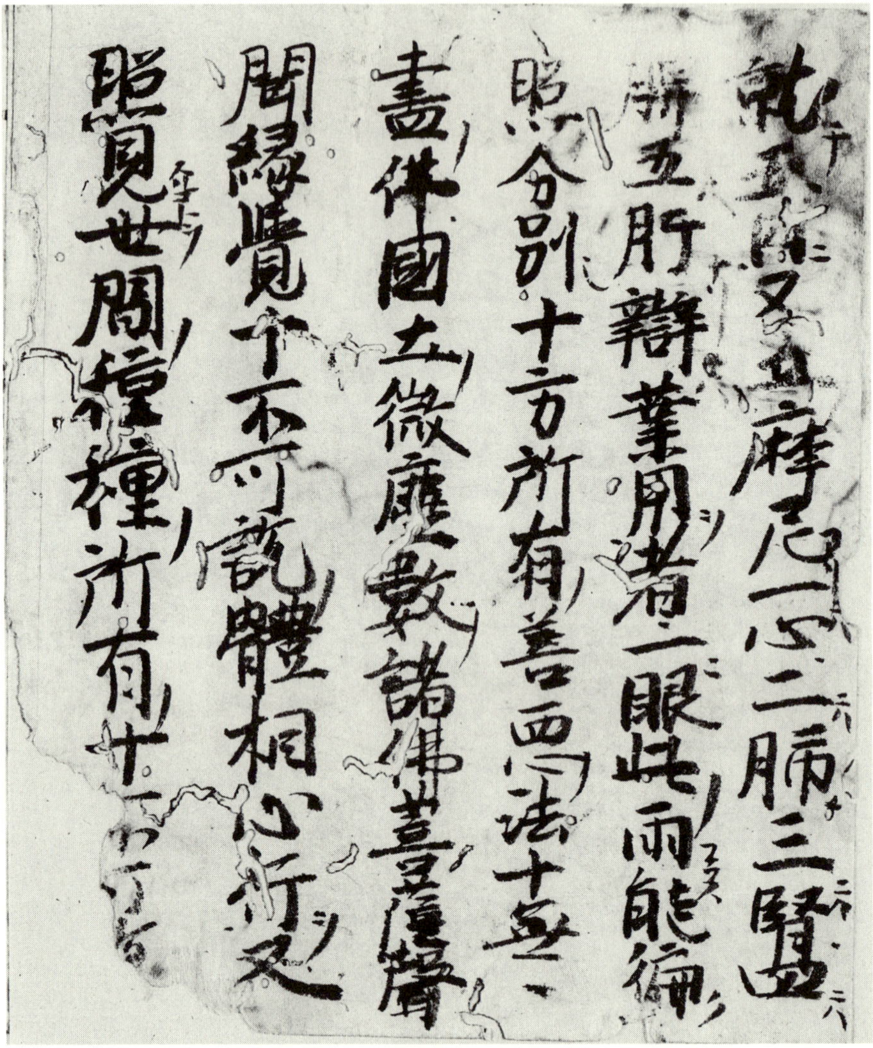

衆生十无盡苦樂等事此光
明寳摩尼王若不善用一刹那
中沉苦輪迴無有窮已若善一
用一刹那中究竟無上菩提如一刹
那一切刹那亦爾二互比兩能分
別世間種種苦樂等音聲之

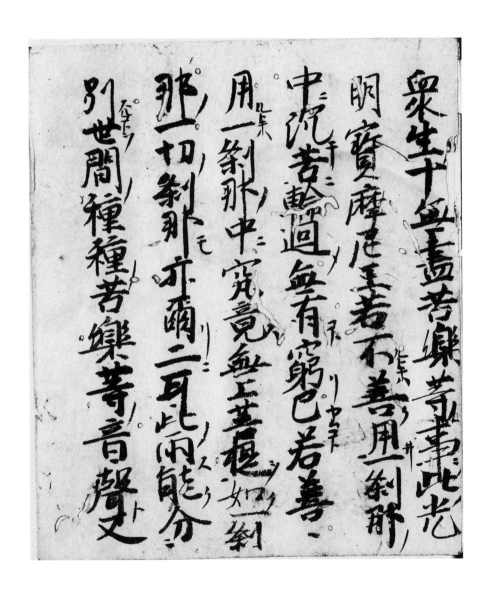

無漏聖智音聲光明寶海
足王若善用即一刹那中究竟
無上菩提若不善用一刹那中招
無出期若三島比丘能分別一
切世間種々名香凡聖正報身
分依報宮殿等香又人間中種

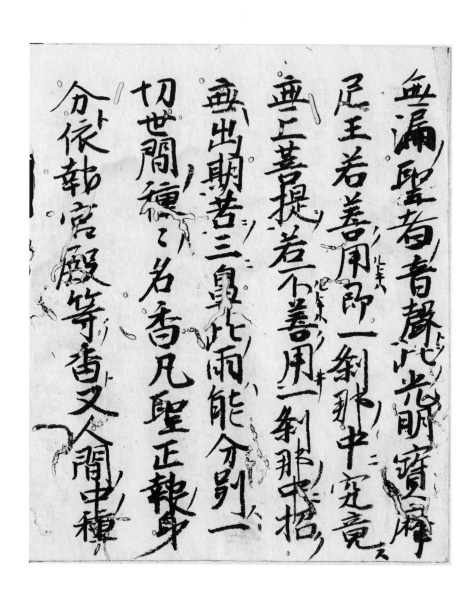

種作善作無念善念念無乃至念
無上菩提等香比丘明寶摩尼
王若善男子一刹那中究竟無上
菩提若不善男子一刹那中超十無
盡若四舌比丘能分別宣說十無
盡佛刹塵數一切諸佛菩薩等

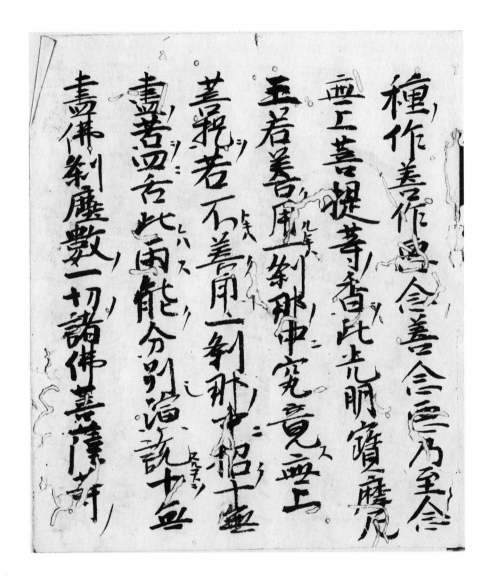

十不可説無辺妙法乃至一切世間言
不善身口意悪業行等比光明皆
摩尼王若善用一刹那中究竟無
上菩提若不善用一刹那中招無
間苦五逆曰此両能分別論説十
佛刹塵数諸菩薩十不可説三

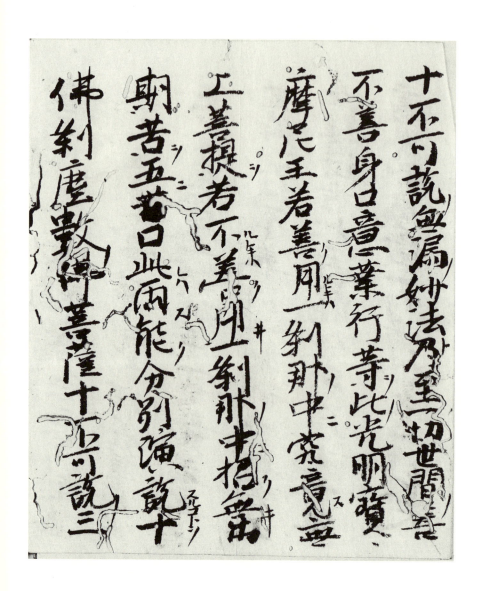

業行十無盡説衆生皆有邪正
等法此光明寶摩尼若善因
一刹那中究竟無上菩提若不善
因一刹那中招無出期若一者王
尼方摩尼一一摩尼周徧十方
説法界不能甫十無盡説矣云云

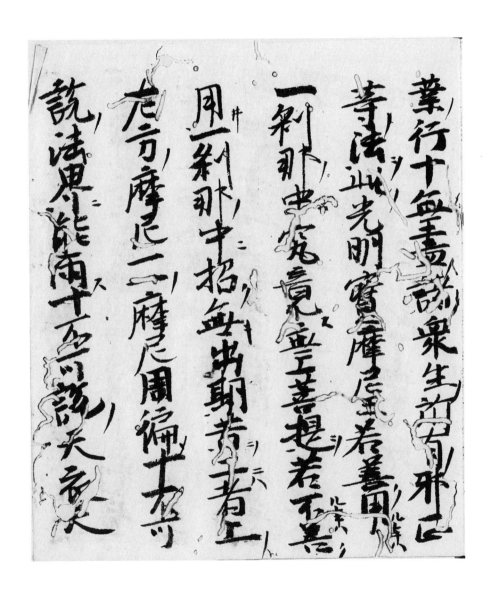

饌華香等種種莊嚴雲比鳴
寶摩尼王若善用一刹那中究竟無
之菩提若不善用一刹那中招無間
國若三者日工右方五摩尼如左方
事尒言者下上方見五摩尼雨能令
飛行十方不可說十無盡法界摩

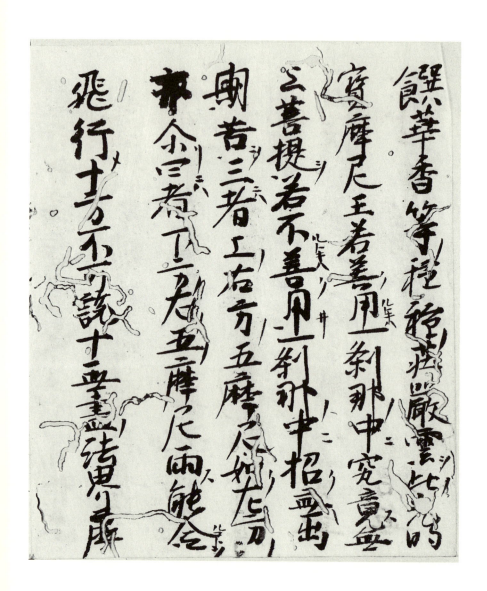

塵界ノ佛国土海ニ承事シ諸佛ニ兼給供
養シ以此ノ無礙ノ神変ヲ於一刹那中ニ徧至十
不可説ニ一切衆生界ニ示教利喜シ迴
向佛道ニ無疲シ無厭ラ此ノ光明宝蔵
凡夫若善用ルトキハ一刹那中ニ究竟無上
菩提シ若不善用ルトキハ一刹那中ニ招無

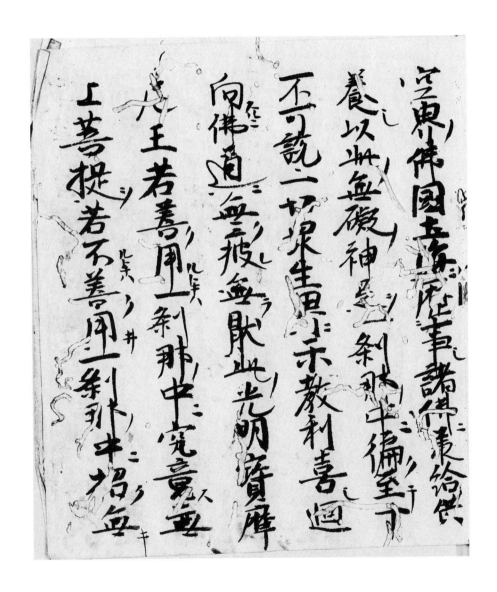

此則若至指下若右手摩足兩無
壽寶如是亦人刹如上所説一一身
分中法界法介十重重十無盡
不可窮極如不思議品云一切諸佛
虚空等世界悉以毛端周徧度量
一一毛端處於一念中作不可説不

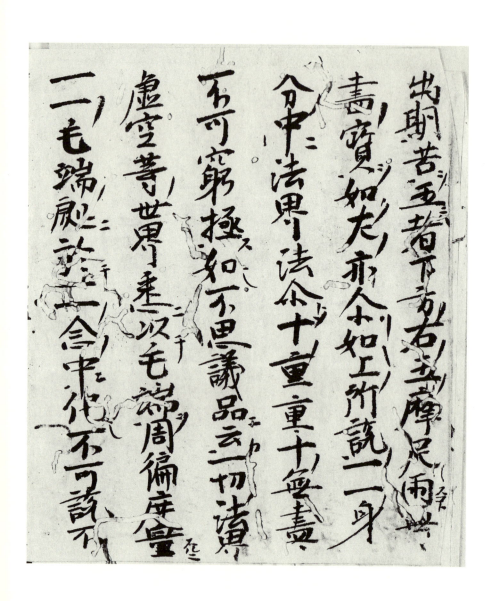

可説佛刹微塵等身乃至一一法
中説不可説不可説佛刹微塵等
名句文身充滿法界一切衆生無不
聞者盡一切未來際劫常轉無斷
念以色諦該法界時以刹那盡於
劫海謂於此處頓起業用謂於七時

常起業用非不得因縁諸佛法尒
六者金身五摩尼者若善用名金剛輪
若不善用名地獄猛火輪上方摩尼
者名日月星宿摩尼若善用不起
風雷雲霧若不善用現種種不
吉祥事其餘四摩尼總名拒敵類

輪七者五大摩尼惣名荘厳佛国土
成就衆生八者五内摩尼此有十義
一名因陀羅網体豊備五珠者重重
無盡義二名錠光頗梨如頗梨鏡
頓現萬像故三名圓鏡普現諸法
無分別義此三鏡二名一義三名滿月

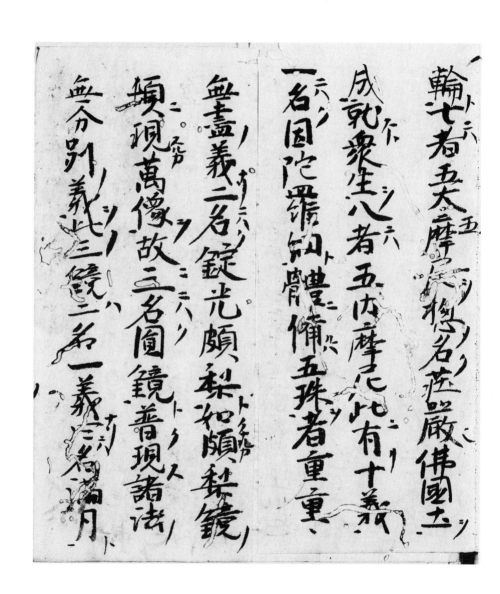

清淳解脱義滅煩惱燄故五名烈
火令無遺餘義如劫火故六名金
剛杵摧敵義破煩惱軍故七名閻
浮金無鑛無價義八名無價摩尼
兩寶無量亦無類義九名無畏
如持世間大王印通所至處得無畏故

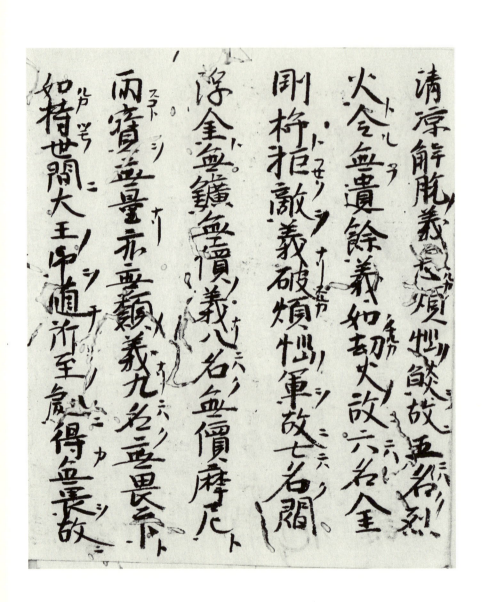

十名大日如来大集千電烈宿百千億
十不可説月光明義又因陀羅網者
約喩説網主即天帝釈宿世十不可
説劫歴事供養諸釈梵王是故得
此果報以此宝網荘厳天宮殿於
諸天衆令知一切善悪業報諸

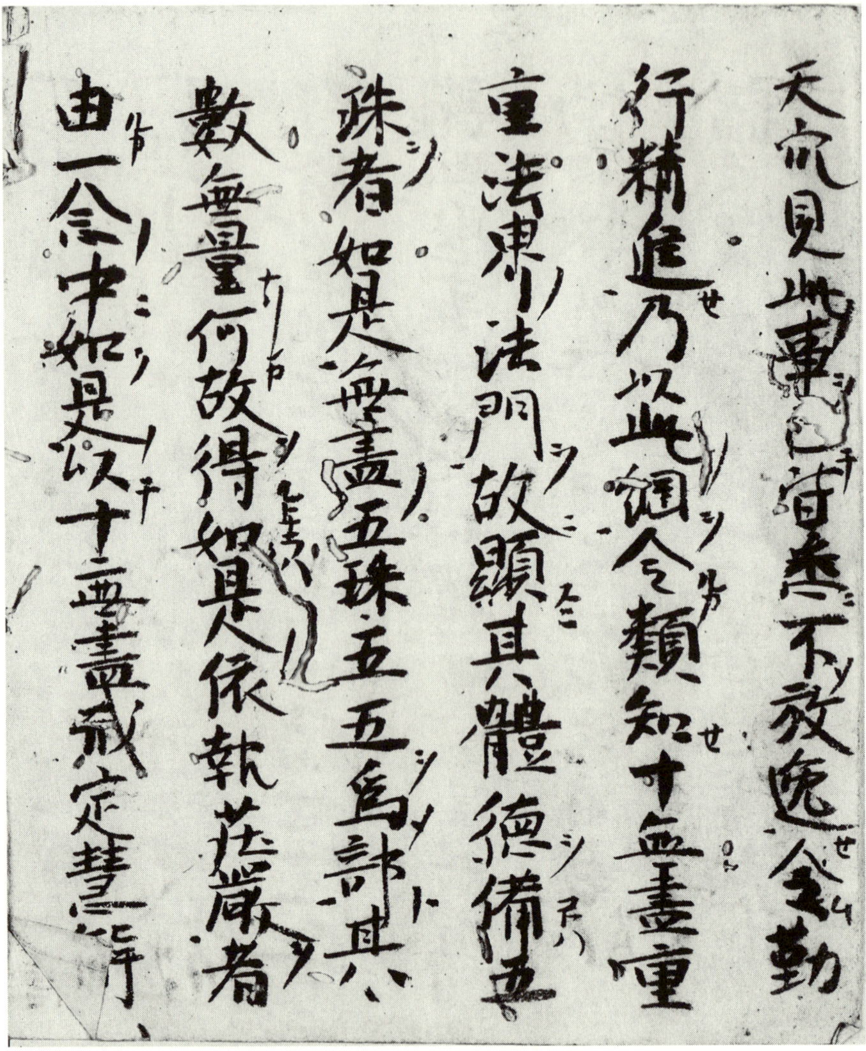
天究見此事皆悉下放逸令勤
行精進乃以此個令類知十無盡幢
重法衆法門故顯其體徳備五
珠者如是無盡五珠五五爲部其
數無量何故得如是依執莊嚴着
由一念中如是以十無盡戒定慧行

脱解脱知見五分法身等乃至廣
說十不可說十無盡法門海熏
修自身一故得如是十無盡依
報所有世界海中十不可說諸
天衆皆悉流入大日毘盧遮那
果海中如一念一切中亦如是不

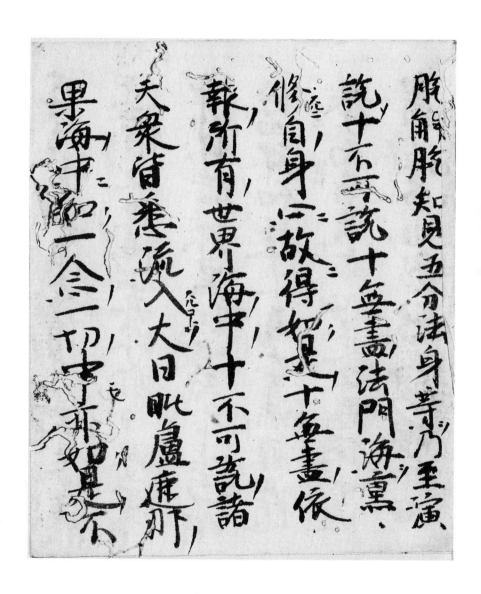

可窮盡消去情界之是名體
德備五珠也五珠者白珠赤珠
青珠黄珠黒珠一爲大千法攝
餘四珠如其一爲大千法餘四隨
其爲大法亦如是又白珠中餘
四現及大白影影又影現如白

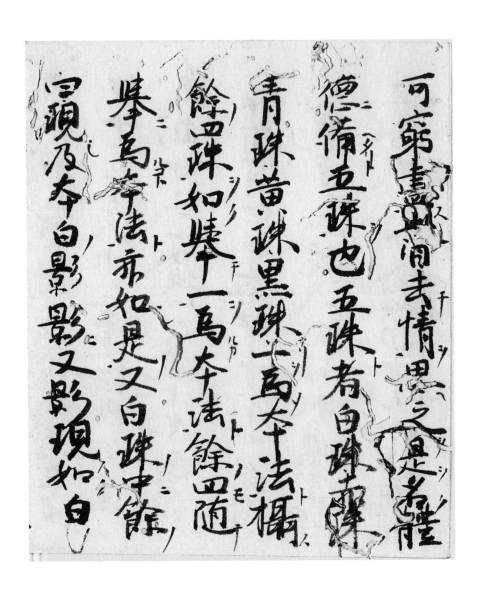

珠現影中。又影現一切珠。亦如是
如是十重重重無盡。不可具說
又諸依正所造作業影現無盡
無記現。又無漏聖人所證因果上
中下位合於中。皆具現。如天珠
中現一切宮殿樓閣柱楹榴構

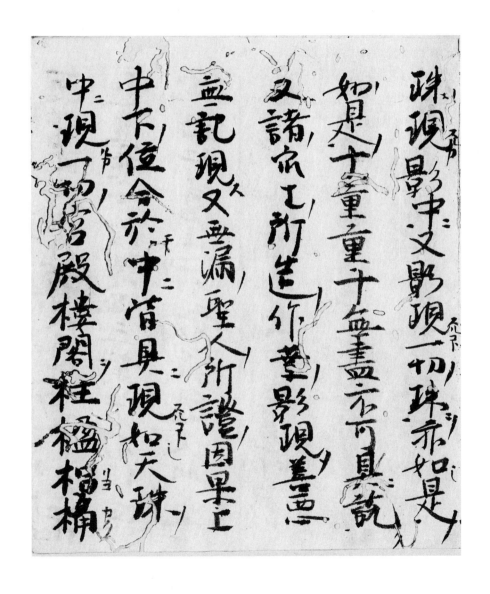

現如是人退時諸天見此事已深
起慈悲心救護心三業中不作悪
心勤行精進不敢放逸又此五
道珠中随衆生業影現白中
天清浄業現赤中無記業現
青中餓鬼畜生業現黄中人

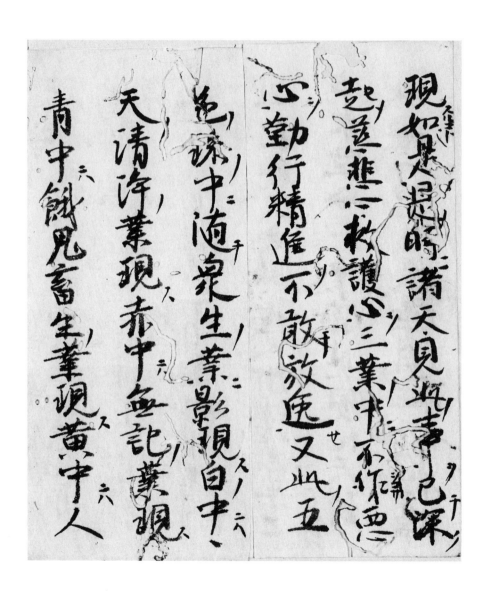

間種種輪轉不相捨離世善
業現黒中地獄種種苦輩現乃
至十方諸佛八相成道靡不
於中重重影現等五色珠
因陁羅網亦如是於中有業識
細相轉識中相現識麁相

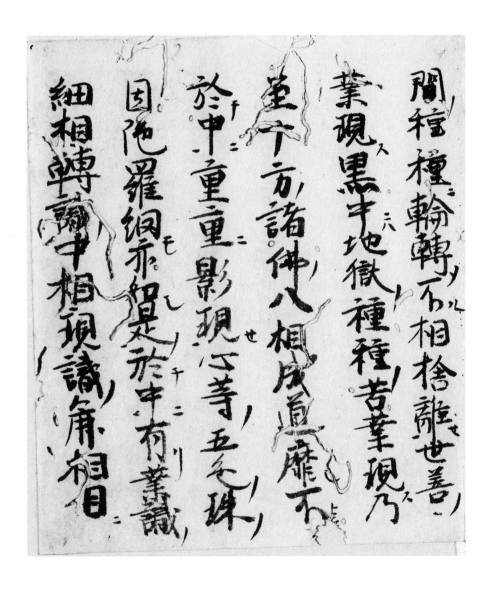

見可貪色時眼脉走黄黄薫
随色摩尼黄色現是名貪葉現
五道葉作目見可瞋色時目脉
走青青薫随色摩尼青色現
是名瞋葉現五道葉作目見
可善可無記不知色時目脉

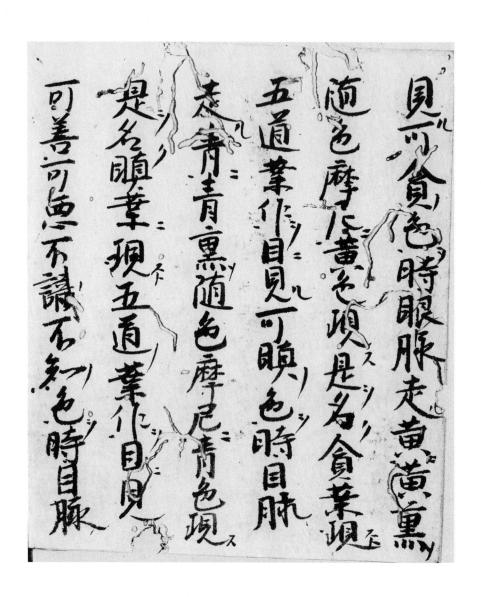

走黒黒黒道色摩尼黒色
現是名處葉現五道葉作紙
白色時此諸天葉現表可説
約實而言一一葉中皆具一切如
是人童童無盡尋德用自在門
是根本因陀羅尼並是人寶

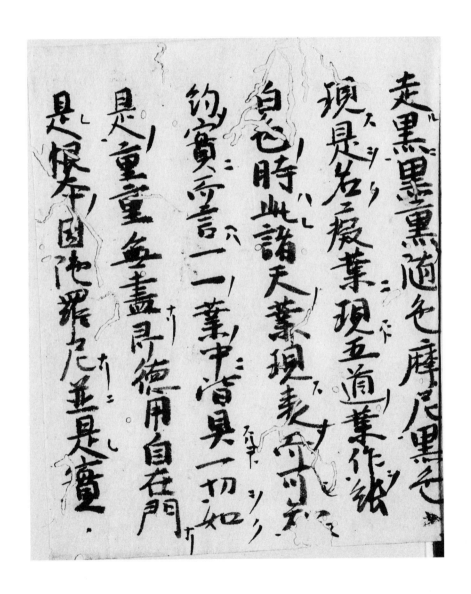

如粒子津大童有如縁演大童
有如涌騰然此自然随風之色
或得破稃稃穀破諸草木或發
萌芽穀成就一切果實若欲起

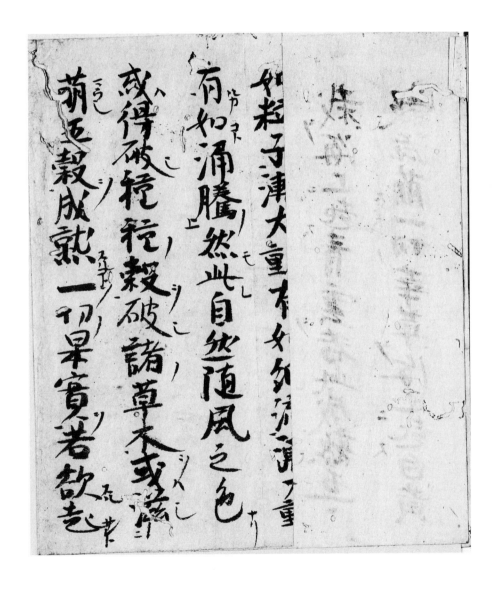

嵐時最初雲霞於外頭現
然後起大風若此拔草木根
栽麻諸五穀海上起黒雲若此破
五穀一切果實不拔草木根
栽海上起青雲若此成熟五
穀滋蕃一切華草海上起白黄

云若此非善非悪海上起慶色、
赤雲由此三種能知若此極細
一舩師所知若此中十二舩師所
知若此極麁相於上現凡夫所
知如是毗盧遮那藏海中有
七風三波秘密難知良以一切

衆生ノ自心處内ニ有リ八辯 普賢文殊 一切衆生心長内ニ
有リ八辯為華五蔵其八辯相狀ニ似リ牛黄ニ也
和合シテ成ル蓮華ト此ノ蓮華ノ中ニ有リ正
徧知海是ヲ名ク毘盧遮那ト智蔵界ト
名ク蓮華蔵荘嚴世界海ト此ノ海ニ
有リ三種ノ波者一ニハ葉相二ニハ轉相三ニハ
現相ナリ此モ亦蓮華蔵海ニ有リ二種ノ
一相然ルニ蓮華…

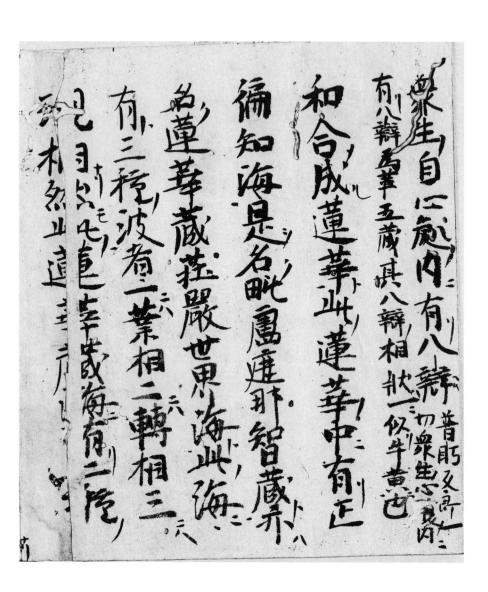

門一大蔵金剛門二差別金剛門
然凡夫華未開敷聖者華已、
開敷此未開敷華葉上有九
孔名差別金剛門此華臺上有一
大孔是名大蔵金剛門凡宗之葉
將悲從大蔵門風起飄動心海

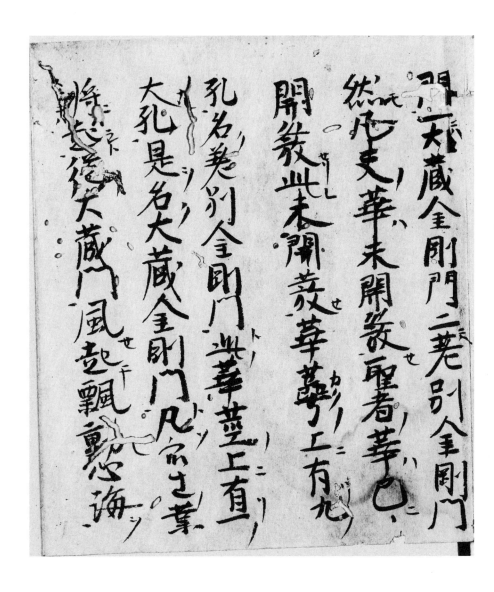

乃至流出差別門中已後眼等五
根面上乃至諸根中周流不知手
舞足蹈手擊足搖動初發微
細是名業相諸佛境界次漸
流出差別門未現面貌是
名轉相諸菩薩聲聞緣覺境

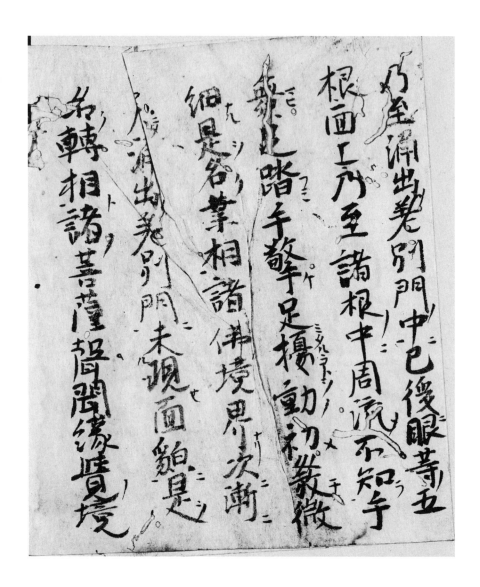

因復従諸根象面中顯現善
悪相極鄙是名現相諸凡夫境
界若諸佛現在一刹那中了知
十世九世無礙如一刹那一切刹那
亦令是名知根海又若網所張
處於諸宮殿若配法者宮殿

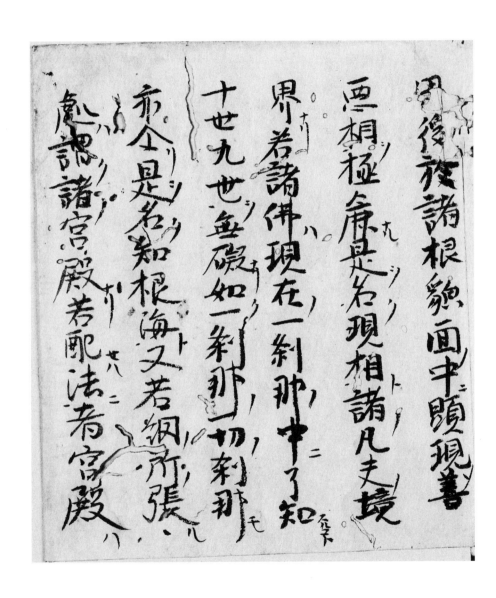

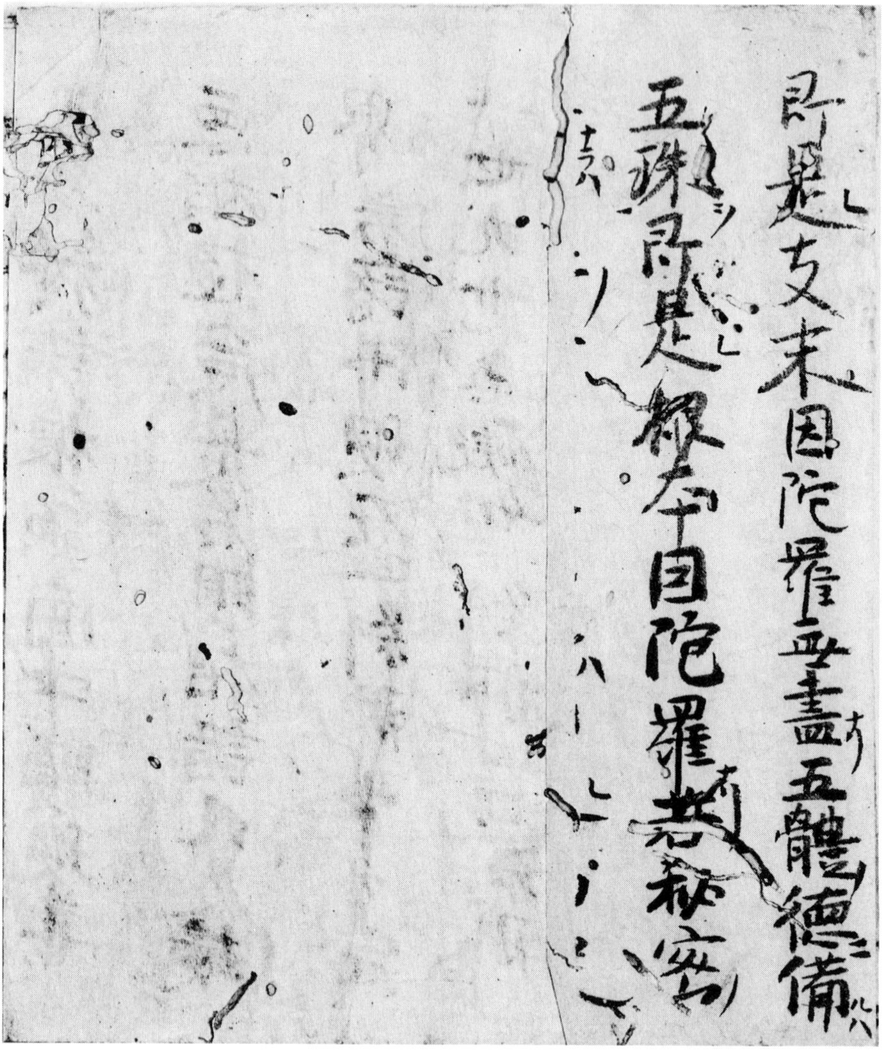
即是支末因陀羅無盡五體德備
五珠即是般若因陀羅若秘密

養心抄

称名寺蔵（神奈川県立金沢文庫管理）

養心抄（表紙）

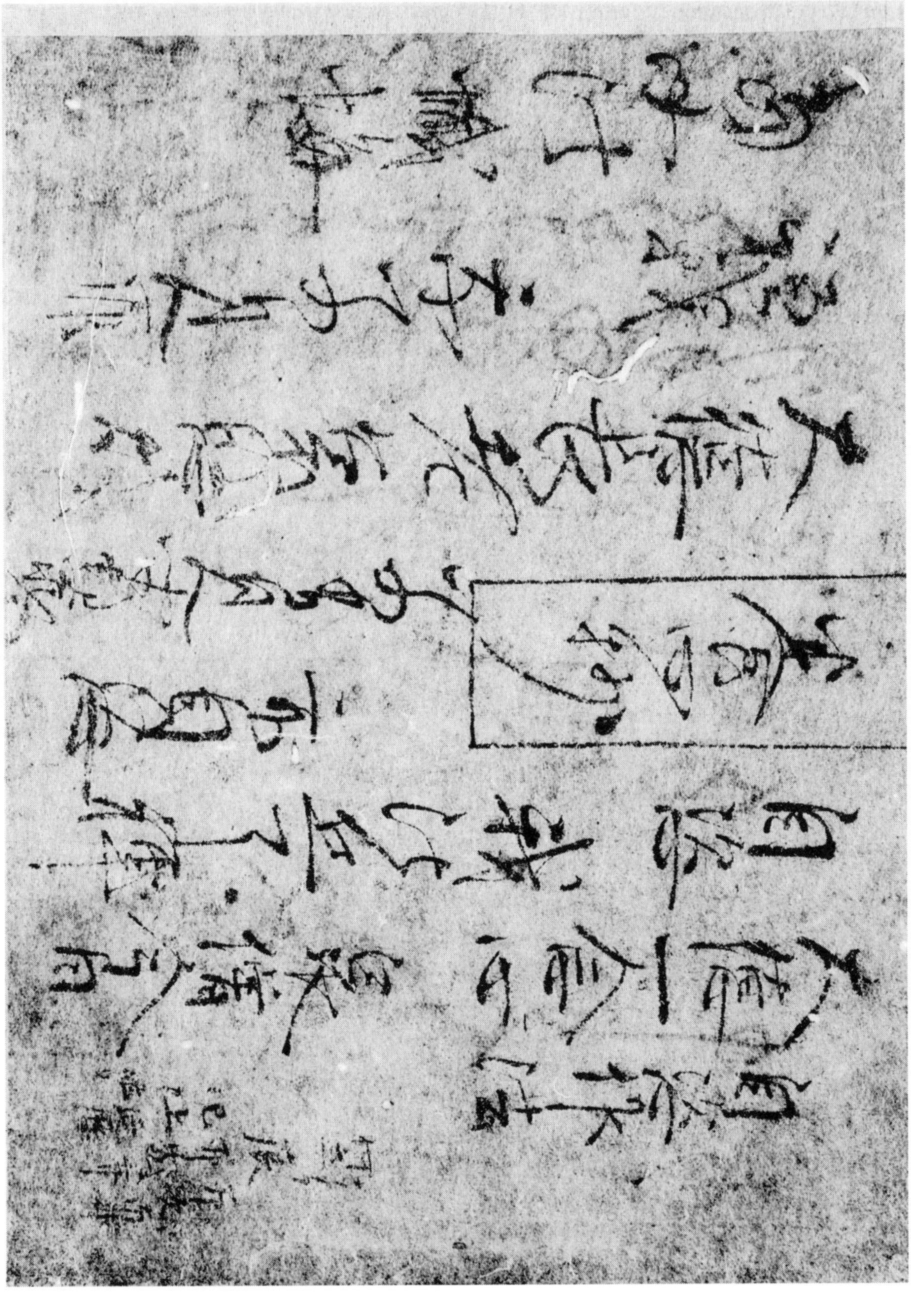

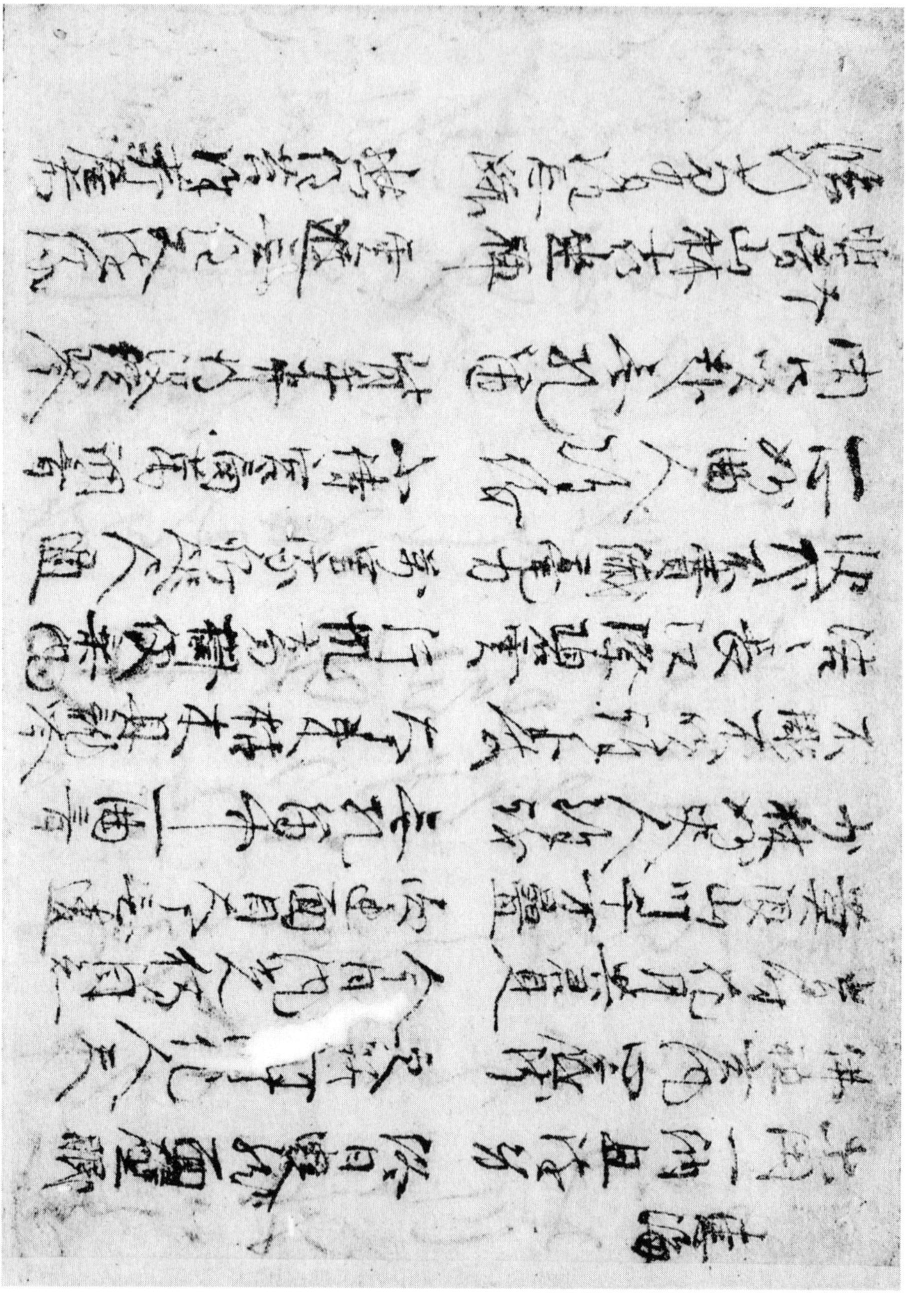

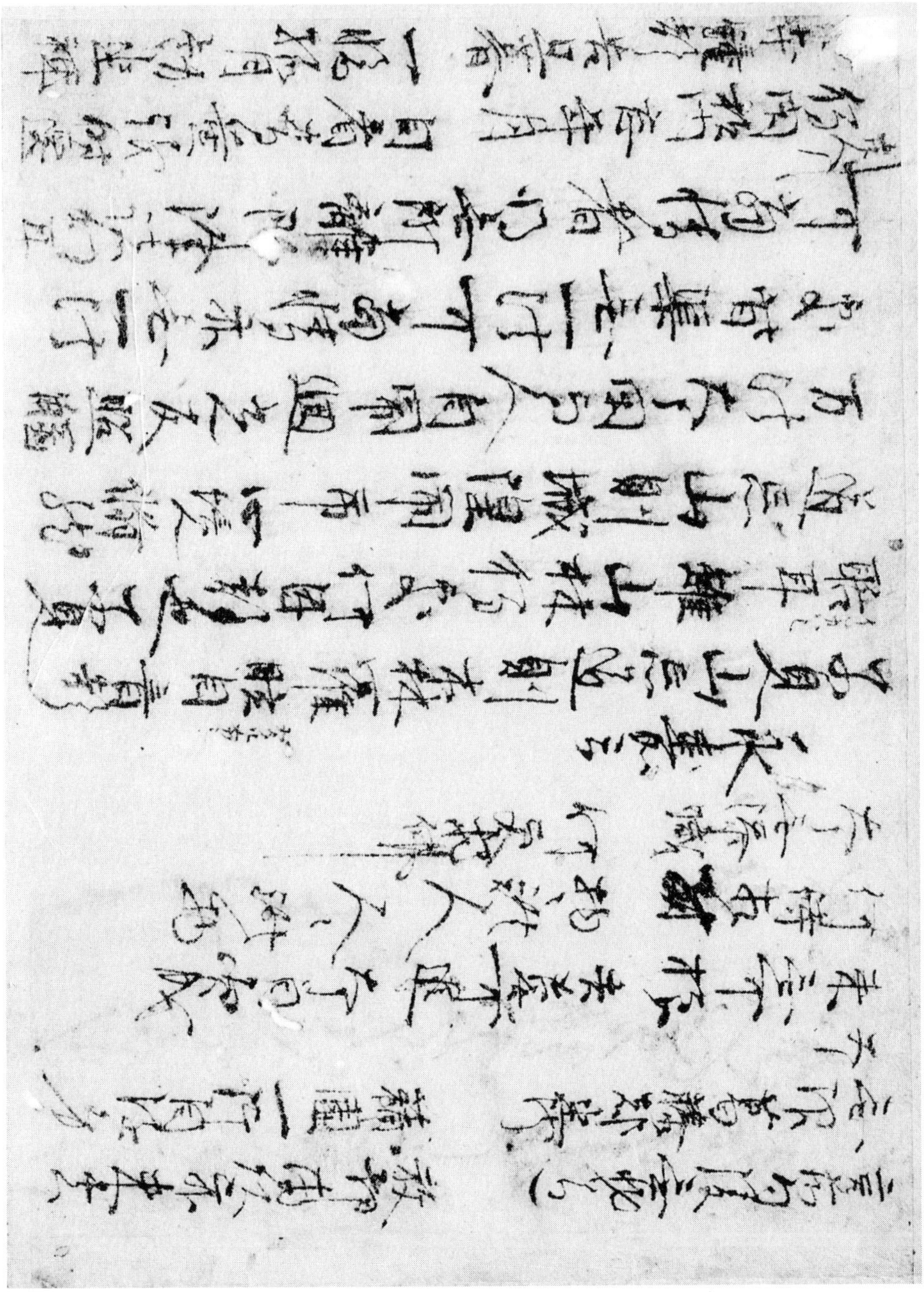

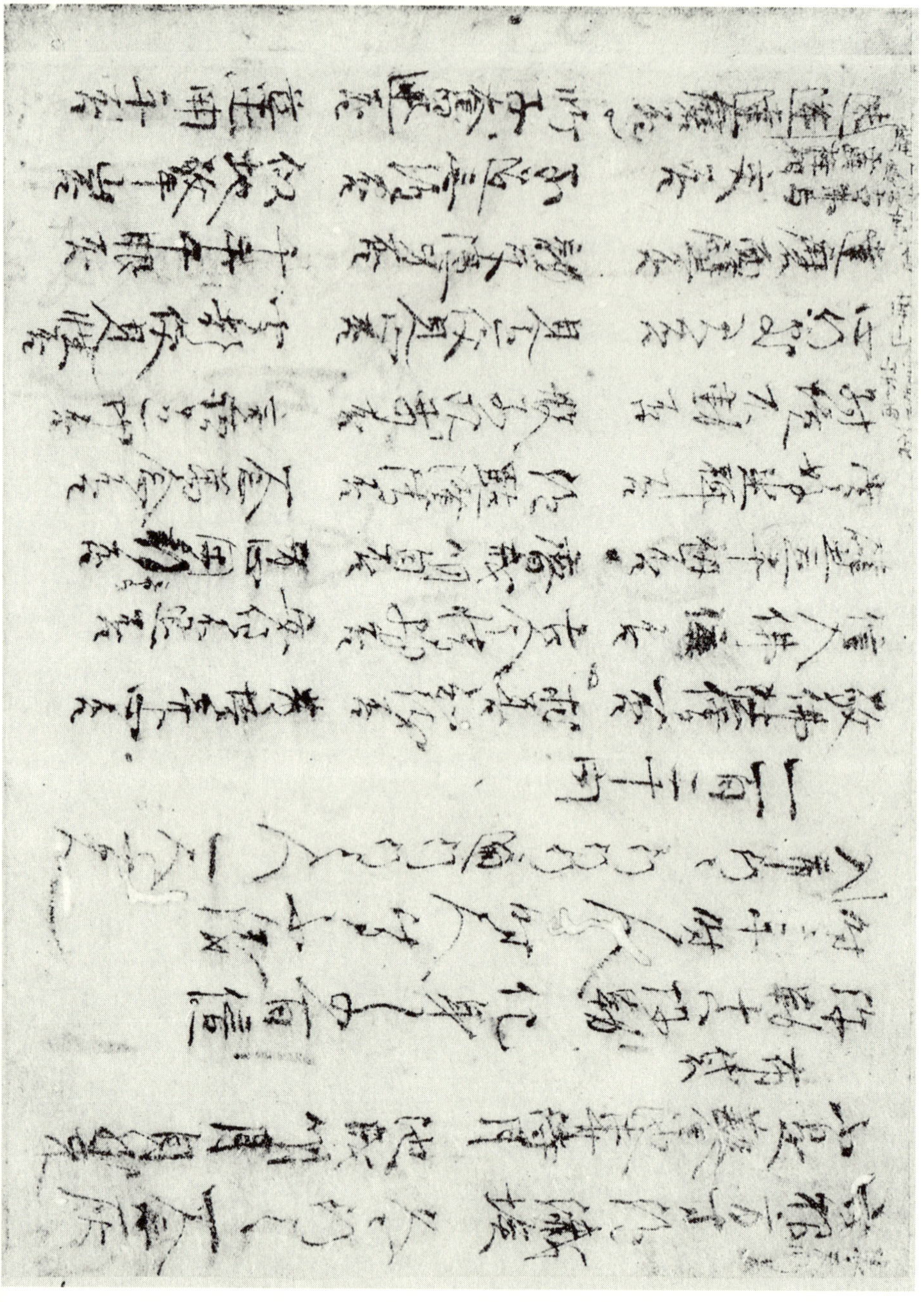

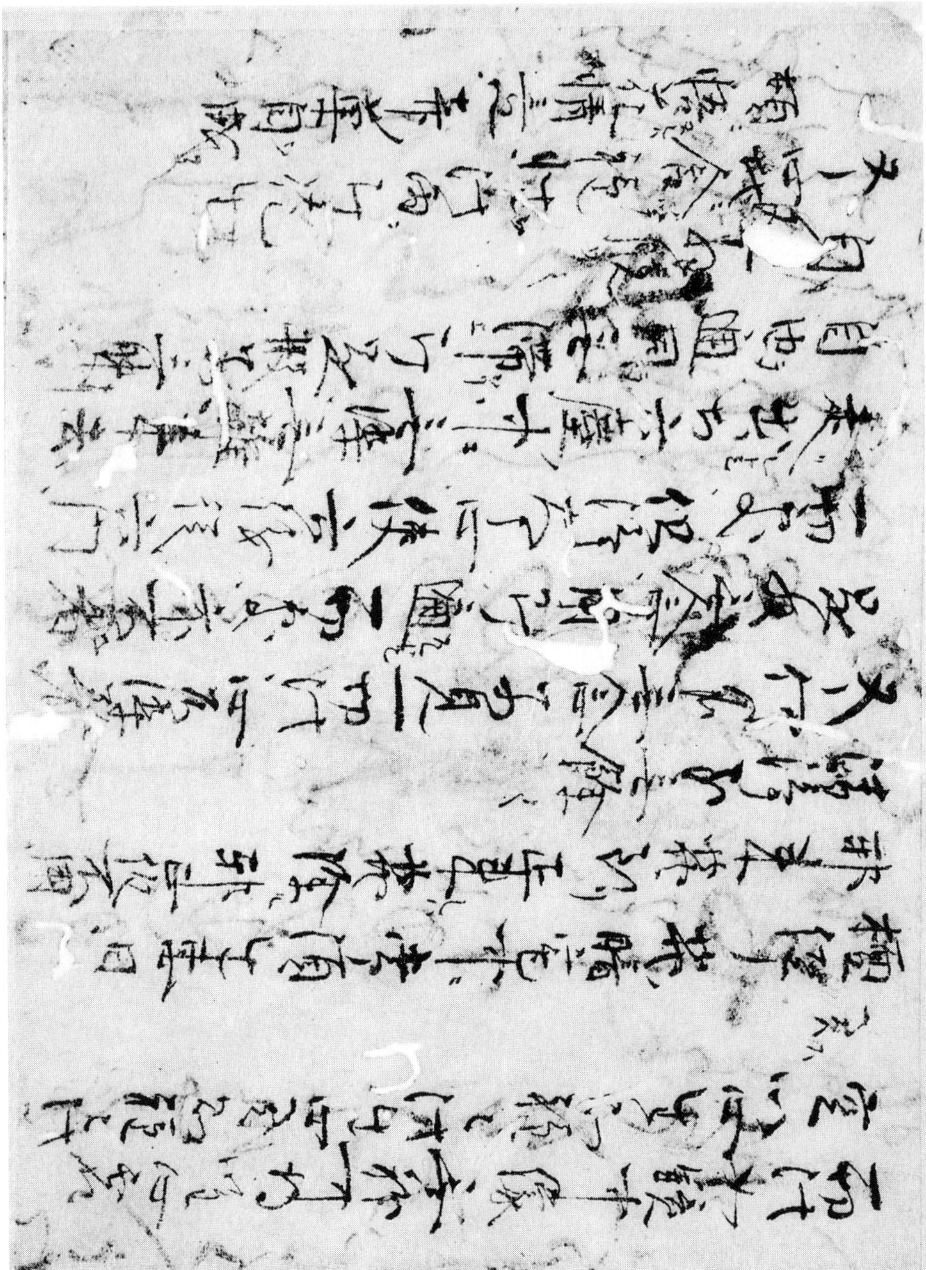

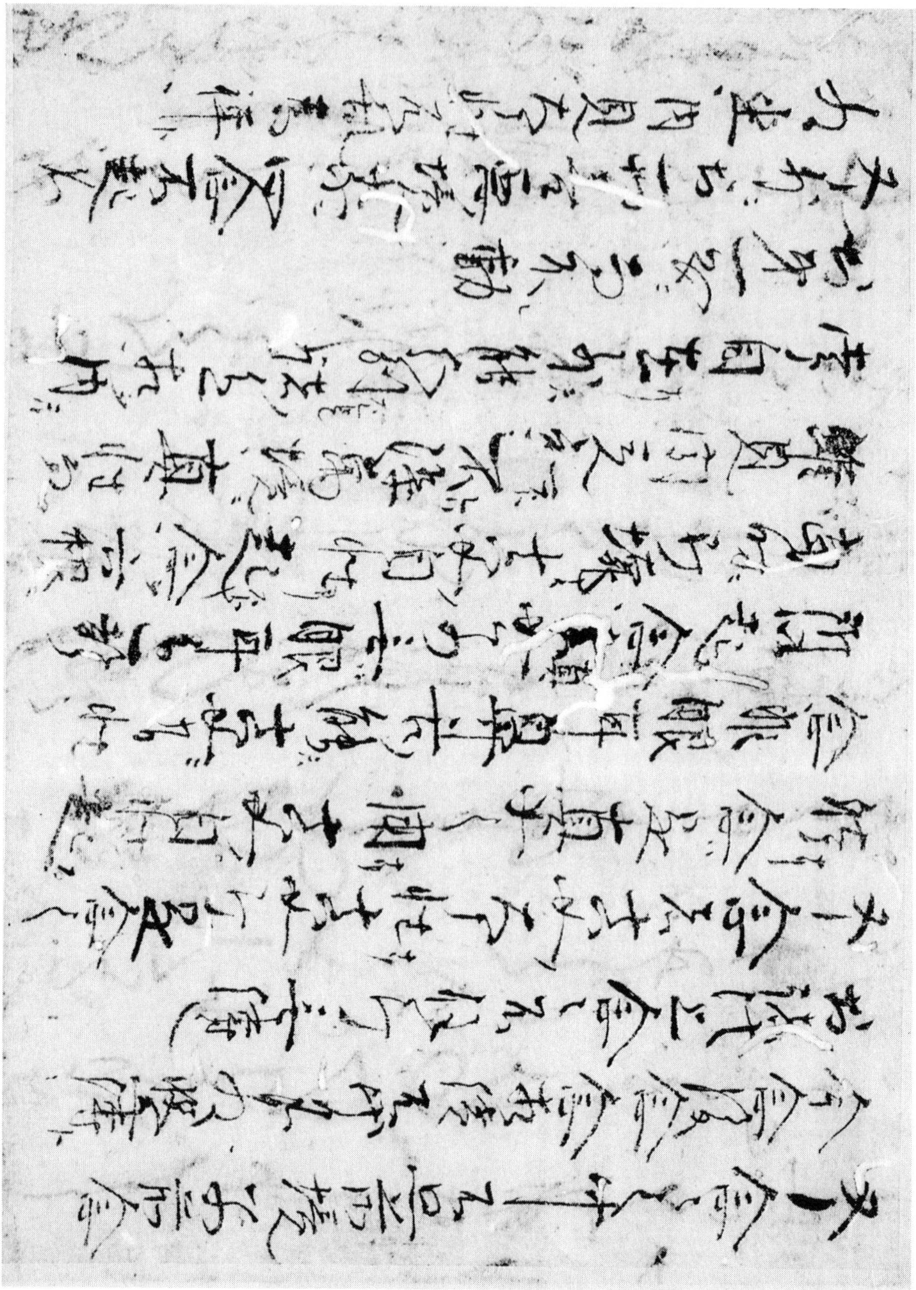

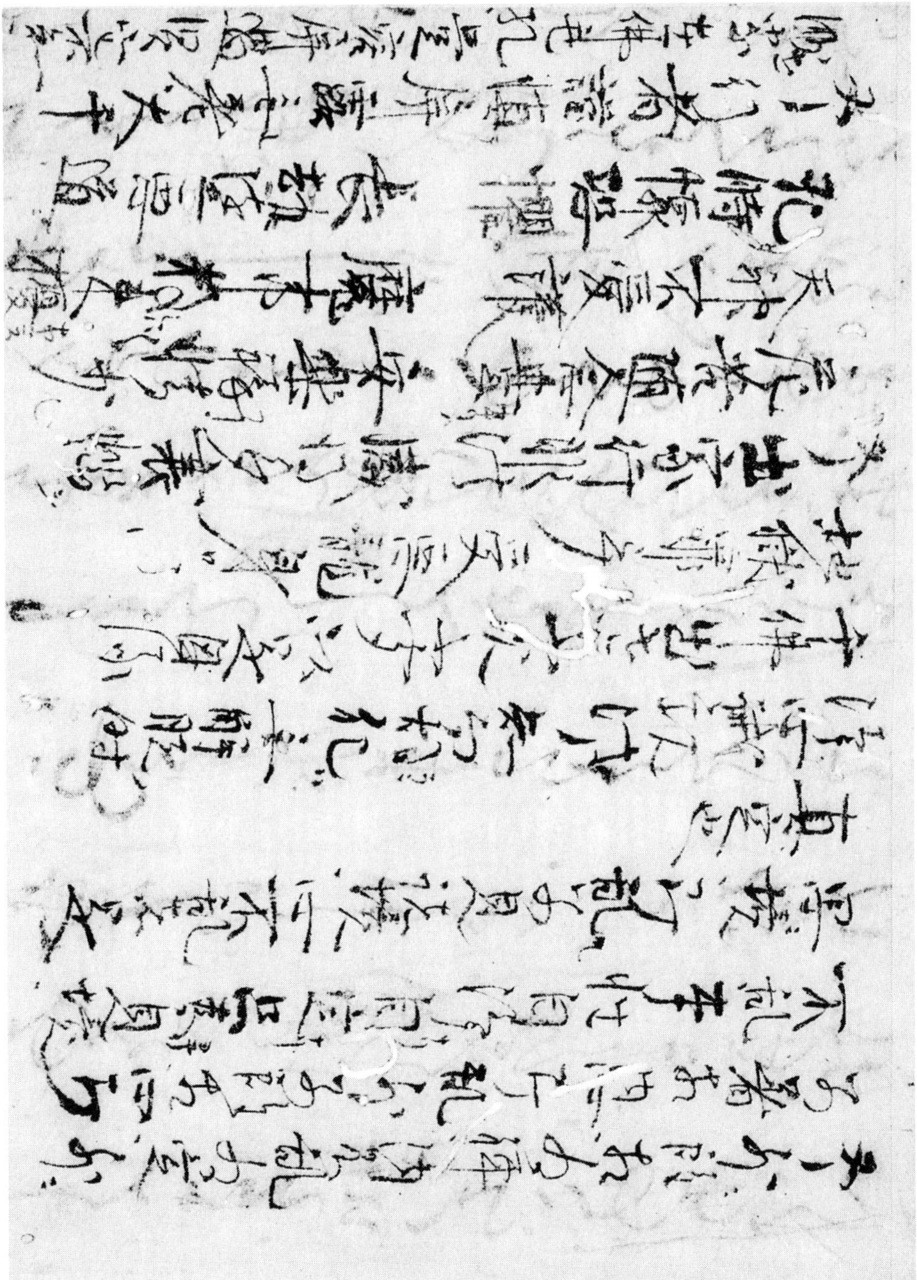

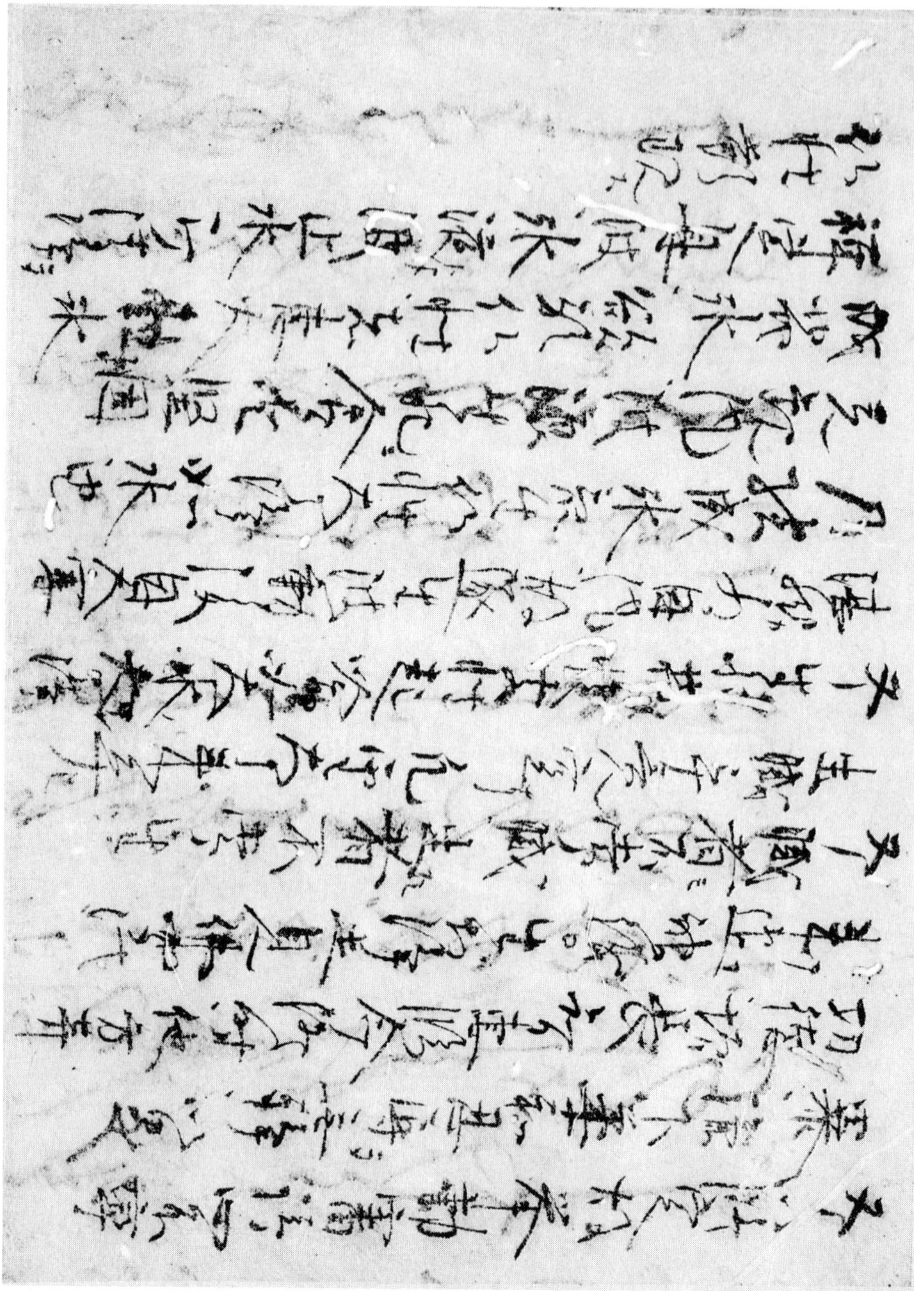

禅宗法語

称名寺蔵（神奈川県立金沢文庫管理）

發心祈請表白
敬テ十方法界不可説々々々三寶ノ境界天照大神春日ノ
權現等ノ垂跡和光別ハ三世覺母大聖文殊師利菩
薩清涼山一万眷屬等申テ言ク弟子某過去ノ業
因ツタナクシテ今既ニ卑賤孤獨ノ果ヲエタリ生涯空ク過ナンス
後生又其何報ヲ蒙ラ將來ノ過患ヲ思ヘハ悲淚シサムヤタシ
嗚呼悲キ哉愁ニミ名利ノ毒藥ヲ服シテ心カラ長夜ニ迷フ
ミレナラウ愚哉常ニ恩愛ノ繋ニトハサレテ徒ニ六趣ノ中テ久クコト
就中ニ泥犁ニ流シ十八瞋劫ニイテカタシタトヒ亦人身ヲウケ
トモ佛教ニアフコト尤カタシ早ク世間ノ万境ヲ拋テ宜シク求出世

一道ヲモ行ルニモアラズメ修セズツタナクメスギナハ後悔千万
ストモ更ニ何ノ益カアラム可勤可修莫期後日スルコト或ハ少
業ヲ各久ツトスヘトモ多ク悪縁ノタメニヤフラル粗罪障カナシ
ムトスヘトモ又恩愛ノタメニミダラル衆罪如草露誑ケトモ
恵日カクレテ照スコトナシ諸法ハ影焔ニ似タリト聞ケトモ妄
情現シテ迷ヒヤスシ滅罪生善ノ計コト心ト事トトノハズ
發心隨行志セシ内外共ニソ年又無益ノ語ハカリニヒマヲスゴシツヽ
トモ出世ノ事ヲ説ノコトナシ他人ノ非ヲハソシリシレトモ自身ノ
過ヲカヘリミス自行敢テ勤メス何ニ況ヤ及利他ニ身ハ生死ニ處シ
ストスヘトモ未タ知生死ノ源ヲ心ニ妄執ヲシコスリスヘトモ未タ弁ヘ妄
執基ヲ専可ノ諦ニ尋ヌ父母ノ生處ヲ更ニ可ヒ哀ム親類ノ眷属菩

カナシミス又ツクサニ懺スルハ皆是我四恩ナリ四恩皆三悪道ニ
堕シテ無量ノ苦ヲ受ク善ハ是我カ愛セシ妻子ナレハ我カ弟子ナリ
我ニアラスンハ誰カコレヲ救済セン何ゾメグミ誰ニ有リテカイタム
ウコクラヘ徒ニ明ス若シ後期ヲ期シテ不勤ナルハコレイツレノ日ソヤ
甚タノ性ニ任テ縁傷スルカ惜縁ハソレナンソ多少ヤ若愚ニ癡ノイ
タリト思ハハ速ヤニ愚癡ヲ慎ムヘシ若懈怠ノ過ニ云フハ何ソ
懈怠ツイニミスサル實ニ此身ヲ思ハハ此身念フコトナシ早
此身ヲステテ、此身タノメス後ニ野外ニ捨テショリハ同シクハ
佛道ニステツヘシ空苦海ニ流シショリハ迷輪ノ船筏トナスヘシ
歎哉ヤ無上ノ佛種ヲ受ケナカラ無始無終ノ凡夫タルコト苦哉
一空ノ満月ヲ備ヘナカラ生死長夜ノ迷情タルコト哉授

身命ヲ雪山ニ半偈ツモ眼ニアテヽ弃ルカコトシ給侍ツ千歳ニ致ニ
一乗ツモ掌ニ握テシラサルニ似タリ爰ニ出離ノ指南徒ニ生死ノ
海ニ沈ミ菩提ノ明月空ク妄染ノ雲ニ隠ル無量億劫ニモ
難値三寶ノ福田ニサニカハキナムトス智水岩ニハルツハスンハ何ニ
ヨテカ善苗ヲソラヲシ法燈永ク絶ナハ何ヲシテカ迷暗ヲ照サン仍
佛法興隆ニ廣ク人天ヲ度シ三寶ノ種ヲ紹隆シテ斷絶セ
ヌルコトナクヤミシカノミナラス時ウツリ價タマラタシテ百年ノ
ヨツイアヤノ関春往秋来テ更ニ迷ノ郷既ニ近シ人シテ送ル
渡テユタカハカサルニ自病悪シラウ空ク沈死セムトス初中後年
何ノタクロツル所カアル屠所ノ羊命幾カ無常ノ庭ニ歩ミ閻[illegible]ツ
使何ノ時カ符[illegible]ニ[illegible]野山ノ煙[illegible]命[illegible]リトヤセム
明[illegible]リトヤセム[illegible]吉ニ友ナワム[illegible]侍トヤ[illegible]暮ン

待ヤセンサアヤマリニ変セサス　ノカシ息トモ　ヒシ
弄セシク迎　對食ノ懸魂サン　獨悲顔所ハ
從業歸途ヲ呼声主ヲ失ナフ名ノミナリヤ又春ノ朝ニ花
待モ人タハ六秋暮ノ風ニテリ暮月ト友ナヒシ輩ハ
泉代墓ノ隠レ昔見人既ニ空ノ令聞類ヒ忽ニ去又燈ノ
キヘテ後ニ再不見コトシ魂去テ人又皇テ来ルコトナシ無慙ニ
シテ閻魔ノ誡ニアツヤリ放逸ニシテ冥官ノ世大ンノ苦見自
業自得果ノ道理ニコトニノカレ中タシ然レニ既ニ過去ニ未
發心故ニ今已常没ノ凡夫タリ今生若空ク過ナハ未来
永ニタリ出離何ノ時ソヤ空安然トシテ徒ニ日月ヲ送ヤ
緩慢ニシテ出要ヲ求ヌサルヤ愛以草庵ヲ山林窮漠ノ雪ニ
シ又テ今生極安楽ヲ一鉢ヲ聚落濆ヘ内ノ煙ニ絶

佛ノ浄土ノ縁ヲ結ツン一行ノ三ヲ企トイヘトモ物ウクメ切ニシエム事ツ
急ノ急ニシテ二手ハ河ナス所ツノ只偏ニ世叛カノハカリ事ナリ世務
是何要ソ夢中名利ノタメ名利ハ又六十毎也二世ノ身心ヲ
尤モ又適身口ソ悪ソ思ト云トモ未レ見意業過シ自人ノ目ツ
慎ト云ヘトモ未レ畏真知見ヲモシニ心状シキコム一トモイヘトモ妄
風息ニ浪ソ動ス手ニ念珠シ廻ストイヘトモ数トロトアリミタ乙
是或ハ利養ノタメ名聞ノ為ヘ或ハ勝他ノタメ無慙愧故其行
此ニ寶ナシ三寶ノ知見其如何ツアラム可恥可恥可悲可悲
無常ナル世ハ尽ス無隨テ了シ若富ノ有時ハ利益何空ナラム備
念ヲ出離ノ要トシテハ一念ノ發心ニアリ作頌ハ無邊ノ三宝
一切ノ神祇冥衆ハ佛法眷属常ニ守護ヲ哀愍メ
有情ノ貴ノ命ノ一心ニ念又給ヘ三寶ニ……ノ許……

南無大聖文殊春日大権現令所発菩提心
生々世々値奉仕
一切衆生大自在和合所為助縁慈願成就順次決定値遇
生二利行願速至不退

一　栂尾明恵上人つねにかたりたまひしハ、二病者ハよき
人すくなしそれをえらひて学道乃人ハ
善知識のをしへに随順すへし、かくのことくして
内にハ一深切此心をもち、行道をたすけ
しかうして真正の知識の次第に頭目髄脳をも

おこなひて衆のかまへはまし、すとへとえず
麁食に麁衣おしとし周章沈淪に居し那摩
煩悩を事とをす　そこく長く迷をひさけて
世日もすまえすそ明日又二月になりすそ来、
月又二年相応をすそ明年為に生に證をす
外坐物くし退屈をす火をさかこらし
て[illegible]むかし[illegible]煙気[illegible]ふしりて迄
焼する[illegible]へよれに煙に浮気人めるど
我[illegible]中さる[illegible]生しけい

たゝうへ　とすきほけ　ゝ念をます
志能さ峰人のしかにこゝろそゝくしふすまく
ゝ菩提を愚ゝしをもてさとしえくしくも間断
のこゝ所ゝ那れ切なりかくしさゝは真正の善
知識にあひてはまゝ西にゆくと見しそ東へあゆみ
心をさすと見て南にむきあやまりあるへし
虚空のはてしなき方角の銘なし　ゝは世に在
常しとさんこれ　日と月山木こそかくと
いふとも老若きうら孫の境に眠りにかへて
しとうゝ来世未法に伝しをさとらるへし

こゝろさま/\に善知識の門下を尋来り
善人をけくゝ\をたつくりはとふ死てなに
ひよすあ心ろミおりていそに所をも
くろき中もたゝくゝといもろきもよし
きらくすありくえるえゝらかまらきをし
いあうえくいるゝたゝえきさらとあり
又そ軒雜のきゝてきとあしきれしく
たゝ事乃又ふ小事しけふその生死一
又する時にさぐのきや恩具を報え
かよるえふよい一執見を

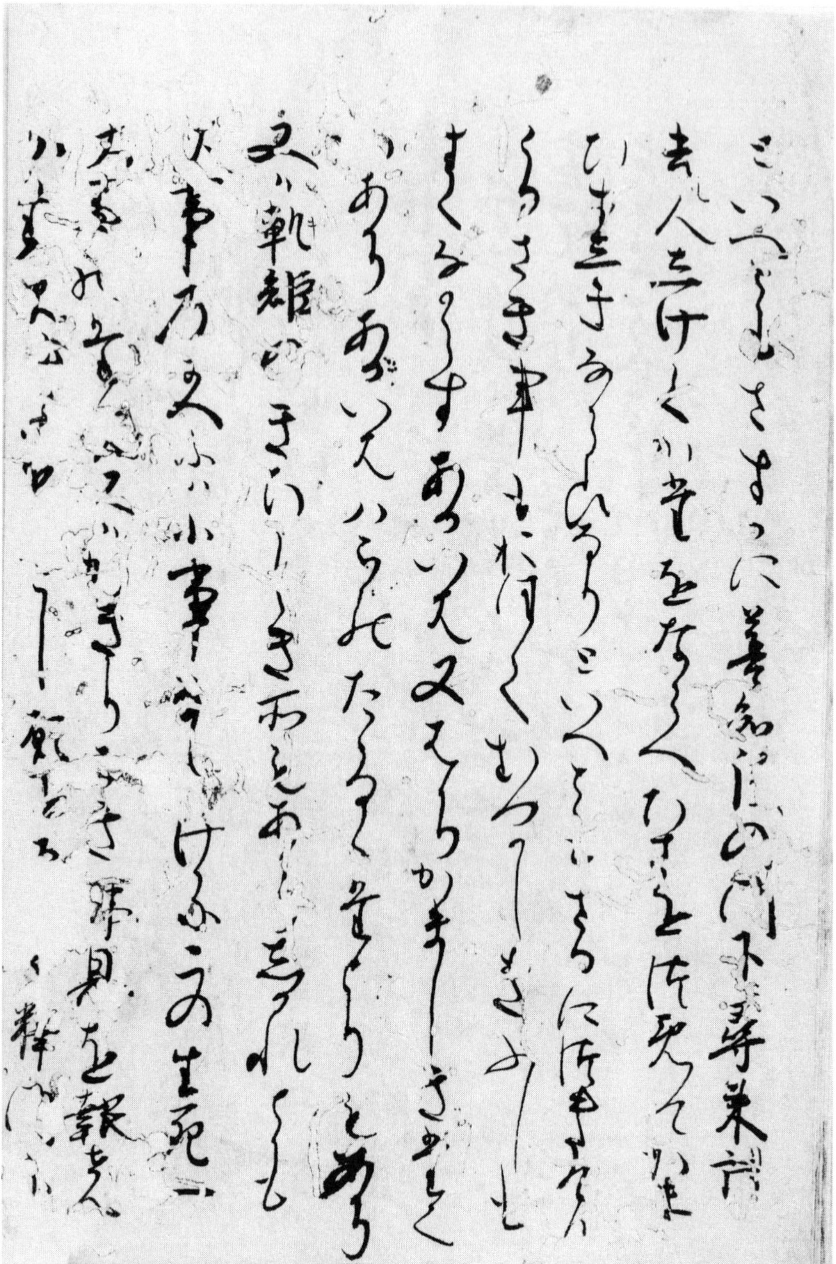

あかつきふかくくらきを中に金をうる
山にいりふかくくらき中に金をうるところ
あるひとなき子の鹿を追出す山深くさる譲
あるけふも志ぬるくるる事ともれ出さる
事はさたあまりさるさるさしても半信半
ふ信ふかん無道心たる人なり、そかる事
とは、てろ善知識乃かもりをえるゝから
つけふそ深ちふかけんと子心ほ中きすへ、大
魔王ノ心中に詫しにもふりとをふそて一念ミさ、
えかもる成さ、つゝ ことくゝをへいのくゞー

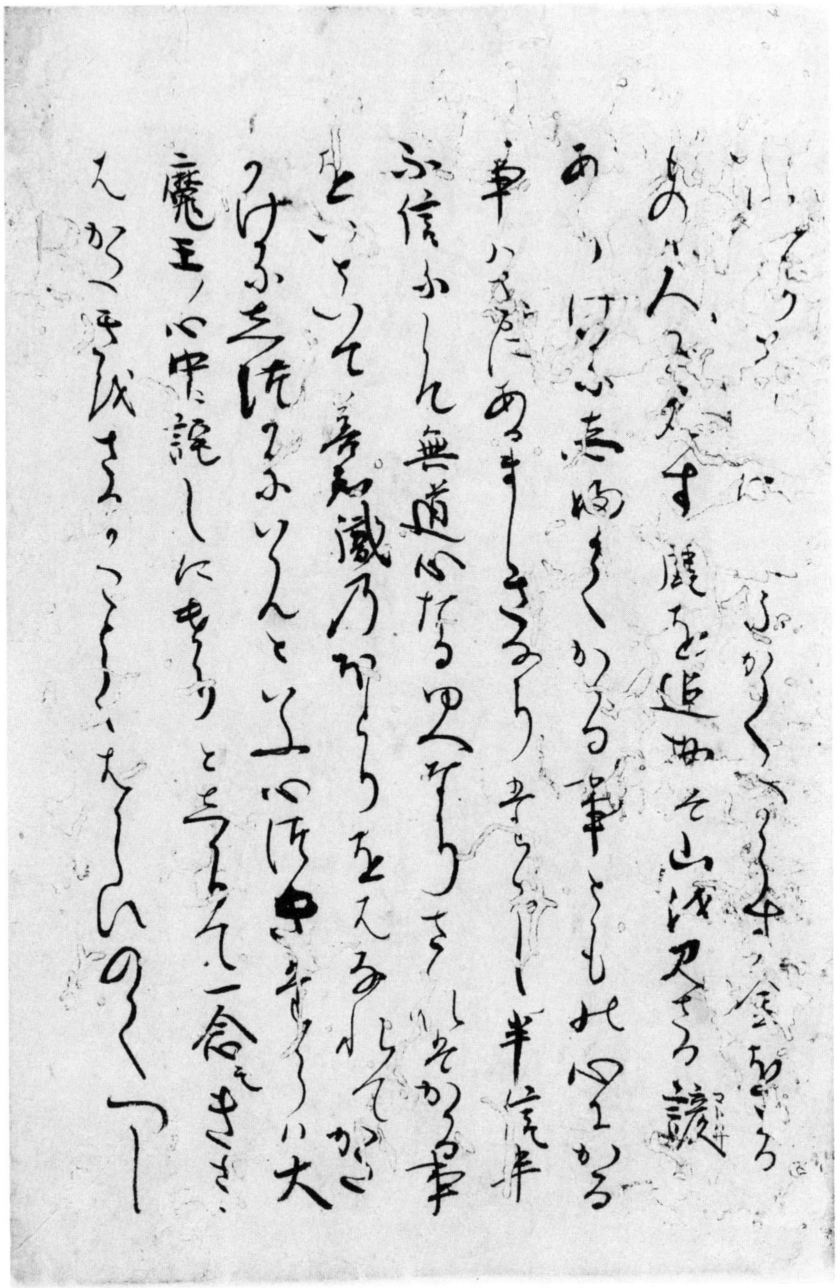

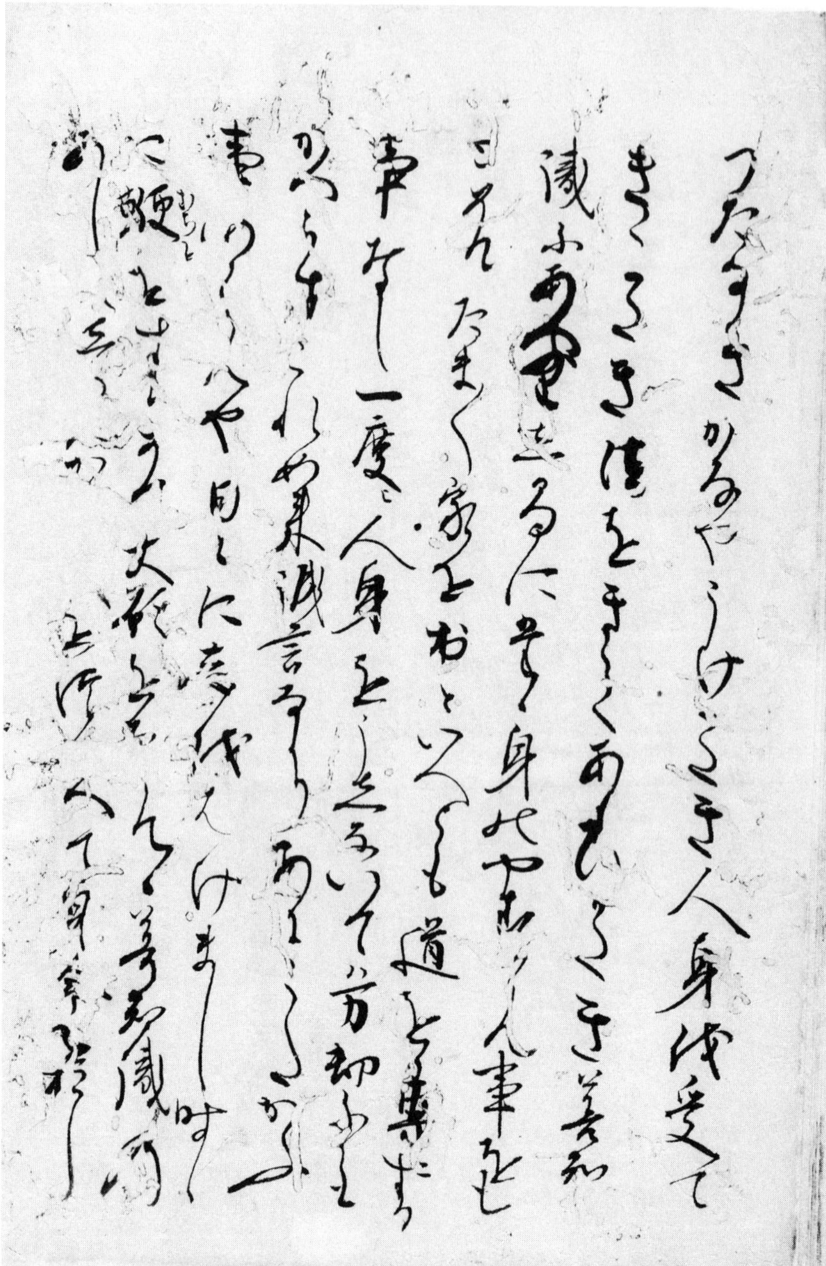

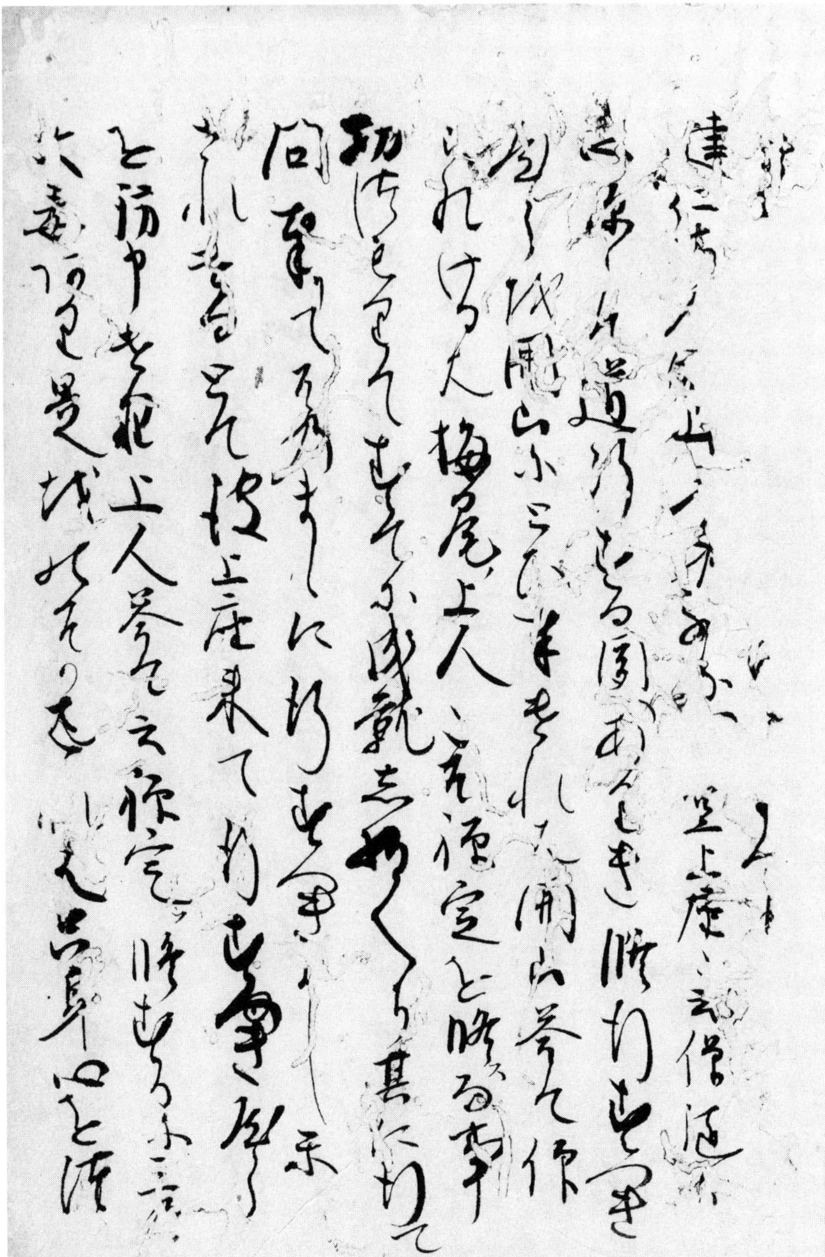

かやうにして歳を功をもて成就する
事いうても三砂を黄で飯とせんおと城見ふ
いつて苦しけれどもカをはたらかして億火劫
用をも豊饒の息かなる期を得んやせば三妻
已そり外一ふ睡眠弟二ふ戟念弟三に坐相応も
とたるもせ乃三のおとせもきて一切皇吏
に城とてそ以廿三諦期乃志さいきなけても
てんにせん々にもしりけて子事るしいちけ
さか成るあかる人こうちる〉生とか
もかつ〉いけてい

〉うらくらいいもと倒

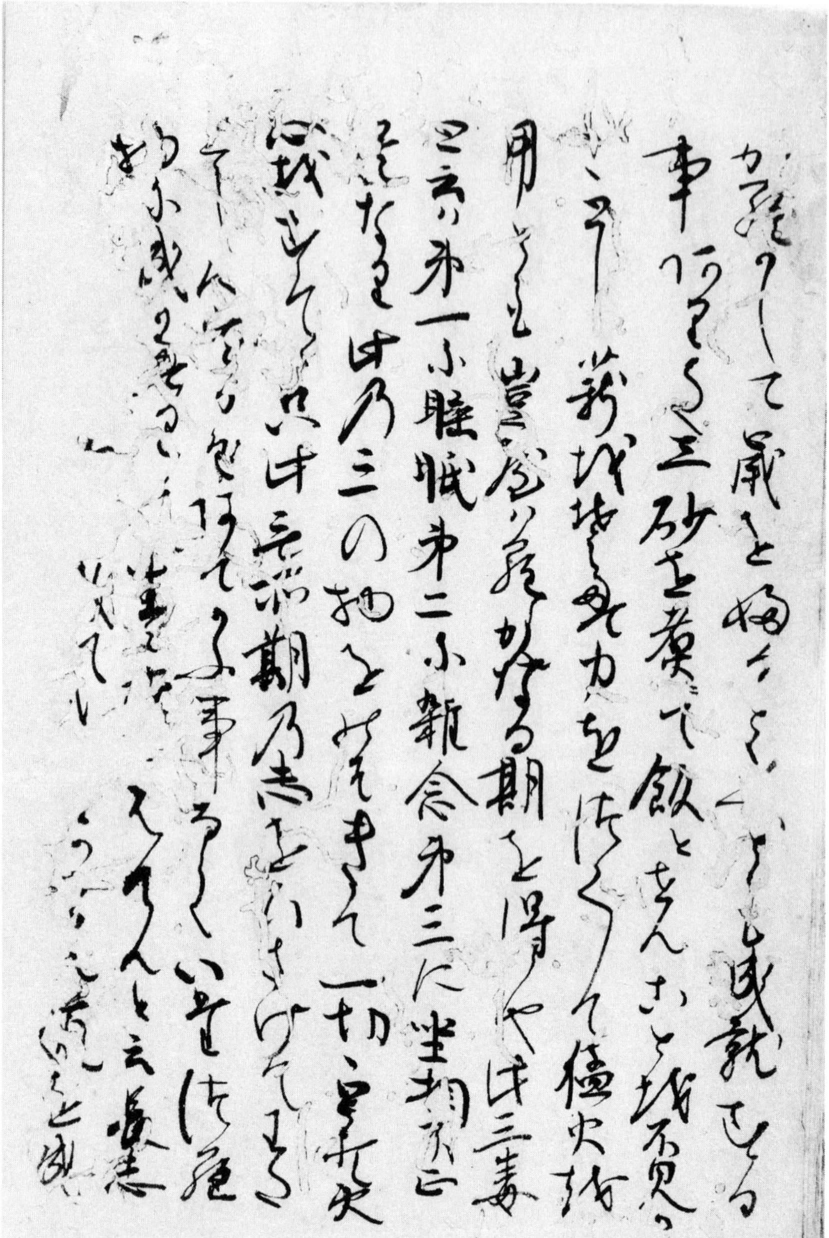

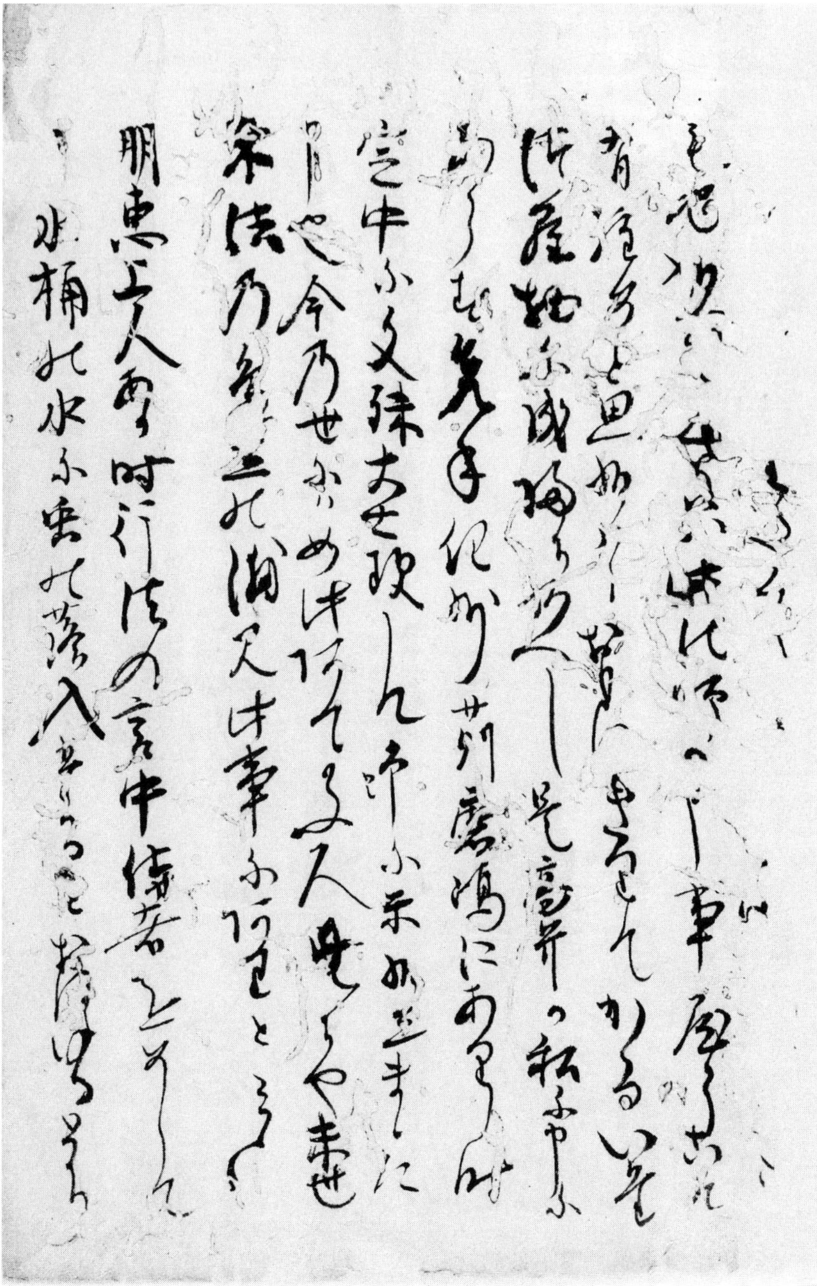

まけてあるみてと[illegible]
こゝろ入てあるとす[illegible]とりあ[illegible]
[illegible]さとり又問[illegible]の宗門人をすへし
ころハ竹の中に[illegible]物に[illegible]
かしと[illegible]て[illegible]と[illegible]
いろきりてみれハ雀の[illegible]に[illegible]
[illegible]さとり[illegible]事[illegible]の[illegible]
なかなかなく[illegible]
[illegible]

禅宗法語（9オ）

おやをうしなひしき
大陽座の新にわかれる師の業ふくろをおい入りうと
肴をけうえをの中をれあそをすりきを
三たていきをあいらをりうにさるひかりて見るよ
ちいきにとりて羽たんをもとするよる雀子と犬ころ
此君けてものをくにまきひつきたりとてまきき
見ろをらに辛そりゆるやくちをとりして大
きり乗をさ雨と共にゐりてまあしれあうを
ろあうさをきゐいふめーさころへりでんまんえん
清き子同宿たとしくろうけれをきりやう

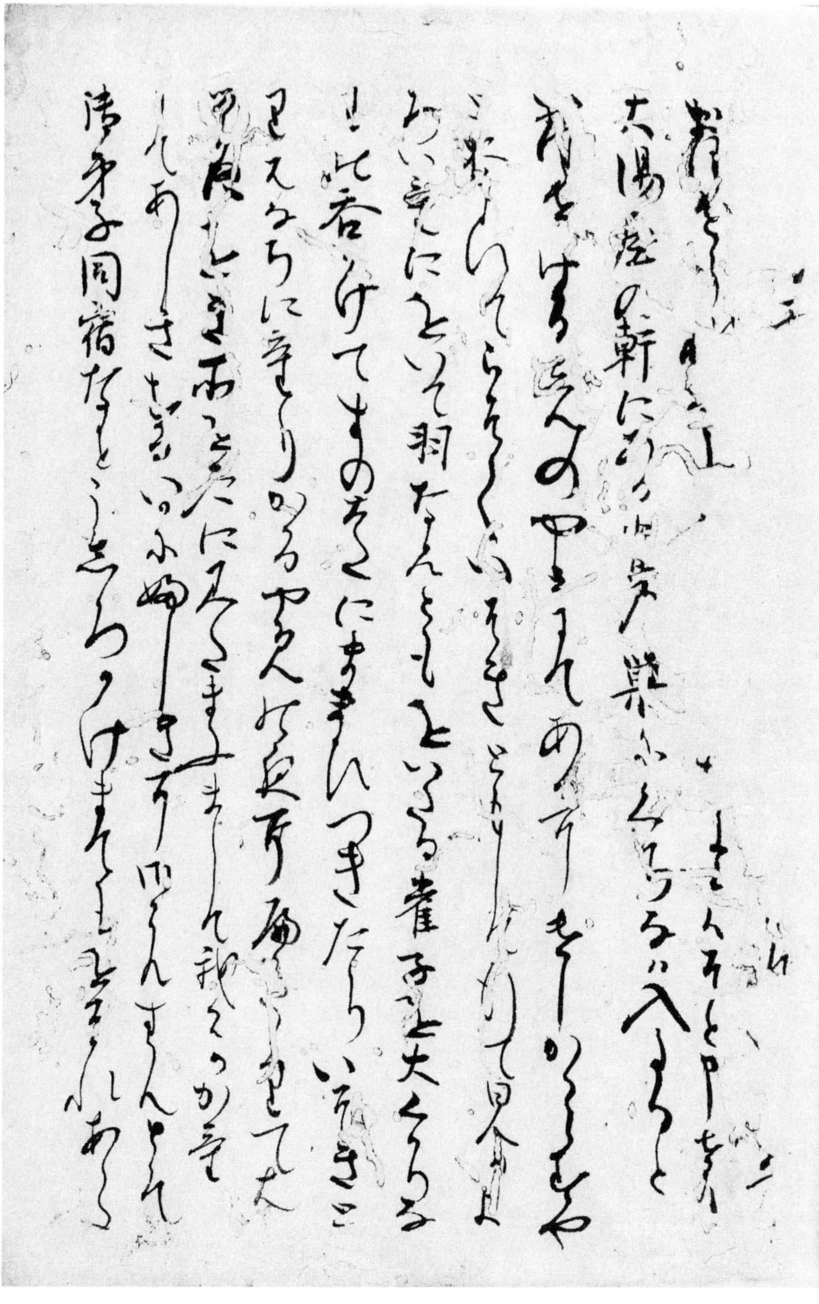

たゞ
ゆまひしきさりさとりかゝる事宗しの法をへ
たまゝていふべしともまくりしてのたまはしを権
者これ此まうり修行する人れ仏うしつそあやまれく
かんと法名する僧たちにたつとこくしくとつあえく
なつおるとおくうつ事けしそこともしえしくと
至えしうきめそもあしつ宗ゐの他乃いひ事や
まふれそりよ高弁のことし宗とこみを仏のとこへ乃
こゝくにけれみよちしそしまゝ出ともしく
かやあすあしんせうれ我に人にるんと旦
事記あくなきまちしなしいゝしけすり
これ並そのを自然よたこしすれ具足
こくはく　すゞ　すあ　ゝ安

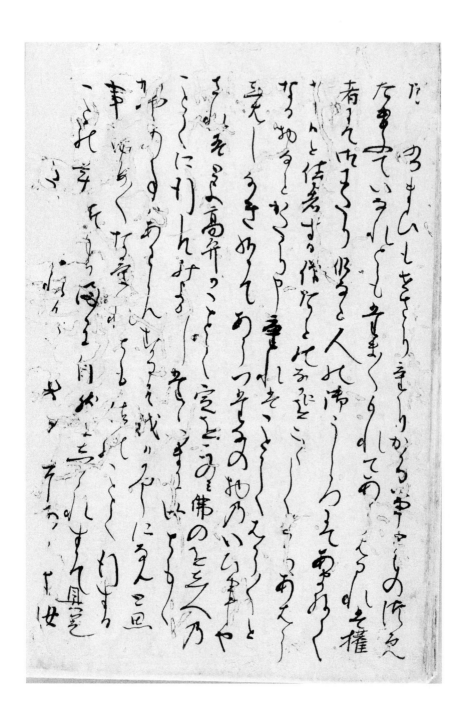

[illegible]

なかくハ童ハ大乃ち丈人をなしをなし事なり

ちり狩をしり字ゝあり唱ふる小童につきて

いんく我みたれ毗舎鬼の類也世間ハ名僧おほく向

五きんと名聞をすれ利養にかゝりすゝめ法ニ道を

勝たる人もしれ帰依する人ハ天竺をいまくハ

まくさそろね震旦より始て仏法流布して大国

ホをみるに当時をみるにたゝしいえや[illegible]をい

ハ大唯禅入定めぐする我みずから貴賤

のたゝしいかく威儀たゝしくかたくさ二月十三日

大史洞中月ほからかに石上風やまずかれし比

道とすゝめし經典讀誦の聲音をきゝてこそありて
たゝしく行しき所の時は我所をとをさかりて
世々値遇しまいらせて佛法に歸依しなのく
肉食をやすへしとかたくハ殺生をきつけしなれきた
殺人と思てよはれは是人の言葉にしたかひて我をまもる
無事又や殺我を肉食をすゝめんとすれはまた
わか食あるましく讀誦のつてしまいらせ
又まよひあるまく何人をもしり無多
餓鬼の法をとかれし給ける　一
一　達仁開山は法師まつこしくありて因引しれ違
薔薇の花を　　　　　　　　はなはたしく

上作るて談きん事もとのあるを至うあり时も人
おハ等して同尊としもろかゝり多年のく
相がんくたいうへに入ツりてけち擦しさしま一開山
この人を取めたへさまつらしてもきの宗を
言まきて我門下ふり〳〵もしす與りをきしま
ろときれ奥隆ちきん大切せ丈そのしもあり机
あり老れぬもく禅戸をきれ辛うらうられしと
入滅ちしきしては衣とそもまつらうえ師東林
擊和尚の信花と〳〵

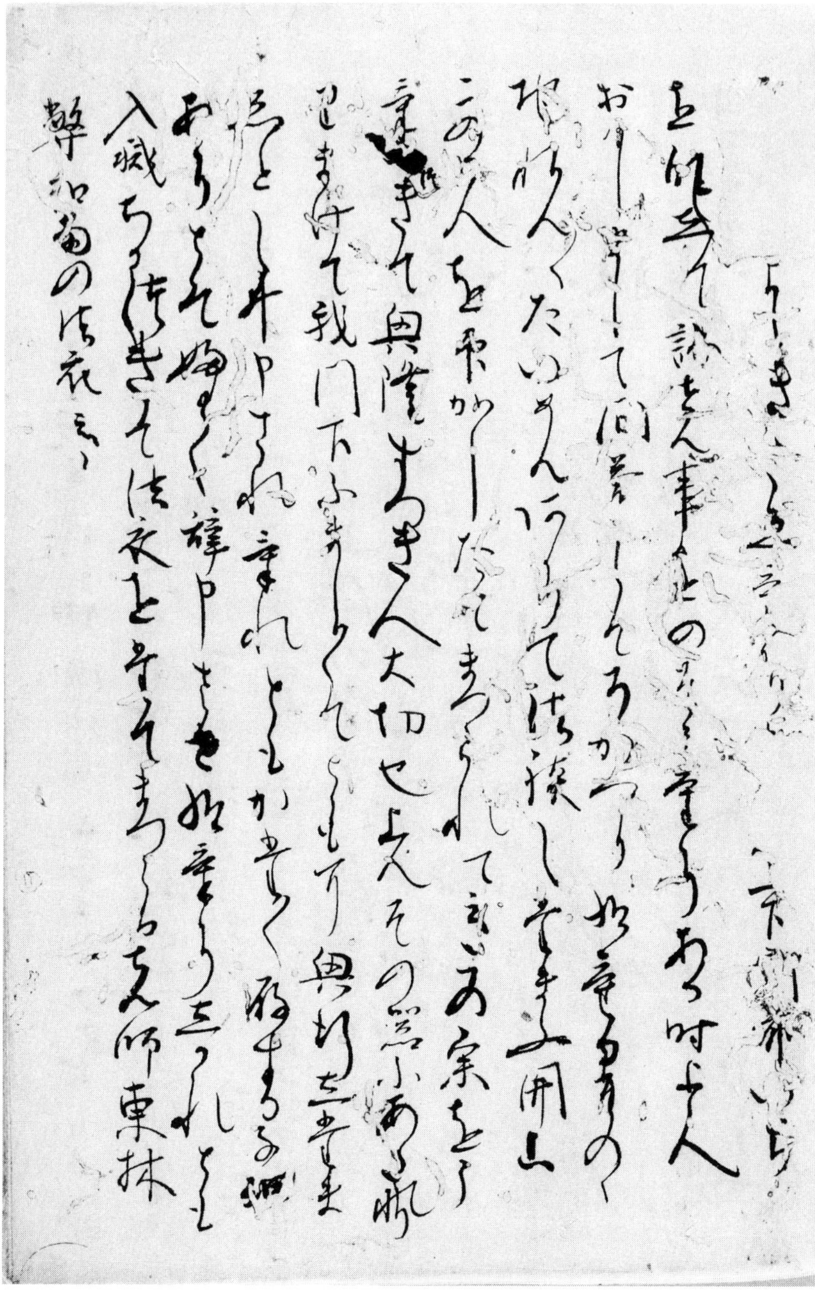

由良開山法語　法燈圓明國師

先初心人ハ念起ノ坐禅トス兼ッ心得ヘシ念起ノ坐禅トスハ
ヨロツノ善悪ノ境界ニ付テ我念ノヲコル其ノ始ヲヨクヽミレハ天
ニ如テ雲ノヲコルカ如シテ其由来ナシ只ハレタル虚空ノ如ク消
静ノ虚空ナル故ニハ心ト名ツク其心中ヨリ起ルヲハ念ト名ツク
其心中ヨリヲコルヲハ念ト名ツクル也心即体ナリ燈ノコトシ念
即用也光ノ如シ又心即体也一ノ木ノ如シ念即用也木ト枝ト
葉ト花ト木ノミ香トヤウニニ見レトモ心ハコレ体也色カタチ
ナレサレハ仏ハ浄法界心ト説玉ヘリ又三界唯一心ニ外
無別法ト説給ヘリ肉団ノ心ハタクミナル絵師ノ如シ種ニノ
ニタノ色ツクル一切世間ノ中ニ心ヨリ生セサルハナシト説ケリ
虚空ニノ如ニ於中ヨリヨロツノ善悪ノ諸法起ルナリ故虚空
一也是以テ虚空ノ体ハ体木ノ如シ方便枝葉ノ生ヲリニ五ヘ一

其[illegible]アラハルヽ一切法ト云ハ地獄餓鬼畜生人天声聞縁
覚菩薩仏ナリ十界ナリ此十界ニハ六凡四聖アリ別ノ名
六凡ト云ハ地獄餓鬼畜生ヲ三悪道ナリ修羅ヲ具シテハ
四悪趣ナリ此ニ人天ヲ具シテハ六趣ト云ナリ四聖ハ若
此外声聞ナルアヒタ仏ナレハ此四聖モ心ナリ一切法多トイヘトモ
此ヲ出テス此ハコトヽヽク衆生ノ心ノ中ヨリアラハルヽハ云ハ衆生
ノ境界ニ向テハ放逸邪見ノ念ヲ起セハ其念色形ナケレトモ
即地獄ノ形トモ成ナリ タトヘハ物ヲネタム女ノ思ヒヲ心ニ行テ
ラハナリノ家ニ蛇トモ成カ如シヨロツノ念ノ形ヲツクリヤシテ苦ヲ受ル一ケ
趣ヲアツヤルカ如シ是ヲシテ心得ヘシ一切ノ事執心ツカケレハ一ニハ
ロクハサンツ結事如件共ニトモ念ヲ以結ヒ者ノ果報ハ生スルカ故ニ
ツイニ蔵スルナリ生蔵スル故ニ諸法ハ夢ニニタリ幻ノ如シ夢ハ善モ
悪モ有ト思ヘトモ覚テ見レハ形ナシ幻ニハ結

始モナク又久シク終モナシ一念カ機ニ善悪浮ハ悪心境界ニ
向テシコレトモ其念ノ源ヲ見レハ始モナク終モナシ又シマリテ
結スルカタチモナシシハリヲ見レハ夢ノ覚テ無カ如クキエテ
ハカナクシテツイニハナニモナシサレトモ実ニハナケレトモアシキ
夢ヲ見候ハ術無悲キ事疑ナシ善夢ヲ見候ハうれしきクノ
モシキ事カナリナシ故ニ念ハ覚テ夢ヲ見始カ如サレハ仏モ
生死ハ夢トノ給ヘリ凡夫ハ此念ノ中ニシテ生死ノ深キ夢
ヲ見ハソレニトリテモ朝夕境界ノ縁ニ向テ悪念ヲノミ起シ
ヌ故ニトコシナヘニアシキ夢ヲ見テ三悪道ヘ実ニノミ堕ト
思ヘリ仏ハ善悪ノ念ノ起ル源ヲ知テ執心起サルカ故ニト
コシナヘニ念ハシコレトモ無念ト成ル善念ノ処ヲシレハ万ノ心トイ
ヘノ心トモハ名ノミ有テ形ナシサレハ無心トモヘリ立ニモ居
ニモ子テモ覚テモ念カニ心ハナカリケ念ナケレハ念ヨリ

若無念ハ有ト云フ事ナクシ念タニナケレハ其コソアヤマリ
ハト云物スヘテナカリケリトタシカニ百カ一モナクシリヌレハ
此ヲ一分見性トモ悟道トモ生死ヲ離トモ仏法ヲ覚トモ
往生極楽スルトモ仏成トモ云ナリタシカニ念ト心ト有ト
思ヒタルハ夢サメテ又妄ハ有コトヽ思ヘトモヲトロキテ見レハ
ソラニ有テナキカ如ク妙体ト思ヒシ生死ト思ヒシモ迷ト思ヒシモ実ナシ
無念無心トサトレト心得ヘシ又ハ又无念トモ无心トモ
カアリナカラ只スルニ無念トモ無心トモ云フ事モ物スヘテ
ナキナリ其時ハ心ナケレハ法性ノ虚空トヒトツナリ虚空
本始ナシ終リナシ中モナシ浄モ無キモナキモナシ別ニ
法トテ取定ム事物ナシ只サハ〳〵トシタル虚空ノ中ニクモ
リナキ月星ノアラハレタルカ如クヨロツノ法ハ実ノ法テハ
アラス本来無性トシテ有ナリコヽヲ以テ古人何ナルソト

是佛法ト同ヘハ達磨栢樹子トモ云ヘリ又柳ハ緑花ハ
紅トモコタヘ玉ヘリサレハトテヤヽルニヲ佛法ゴトシルモヘキ
如ナシサレハ悟ル古人ハ把定スレハ雲谷ニ横放
行スレハ月突浮落ットイヘリ是旅ノ事ヲ我ト疑
ナキ人ニ見明メントスフカキ人ヲ起云トモ佛法
志トモ坐禅スル人トモヤ也此処ニハ二又ヤカニク
心ヲカケテ疑ナキ故ニ見明メントハヲ志深人
一力ハ二一人モナシサシミラサル人ニハ迷ノ凡夫トモ
生死ニ流転スルトモ名付タリ悲キ哉ヤ夢幻ノ为
シイテ知トモヤヒナキ免サス小宅ニ名トモ好石トモ知モ又
宛ンツ代ノ為ニラノ近ミシキテトコミ大人ニ生死ノ苦ニ
識ト迷ヲ人ニ増シヤキリト云事モナクマトキ二ツメスレテ

ムモ楚ノ夢ヲ見タルモ事ハ実ニヲロカナル事也サレハ大智
ハ位ヲステヽ此代ニシテサトリ達磨ハ王ヲナゲテ此処
ニ来リテ又慧可ハ雪ヲ半ニヒヂヲキリテ此事ヲ問リ
シテ得給ヘリ志アリケレハ刹那ニアキラムル事ナリ
生ヲセフニ寶ヲ、ミモ命ヲシモ一ニテ今ニ生死ノウタ
カヒノヤミハ一カタキ此度モ佛代ニアイ知識ニアフ時
身命賤シクステヽハケミイトナミ行セスハ永劫多生ノ
同長クムナシカラム事ハツヽシム禪ヘ坐禪ノ心ガ
イ大方先ニ過ヘ見ヲスル只生死ノ疑ヲ破ル事道心
ノ有ト云トノカハリ文ナリ男女タカキイヤシキニ
ヨラスハ只身命ヲステヽ此一大事ヲハケミイトナムヘキ
ノ有テ悟コトタナ心ヲカヘスカ如シ只如此ノ得カタキ事

事ヲナケノヽヤラス處却テ多生ノ間志ノ隔リ所ハ心ニ
起リ支事ヲナケノヽニ我心ナカラコソツタナキ哉ヤ口惜キ
イカヽセン誰ヲカウラミ誰ヲカヽコタム頼ハ佛哀ミタメ
シテ我ニ道心ヲ付給ヘ

一 毗沙門堂權中納言殿問　由良心智上人御返報之
道ハ見聞覺知ヲハナレテシナテ見聞ノ中ニアリ
道ヲ離テ見聞覺知ノヤタメシ見レハ凡夫ト名付ケ
見聞覺知ヲステヽ道ヲノミ見レハ二乗トヽ名付カハ二ツ
ナカラ佛法ニアラス唯二乗凡夫ノ境界ヲヽコニヲ
出テ佛法一ト云ハ心ヲ起シテヒラウニマヨスヘ

心ハ無妄想ニ一モ心ハ無ニシテヒカリノ用ニツカハス
ハシメニスヘシハ断滅ノ見ヲ言語シモテ眼ム見ニアラス
ヒトハ言語ノ法モ跡絶シモテ観シアラハ観念ハコレ
意識ノカタチヤサテハ何ニシテカ仏ノ知見シヒラカムト
ナラハメ、サキノ如モ叱ノトカクハナシハスナハチノ仏ヤ
此ホカ名言ノイタルニアラス仏モ説キ給ハス心ノツヨフニア
無シハ祖師モ示サス眼ノ境界ニアラサレハ色シモテメ。
ト（離）智恵ノ弁ニアラサレハ形ナシモテ論スヘカラス
生滅ノ法ニアラサレハ生死シモ犯サス常住ノ称ニモア
ラサレハ輪廻ニモシノツカラ離レタリ名付タル所モナキトコロハ
万法ノ残シモラシナワスカクノ如キナノトコロニ住システ、
ヒカモ住トス念システ、自境界シハナレ、タリ、此キハ大安楽

佛文妄見ニイヘハ文字ニ〆ロニハ仏ヲ打ノ事、随テ生死ハ
サテハ自己ノ本分ノ心アラハレテカクレスト申ハ久、モノ
手ニシアケ服足ニシラウコカス心スナハチ本分ニテ人モソノ
ニアハヌ心ニ全ク去来セサルカ故ニ十界ノ心モシラス又シ
コノ中ナルカ故ニ十界ノ形チナク十界ノ品モ無シ。サレハ時ニ父母モナク子
孫モナシ天真独朗トシテ凡聖ノ品モナシ浄土穢土ノ差
別モナシ父母未生已前ノ面目トモ又本来ノ面目トモ申
ナリ 利根ノ人ハカク様ニ申ト人コトハノ下ニ於テ心ヲ冷テ冷
悟自知スルカ如ク思量計挍シコトコテ仏教祖教ト
云ヘトモ事無真本分ニシテ示シ向上ノ宗風ニシテアラ
ノ大直道トモ云事人ミナハカラス十界ノ人ヲ別ノ心ニテノ
迷悟ヲ分ツトモ只是カ説ニ悪ヲ捨テ善ヲ取ル貴キ人モ有リ性空

ニ乱レテ要ナシ　一切ノ法ハ如ナルナリ　只是ヲ鏡ニ喩ヘ無量
ヲ観シコヽロス人アリ　此性空ナルカ故ニ取捨ノ分別ヲ起スハ縁ニ随テ
故ニハ心ニ任テ自在ナレトモ悪無量ノ見ヲ起ス人
有善悪ノ心ヲシヤメテ心ノ鏡ノ明ナルカ如クニシテ無為
無ニナル所ヲ信シテ口ニマカセテ問答シテ道ニ入ル人
有無ナキモ大道ヲ捨テヽ小径ニシテモムリ人也　上ニ種々ノ事
シ申ス又仏心何ノ所ニ有ルト捜シテハラフムカルツクリ又ハ文字ニ
ハコヽロトモ心エス　ハアイタヲモ飛シカニ不及ハ
所詮一念シコラス又所ニ大疑シテキコシテ行シハヤアヤマ
チナキ事ニテハ也　手ヲ念シヤメテ世モ為世事ノ道
ニシテアケクレシハ心モスム所ナリモラクトナリモ也
時ニテイノ病シ覚食知テ仏修行ノヤウ天地　未顕

佛ト衆生ト本来セズ父母未生ノ前ニ於テ此ノ丈夫
人ハ日々夜々ノ見聞ニテコソ生死無常ハナシサリ
ナガラ丈夫ニテ人ヨクヨク此ハカライ人ハアラシ佛法スコ
スツヲ申ニテ公何ニ申トモ人々ヤ世間ノ事ヲシヤ一ふも此
心ニカケサセ給ハヌヲスヘくたいろみ此コトハトゝ此ノ申
カニ入ヤテヌシコロニ沸ゆわ々着コトくイナヌ事
我何余ノヘチノハヲ申モヒ日コロノ御沸代ヲテ人ハ、法ヲ
ヒカリトシテしヽトモ識論く此者ヲ候や
一昔話婚着トシ僧夜ニ眠サラズ常ニ泣シ見ケリ
アルトリニツカヒタル丸京ハ因余抗トヽノスニツ示エスヲ
ムリ時杖ニウリテマヽヒヽ目シヤニヽノヌリテノ
スヽノ吐　一吐ワリノヽニテヒり

人ニ生レ用ニ逢ヘリ生ヲ受タリ　世以君
縁ヲモウスヘシ善キクコトノ志アノセキニワタノ
ミカケハ安執ノ文ニモ聞ムイハユル學行ノ二コトナ
ラスイツノムツノ久長ノハカリ事ノ次アムトノ之ドリし
ナニモ又上根上智ノ人積道ニシキテ志ヲ勵ニサルヘ
如キ何況末世賤根賤智ノ人ニシイテアラヤ廿一倍十
信ハケミテモ修道シ成スル事難シ況ルモ我ハカナカラ
抛シカタクムケテハ所早ヨレキ二三子前ニハ日ハ難合
ニ守タサレテ何トモ無事トモ日ワケムナシクトシ
月ヲ送ラム人驢年ニモ道ヲ成スル事アルヘカラス
シテ我難受人身ヲ受遇難値ニアエリ此度
三途ニ墮ナハ復何時ヲカ期セム

一永暦一和尚云
昔大愚慈明トモツムスヒテ汾陽ニ参ス河東クルニテ
スサマシキ所ニテ衆人タエスシヤレトモ又慈明志ニ道ニ
深クシテ朝夕ニ坐スル事ナシ夜ハ坐シテネムラント
スレハキリーシテ身ツカラ身ツサシテナケキテイ
ハク古人ハ生死大事ノ為ニ相クラ事ヲシテワスレ夜
ネムル事ヲシテハスシトシツヤヒナニ人ソヤ放逸ニシテ
シロツタナラストスル若道ニカナハスシテイキテモ
ナニカセムトテ身命ヲシテシテス修行シハケミタニ
イケリシタリシ世間出世ノ要ヲセサルハナシ是ヲ
何ナリ未来何ニ向テ未ルヲ見ンハカトスト云八カシ
世海ニ流ノ九牟ニ反カルヘカ

仏ニモ知識ニモアヒナハ山ノナンサイニミスヘスシテナハ
何時カ文殊王ニ逢ン誓ノ山ニ入テ年ノ空クモ過ニコリ
シテ死ナスヘシ

一 慈明禅師道理未深切ニシテ志ノ深キ風ヲキワメテ
其名天下ニヒヽキテ法海外ニシヨヘリ僧俗帰依
雖國家ニ多クシテシツヽクメモ時々アラサル
人スクナシ古者ノ云賢キヲ見テハヒトシカラン事ヲ
シヲ思ト城ニ此一言信スヘシ如衆以衆下ニ人能ヲ失ナ
ハム事患中ノ修行ナケキナリ其ヲ学ムスヒテ
メタヒニ来ツ勧ニシ難ス、文テ与子ツリシヲ於ニ一千
ニニ仁セス云ン障シナケレステヽ是ヲ思事是ニ有テ
悦道シスヘシ

一　夢窓国師土佐国五臺山吸江菴ニ住給ケル時彼
老母カ伊勢ノ国浄居寺邊ヨリ送ラレケル国師ノ御返ノ
御文ノクワシクアリシ文ノ辞ル中ニ事アタラセシハシ一ニヽハ又
ヨシ佛菩ニ帰入ン御所作ノ事アリシハイカヽ覚ル
センシリシニヽヽナニトモナキ内心ノシツニ世ハシニシ
シハハラワレトスルトモハラワレヌトハイカヽセント
ウニ物リシタハ又ハ人ノ夢ニミテシ有リトミテイ
ツカ中勝挙シヤメテヒツカニハ人ワムト申シク
カ如ノ内ニアルヲハムニテ人ニシリムトモケニア云
事ススマヤ云国ソヤミスノ云事ノ一ニトニヤム
ニテスツスス合ノ分ハ下是食ハコトヲ支トリノヽ
ハ子ヽ座空ノテシテ由ニ一殊ヤハ物ニテモクリス又ヽ

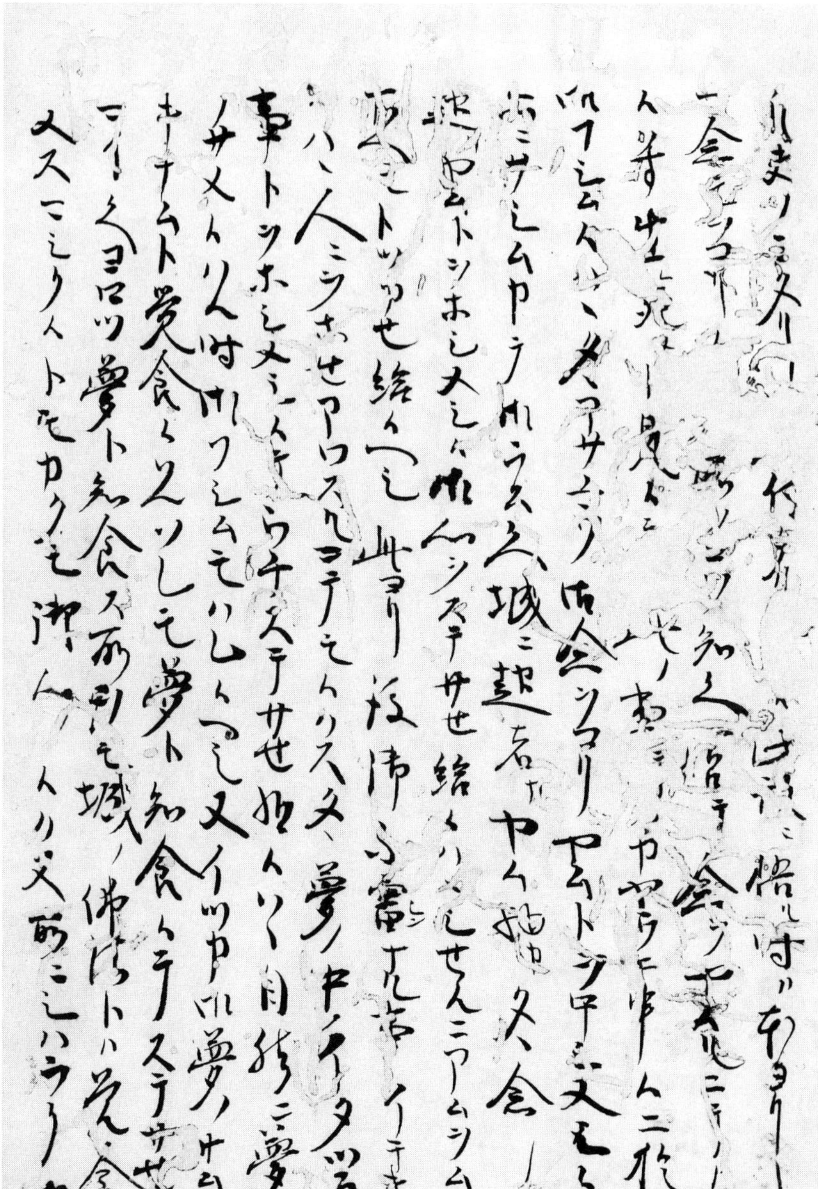

禅宗法語（19ウ）

走シ付テ四ヱ人達ノ四ニテトカノ四アテノ
カイトリハヽ四ニトイニテ人ヘハサケニヤ
クヌル旦ト思事ハミナイタッタ事ニテクコトヽミス
イタッラ事ト知ルヽ護酔ハ未タ完ヽカミトモスコ
ニヨモ就ト四臨リタニニテリノ付ソイニイコ通人
ラーリトカクキ事ニテヽ佛モ無カリスラ、四
ハヽサミソへ又セミイーテセ治ヘサモノイッセ御利
草ノ四メニテムカラテステハヽセモハヽ四
ニニミスレヘ此ミニシエヽラ、
夢ノサメヽヽヽヽノムフヽヽヽ別ニヽコフニ
人ノサトリ
トシエ道キヵ

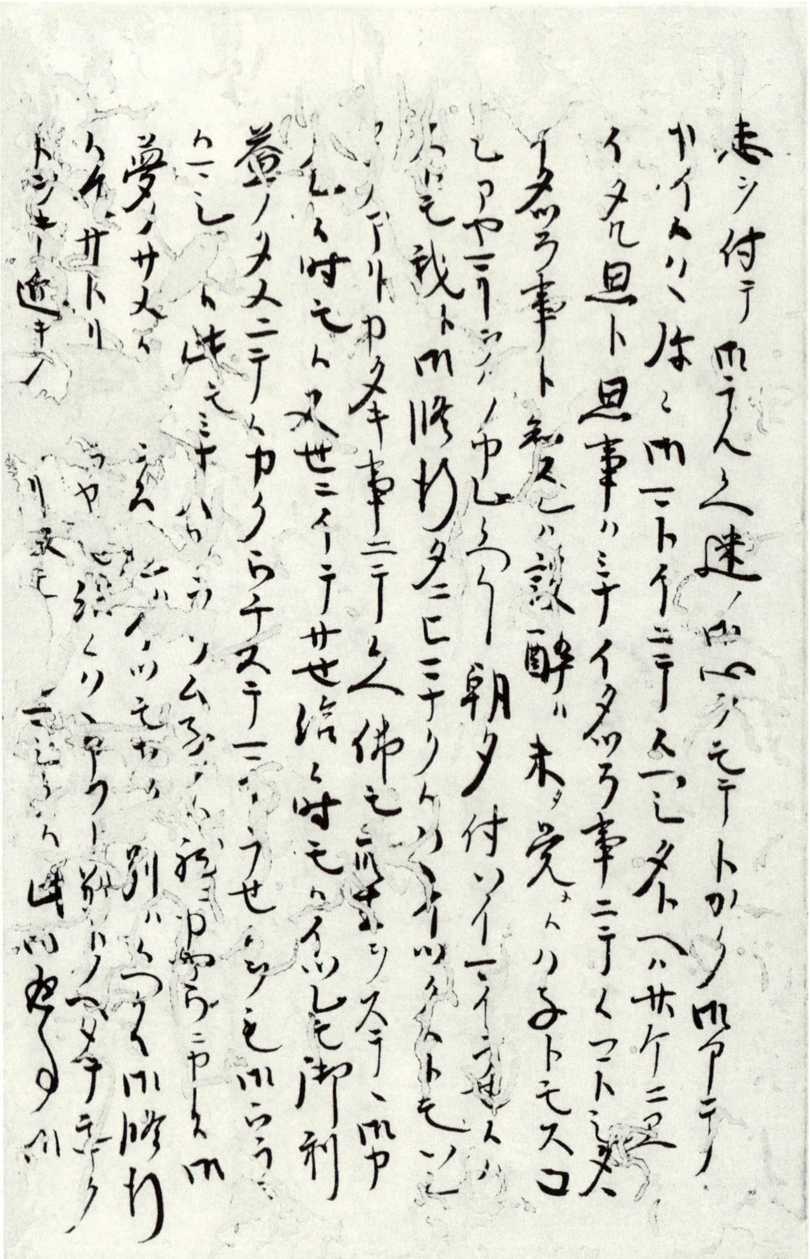

[illegible]ニテ候[illegible]ラレタルヲ[illegible]ツクツ

キソイニイトガモ[illegible]ハス[illegible]トハ[illegible]シタル

ヤ花ヲ[illegible]ヘキ[illegible]マ[illegible]ラレ[illegible]ナリ

文保二年八月十九日円覚寺到来[illegible]ノ使

正覚国師御寄

我庵とこそ[illegible]春のきれ庵まあとうる

留めおしまく

人る頃は世のうきことのしげきにはしてたれ

ともなき山さくらかな

うつろひぬちらぬ春のあはれ[illegible]

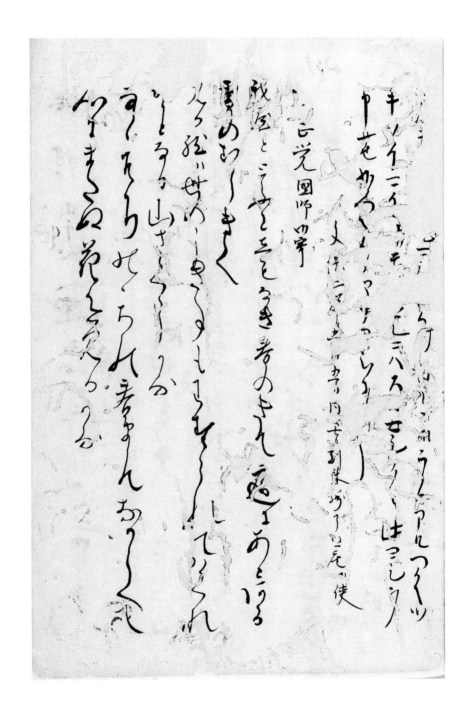

ゆきまちぬ花をみるかな

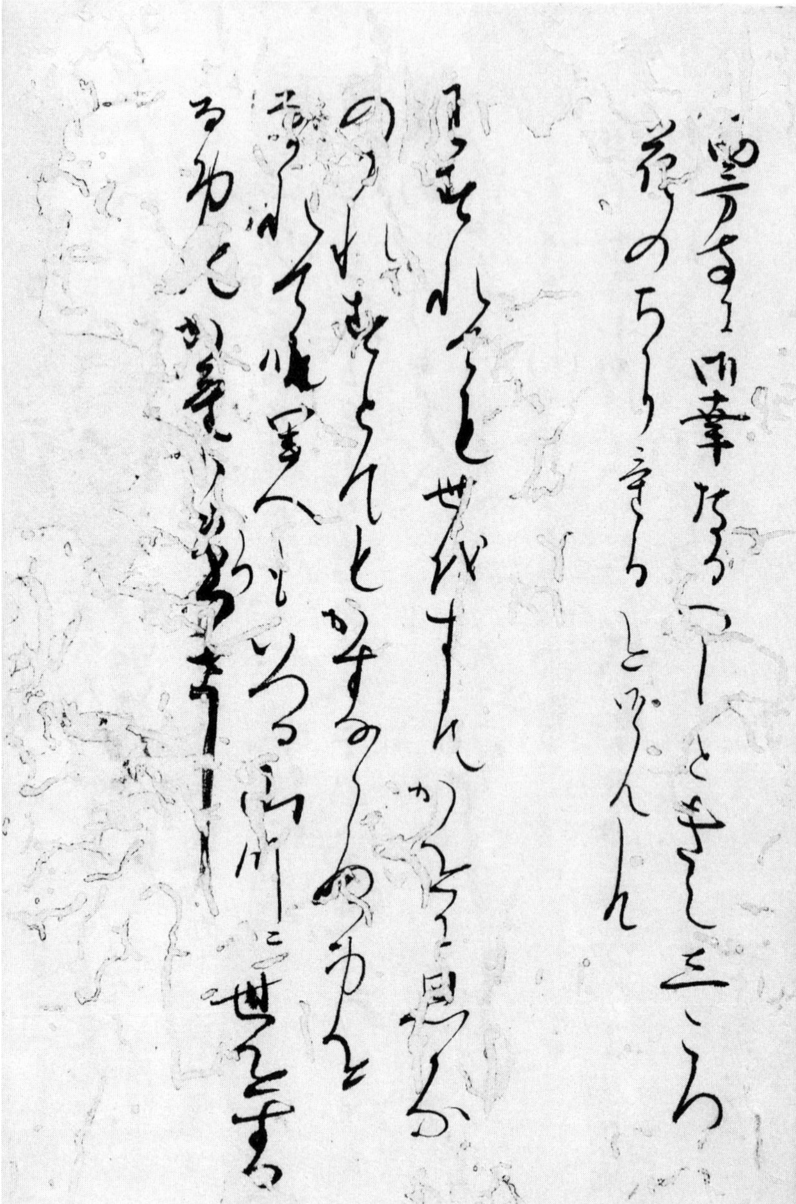

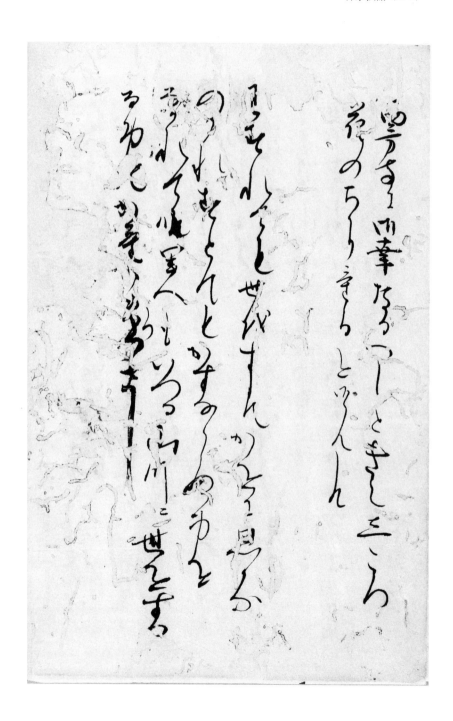

一 岑月ニ道

一 國師

夫大衆生　世尊ハ小生不識無老無来終シ

トモ一念妄心ノ起ル時ハ生識ニ未来ノ相ヲ見ル事

眼ニ於テノ病アル物虚空ニ花ノ乱ヲ起シ識スルカ

コトシ翳ノ病ニテメナシノウカフ時ハ乱起乱識ノ相ヲ

浮ニ於テ亡トモ攪ノ事ハ我無始ノ故也　無

レハスヘテ起識ノ相無ト信シテ驚動スヘ

ス臨終ノ時設仏菩薩来迎シ給トモ

歓テ其ノ相ヘツ生スヘカラス獄卒悪鬼現ス

事アリトモ怖畏ノ心ツ生スヘカラス　夫人ニテ

空花ノコトシト知テ驚動セスハ業カニヒカレテ

輪廻スル事ヲハカナシミ又生死海ニ流ル輪スル
事ハ牛ガ身ヲ憂ニ命ヲ失ト云故也我ガ身我命
因縁ハミナ是夢ノ如シト知テ愛惜セザレバ生死ニ
輪廻スル事ハアルヘカラス
答　以象大方故
アツキ時アツシト云モサムキ時サムシト云モ皆コトクノ
計校安排ニアツカラスシテ時ニ随縁ニアレテ用
舒シテアフハサレハ一ニ及ヒソノ人ニ云ニ朝夕ノ知音
三昧ノ各ニカカハラス回向ニ言ヲカサラサル人ハ
コレソイノ名ウニ　即シテクラヤミニハアラスト
シオレ又サレヘ　一カラス得テ候ノ以テ初メニ
一花ハ[illegible]

性ニテハシテヌメヨリカヌナリヌヘク
江西ノ事ハ下ノ官人ナリ
六祖モ
大慧禅師ハ法モ上堂頌シハアリテ第一手トシテ其
事迹事ニ因ツ此度ノ頌ハ前ノ頌ニヨリテ勝タリ
其カヤシトモムニヨリ揚ハ頌ツクル事ナシト云ヘルタカノ
参参ヲ叓ヲコナフヘシ他アニ頌シツクル事ノアメハサ
誠ヤシカレトモスヘテ一字モ無キ事ハ何ヲ故ソヤ識
法者怖々々参参叓トハ大慧ノ下諸ミ結スル
云人ナリ大慧ハ加播作之ス此之大ニハ力タカ
カタル五人ニ二種有一人ハ頌シ作リ弄ツ懐モ
仰ルニハアラス自身端シ守テ默々トシテ日々ニ
然モ真ノ五夫ナリト思ヘリ是ハ五ノ中ノ五ナリ

一人ハ見聞覚知喫飯著衣皆此時節也頭
々修行ヲ積ハ行ノ功ニ多クアマテヌト思アリ此人ハ
無取捨ノ中ニ真取捨無方便中ノ真ノ方便ハ難
事ナシ不ノ知 信心銘ニ云ク多言多慮ナレハウタヽ相違
セス絶言絶慮ナレハ要トシテ通セストヽ云事ナシ
更又云ク佛祖言教ヲ見ル事生家ハ物ニ現其
外ノ我言ヲヤ世常ノ悪人ハ境界ニ對スル時ハ如此
縁ニ於テノ泥 許シ縛トシテ一切法門ノ胸中ニ納ヌ
若シハ縛ト思ハス世間ニカナシハステテ名然人
ノ佛法ノ中ニ心ヲ探ナリ月ヲ絶ンノ言ヲ脱西ヲ死シ
得共凡ハ佛法解ニ肓月シテサヘ之ヲ名教也先師佛國
禪師常ニノ君ニ一語アリ云学者ノ人物ムナル時捨
テ其立ハ中ニ入 斬ナクエ夫シ

自守ル人ハサヤウニモナキ事アルヘカラス
善知識モ亦タ人ヲ方便ヲ以テ着衣喫飯ノ外ニ
何ゾ悟シ給ハヌヤ、激励ナスル時学者言外ニ意ヲ
領スル事アラハ其證ニ随テ能ク生シテ良久覚
ス又法語言下ニ悟ル此外ニ仏法無ト思ナシテ日来
知リ仏祖ノ工夫シテ難久困来レハ眠リ飢来レハ
食スルマテ時ハ扇ヲシツカイ寒キ時ハ火ニ向テ足ヲシノ
工夫ト思テ在ルトシテ日ヲ送ル此故ニ悟入ノ分
ナシ狂人ノ悟性師ノ外ノ別ニ仏法ナシト悟入トテ他
ニ求ヌ事無ト知ル所ニ付日来ノ如ク間断無
工夫シナサハ安ク悟入スヘキモノヲ既ニ悟入スル人モ
世ノ始ヨリ観スルキ久シキ世百出世ノ是非得失□

ハテ、西ニ落テ東ニ名ヲ揚ノ成一片ノ人ハトナツケタリ
當地ニ到ラ枯木ニ花生シテ寒灰ニ焔ノ起ルトキハ
真実ノ名人トナツケタリ此付嘱ヲ郤ニ入ウトシ
光ヲ千二百七行ニ撰ヘ口三二カセテ色身久頭
シ作リ壽ヲ續キ愚識ノハカセ雲ニアラス単行
順行天魔モ又ラカラス三十九モ皆造業経
歌ノ歎月ヲ知ラ長夜ニ玉実トナツクメトモ此ノ人ノ
声生モ此ノ六瓶トツナハリテ成モシノ人ニシアハラス
ケニケニモ此小児ツ七卋モツセサレシ親者テクトシヤウ
モ戈驢宝ハトヤツワクヤロサセヌツンヤ人ニ得信則易
守信則難シム六年十二年モ関特徹脚ヲ佛
信安ノ母子モ足離禅人ハ松ノ情門ニ並ヒチカラス

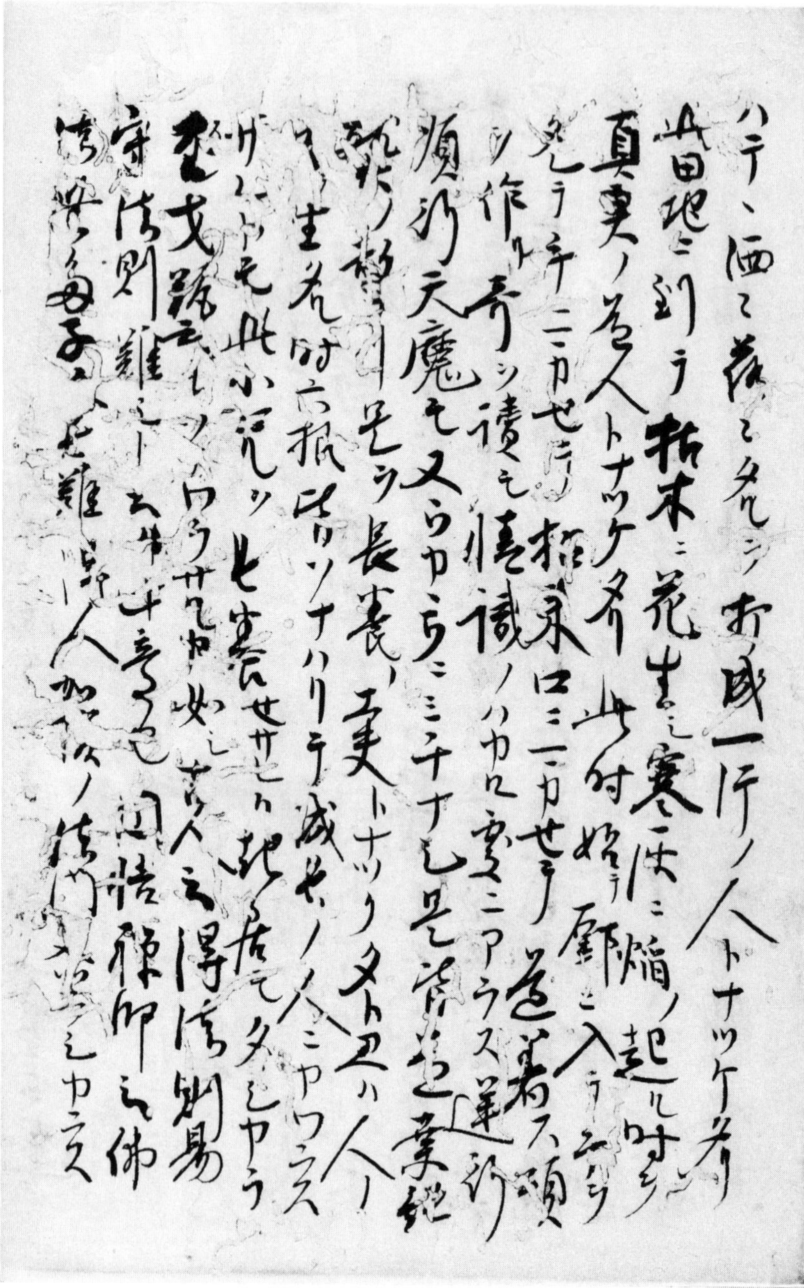

如此ノ風光ハ本来ニシテ是ナル山立ノ居處
山路ニ一切ニナル人ニモ　四辛ニ
アクラ一ニミニ路ヲ見テ山路ヲ立テヲ迷ノトワスナシ夢ノ世中
セイリヤウラウセウ化スル山ニモアラヌ又山ニヤクレヨ
答　等接奇般
生死去来ハ本ヨリ無所ニハニアヤマテ生死去来アリト
見ルハ凡夫ノ妄想トナツケタリ　タトヘハ夢中ニワサハイサイ
ワイトサシテノ事ナシ又上下モイツレモ皆夢ナル故ニ
カクノ如シ此理ハ三世ノ諸仏歴代祖師同トキ給ヘル事シ
多年ニテ人ノ佛性ヲアルヘカラス此理ニフカク信心ハ
シノトトヲセ如何其上ニ手ヲ見ヨ仏ノ不来ヲ降ワスレ

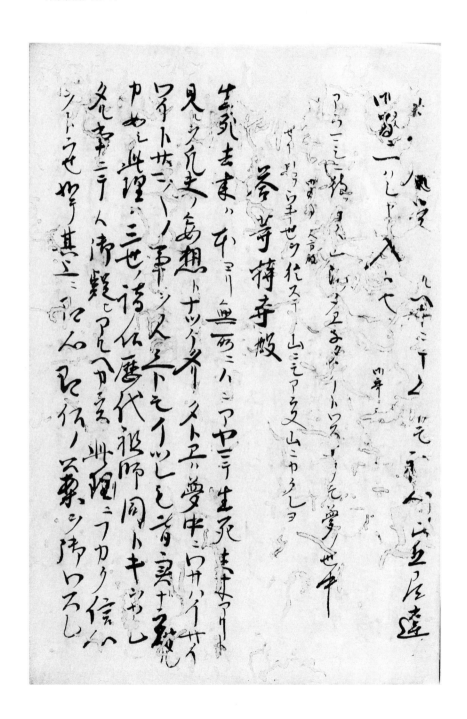

ナリムリク辭御懇ノ多ワタモ如クリストモ未來

マテモ佛法ノ御信心ヲロソカニスヘカラス佛祖ノ大事

シテ成就シヌヘシ此偈ニ御執心シト、又云モ

ムツク為來者アサニシキ十悪五逆ニ入モ加ハルム事

難キルヘカラス甚時ハ佛モ神モ冥スヤルヘ

ヨリアルヘカラス

參佐々木六角廷尉書

人々夢裏明々トシテ六趣有覺後空々

トシテ大千ナシ、又地獄餓鬼ニテ種々ノ苦ヲ受

人天ニ生テ種々ニシテ樂ヲ得ト思モ皆夢中ノ妄想也

如ニ戦故ニ人ヲ以ハ已如モ一念ノ夢也
念ノ起リ亡ト思ハ夢中ノ思ナリ。此故ニ勤
念息念ヲ除。迷セト悟ナリ。勤念息念ノ外
何ト云モ夢ノ成スト問セ給モ夢中ノ
如ヤ、トモカクモ御心ノ付ナ所モ無ノ念
更ニ向ハセ給タル御夢ハサメサセ給ハヽ此
夢サメヌ人ノ時始テ本分ノ田地ハアラハレ候
設ヒヤカテ御夢ガサメントハサスト皆夢中事ト
思シテラトハスチカワス勧セサセ給ハスハ来
生ニハ人ガツラシナハテ悪趣ニシテサセ給事ノ
アルヘカラス。常来ハ必ス一聞千悟ノ人ト成セ

給ヘシ又ハ心ニ疑ハ仏法世法一切ノ疑ヲ
ウチ撥ステヽ只即心即仏ノ四字ヲハワスレ不
サクハ此是又是丈ノ寂寥ヤ古人云
剥脱世生相剥脱世滅相一翳在眼
空花乱墜此是不欺言思之

遺誡　肯山

生老病死之四種以漫々綱子也一切衆生従曠劫
以来被伊四箇牢籠暫時脱離無之乃従上諸大宗匠
無異哀憫無尽慈悲以須弥山。於个着麻三斤。乾屎橛
狗子無仏性。話等似学者此話断生死利刀即是在
汝諸人手裏若要裂破漫天網子豁開通天路而
負他塵煩悩情識截断生死根株雖然就宗論
生死大事生時情与無情同時生死時情与無情同時死

同生同死無死無餘天不能蓋地不能載後操し

飲羨菊赤酒々没窠明老僧有一偈等似諸人

生死一大事因縁尸迦達磨以一半那一半又作

塵生劈破面門汝句看

辞ヲ後

同生同死不涉多途抑折雲門杖倒跨楊岐

驢

明心

称名寺蔵（神奈川県立金沢文庫管理）

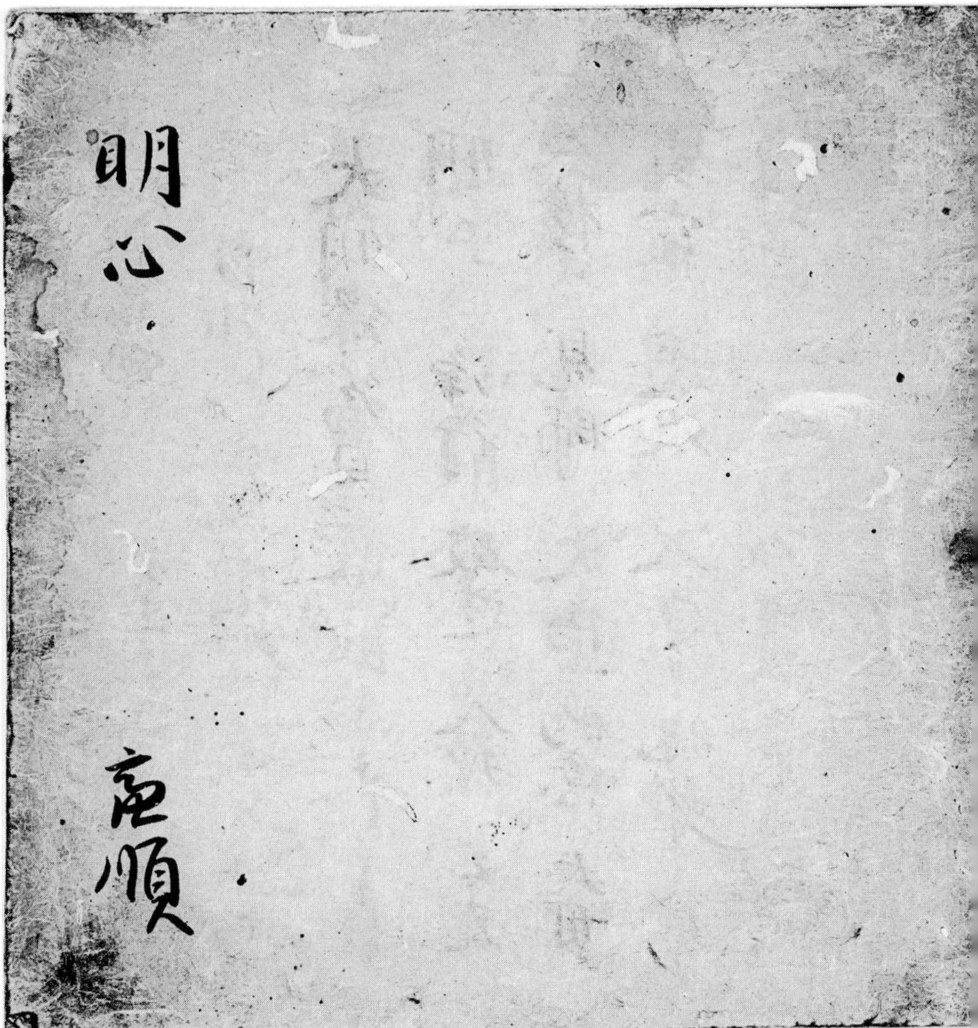
明心

大明録篇目

明心　浄行　破迷　入理　工夫

入機　見師　大悟　的意　大用

真空　度人　入寂　化身

明心
學道ノ人ハ先真心妄心ヲ可知何妄
心ト云依テ縁ニ念々ニ起リテ不休モノナリ
是ヲ煩悩トモ云此ヲ情識トモ云又客
塵トモ名ケ無明トモ名ク真心ハト云ハ自
無始以来寂不動ニシテ明ナルモノナリ
是ヲ佛性トモ云ハ真如トモ云又般若トモ
云如意寶珠トモ云是二心辟ヲ以明サハ

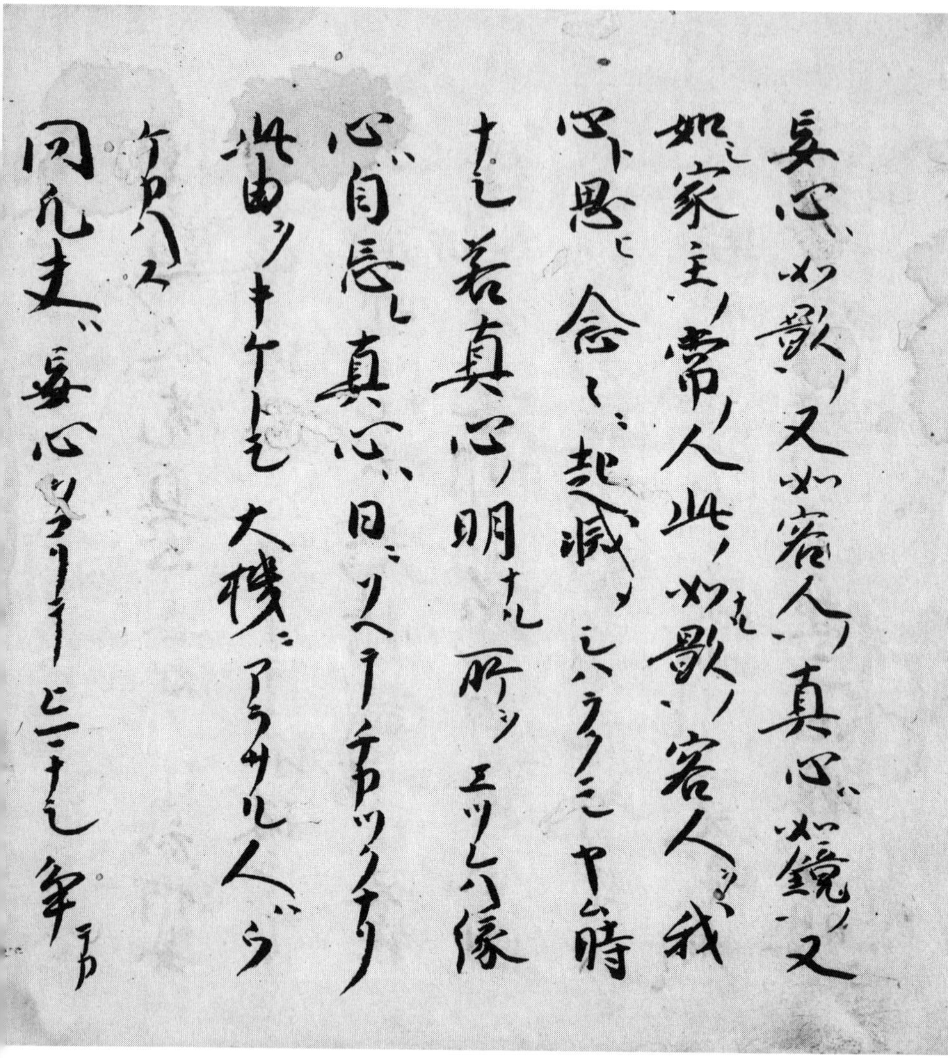

妄心ハ如歡ノ又如客人ノ真心ハ如鏡ノ又
如シ家主ノ常ノ人此ノ如キ歡ノ客人ヲ我
心ト思ヒ念々ニ起滅シテシハラクモヤム時
ナシ若真心ノ明ナル所ヲエツレハ縁
心ハ自ラ長シ真心ハ日ニソヘテチカツクナリ
此由ヲシキケトモ大機ニアラサル人ハウ
ケカハス
同凡夫ハ妄心ヲタヨリテ主トナシ爭テ

此真心ヲ不知、答、古人云、水ニモ又ハ月ヤ
トリ鏡ニモ清ケレハ歌アスヘシ知ヘシ妄心ノ
シタルトキ真心ノアキラカナルアトヲ
同真心清カラヘニ縁心ノ歌ヲカナス
云歌真心無キ是ヲ不知哉、答
真心ハ物ソモ生ス物ニモ生ラレス鏡ノ
カケウツト、メサヒアコトシ爲ニハアナリ
小児ハ数ヲ見テ鏡ヲシラスソノヤウニ

シツカナル衆生ハ明ナル心ノ上ニ浮境界ノ
形ヲ愛シテ明ナル鏡ノ本心ヲハ忘レ失ル
下是ニ似リ佛法ニ入ニ利鈍ノ二機相
分タリ鈍根ノ人ハクモリナキ心ニ諸ノ垢ヲ
アリト存テハラフテ後ニ是ヲエントスル
ナリ利根ノ人ハ本ヨリクモラサレハ
其文ヲ見其教ヲ聞シ是則本来ノ
面目本地ノ風光也今始テ一物ヲ

一物ヲモナヘス一物シテ不除若加様ニ
得心ツルトキハ真心妄心ノ二ナシ
只是迷ノ衆生シノ為ニシルヘナリ又
明心ト者真心妄心ヲワクルナリ諸経ノ
コスルヲ我心ト思ケルハ妄心ナリ心ヲ情
識ト云真心ト明鏡ノ如モノヲアトラムルヲ
明心ト云縁ニモ帯ビテ白黒ト見高モ
イトシレトモ出ヘトモ見ヤスキモノハ心アタル

コトナシ譬ハ明鏡ニヨロツノモノウツレトモ
鏡ノ面ニハ一物モトヽマラサルカ如シ風ヤ
ミヌレハ浪モシツマルスキモシカタ縁ニアヒテ
腹立多シカトモ其縁ヤミヌレハ又其儀
今ノヤウニハ多久論義ニ之ノ夢ノ譬アリ
万劫ノ夢百年ノ夢一夜ノ夢ニテ了
得意ノ夢中ニミル山海万ツノモノヽ
子トニハ其躰本如火ニヤケ水ニ入ト

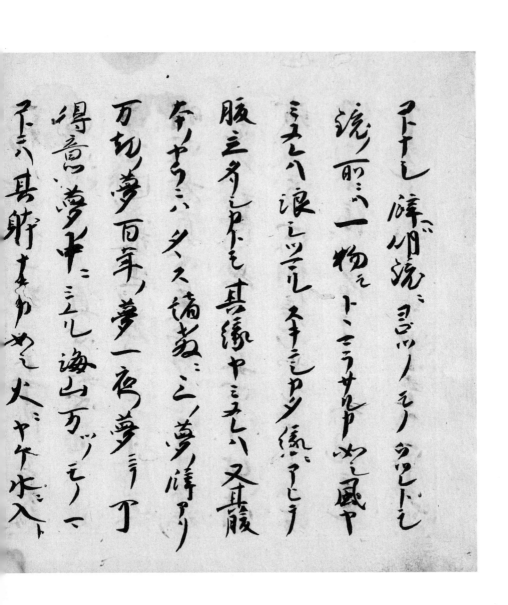

見ヘトモ夢覚ヌレハウルホヒヤケ失ヌ留メシ
可シハ百年ノヲツリノ内ニ見事モ皆テ
可浮ミ此ノ心奇タリモノニ含レス
山モ河モナラス不及ナルト扱ニ万ノモノヲ
テラス功能有是モツ明心トヲ妄心ト
我心トシモ忘レ未下ハ縁ニアヒテ起ル心ニ
已ニ希ヒテ地獄モシテ畜生モナリツル
シノ奈タヨリ此縁ニ随フ心ハ客人ニテ有ケレハ

此心来ト云ヘトモツイニトヽマルト云事ナシ
真心ハアルニナレハ、ハ変ノコトナクシテ
ヨソノアヒシラヒテ井名ハ来ツテモ不厭
去ルモトヽメサルナリ　サライト勿ノ心ツ
不関真心ツモテ見聞ナラハ一切ノ善
心ノ事ハ皆浄行也　此ノ真心ヲ不知メ
縁ニ随フ心ヲハ我心ト思ヘハ因果ノ道理ニ
テツル流ニシタカヒテ生ヲ受ケツルソ

迷ト名ケ去、心ヲシテサル時迷コト有リ
矢リト浮意癡ヲ破迷ト名ク此理ハリシ
エツレハ万ツシウチステヽ只一法ニナリ
見ルナリ夢ノ中ニ見ツル山河大地モ
ナクナレトモ心ノ外ニ別物ナレ夢覚テ
後スツルトコロモナク サルトコロモナシ 又
風ハイツクヨリ来ト云事コトモ不知モツ
言ヘルハ又フクトコロモ ナキカ如シ皆

一法ナルコトハカリ也如先ニ得意為入理ト
云此ニテハ論義ニハ闇ナリ　心源ノコヽロ
エツレハ別ニ甚躰有ニハアラス論義ニハ
塵ヲハラヒテ鏡ヲ得　宗門ニハ本ヨリ
塵ナシト云　論義ニハ　工夫シテ玉ヲ得
宗門ニハ先ツ玉ヲ切リ[illegible]トテ
工夫ヲ用ル也　大根ノ者ハ工夫ヲセサレ
トモ自然ニ[illegible]也　此ヲ不取不捨ヲ

三支ト云ケレハ求ルハ義様ノ云ケレ心源
不知シテ放也本ヨリケレ心物ニケカサレス
諸法モ物ニケカサレハコソルトコロ
ナシ浄土ト云テ外ニ不可求ソ諸
故ニハ心モ一ニケカサレ諸法モ物ニ
ナカク放ニ垂土トイフモ尖モナリカシ
得テ言ニ不シテ尋求メ入様トハ云ナリ
様絶メ禅師ニ不乱サル々ソ大悟トハ

ニナリ此ノ道理ヲ明ツレハ何事ニ
モ事ヲシカハスヒカ事ナキヲ明ニ云ト
云大悟トハ此心物ニケカサレス物ニ
ウツラヌナリ大用トハ此心一切ノ
モノヲテラシテアハレミヲナスヲ云
先世ノ果報ニテ此方ノアルマキ程ハ
火ニヤケ水ニヲホレトモ實ノ火ニ
水ニナラヌ敵ヲミツレハアツケレハ

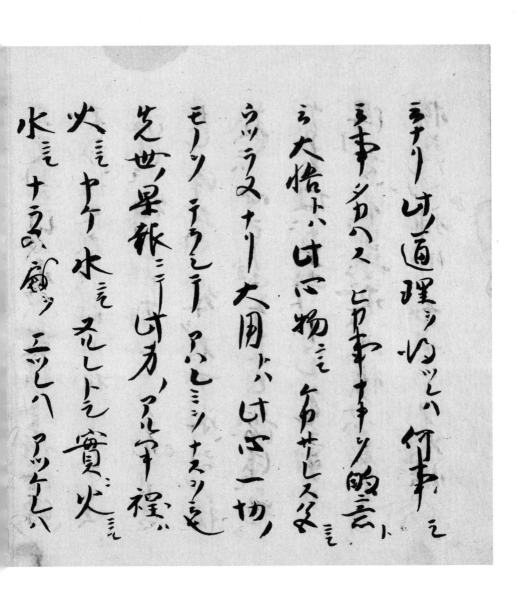

アラキフツヒヒ寒ニハ物ツキル八幻
化ノ空身ノカタチノアヒムニ化他門也
人ツミラミ罵リ析タチナムトスルヲ降伏門ノ
方ニ大悲善門ノ方也ト心ヘキ也
シテナクアリノママニ見所ハ大
悟ト名付上ニ智恵ヲシラスシテ物ヲ
ハカラヒワキマヘテ方ツ大用トモ云也
是ヲ同体ノ大出トモ云確ハ日輪ノ物ヲ

照ハ妙ノ家ノ上ニ限ル様ニミユレトモ、山ノ
テラス光河ノ照光不別同光ノ
万ノ物ヲ照様ニ機ニ向時一人アルコトニ
二モナシ光ハ大日ノ大用也尺迦ノ化道モ
此イハレナリ幻化ノ空身ノアラム程ハ
サキクノ多クリアレハ我方ニ多ク所ヲ
ニクミモ死ルハ三十大用也此事ノ
アルヘシ色ノ多ハ化他門也道理ミナノ

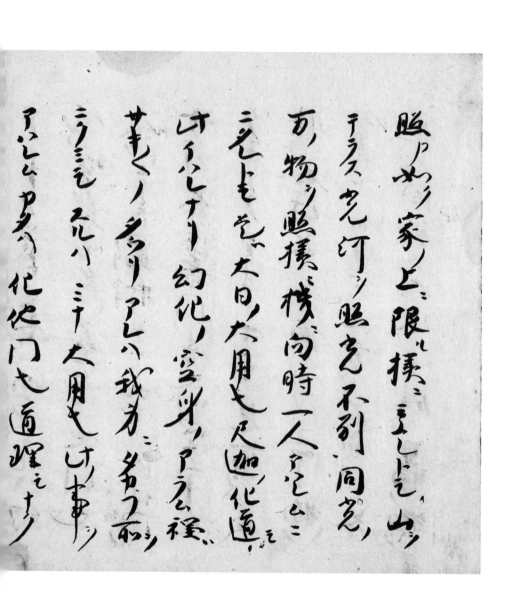

人ヲニクミワルシト思ヲオサヘテ化他
門ト云ニハアラス是レ幻化ノ空身ノ心
ニテアレハカリノ自在ナラス所ノ
大用ニテノ化他ニモ衆生ノ心モ皆
悪門ソノコス善門身ノ方モ同大用ニテ
アリナカラ、若化ノ空身ノ心ツ化モナリ
同躰ニテアレトモ頭ハ上ニ有足ハ下ニ
有ヤウニ同躰ナカラ佛ノヤウヤウ

此ノ位ニ有リ夫以念々ニ念々然生々
生々者常見ニシテ而執セハ念々ニ念々ト
ハ云生ッ々為生々者邪見ニシテ而識セ
念ヲ云念々生ヲ云生ヲ者第一義
諦也是ハ實際ノ理也ニハ一塵ヲモ
不受ニ上ニ諸佛トメ不念ナノ
浄土トシ不生ナル佛事門ノ中ニハ
不捨一法ヲモ惣テ持諸根ノ盡ニ有

念佛三昧ハ還源ノ要術也往生ノ
一門ツ示開スルナリ所以ニ終日念
佛スル不乖ソムカ於往生ニ故ニ終凡聖
若ノ信メ因位ニスル感應道交ニ東西ニ
不ノ相ヒ往来スル神ハ還サン淨刹ニ然不
可得ニメスル致チ詰スル也

雪竇云
見聞覺知非一々
山河不在鏡中觀
蒼天月落夜將半
誰共澄潭照影寒

明心（見返）

明心（裏表紙）

正法眼蔵打聞

称名寺蔵（神奈川県立金沢文庫管理）

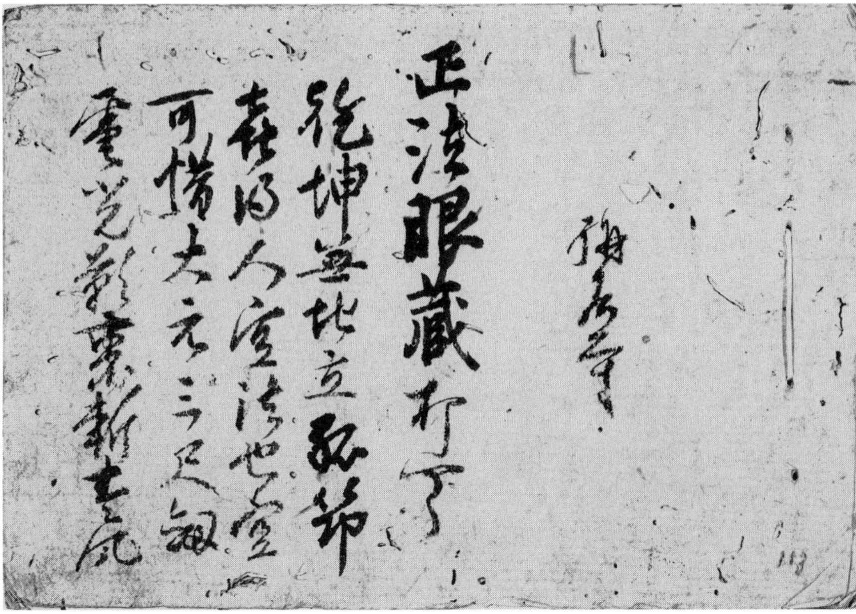
正法眼藏打聞

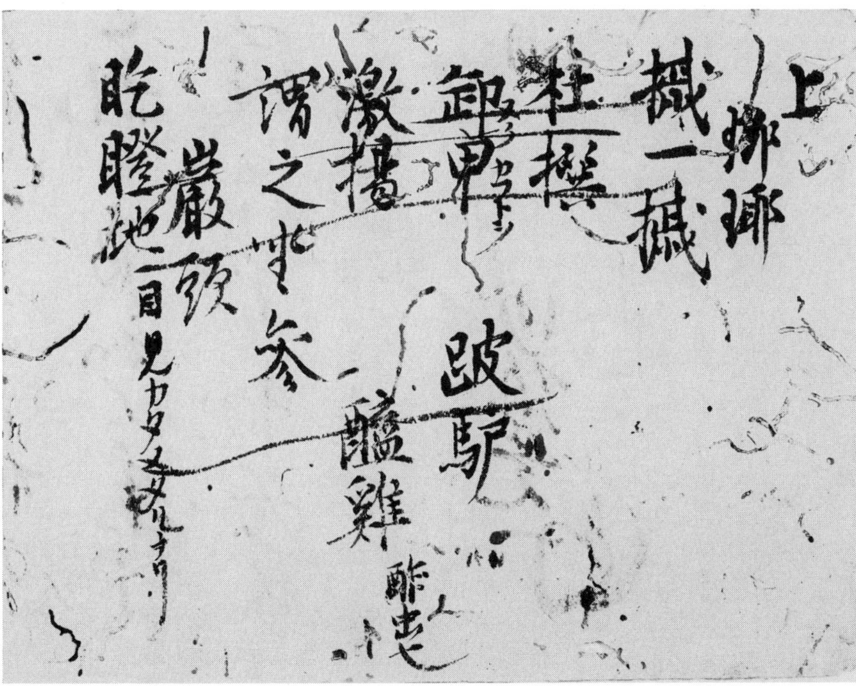

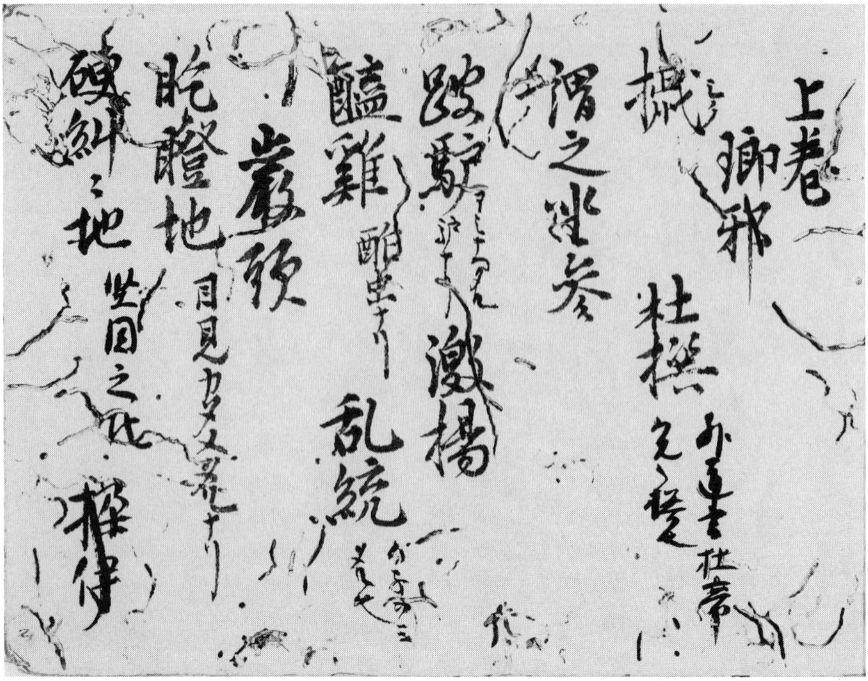
上巻
擨揶　杜撰 [illegible]
謂之迷参
跛鼈 [illegible]　激揚
齷雞　[illegible]　乱統 [illegible]
巖頭
眈瞪地　目見カヌ又[illegible]ナリ
破紛々地　坐困之位　擽侢

屑漉々地 [illegible]
刺蝟子 [illegible]　喰斗[illegible] [illegible]
不要敲擊擿佯　信彩 [illegible]
有則便須奪破
赤闘々地 [illegible]
虎榾檛 [illegible]
軟嫩々地 [illegible]
佛眼
王子寶刀喩

衆盲摸象

隣江指手

瞻州亭相見

迥絶無人

保山巌崖雪

雲門

特舎説

亮由附臣　十父ニテ父ヲ殺リニカタ

胃燐佃官画　帝百姓ノ姓ヲ偽假　千寵ニ一宿ヲ作ス

羅山

出場定當　赤聚

眼卓朔批

事號一言句動遍万億

早即教汝

無以不見　運門

鋼鎚　アナシアリ　人ノ目ノハズス

酌度文胃襟ツ

雲峯山畔

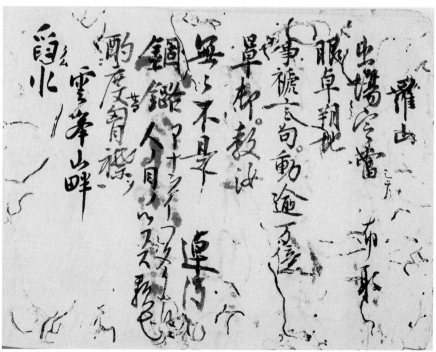

𧦝水

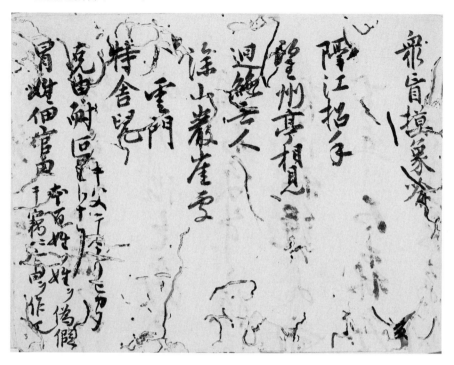

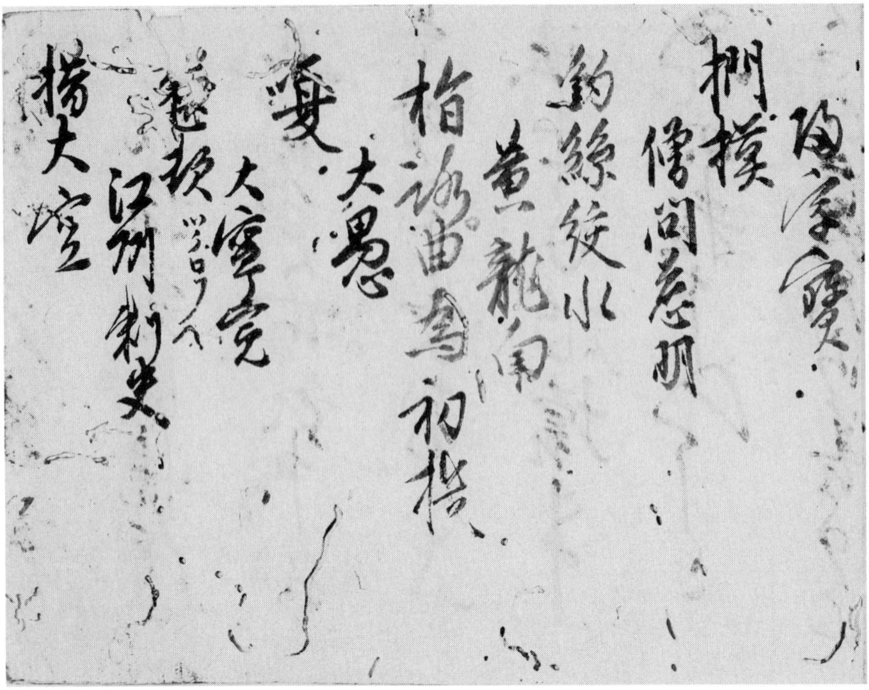

洞宗寶。
捫摸
傳問慈抓
釣絲絞水
黄龍角
指瀬曲鳥初指
大愚
変。
大寧寛
趣換
江州剌史
播大空

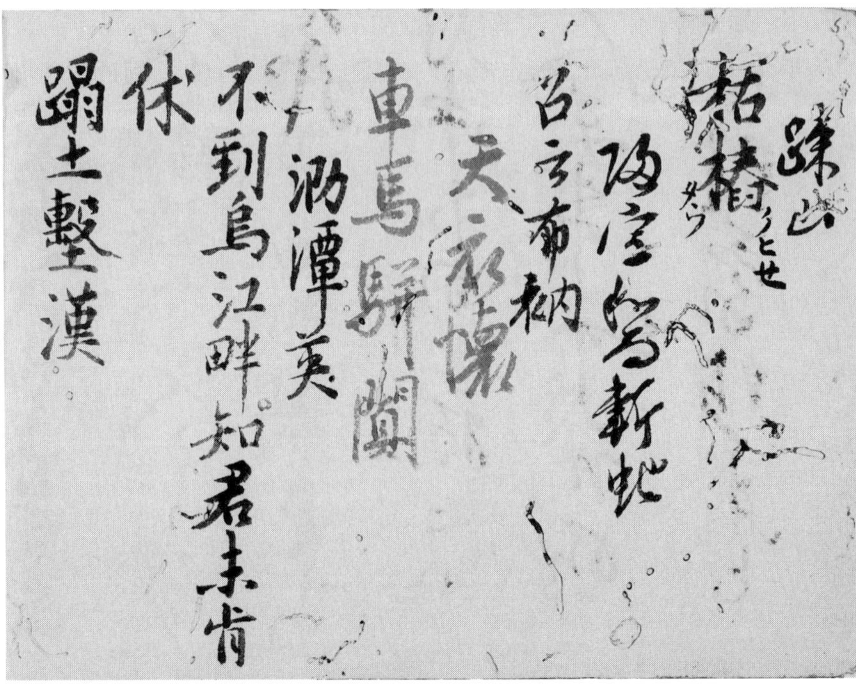

跡出
枯椿
洞宗ノ為斬蛇
百云布衲
天衣懐
車馬駢闐
泗濱美
不到烏江畔知君未肯
休
蹋土墼漢。

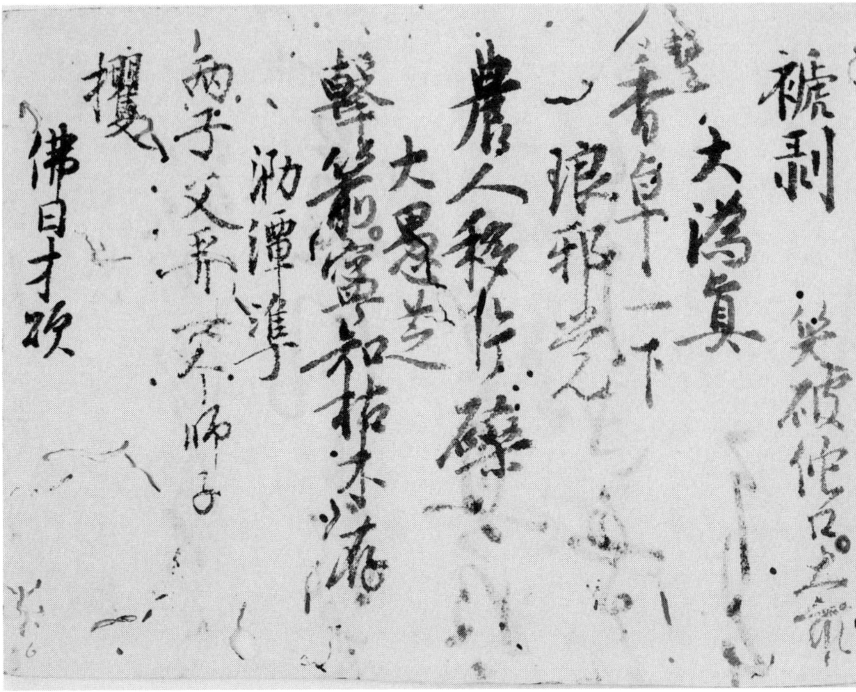

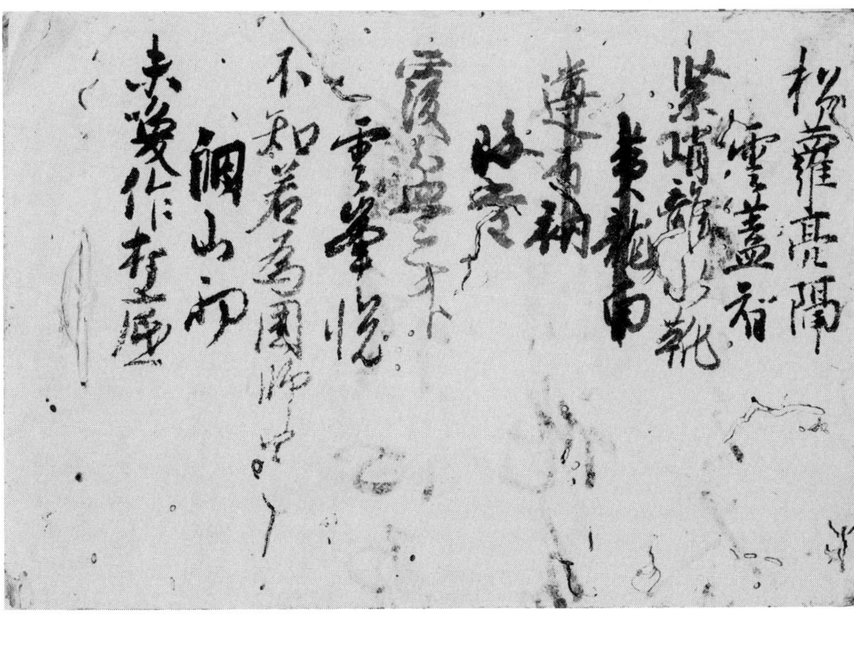

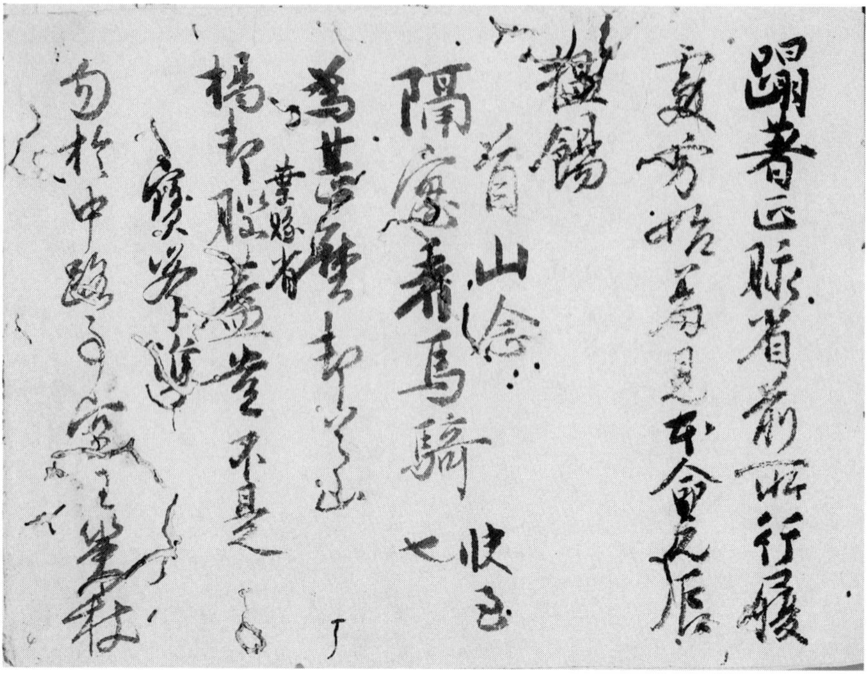

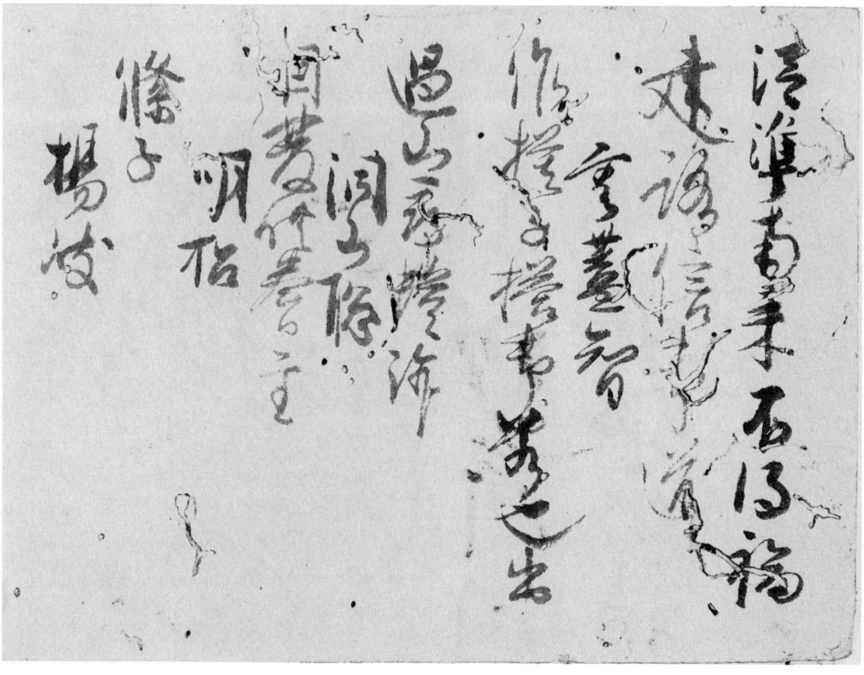

禅門詩文集

称名寺蔵（神奈川県立金沢文庫管理）

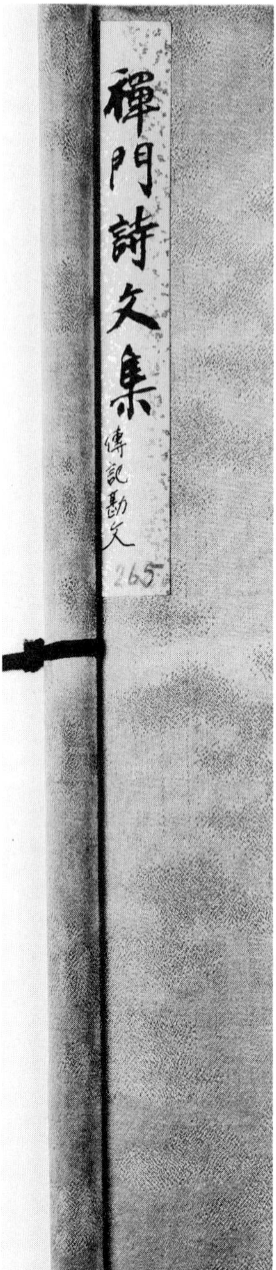
禪門詩文集
傳記勘文
265

洞山和尚辞親書

伏聞諸佛出世（皆）從父母而受身万類興（生）世尽假天地覆
載故非父母而不生非天地而不長尽沾養育之恩
俱受覆載之徳嗟夫一切含識万象形儀皆属無常
未離生滅雖則乳哺情重養育恩深若把世賂供資
終難報答作血食侍養安得久長故孝経云雖日用
三牲之養猶不孝也相牽沈没永入輪廻欲報罔極
深恩莫若出家功徳截生死之愛河越煩悩苦海

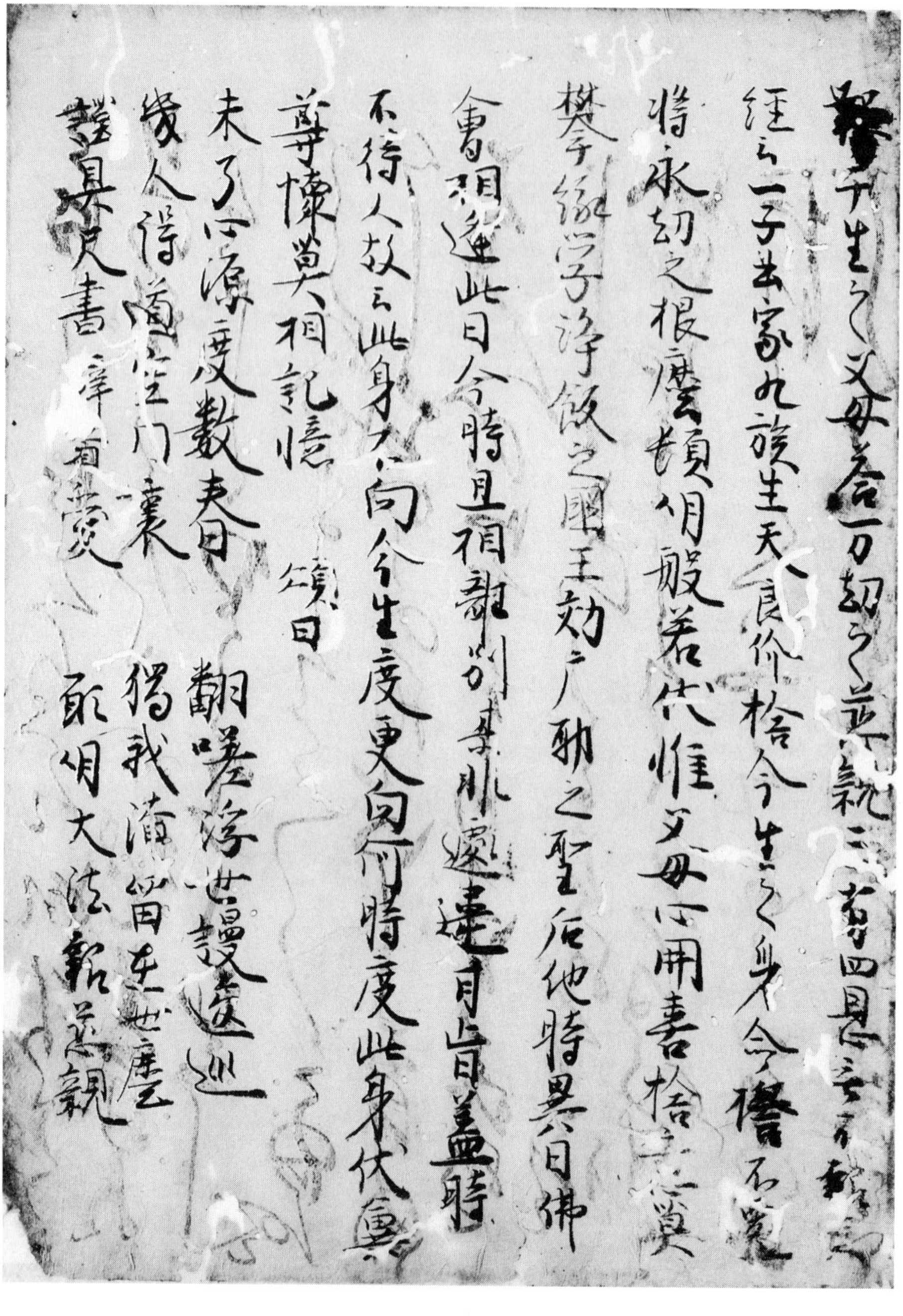
然乎生々父母若万劫々並親々等四恩云々不報
経云一子出家九族生天、良价捨今生之身、誓不還
将永劫之根塵、頓明般若、伏惟父母心開喜捨、意莫
攀縁、学浄飯之国王、効摩耶之聖后、他時異日、仏
会相逢、此日今時、且相離別、非遅違甘旨、蓋時
不待人、故云此身不向今生度、更向何時度此身、伏冀
尊懐莫相記憶　頌曰
未了心源度数春　翻嗟浮世謾逡巡
幾人得道空門裏　独我淹留在世塵
謹具尺書辞眷愛　願明大法報慈親

不須洒涙頻相憶　譬似當初無我身

又

巖下白雲常作伴　峯前碧嶂以為隣
免于世上名兼利　永別人間愛与憎
祖意直教言下曉　玄微須透句中真
合门親戚要相見　直待當来證果因

復去

良价自離甘旨杖錫南遊星霜已換於十秋岐路
俄経於万里伏惟　娘子収心慕道攝意歸空休懐

離別之情莫作倚門之望家中之事但上般
時時有情多日增地地何兄勤行孝須求永永
之與小弟竭力奉求忽泣霜中之筍丈人安世
上促已行孝以合天心信上空門朱道介禅爲鄭
兼於今則千山万水杳隔二途三郷之行聊伸寸

頌曰

不求名利不求儒　欲樂空門捨俗徒
也地尽時被丈識　具情形要泥枯
言根我言音風別　一念無息惠力枝
爲報小堂休悵望　隠法如死了禅如世

娘回書

吾與汝夙有因縁始結母子恩愛情分自從懐胎
孕禱神祇生男兒胞胎月滿性命懸得遂所願如
珠寶惜糞穢不嫌其臭惡乳哺不倦於辛勤稍自
成人送令習學或者逾時不回便作倚門之望來云
堅要出家父亡母老兄薄弟寒吾何依賴子有拋
娘之意娘無捨子之心一自汝往他方日夜常洒悲
涙苦哉今既誓不還鄉即得從汝志不敢望汝
如王祥臥氷丁蘭刻木但願汝如目連尊者度我下脱

沆論上登佛果如真不然出逝有去切宜勝矣
雲峯悦和尚小参
汝一隊後生経律論故是不知也入衆参禅又不會
臘月三十日作麼生折合去那云灼然諸禅徳去臘時
道人只淡薄者卻今時叢林更有不得也所至之処或
三百五百兩浩浩地只謂飲食豊濃寮舎穏便為旺化
中間孜孜為道者亡亡一人半人設有三箇五箇走上走下
半青半黄會卻總道我會各各自謂言横靈地又寛
熟肯自知非夜半搓挨攐掇拈將來看是有乎無甚哉

4

所以般若叢林成於剛七仞荒草萃長今

纔入門来便自端然拱手叉他人急刻処

於一叢業不撥一木十指不沾水百事不干懐

一朝收意令牟大余二逞才豈不見叢中道寧以塵

鐵纏身不究信得人在二乎以深同甞濯白不知人言一人

合上二尾若世是之去色大作漁人金攪長河為酥

從其上尾然而外著也來是玉於滴水寸絲依

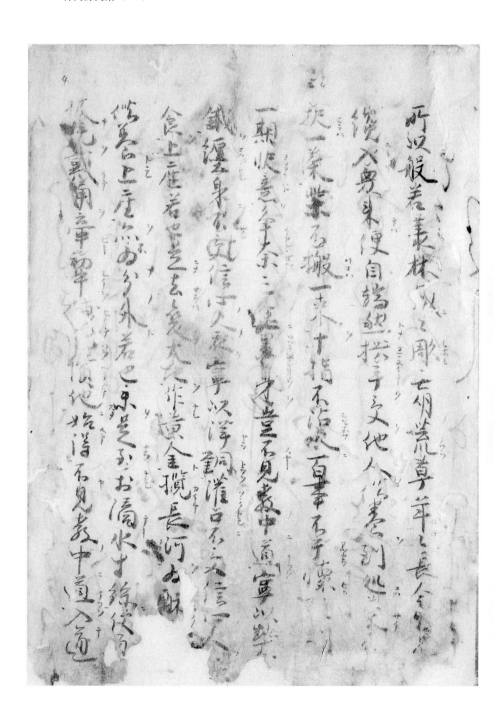

於此或開口幸便絶始漢不見叢中道入道

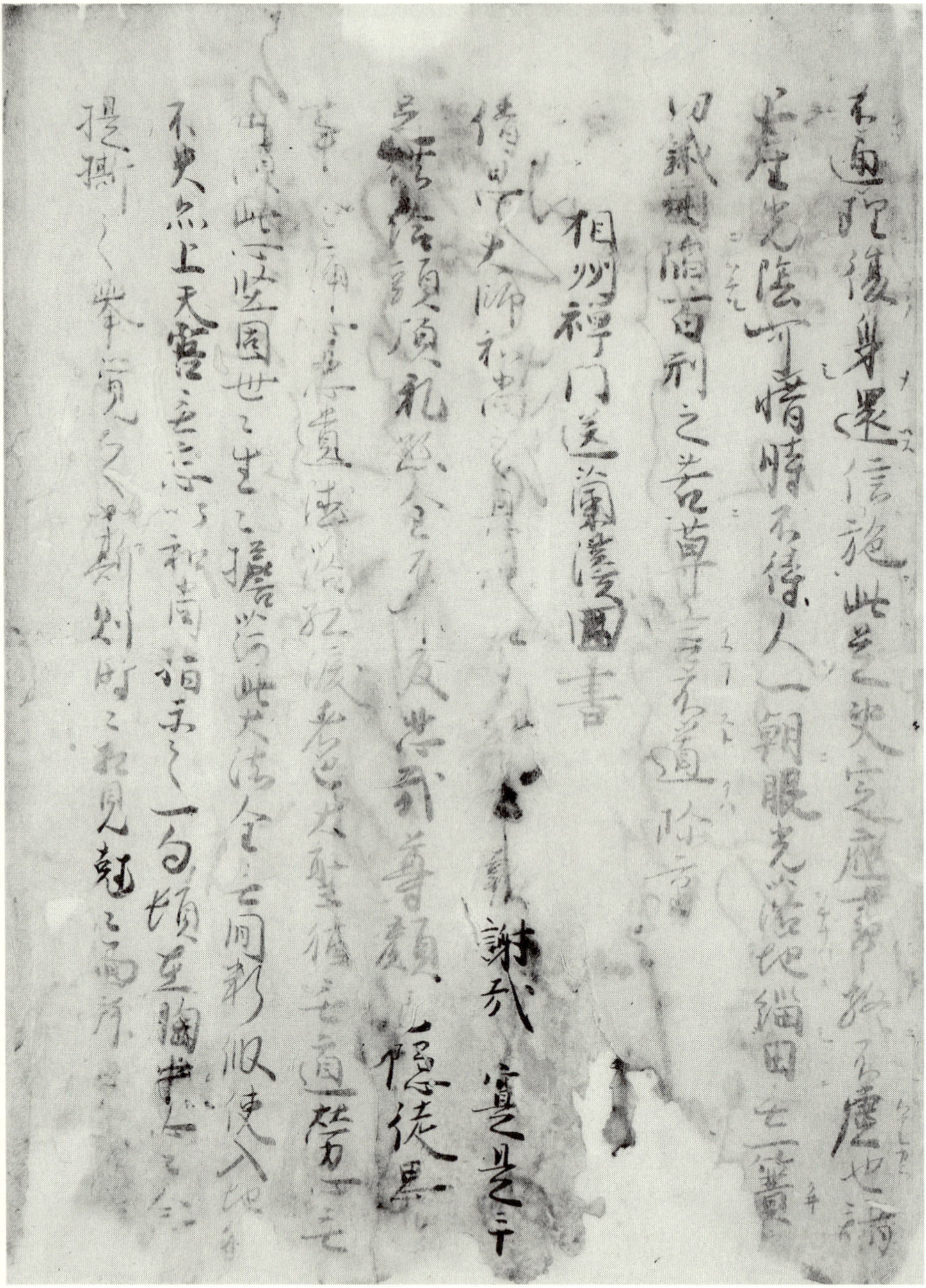

透脱一句之時既即和尚与弟子云二云別云々

真観法師傳　続高僧傳廿一

釋真觀字聖達呉郡錢唐人俗姓范氏□天台智者名行絶倫先世因孤敦歎莫逆年臘既高春法光中游秦嶺陵雲蒼蒼朝陽澄景則高談慧駆夕陰匿影則綽安禅初觀聲辯之雄最稱宏富江表大國莫敢争先因云法東流談導之功衛安為其稱首自小詞人莫不宗獻於觀是知五百一賢代無有日佛法榮顯實頼斯人開皇十一年江南叛反王師臨弔乃拒官軍羽檄競馳兵聲合遝盛時元帥楊素整陣南驅尋便瓦散俘虜誅剪三十

餘方以觀名聲昌盛光揚江表謂其造檄不問將
被藏繫云由伸寫金陵中子鮑亨謝璠之徒並被擁略
將欲斬決來過表前責曰道人當坐禪讀經何因妄作
軍中乃作檄書罪當死不觀曰道人所學誠如公言然觀不
作檄書去古爭受死甚大然將檄以示是僧作不觀讀曰斯
文淺陋未能動人觀實不作若作過此乃指摘五三処曰如此
語言何得上紙表既解文信其言也觀曰是越草為福出在
廣人士孝儒流多被擁逼既收鮑謝之徒三十餘人並是処
國賓望當世英彦既公再處不有死去古爭表曰道人不秋自死
乃更秋他觀曰生死去也既死不奇不知人以為濯可孝言多

側石傾斜澗　廻流瀉曲泉　野紅知草凍　春來鳥自傳
樹錦無機織　樣鳴詎假弦　葉密風難度　枝疎影易穿
抱痾依閑洛　策杖戲芝田　游心清漢表　疊意白雲邊
榮名非我願　息意在蕭然

明解傳　廿七

釋明解者姓姚住京師普光寺有神明薄知文字琴詩
書畫京邑有聲調情散悅頗以知解自傲於諸長[?]無重
敬心而於飲啖不異恒俗不久病卒与交僧夢白解以
不信故今生悪道其苦甚劇不以故情致一齋勤及覚
遂列僧名於齋之[?]又下夢於畫工先來圖
畫者曰我以不信敬生處極悪思得功德無由可與我[?]畫與

相知何為不能二書一函丞任耶　又遣其詩曰

握手不能別　撫膺聊自傷　凄矣時陰至　悠哉泉路長

野花發曉吹　荒壠隕寒霜　留情何所贈　惟有内典學

魏徵諫大宗云　貞觀政要第十　十七條有之

貞觀十三年魏徵恐大宗不能克終儉約近歳頗好奢縱上疏

諫曰臣觀自古帝王受圖定鼎皆欲傳之萬代貽厥孫謀

故其垂拱巖廊布政天下其語治也必先淳朴抑浮花其

論人也必貴忠良鄙邪佞其言制度也則絶奢靡而崇儉

約其談物産也則重穀帛而賤珍奇然受命之初皆遵之以

成治稍安之後多反之而敗俗其故何哉豈不以居萬乘之尊

尊有四海之富無言而莫已逆所為之人[illegible]善
公徒道溺於私情礼節衡於嗜慾故世語曰非知之難行之難
非行之難終之難雖斯言信矣伏惟陛下年甫弱冠
大極横流字定区宇肇開帝業貞観之初時方克壮抑損
嗜慾躬行節儉内外康寧遂臻至治論功則湯武不足方
語徳則堯舜未為遠臣自擢居左右十有余年毎侍帷
幄屢奉明旨常許仁義之道守而不失倹約之志終始不
渝一言興邦斯之謂也徳音在耳敢忘之乎而頃年已来稍
乖曩志敦朴之理漸不克終謹以所聞列之如左陛下貞観之
初無為無欲清静之化遠被遐荒考之於今其風漸墜

聽言則遠超於上聖論事則未踰於中主何以言之漢文晉
武俱非上哲漢文辭千里之馬晉武焚雉頭之裘今則求駿
馬於万里市珍奇於域外取怪於道路見輕於戎狄此其
漸不克終一也昔子貢問理人於孔子々々曰懍乎若朽索之
馭六馬子貢曰何其畏哉子曰不以道導之則吾讐也若何其
無畏故書曰人惟邦本々固邦寧為人上者奈何不敬陛下
貞観之始視人如傷恤其勤勞愛之猶子每存簡約無所營
為頃年以來意在奢縱忽忘卑儉輕用人力乃云百姓無事
則驕逸勞役則易使自古未有由百姓逸樂而致傾敗者也
何有逆畏其驕逸而故欲勞役之哉恐非興邦之至言豈安
人之長算此其漸不克終二也陛下貞観之初損已以利物至

於今者縱欲以勞人卑儉之迹歳改驕侈之情日異雖是憂
人之言不絶於口而樂身之事實切於心或時欲有所營慮人
致諫乃云若不為此不便我身人臣之情何可復爭此直意在杜
諫者之口豈曰擇善而行者乎此其漸不克終二也至乎成敗在
於所染蘭芷鮑魚与之俱化也慎乎所習不可不思陛下貞觀
之初砥礪名節不私於物唯善是与親愛君子疏斥小人今
則不然輕褻小人禮重君子重君子也敬而遠之輕小人也
狎而近之近之則不見其非遠之則莫知其是莫知其是
則不間而自疏不見其非則有時而自昵昵近小人非致治之道
疏遠君子豈興邦之義此其漸不克終四也書曰不作無益害

害有益功乃成不貴異物賤用物人乃足犬馬非其土
性不畜珍禽奇獸不育於國陛下貞観之初動遵堯
舜捐金抵璧反朴還淳頃年以来好尚奇異難得之
貨無遠不臻珍玩之作無時能止上好奢靡而望下敦朴
末作滋興而不求農人豊實其不可得亦已明矣此其漸
不克終五也貞観之初求賢如渇善人所挙信而任之
取其所長恐其不及近歳已来由心好悪或衆善挙而
用之或一人毀而棄之或積年任而信之或一朝疑而遠之
夫行有素履事有成迹所毀之人未必可信於所挙
積年之行不應頓失於一朝且君子之懐蹈仁義而弘大

術士人之性於諂諛以為身謀陛下不審察其根源而輕
為之臧否是使守道者日疏干求者日進所以人思苟
免莫能盡力此其漸不克終六也陛下初登大位高
居深視事惟清静心無嗜欲内除畢弋之物外絶田猟
之源数載之後不能固志雖無十旬之逸或過三驅之礼
遂使盤遊之娯見譏於百姓鷹犬之貢遠及於四夷或時
教習之處道路遥遠侵晨而出入夜方還以馳騁為歓
娯莫慮不虞之変事之不測其可救乎此其漸不克終
七也孔子曰君使臣以礼臣事君以忠然則君之待臣義不
可薄陛下初踐大位敬以接下君恩下流臣情上達咸思

竭力之臣所隠頃年已来多所忽略或外官充使奏事入朝思
覿闕庭将陳所見欲言則顔色不接欲請又恩礼不加間因
所短詰其細過雖有聡辯之略莫能申其忠款而望上下
同心君臣交泰不亦難乎此其漸不克終八也慠不可長欲不
可縦楽不可極志不可満四者前王所以致福通賢以為深
誡陛下貞観之初孜々不怠屈己従人恒若不足頃年已来
微有矜放恃功業之大意蔑前王負聖智之明心軽当代
此慠之長也欲有所為皆取遂意縦或抑情従諫終是
不能忘懐此欲之縦也志在嬉遊情无厭倦雖未全妨政事
不復専心治道此楽之将極也率土乂安四夷款服仍欲

歎者也臣誠愚鄙不達事機略擧所見十條輒以上瀆聖聽
伏惟陛下採臣狂瞽參以芻蕘之議冀千慮一得
袞職有補則死之日猶生之年甘從鈇鉞疏奏太宗謂徴
曰人臣事主順旨甚易忤情尤難公作朕耳目股肱常
論思獻納朕今聞過能改庶幾克終善事若違此言
更何顏與公相見復欲何方以理天下自得公疏反覆研尋
深覺詞強理直遂列爲屏障朝夕瞻仰又尋錄付史
司冀千載之下識君臣之義乃賜黃金十斤廐馬
二疋
魏徴對太宗曰
嗜慾喜怒之情賢愚皆同賢者能節之不使過度
愚者縱之多至失所陛下聖德玄遠居安思危

嘗情伏甄帝能自制以保克終之美則万代取稱

太宗曰安不忘危理不忘亂

晉武焚雉頭裘衣

晉武帝紀曰咸寧四年十一月太醫司馬程據獻雉頭

裘帝以奇技異服典礼所禁焚之殿前

智憧傳 辭世詩 続高僧傳第一

千秋本難滿 三時理易傾 石火無恒燄 電光非久明

遺文空滿笥 徒然昧後生 泉路方幽噎 寒隴向淒清

一隨朝露盡 惟有夜松聲

因放筆与諸名德悟言移時端坐儼思奄然而卒 春秋五十有一

續高僧傳　海法浩汗識難尋文

文、佛法沖奥近識難通、自非博學無由造極文

帝範御撰

唐會要、帝範撰、貞觀二十二年正月廿日太宗撰帝範十二篇賜皇太子文

太宗撰帝範十二篇賜皇太子、顧謂公王曰、修身治國備在其中、朕一旦不諱、更無所言矣、尊事若讃乎古帝堯孔顏達言

帝者天之一名、所以名帝者諦也、天蕩然無心、是故物我公平、適遠峯峯審諦故也、人君為與天地合其德、人詰曰執法也

恵浄法師　倩サニ註今剛般若　諸疏序云

若夫大塊均形役智從軟情因習改性与慮遷然則達鑒
窮於覧鮫平先覚炳恵炬以出重昏抜愛河而昇彼岸
与夫輪轉万劫蓋深六塵並流遁以徇無涯爲馳而趨便捷
不日日而言也潁川庾初孫早卯篤信以洛般若所明帰
於正道顕大宗之名相標不住之宗極出乎有慮之表絶於言觀
之外是以結轍受持多歴年所雖妙音演説成誦不虧而
靈源邃邈湛然有未悟嗟迷方之弗遠睠歷塗而太息爰
有恵浄法師博通奧義辯同炙輠理究連環庾生入室
研幾伏膺善誘率爾諸求註述法師聡鑑意竟懾揮
自滿上滯結稀塵之道清盡一機之用數幅微言

至理衆日隱疑渙焉永釋今茲妙義朗若面牆開爲徹
洞之景棟發群生之耳目辭峯秀上映乾烏岳而相宣
言泉激壯起龍宮而竟遠且釋教西興六道源注世閻
賢哲中兼優洽精該嘗旨化乎見其人今則沙門量
闡籍甚當世相此玄宗犇爲禘首歲維閹茂始創
懷袖月躔任呂爰茲絕筆緇俗攸仰軒蓋成陰和
鐘隨其大小鳴闡處相傳授方且顧蔑林遠俯覩安
生獨步高衢對揚正法棄東真其宗望蹤全而不刑
指南所寄蔵群生而云之豈不盛哉豈不盛哉

鳴鈞巖其光叙一時之才倡專門之業同涉行旅

恵淨法師傳　云　傳中三

太清廣加充溢天壤頤点浄之功也然末代所学庸浅者多
若不関外則言之所晋如能攉伏異道以此学為初毎以一
分之功遊心文史讃揚兼濟其神而性慕風流情寄仁厚况
實者必立已愽物能唱言語終日之蔵使遠近聞風者
請填委皆應受接叙神悦而歸或筆賦縁情嗣與斯挙
留連自月動成文書和琳法師初春法集之作曰

鷲嶺光前選　祇園表昔恭
哲人崇煙武　加道會群龍
高坐花蓮葉　塵尾振霜松
塵飛揚稚梵　風度引疎鐘
静言登口義　斂論上詞鋒

心庭道易合　跡廣席難重
軒風動淑氣　麗日啓時羅
高戈揉雅什　觀已濫朋從
用茲作積善　雲花床可逢
又与英才言永參賦得日本天行詩曰
馭風過閬苑　控鶴下瀛洲
欲採三芝秀　先從千仞遊
驚風今庭蹤　京棲泛淺流
頭驗一乙駐　方驗大椿秋
又和盧贊府遊紀國道場詩曰

日光通漢室　星彩晦周朝
法城從此構　香閣亦迢嶢
珠盤仰兼露　刹風俯摩霄
落照侵虚牖　長虹抱跨橋
鳥飛暫騁目　雲藻逐飄飄
欲追千里驥　終是謝連鑣

又於冬日普光寺臥疾値雪簡諸舊遊詩曰

臥病苦留滯　闢戸望遙天
寒雲巻後巷　落雪影還連
凝花照書閣　飛素婉琴絃

入三摩耶降矣夫經營十方良在於此君丈康國利
地轉寶嶺垂山澤育露潤於禅林轉法輪於塵域付嘱菩
薩濟旅路窮然後放光而門滅影幽谿寶船雖浸遺
猶存爲是如來法身無自異也縱人能知通此道知人遠
有弥勒文殊觀衆音皆逆則爲燈羅付茲明經教再
而覺悟非徒説三室一遍蓋學徒言法師昔在御門
海通德飛纜東廓鳴玉上庠故得書裕後毘傳
芳猶子背以詩海三百不離於若空曲禮三千末
免於生滅故致加檀顧迴向并下落彼兩驗被茲三脈

至如大業小業之偈廣狹異旅之文十譎儒祇一斷疑
若天親之著之論法門句義之説皆剖青懷激揚
清洌無於先臨之講之唐開覺憶造釋義食神隨顯俱醒
傷鷹崎之雜之驀勤連環之話吾山難若言於漢臣白馬禪於徹
史沒冷言古俊復何人所以作清法師為普充而王氣知
紀國寺上堂華又聞若僧善之三有退則儔物之權不詫
彼我之言呆未忘則他自己情不沮且普老書紀國倶是道
塲舊佳新居有何巻別法師来獄云呉康易趁共爆
惶之宜断方善佐諌崖做禅珠恀昔因流水長者蓮能
教十千之魚醒郷里織師豈淨害三歸巫蘼但使笙蓙

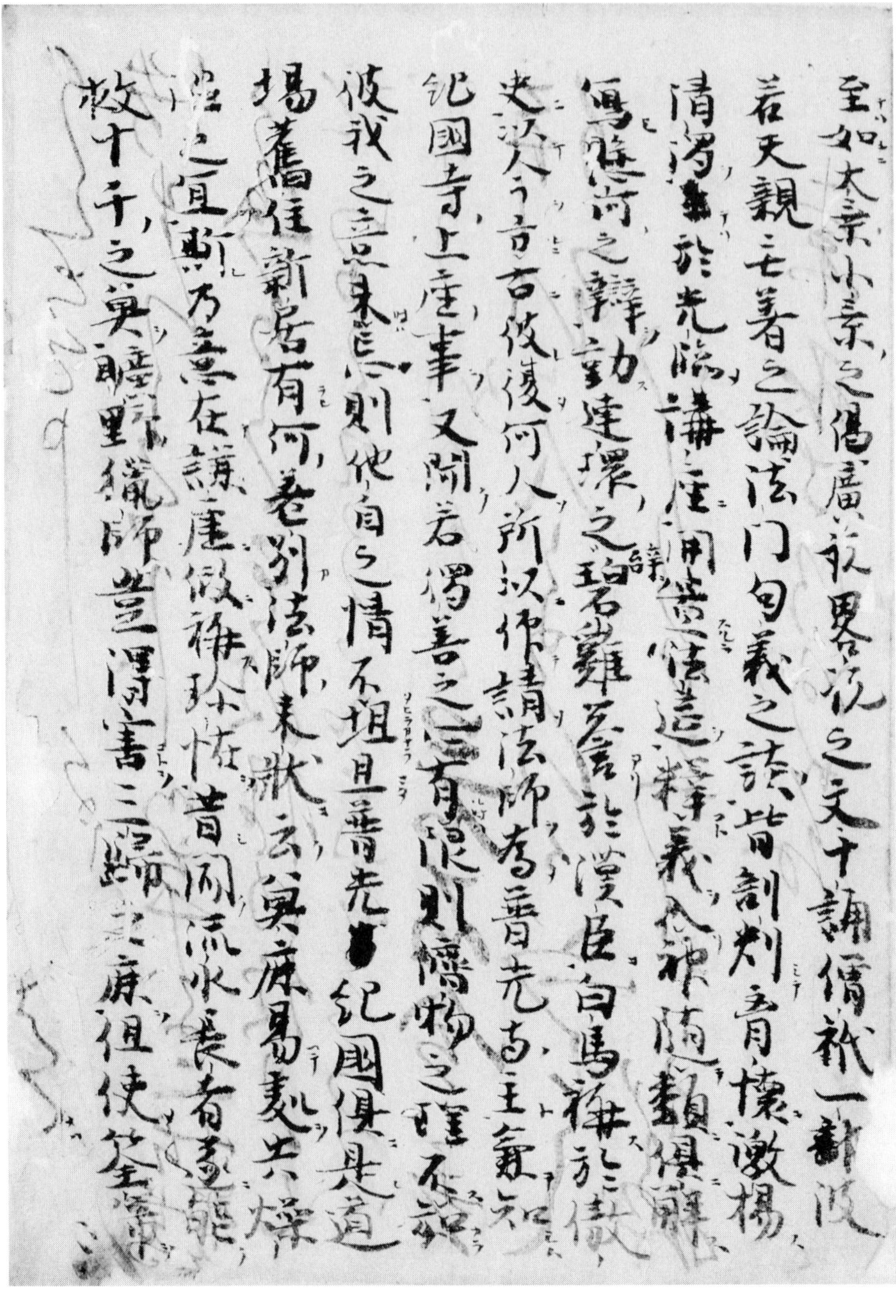

不用則言家自益。淨文對曰
童蒙含旨且屋載隆遇漢味作但袁淨二子衛
照雪鮮愧侍燈溫明榮華生毀非望復亂玄茲神
翰播斯知誘文蘇辰象調諸人皇若加以因是暴蜀道碑
想存已將進高淳碑超山海循諸百篇連思善文懐徒
知銘感豈陳莫喩煩曲降顧己之慚謹以謝聞
增休賜　登文下令与晋光寺曰
蓋聞仏法没於西域像教被於東花古往今來歴年所
而難陀迦葉馬鳴龍樹既同瓶寫有若燈傳故得妙旨
幽微言文見意是以三十二相遍滿人天十二部經敷

揚刹若其達者則爲騁四衢之上造其淪者則輪廻六趣之
中理窟法門玄宗秘藏非天下之至賾孰与於此乎皇帝以
神道設教利益群生故普建仁祠紹隆三寶卜勝地立茲
伽藍請赤縣之名僧徴帝城之上首山林之士擁錫來遊朝
廷之賓檀衣趨座義逞濟々法侶詵々是聚落之福田黔黎
之壽域加以蘂樞靈櫛寶塔花臺洪鐘相示弗諳清梵唱
而逾靜若夫盧舍那佛坐普光法堂蓮華藏葢神变勝鄕音
以今方古圖与冥符若器之間豈若匡之然當徒結集須有
綱紀詢諸大衆舉道其人積日攖楊頗有衆議咸云紀綱
上座專淨自性清淨太平東有之仍聊齋徹非遍今也至於亂

宮商歳数乃尋経旨挺自生知無師独悟豈止四無畏一
乗之説七処八会之談要其指帰得其奥竒而已固已滌
除玄覧者氏之至言潔静精微豈屋之妙義莫不究理
尽性尋根討源其徳行也如彼其言業也如此今請吾
普光為主何知吾高峯法師皆有遊巡静然返肯修習叢蔵
勧吾請益始冠従但者之家縁尚和合者得無諍三昧自然
永離十纏之苦人吾為請師共和此意其従誰之禮任依
信法。

同傳彼十会年云

大吾中人会年講学敖文史徹誕自矜題章著翰墨歟

當擬須有赧青譜於翰花之下如謂僧中之無人也詳續新
注悔乃裁論擬之文云
紀國寺釋惠諍敬酬東宮章中舍曰披覧高論博究
精微皆膽文花驚心眩目辯超炙輠理跨連環幽難
敷以縦横拔藻縈其駱驛暎雲霞而比爛叶金石以相
諧絢矣文章沖乎探賾非夫哲士誰其逸之瞻彼上人
固難与對輕持不敬敢述朝聞豈曰稽首叙事酬客難
曰來論云二音衍說各隨類解轉動衆生皆佛性然則佛陀
之与先覺語從俗異智惠之与般若義本玄同習道冥

若非勝因之佛恵豈答此妙果於今日大矣哉斯挙乎也
涼國將逐杳冥其難測吾子爲信乎爲疑乎其信也
豈不然乎哉其疑也豈不諒乎哉然則下士不笑不足以
爲道識者不得不足以爲宗仰度高明固之笑矣請吾但其
言淺語理涉嫌疑今當爲子略陳梗概若乃同同之
異文郁郁於孔聖若一義亦理豈竟於韓數若同不許
義異則同一不得答殊此例既異彼並自沒如其末後更
更爲提撕夫以住無所住而善所以義微哉亡不爲一音
所以磨自意豈止絶聖棄智抱一守雌而已然得善義之者

濟輙苦優劣其可倫乎二宗既辯百難斯消未論云
然謂彼此名言並可分別一音各解乃既空談答曰誠如
來旨然須分別窮稿以道遥一也鵬鷃不可齊乎况一乃榮枯
同也椿菌不可齊乎八千而况觴夭之倫日月渡灌乎
時雨實以分同明潤而並均其曜準武王若山臺豪一其
小大彭殤均其壽夭逢極亂其措蔵施厲混其妍媸剪
由相待不足相依可言莊生所以絶其有封非謂未始无
物斯則以分別取子分別子言別同各言分別矣
君子劇談章云讒論一言易失駟馬難追斯文誠矣

可慎哉果論云諸行無常罷類縁起復次有待資氣
浮求然則我浮受於熏習慮之成乎於錯刻者曰無常者
故吾去也緣起者新吾來也故吾異吾豈常乎新吾
來矣吾豈斷乎新故相傳假熏習以成浮矣更代非
錯刻而難功是則生滅破於斷常因果顯乎中觀欝乎
宗也談乎妙也斯實莊釋玄同東西理一家而吾子去
彼取此信無謬乎果論云續鳧截鶴庸詎真如乎
化蜂飛何居蘊喪答曰夫自然者報分也熏習者業理
也報分已定二鳥之美於短長業理資緣而由有待

而飛化然則事修易發沈冥難曉出來之士論或屈息之
至若直以四果尚昧衣珠位隆十地猶留羅縠聖賢
固其若此而況庸々者哉自非於金鏡三明雄飛七辯安
能妙契玄極敷究幽微貿遷精以之文業崇翫朋從
是寺帝能擇善敵匪茍匍菟如鑑然亂譯金陵矣
於是之廊廟貴達咸作高句人蔵一不織諸懐初同發
談宴以為言先辛候由茲贄戴觴菸紳綱帝里栄
勝望日被重名撤金帛樹奥来福　沙门法琳包
括缓史摘搜菁卿　兼衽排數通致書曰近覧

所報章中令析疑論詞義包含比諭超絶難攀
眩離朱之目鏗鏘駭師曠之耳固以妙盡環中筆
禅辯圓融玉衡之齊七政猶溟海之統百川煥乎
巍巍乎言過視聴之外理出思議之表足可杜諸見之
門開得意之路者也至如任忘所任象徴之義在言為
忘不為齊應之功和矣將令守雌顏厚獨善靦容
乃理異之題武豈玄同之可得失之象以表意得意
則象忘者忘其所忘彼此之情斯泯非忘其不忘亦
大之殊有異是知日月既出而用爝火之光時雨既降

何煩浸灌々之譯故云彼此可云非云此也故吾去也因故
去而辯云常新吾來之箱新來以談緣起非新非故
童於之義莫成無譱云克美惡之詞執著蓋以生滅
破彼斷常之迷寄因果示其中觀之斷常見是則蘊
喪同歸中觀理融則直如自驅或談業理以明童習
下用報分以釋自然意出情端旨超文外分有左島鶴
自云其短長業理相因草蜂各任其飛化可謂於云名相
中做名相說者眞會俗豈不然歟靜中含天挺之才
來等若人云喜理之者子期可斷我喪偶顏生有愧其坐

焉可以息者取之□端派讃師之一致楚既詩之應然
未為失也法師博物不群智恩無限當今獨步即日
梁棟既為衆所知識賓然若梅菴間加以墨謁金門
頻登上席扇玄風於鶴笯而振法鼓於龍樓七貴袍
其波瀾五師推其神儁既從摶天之翼又縱横海之
鱗支道之足王何寧堪並駕帛祖之方嵇阮未足連衡
用古儔今君有之矣琳謝之倫南山棲一幽若非出冰處
蕩塵於風雲之見之間寄情於泉石遍覩若作實豈
欲紫要作閑覧瓊章閑桂之個疾徘徊吟詠循環巻

節蘊懐袖之中不覓紙筆字故略申行意謹此白書

寒山詩云

千生万死何時已　生死来去転迷情
不識心中無価宝　恰似盲驢信脚行
心神用盡為名利　百種貪婪進已軀
浮生幻化如燈燼　塚内埋身是有無
世間何事最堪嗟　盡是三途造罪柤
不学白雲巌下客　一條寒衲是生涯
秋到払他林葉落　春来従你樹開花

三界横眠迄一ヶ　明月清風是我家

豊干寺伝云　金為執筆并刪繁詞理文　全本消之

本来無一物　無塵可拂

若能了達此　不用坐兀々

弁云　昭明道契生知　晋安徳光天縦　遨遊礼楽之囿　馳騁仁義之場

又　学窮百氏　文統九流　又　漢獮墳典　遊戯筌篇之早

拾得詩云

出家要清閑　清閑即為貴

如何塵外人　却入塵埃裏

通人云因尸利而説三昧由末伽而説五戒由迦王而説十善由長者而説六齋

九ノ通子不歸古云亮夾世莞山久往彦乾不因歸文

儒云布李老云由之化而示自他觀孔無敵受之通而天下孝悳

通人曰太昊本應聲大士仲尼是儒童菩薩

通人曰訥言敏行君子所稱文

古哲云文繁者失其要理寡者喪其實文

岸子公云慈傷不殺曰仁防害不婬曰義持一禁酒曰礼清営不盗曰智非法

不言曰信

遂了左右部落咸使六齋海卑皆受五戒文

嘉泰普灯録

称名寺蔵（神奈川県立金沢文庫管理）

嘉泰普燈録第二十

南嶽第十六世　臨済十二世

靈隱佛海慧遠禪師法嗣　覺阿上人日本國藤

氏子也。航海而来。歳餘始至。乾道辛卯夏也。袖香拜

靈隱佛海禪師。海問其来。阿輒書而對。復書

曰。我國無禪宗。唯講五宗經論。國主無姓氏。號

金輪王。以泰广改元。捨位出家。名行眞。年二十

王子七歳。令受位。今已五載。某等仰服。曾朝遠

公禅師之名、特詣丈室礼拝、願傳心印、以度迷
津。且如心佛及衆生是三無差別、離相離言縦
言頭之禅師如何開示。海曰、衆生塵妄見之佛
見世界阿者之無明因何而有。海便打、即令海
陞座決疑、明年秋、辭游金陵、抵長蘆江岸闊敵
敵忽頓悟、始知佛海垂手旨趣、旋雲隠述五偈
叙所見、辭海東歸、偈曰、航海來探教外傳、要
離知見脱蹄筌、諸方參遍草鞋破、水在澄潭

月在天 其一 掃尽葛藤与知見 信手拈来全體現
腦後円光徹大虚 千機万機一時搏 其二 妙処
如何説向人 倒地便起自分明 驀然踏著故田地
倒累眉頭孤路行 其三 求真滅妄之非妙 即
妄明真郤是錯 堪笑霊山老古錐 當陽拋下
破木杓 其四 竪拳下喝少賣弄 政是論非入泥水
截断千差休指注 一聲帰笛羅々哩 其五 海律
善書偈贈其行 阿少親文墨善諸悃書函興

未數載徑躋祖域其於華語能自通淳熙乙未
與其國僧綱遣僧詣海副以水晶降魔杵及
數珠二臂綵扇二十事貯以寶函壬寅夏其
請住持其國叡山寺復遣僧通嗣書時海
已入寂矣

第廿二
真宗皇帝見花嚴自曉製偈曰

寂々大虚空湛々如秋水拂拭本無塵不属張王李
正覺李遵禪師賜前偈令和聲為四章
一曰寂々大虚空何人達此宗本来無一物佛祖永潜蹤
二曰湛々如秋水此心誰可委唯有悟空人相逢只彈指
三曰拂拭本無塵青天一月輪堂々無罣礙全露法王身
四曰不属張王李従来自家底山河及大地通身無不是
徽宗皇帝践祚之初留神禪奥紹芙蓉道楷

禅師住持法堂、問宗要二年佛国禅師白奏
所集宗門續燈録三十巻、上賜其序政和三年
夏四月素別道傳有大樹風雷所擁一傷宴
坐樹内鬚髪被體指爪遶身　繪慧持付師像并製三頌
丞相王隨居士寄謁首山省念禅師得言外之
旨自今残腹若區深黄明大法至臨終日書偈曰
畫堂燈已滅、弾指向誰説、去住本尋常
春風掃残雪

礼部楊傑居士辞世偈曰
無一可恋無一可捨　大虚空中之乎者也
将錯就錯　西方極樂

第卅二
丞相富弼居士
万木千草欲向榮　卧龍未猶出滄溟
形雲彩霧呈嘉瑞　依舊南山一色青

彦脩居士於柏樹子上發明頌

趙州柏樹太〻云諦　境〻遶弱也大雑
処〻緑楊堪繫馬　家〻門庭透長安
呂巖真人字洞賓京川人也唐末三挙不第
偶於長安酒肆遇鍾離權授以延命術自介
人莫之究嘗遊廬山歸宗書鐘閣壁曰
一日清閑自在身六神和合報平安丹田有寶
休尋道對境無心莫問禪　未幾道経黄
龍山覩紫雲成蓋疑有異人乃入謁値龍

陞堂龍見意必呂公也欲誘而進厲聲曰座傍有竊法者呂毅然出問一粒粟中藏世界半升鐺内煮山川且道此意如何龍指曰這守屍鬼呂曰爭柰囊有長生不死藥曰饒經八万劫終是落空亡呂薄訝飛劍脅之劍不能入遂再拜求指歸龍詰曰半升鐺内煮山川即不問如何是一粒粟中藏世界呂於言下頓契作偈曰棄却瓢囊擊碎琴如今不戀水中金

自從一見黄龍後　始覺從前錯用心　誠屬今加
叢後謁潭之智度覺禪師有曰余游韶郴東下
湘江今見覺公觀其禪學精明性源淳熟從勝
靜坐收光内照一衲之外無餘衣一鉢之外無餘食
達生死岸破煩悩殻方今佛衣寂々兮無傳禪
理懸々兮幾絶扶之興者其在吾師乎聊作一
絶奉記達者推心方濟物聖賢傳法不離真
請師開說西來意　七祖如今未有人　口　時住米棲他

京華而人鮮遇有偈曰　偶自行来獨自坐　無限
世人不識我　唯有橋東老樹精　分明知道神仙過
有老宿見此偈問禪者曰既是
神仙為甚人却被樹精覷破
宣和中游四明金鵝寺顧
方丈蕭然頃有童子出呂問此〻何寥〻童〻莫
道寥〻　虚空也不著　呂素其言題於詩壁曰
方丈有門出不鑰　見箇山童赤雙脚　問伊方
文何寥〻　報道虚空也不著　聞此語　何欣〻
主翁豈是尋常人　我来謁見不得見　渴心

眇々生涯塵　帰去也波浩渺路入蓬莱山杳々

相思為上石楼時　雪晴海闊千峯暁

須勤奔令朋経頃有省　饒経八万劫終是落空亡

遂寧府手山智棠禅師　侍三教頂禅師々久未有

所證　脇不至席着数年　一日飯後　至鐘閣経行

聞雷忽而悟　述偈曰　一震驚天地　轟々不覚聲

何労勤苦負　時云自然明　以所負白頂々也　此乃

杳 深々 冥也

語 上

観音入道之門也宜自護持
某云
黄龍寶覺晦堂祖心禪師法嗣隆興府黄龍死心悟新
禪師曰晦堂竪拳問曰喚作拳頭則觸不喚作拳頭
則背汝喚作甚麼師罔措經二年方領解曰後聞
震雷大悟曰　上堂曰古人道藏人不藏照藏照不藏人
人照俱藏人照俱不藏　後来參着無多明着極少
今日黄龍不惜眉毛与你諸人說破　藏人不藏照

鷺鷥立雪非同色　蔵照不蔵人　明月蘆花不似他
人照俱蔵了〻了時無可了人照俱不蔵玄玄〻處亦
須訶　僧曰會麼　慇懃為唱玄中曲　空裏蟾光撮
得麼　上堂清珠下於濁水〻〻不得不清　念佛
投於乱心〻〻不得不佛〻既不乱　濁水自清濁
水既清功歸何處　良久曰　幾度黒風翻大海
未曾聞道釣舟傾　問如何是先照後用　曰清風拂
明月　云如何是先用後照　曰明月拂清風　云如何是

照用同時曰清風明月云如何是照用不同時曰
非清風而無明月云若鉉者龍岫清風藏不得
西安明月明月卻相容曰貪無達士將金濟病有閑
人說藥方。政和五年春偶謂侍者曰今年有一件
好事人人莫知〻衆圍側是歲十二月廿三日就照
默堂口說偈曰　鏡時七顛八倒　照時落二落三
為報五湖禪客　心王自在休參

第二十九　偈賛

黄龍普覚南禅師二首　答張職方

夢幻年光過耳順　茆庵草座頗相宜

日高一鉢和羅飯　禅道是非都不知

不知猶作不知解　須在功成百鳥奔

欲絶銜花箇中意　江心明月嶺頭雲

芙蓉楷禅師

妙唱非干舌

巻六

庵之基兮不崩而不騫、庵之形兮似月而孤圓、
上無其際兮傍無其邊、中無其極兮下亦如然、
斷古今兮未囘其變遷、西來之人兮強謂其相傳、
嗟余之不敏兮實亦緣焉、念道之將墜兮欲扶危而持顛、
彼吾者何知兮匹拘空而滯偏、葉旃檀古錄兮莫收蛛蟻之腥羶、
還朔路絶兮嗟荊棘之參天、空花易落兮悲短景之難延、
旹人不偶兮亦梁遜而歸還、顧余之微兮今復何言、
結茅宴処兮其樂闃々、朝昏兀々兮飽飡困眠、

九年冷坐兮斯人可憐、曾祖面壁兮藩籬未堅兮
譫若敗軍兮徒展戈鋋、三斗山茶兮那思嵩巓、
仔人不來兮吾意日懸、仔人既至兮疑非異喧、
喧之至理兮乃默之源、吾無己兮力若重[illegible]、
松風之颾々兮巌溜濺々、峯巒之嵓崒兮浮黛之寒煙、
竹窗寂々兮桂魄之霄穿、几席爽々兮白雲之晝眠、
春夏兮層颸與百花之鬪妍、秋冬兮擁爐視黄葉之翩々、
斯物々兮牽妙以談玄、仔迷徒兮刷欲之葉梢

全体自成兮不労雕鐫、忽尓回光兮乃聖乃賢、
真風既復兮梧界自忘筌、野老歌吟兮章斯言之未懲、
熙微幽徑兮丑鮮瑕蕃纏、此処同既兮千年万年、
切如洞然兮与不干然、重閣之後兮寒山之前、

呉山師子端禅師

睡辭

夫人処世、身有四儀、身之四儀、唯臥宛奇人

閒方處俱遠、若利冨貴都不能惑亂釈
迦老子不知人々好宜卻鼓我盡則勤心脩
習善法初夜後夜事勿有廢、中夜誦經
以自消息、莫以睡眠因緣令一生空過、若教
老僧當時親見、領向靈山頂上大松樹下塊石
枕以大家一時打睡、驀地起來知道睡中
有此滋味
同放牛歌

普十

牛牛牛　休休休　更尋牽犂橛把任経
冬ゝ夏春秋、無縄無意無准無的　朝来放向
荒郊去　杳ゝ無蹤休復休

薦福常庵崇禅師
和陶潜歸去来辭
歸去来兮、一念相應名曰歸、既以此処為我
家何外物而可悲、審霊ゝ而自到、會了ゝ而堪追

在我而無非我、其非我而孰非、契我性之有常如我身之能衣、同行人而未悟即迷荒而細微、全身不動乃毗乃大奔、一塵廓然見此法門、塵々有光刹々儼存、惟此名旨迹重迹縛樂飯来以自得向方化以開顔、居常庵以黙照会懶拙之可安、将寒暑以為用、労生死而何閑、借夢幻以遊戯、統思慮而全観、今無何以放曠、適有趣而未還、甚至々以会外寿空々

以般桓、啓玄朱公、請悟此而勝遊、不動歩
而到家、胡自苦兮多求、了千生之活計、聆
毫髪以忘憂、無寸土而耕鋤、實万頃而千疇、
假道浮嚢、寄夢扁舟、或山丘以城郭、或城
郭而山丘、非變化以能然、豈神通而同流、
善寂滅而尊任、起三摩而寧休、已矣乎只
將煩惱正興時、本体不住正當爾、留堂々歴々
宜知之、愚智未曾間、螻蟻亦可期、本有田宅

種何不及時而耕耔、師吉祥而問已、從無言
而賦詩、本如如以獨耀、詎夫覩而將誰疑、

常庵賦

山之前水之後、崗巒乎煙雲之上、縹緲乎
松竹之杪、會盡跡以託化、樂幽居而養浩、
寂固野人之自得、豈心口之所擬、路度異心
口於思議、即見聞而忘言、破滯著而二空、

普十一

闡因言而非道、然非造詣深妙與識並運、
浮雲且散、夜壑非堅、豈獨苟初歩之不正、
剽僭途之能前、乃欲超生死之大患、而有喪
之深源、是猶照螢光於椿落、指望日而尾氣、
則亦沈荒於黑暗之下、淪墮於矯妄之邊顧
衣珠之有在、是寶刀之終還者矣、若夫撒手高
巖、箭鋒中鏑、全機全用、混塵得跡、曾亦不到、
遂然、雖及喪妙用而制那、超情塵於意忽、類、

春夢之晨溥、看空華之起没、謂無有不無
蓋有有而非實、計〻妄〻之成病、計有〻之成賊
四句消融、百非脩直、惕雲標而遍収、開玄路
而安遊、故能隨所而爲樂、非居而居、一邀清
風於脩竹、聽吟猿於石室、廓然寥然、以語
以默、非禪非誦、非忘非憶、然後棄万化之
用等寂類之飯、以會夫一瞬、又胡我胡物

司空山歌

目空山在雲外　人到得方自在
我今隨力章光照　回顧巍々無向背
絶遮欄難比況　千山万山齊侍仰
九夏炎々雪正飛　三冬飃々華初放
春不榮秋不落　隱々昭々倚寥廓
迠下人間咫尺人間　欲々之人雖措脚
人跡絶野境寛　觸事皆能懶散便
有時向目巌前坐　有時衆圍日高眠

不学禅兮不修道
百種無求箇野人
不從他不覓己
自從識得祖師關
無姓名無忌諱
但你千般与万般
分明終能知音
須跡南時相逢著

普 十二

只麼騰々恣顛倒
随分随縁神作造
一句靈々万縁裏
歷々明々片為始
未着向渠只麼老
何曾未得箇些子
日炙風吹不用尋
積翠甚臺邊自交深

助發真源、果不癡假所同參契、

欽山方禪師　四威儀頌

山中行　歩々皆無生　手把遊頭杖　活絶不多多

山中住　寂寥全々無路　地獄与天堂　總是閑家具

山中坐　松竹大々匝大　時々起清風　自覺還自和

山中眠　祖佛並齊肩　神通并妙用　全在枕頭邊

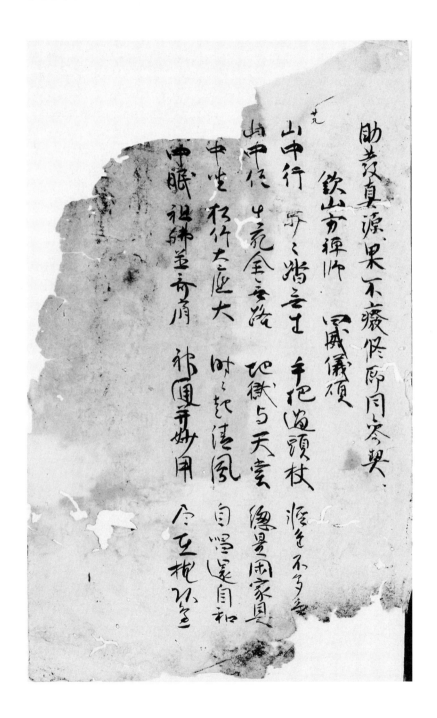

廿九

坐禅箴

仏々要機、祖々機要、不觸事而知、不對縁而照、不觸事而知、其知自微、不對縁而照、其照自妙、其知自微、曾無分別之思、其照自妙、曾無毫忽之兆、曾無分別之思、其知無偶而奇、曾無毫忽之兆、其照無取而了、水清徹底兮魚行遅々、空闊莫涯兮鳥飛杳々

右大宋太白山勅諡宏智禅師述

續大卷廿七

潭州大潙懐秀禅師挙　仰山夢往彌勒所令居第二
座有尊者白槌云今當第二座説法仰山起白槌云
摩訶衍法離四句絶百非諦聴諦聴師云仰山依文
解義則不無忽然彌勒會中有箇作者纔見伊
道摩訶衍法便云合取狗口非唯止絶仰山寐
語夢中説夢

燈録第二十九巻

地藏頭端禅師 玄唱頌 有十首 地藏一琴 誰是知音

拄杖百尺 瀑布千尋 是何之琴 虎嘯龍吟

別龍安兜率従悦禅師 十首 歸根頌

笑挂寒山手 相将過野橋 水邊同坐石 林下各攀條

日到天心盈 雲歸谷口消 寥々人象外 何愁不逍遥

廬州興化仁岳禅師 十首内 妙湊不干古頌

口口積揚古本無 無中演妙作明謨

君臣唱和通玄旨 天下同歸絶異途

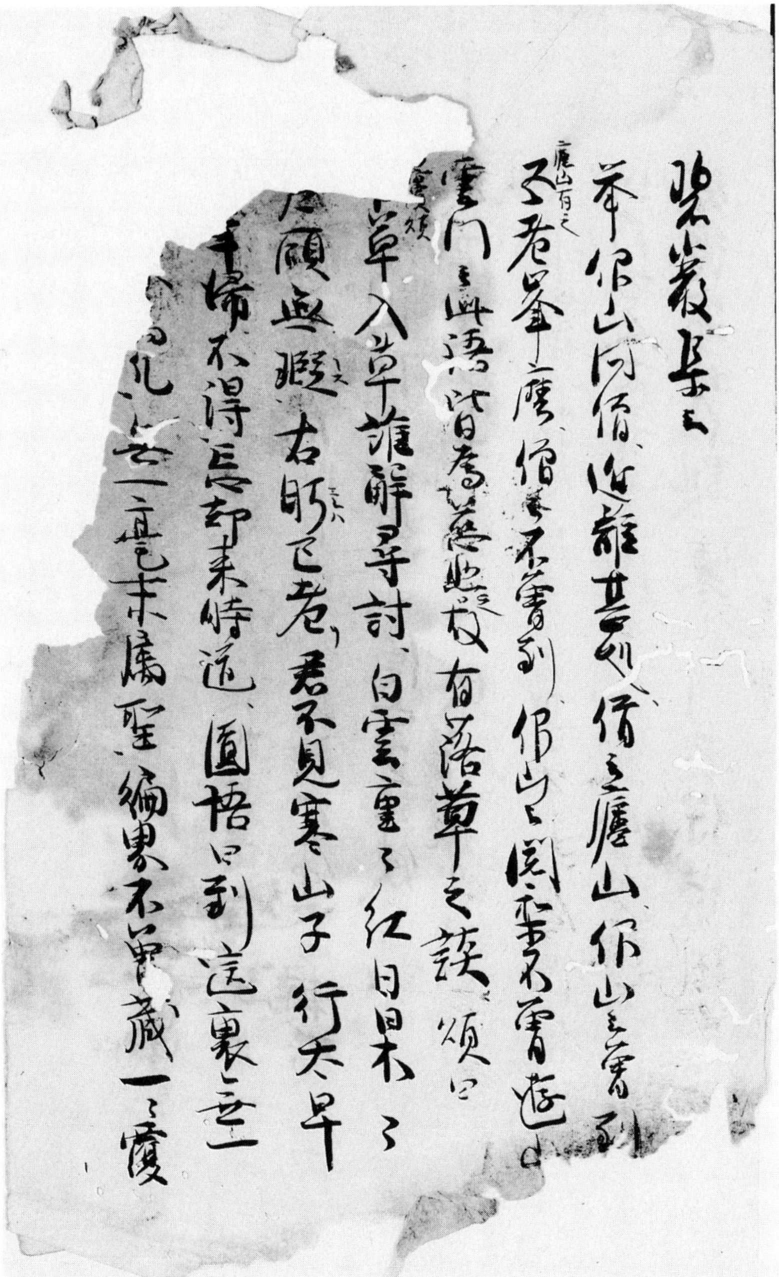

昭覺果云
仰山問僧、近離甚処、僧云廬山、仰山云曽到
五老峯麼、僧云不曽到、仰山云闍黎不曽遊山
雲門云此語皆為慈悲故有落草之談、頌曰
出草入草誰解尋討、白雲重々紅日杲々
左顧無瑕右盻已老、君不見寒山子行太早
十年帰不得忘却来時道、圓悟曰到這裏豈
凡無一言豈未属聖、徧界不曽蔵、一々覆

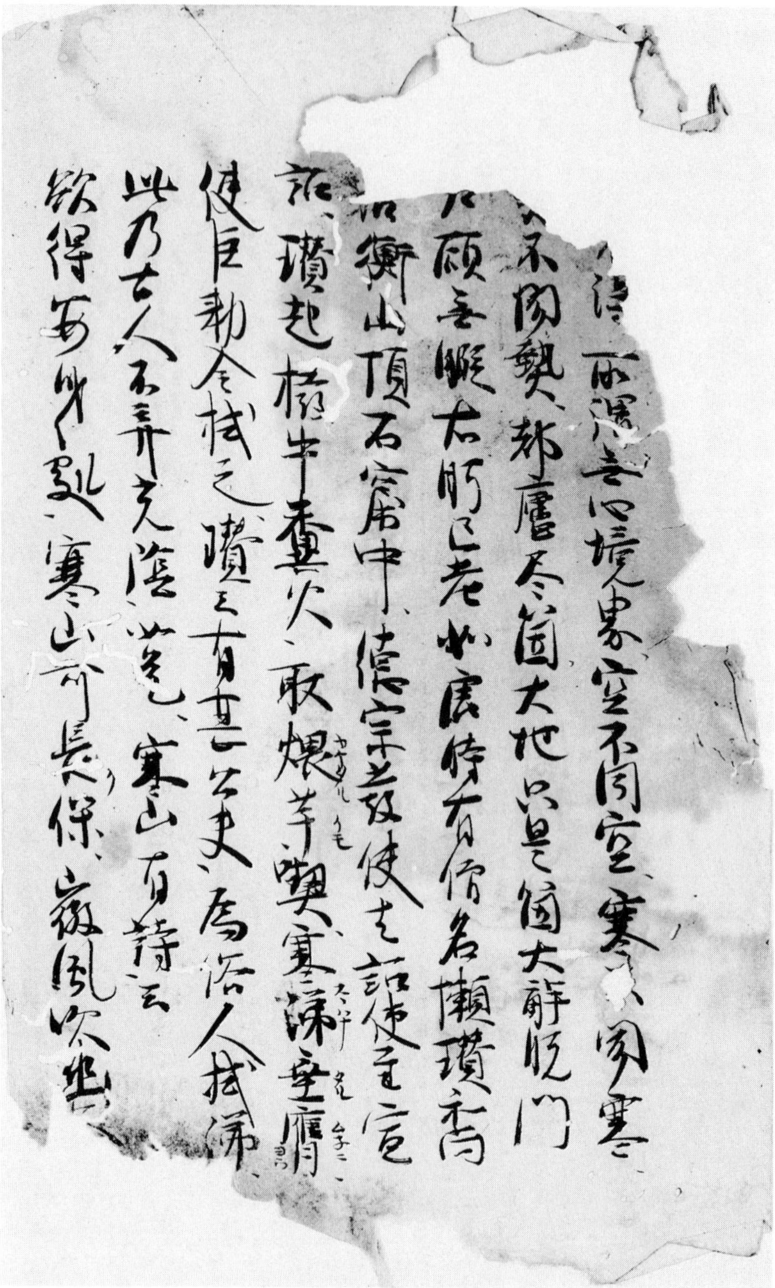
語一雨潤無心境界空不同空、寒、易寒
[illegible]不閑契、鄭盧尽箇大地只是箇大解脱門
只顧無聊、大眠已老也、唐時有僧名懶瓚、隠
南衡山頂石窟中、徳宗聞其名、使詔、使至宣
詔、瓚起、撥牛糞火、取煨芋喫、寒涕垂頤
使臣勸令拭之、瓚云、有甚工夫、為俗人拭涕
此乃古人不弄光陰、寒山有詩云
欲得安身処、寒山可長保、微風吹幽

舎利礼文

称名寺蔵（神奈川県立金沢文庫管理）

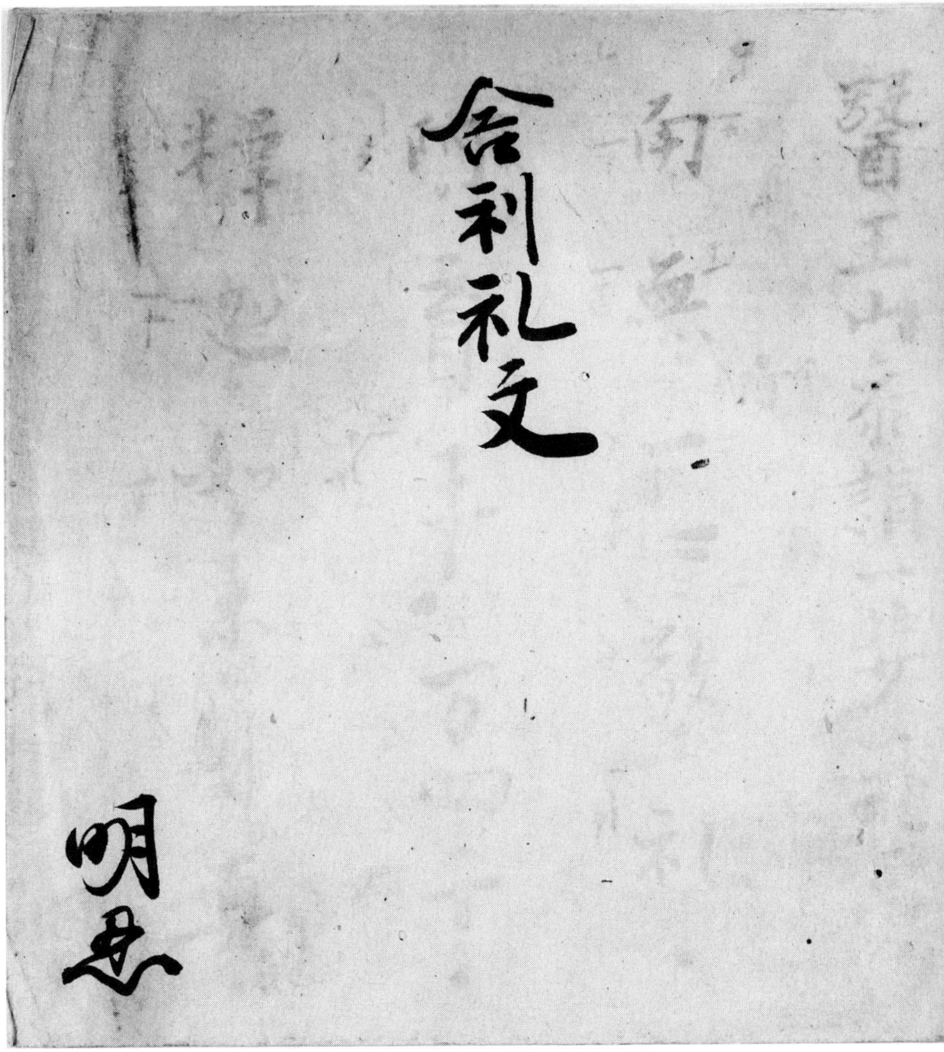
舎利礼文

舎利礼文

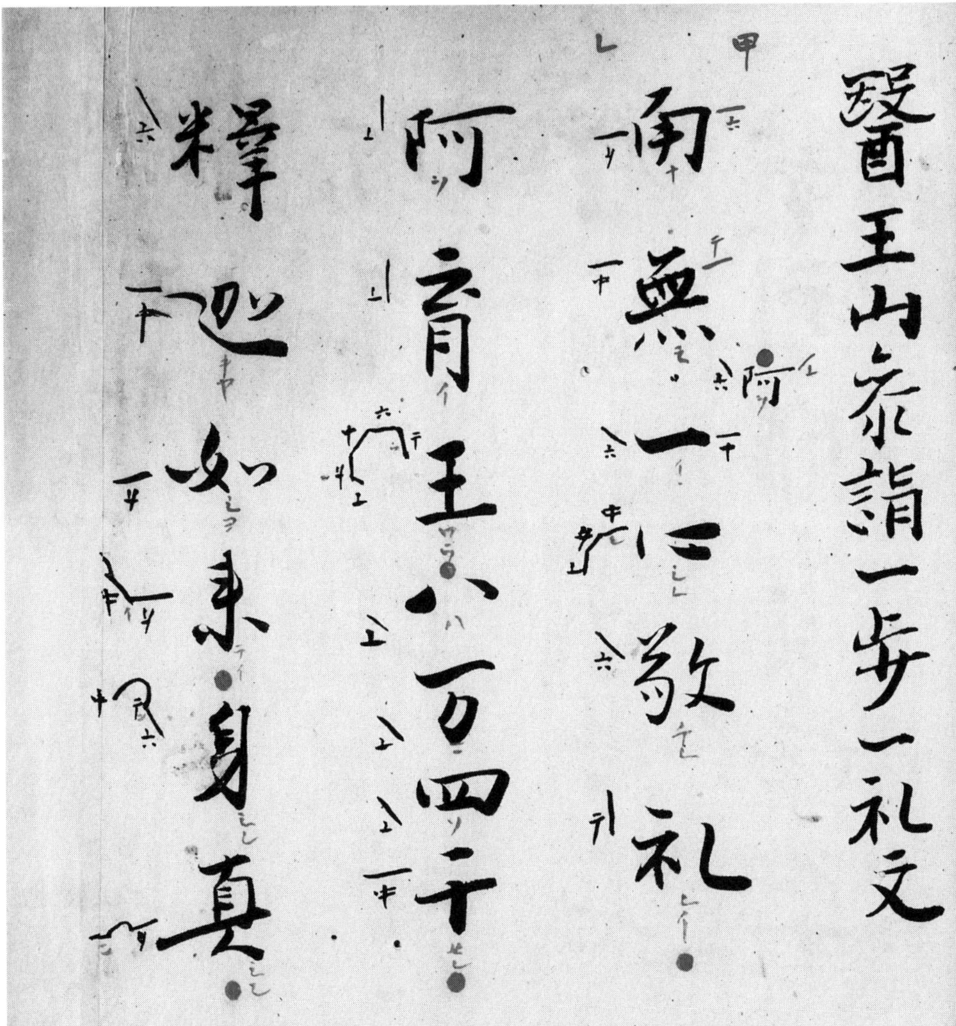
醫王山衆請一歩一礼文
南無一心敬礼
阿育王八万四千
釋迦如来身真

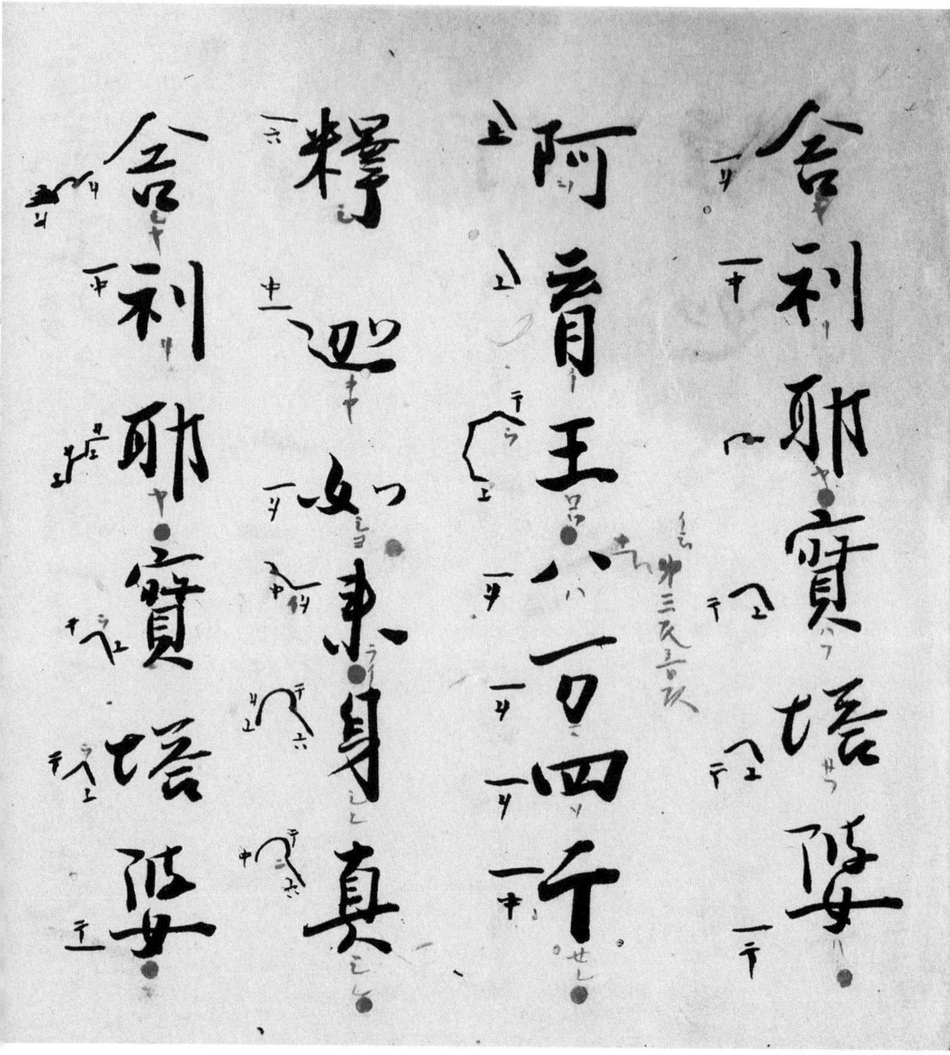
舎利耶寶塔婆
阿育王八万四千
釋迦如来身真
舎利耶寶塔婆

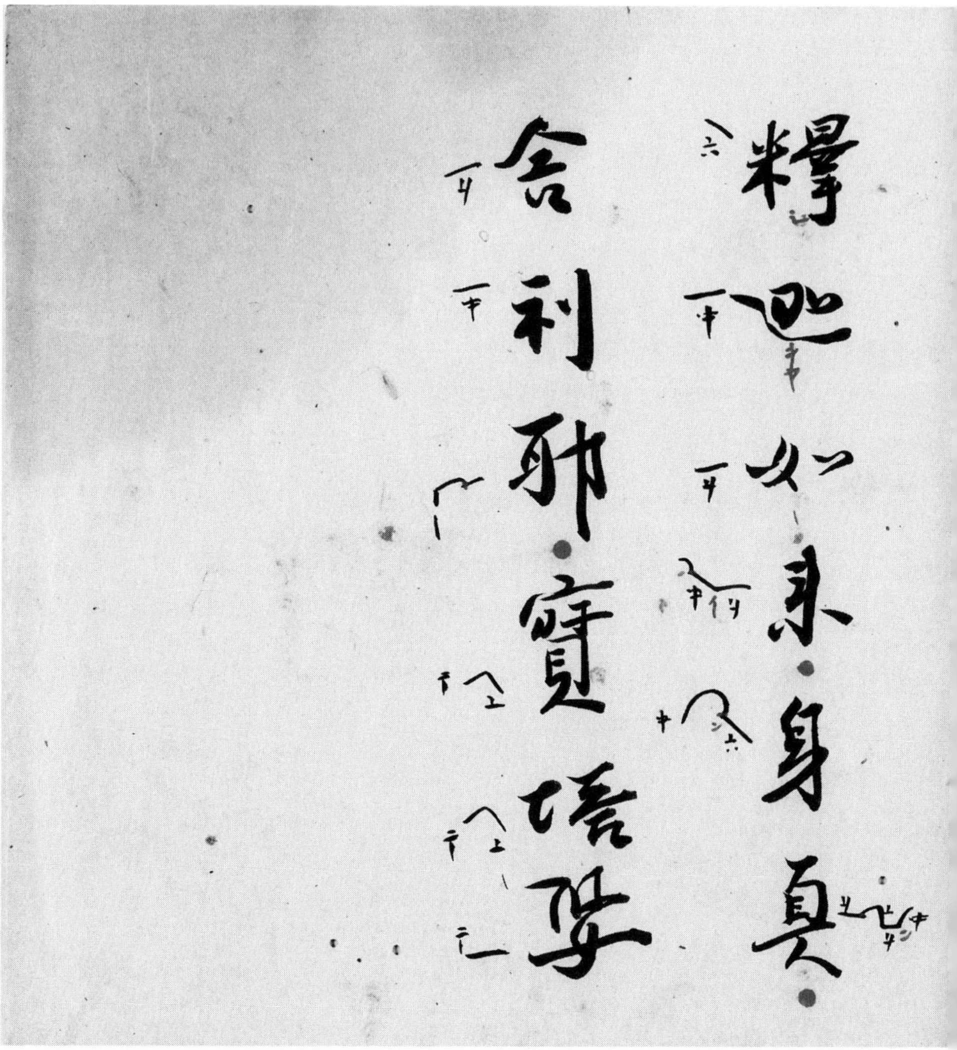

宋人参詣医王山之時礼拝文

称名寺蔵（神奈川県立金沢文庫管理）

宋人参詣醫王山之時礼拜文
南無阿一心敬礼阿
育王八方四千釋迦
如来身真舎利尓
寶塔娑阿育王八万
四千釋迦如来身真

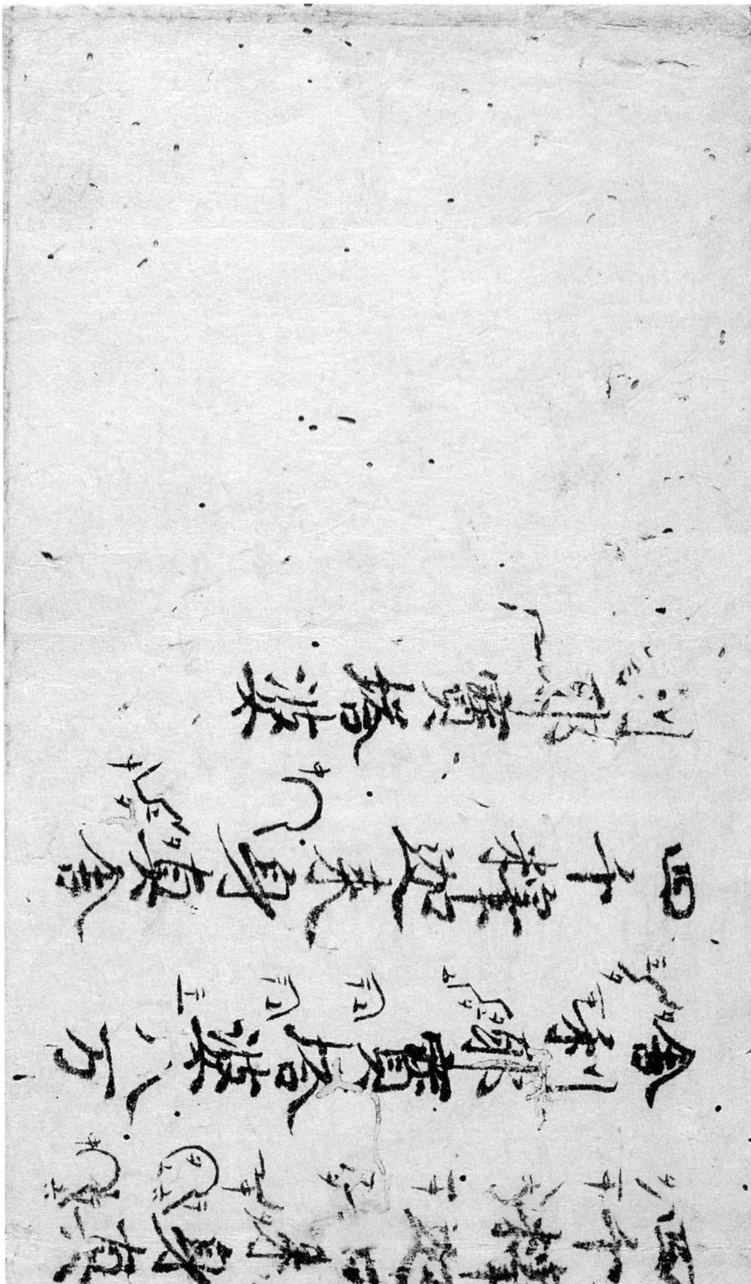

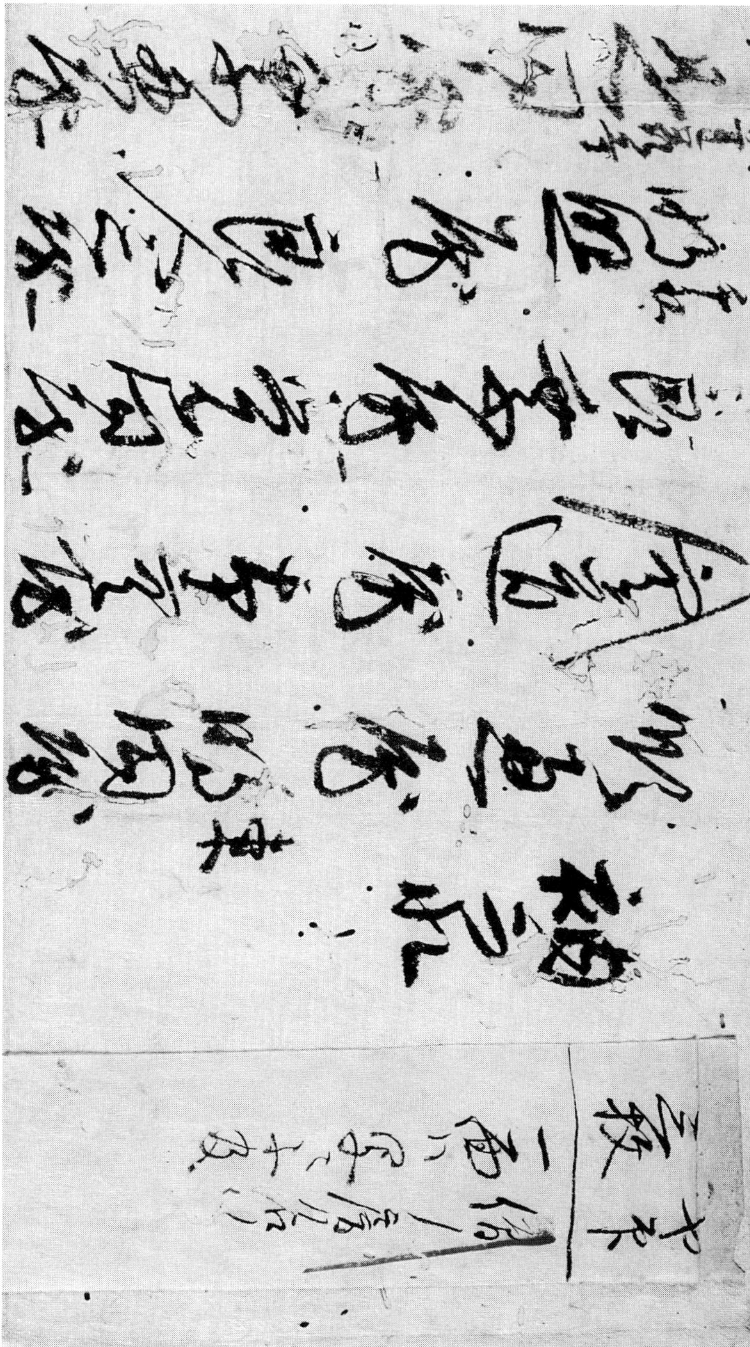

（折返）

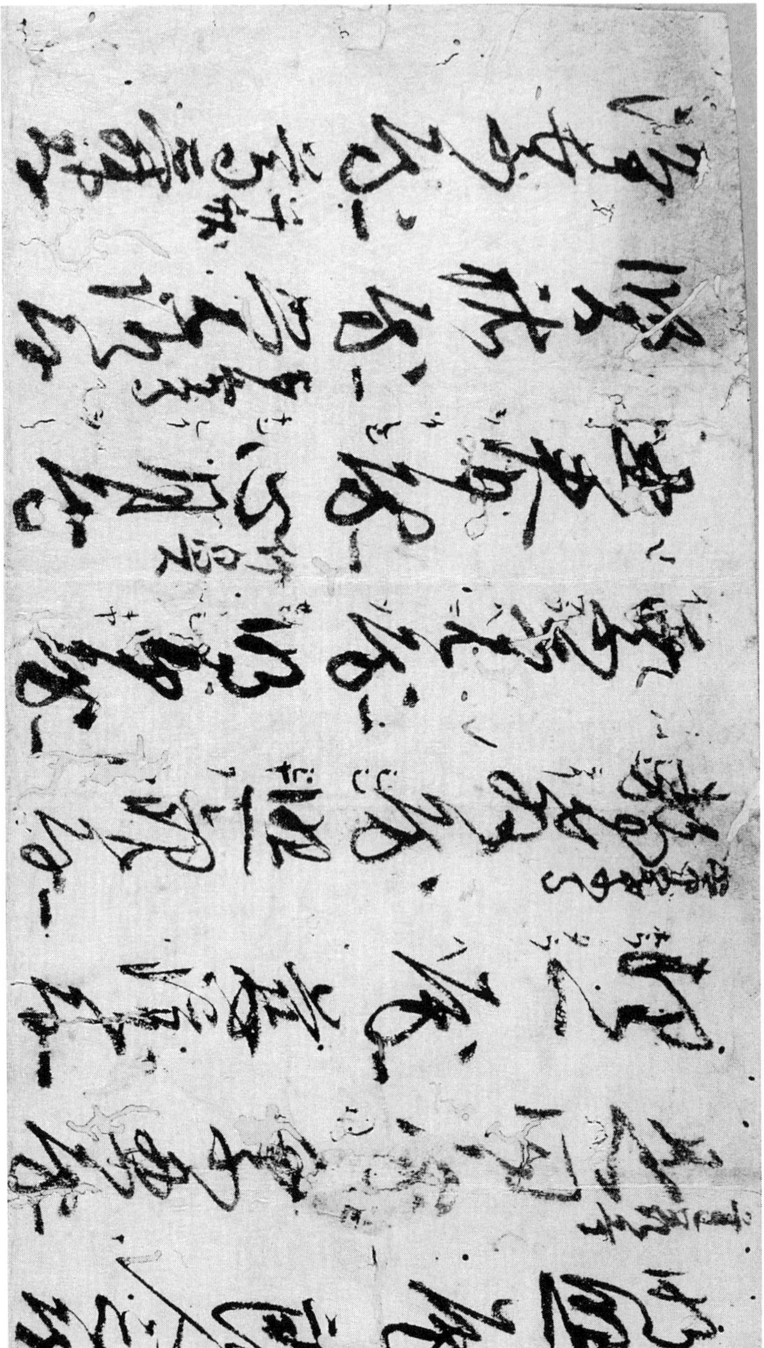

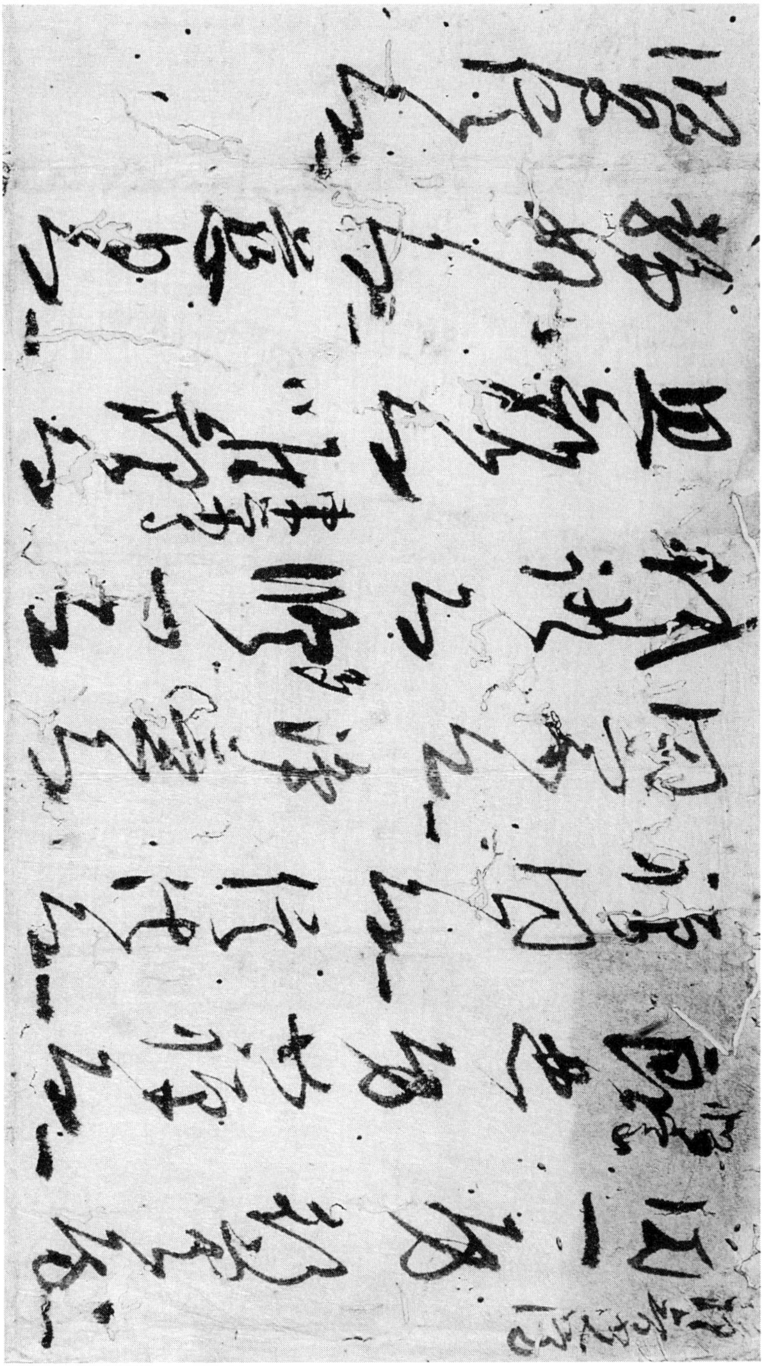

伝心法要

大谷大学蔵

黄檗希運禪師傳心法要　河東裴休　集
有大禪師號希運住洪州高安縣黄檗山鷲峰下乃
曹谿六祖之嫡孫百丈之子西堂之姪獨佩最上乘離文字
之印唯傳一心更无別法心体亦空万縁倶寂如大日輪
昇虚空中照耀静无纖埃證之者无新舊无浅深説
者不立義解不立宗主不開戶牖直下便是動念則
乖然後爲本仏故其言簡其理直其道峻其行孤四
方学徒望山而趨覩相而悟往来海衆常千餘人予會
昌二年廉于鍾陵自山迎至州憩竜興寺旦夕問道大中
二年廉于宛陵復礼迎至所部寓開元寺旦夕受法退而
紀之十得一二佩爲心印不敢發揚今恐入神精義不聞未来
遂出之授門下僧太舟法建歸舊山之廣唐寺請長老法衆

問与往日常所親聞同異何如也時大唐大中十一年十月八
日謹記　自後毎隠名紀歳月今刪繁爾　諸佛与一切衆生唯是
一心更无別法此心无始已來不曾生不曾滅不青不黄
无形无相不属有无不計新舊非長非短非大非小超過
一切限量名言蹤跡對待當体便是動念即差猶如虚
空无有邊際不可測度唯此一心即是仏人与衆生更无
差異但是衆生著相外求求之轉失使佛覓仏將心捉心
窮劫尽形終不能得不知息念忘慮仏自現前此心即是
仏人即是衆生人即是佛仏即是心為衆生時此心不減為
諸佛時此心不添乃至六度萬行河沙功徳本自具足不
假修添遇縁則施縁息則寂若不決定信此而欲著相
修行以求功用皆是妄相与道相乖此心即是仏更无別

佛亦无別心此心淨明猶如虛空无一點相貌舉心動念
即乖法体即為著相无始以来无著相佛修六度万行
欲求成佛即是次第无始以来无次第佛但悟一心更无
少法可得此則真佛佛与衆生一心无異猶如虛空无雜无
壞如大日輪照四天下日升之時明遍天下虛空不曾明
日沒之後暗遍天下虛空不曾暗明暗之景自相凌奪
虛空之性廓然不變佛与衆生心亦如此若観佛作清淨光
明解脫之相観衆生作垢濁暗昧生死之相作此解
歷河沙劫終不得菩提即是著相之故唯此一心更无微
塵許少法可得即是佛今学道人不悟此心体便於心
上生心向外求佛著相修行皆是悪法非菩提道供養
十方諸佛不如供養一无心人不可得无心者无一切心也如如

之躰内外如木石不動不転内外如虚空不塞不礙无能无
所无方所无相貌无得失趣者不敢入此時法恐落空
无棲泊処故望崖而退文殊当理普賢当行理者真空
无礙之理行者離相无尽之行観音当大慈勢至当大
智維摩者浄名也浄者性也名者相也性相不異号為浄名
諸大菩薩所表者人皆有之不離一心悟之即是今学
道人不向自心中悟乃於心外著相取境皆与道背恒
河沙者仏説是沙此沙諸仏菩薩釈梵諸天歩履而
過沙亦不喜牛羊虫蟻踏践而行沙亦不怒珍宝馨香
沙亦不貪糞溺臭穢沙亦不悪此心即无心之心離一切相
衆生諸仏更无差殊但能无心便是究竟学道人若
不直下无心累劫修行終不成道被三乗功行拘繋不得

解脫乃至證此心有遲疾有聞法一念便得无心者有至十信十住十行十迴向乃得无心者有至十地乃得无心者長短得无心乃住更无可修更无可證實无所得眞實不虛一念而得与十地而得者功用恰齊更无深淺只是歷劫枉受辛勤耳造惡造善皆是著相著相造惡枉受輪回著相造善枉受勞苦總不如言下自認取本法此法即心心外无法此心即法法外无心心自无心亦无无心者將心无心心却成有默契而已絕諸思量故曰言語道斷心行処滅此心是本源清淨仏人皆有之蠢動含靈与諸仏菩薩一躰不異只為妄想分別造種々業果本仏上實无一物虛通寂靜明妙安樂而已深自悟入直下便是圓滿具足更无所欠縱三僧祇精進修行歷諸地位及一

念證時只證无来自仏向上更不添得一物却観歴劫ノ
功用ヲ摠是夢中ノ妄為故ニ如来ノ云ク我於阿耨菩提ニ實ニ无所
得若妄ニ有所得然燈即不与授記ヲ文云ク是法平等无有
高下是ヲ名菩提ト即此本源清淨心与衆生諸仏世尊山
河有相无相徧十方界一切平等无彼我相此本源清淨
心常自円明徧照世人不悟只認見聞覚知為心為見聞
覚知所覆所以不観精明本躰但直下无心本体自現
如大日輪昇於虚空徧照十方更无障礙故学道人惟
認見聞覚知為動作空却見聞覚知即心路絶无入処但
於見聞覚知処認本心然本心不属見聞覚知亦不離
見聞覚知但莫於見聞覚知上起見解莫於見聞覚
知上動念亦莫離見聞覚知覓心亦莫捨見聞覚知

取法不即不離不住不著縱横自在无非道場世人聞道諸
仏皆伝心法将謂心上別有一法可證可取遂将心覓法不
知心即是法法即是心不可将心更求於心歴千万劫終
无得日不如當下无心便是本法如力士額珠隠於額内向
外求覓周行十方終不能得智者指之當時自見本珠
如故故学道人迷自本心不認為仏遂向外求覓起功用
行依次第證果位歴劫勤求永不成道不如當下无心
決定知一切法本无所有亦无所得无住无依无能无所
不動妄念便證菩提及證道時只證本心仏歴劫功用
並是虚修如力士得珠時只得本額珠不関向外尋
求之力故仏言我於阿耨菩提実无所得恐人不信故
引五眼所見五語所言真実不虚是第一義諦学道

人多疑四大為身四大无我亦无主故知此身无我亦
无主五陰无我亦无主故知此心无我亦无主六根六塵六
識和合生滅亦復如是十八界既空一切皆空唯有本
心蕩然清淨有識食有智食四大之身飢瘡為患
随事給養不生貪著謂之智食恣情取味妄得
生分別唯求適口不生厭離謂之識食声聞者因声得
悟謂之声聞但不了自心於声教上起解或因神通或
因瑞相語言運動聞有菩提涅槃三阿僧祇劫修成仏
道皆属声聞道謂之声聞仏唯直下頓了自心本来
是仏无一法可得无一行可修此是无上道此是真如
仏学道人只怕一念有即与道隔矣念々无相念々无
為即是仏学道人若欲得成仏一切仏法惣不用学唯

若无求无着无求則心不生无着則心不滅不生不滅
即是仏八万四千法門對八万四千煩悩是教化接引
門本无一法離即是法知離者是仏但離一切煩悩
是无法可得学道人欲得知要訣但莫於心上著
一物言仏法身猶如虚空此是喩法身即是虚空
虚空即是法身常人謂法身徧於虚空処虚空
中含容法身不知虚空即法身々即虚空也若定言
有虚空即虚空不是法身定言有法身即法身不
是虚空但不作虚空解虚空即法身不作法身解
法身即虚空々与法身无異相仏与衆生无異相
生死涅槃无異相煩悩菩提无異相離一切相即是
仏凡夫取境道人取心心境双忘乃是真法忘境猶

易忘心至難人不敢忘心是恐落空无撈摸処不知空本
无空唯一真界耳此霊覚性无始以来与空虚同寿未
曽生未曽滅未曽有未曽无未曽穢未曽浄未曽
喧未曽寂未曽少未曽老无方所无内外无数量无
形相无色像无音声不可覓不可求不可以智識解不可
以言語取不可以境物会不可以功用到諸仏菩薩与一
切蠢動衆生同大涅槃性性即是心心即是仏仏即
是法一念離真皆為妄想不可以心更求於心不可以
仏更求於仏不可以法更求於法故修道人直下无
心黙契擬心即差以心伝心此為正見慎勿向外逐
境認境為心是認賊為子為有貪瞋癡即立戒定恵
本无煩悩焉有菩提故祖師云仏説一切法為除一切

心我无一切心何用一切法本源清淨心上更不得著一物
譬如虛空雖以无量珍寶莊嚴終不能住仏性同虛空
雖以无量智恵功徳莊嚴終不能住但迷本性轉不
見耳所謂心地法門万法皆依此心建立遇境即有无
境即无不可於淨性上轉作境解所言定恵鑒用歴
歴寂寂惺惺見聞覺知皆是境上作解暫為中下人説
即得若欲親證皆不可作如此解尽是境縛法有沒
処沒於有地但於一切法不作有見即見法自達摩大師
到中國唯説一心唯傳一法以仏傳仏不説餘仏以法傳法
不説餘法法即不可説之法仏即不可取之仏乃是本源清淨心
也唯此一事實餘二則非真般若為恵此恵即无相之
本也凡夫不趣道唯恣六情乃行六道学道人一念

計生死即落諸魔道一念起諸見即落外道見有
生趣其滅即落聲聞道不見有生唯見有滅即落縁覺
道法本不生今亦不滅不起二見不厭不欣一切諸法唯
一心是然後乃為佛乘也凡人皆逐境生心心随欣厭
若欲无境當忘其心心忘則境空境空則心滅不忘心而
除境境不可除口益紛擾耳故万法唯心心亦不可得復何
求哉學般若人不見一法可得絶意三乘唯一真實
不可證得謂我能證能得皆增上慢人也法華會
下拂衣而去者皆斯徒也故佛言我於菩提實无
所得默契而已凡人欲終時但観五蘊皆空四大无
我真心无相不去不来生時性亦不来死時性亦不去
湛然圓寂心境一如但能如此直下頓了不為三世所

拘繫便出世人也一切不得有分毫趣向若見善相諸仏来
迎及種々現前亦无心随去若見悪相種々現前亦无畏
心但自忘心同則於法界便得自在凡言化城者二乗及
十地乃至等覚妙覚皆是權立接引之教並為化城也
言宝所者乃真心本仏自性之宝此宝不属情量不可
建立无仏无衆生无能无所何処有城若問此既是化
城何処為宝所宝所不可指々即有方所非真宝所也
故云在近而已在近者不可定量言之但当体會契之
即是闡提者信不具也一切六道衆生及至二乗不信有
仏果皆謂之断善根闡提菩薩深信仏法不見有
大乗小乗仏与衆生同一法性乃謂之善根闡提大抵
因声教而悟者為声聞観因縁而悟者為縁覚若不向

自心中悟雖至成佛亦謂之究竟佛學道人祇法上悟不
於心上悟雖歷却修行終不是本佛若不心悟乃於法上悟
即是輕心重法遂成逐塊忘於本心故但契本心不
用求法心即法也凡人多謂境礙心謂事礙理常欲逃
境以安心屏事以存理不知乃是心礙境理礙事但
令心空境自空但令理寂事自寂勿倒用心也凡人
多不肯空心恐落空不知自心本空愚人除事不除心
智者除心不除事菩薩心如虛空一切俱捨所作福德
皆不貪着然捨有三等内外身心一切俱捨猶如虛空
无所取着然後随方應物能所皆忘是謂大捨若一
邊行道布德一邊旋捨无希望心是謂中捨若廣
修衆善有所希望聞法知空遂乃不着是謂小捨大

捨如火燭在前更无迷悟中捨如火燭在旁或明或暗
小捨如火燭在後不見坑穽故菩薩心如虛空一切俱捨
過去心不可得是過去捨現在心不可得是現在捨未來
心不可得是未來捨所謂三世俱捨自如來付法迦葉以
來以心印心心心不異印著空則印不成文印著物則
印不成法故以心印心心心不異能印所印俱難契會故得
者少然心即无心得即无得佛有三身法身說自性虛
通法報身說一切清淨法化身說六度万行法法身
說法不可以言語音聲形相文字无所說无所證自性虛通
而已故曰无法可說是名說法報身化身皆隨機感現
所說法亦隨事應根以為攝化皆非真法故曰報化非
真佛亦非說法者所言同是一精明分為六和合者一精

明者一心也六和合者六根也各与塵合眼与色合耳与声
合鼻与香合舌与味合身与触合意与法合中間生
六識為十八界若了知十八界空无所有束六和合為一
精明者一精明者即心也学道人皆知此但不能免作
一精明六和合之解遂為法縛不契本心如来現世欲説一
乗真法則衆生不信興謗没於苦海若都不説則仏
堕慳貪不為衆生普捨妙道遂方便説三乗人有大
小得有深浅皆非本法故云唯此一乗道余二則非真
然終未能顕一心法故召迦葉同法座坐別付一心離
言説法此一枝法令別行若能契悟者便至仏地
裴休　相国伝心偈　予於宛陵鐘陵皆得親
東蘗希運禅師尽伝心要乃作伝心偈爾

心不可傳以契為傳心不可見以无見為見契亦无契无亦无
无化城不住迷額有珠ゝ是強名城豈有郭即心即仏
仏即无生直下便是勿求勿營使仏覓仏倍費功程道
法生解即落魔界凡聖不分乃離見聞无心似鏡与
物无競无念似空无物不容三乗外法歴劫希逢若
能如是人出世雄
韋閒河東本士親見高安導師傳心要當年著偈
章而示後傾開聾瞽煥若丹青予揣其所遺
綴於本録云尒
慶歴戊子歳南宗字天真者題

傳心法要 内段 十一処除落二字添入九字並按四家録

并別録為拠之

黄蘗希運禪師傳心法要終之　傳燈録巻第九在

此諦何點雖不如意任本書寫之後見之人取捨之

于時天文廿一壬子年九月十一日於松可淨土寺書寫之畢

沙門壽叡書

乘菴傳持之

翻刻篇

翻刻篇凡例

一、翻刻の担当者は以下の通りである。

見性成仏論――古瀬珠水　覚性論――古瀬珠水　百丈禅師広説・法門大綱――石井修道
宗鏡録要処――道津綾乃　養心抄――高橋秀榮　禅宗法語――高柳さつき
明心――道津綾乃　正法眼蔵聞書――石井修道　禅門詩文集――道津綾乃
嘉泰普灯録――高橋秀榮　舎利礼文――高橋秀榮
宋人参詣医王山之時礼拝文――高橋秀榮　伝心法要――和田有希子

一、改行は原則として原本のままとしたが、本文が一行に収まらない場合には＝の記号を用い、次行に続けて記した。

一、原則として、通用の漢字に改めたが、一部の文字は旧字のままとした。

一、虫損・破損および難読の箇処は、その字数分を空格で示した。字数が不明の場合は「　」□□などで示した。

一、本文に付された転倒符・補入記号・見せ消ち・墨滅等によって訂正されるべき箇所は、原則として訂正後の本文を記した。

一、読みやすさのために、翻刻者の判断で句読点を付した。原本に付された区切り点には必ずしも従わなかった。

一、改頁は、」1オ のように示し、影印篇と対照できるようにした。

見性成仏論

称名寺蔵（神奈川県立金沢文庫管理）

見性成仏義序　（別筆）「称名寺」

聆夫南天笠（竺）国香至大王第三太子
菩提多羅者、神慧疎朗　聞皆開諮、冥心
虚寂　通鑑俗事。内外俱明　徳超世表。遼
観震旦縁熟践渉山海、久　雖達于南朝、渡
寓北魏。絡（終）日面壁而坐、神光晨夕参承壁。
雖然秘奇珍之一宝、待自性於内証。洎云了」1オ
了常知言訪不及、法灯耀於九天、心水渺
於四海。寔斯識外罔一塵、了心在万法。天
龍竪一指、金華義飛天、徳山擊一棒、巌頭
跳覚地。石鞏扣弓弦者、義忠作拝、三平
敲禅牀者、韓愈礼謝、百丈言此不是火、潙
山者言下了悟、五台叫我大悟世、帰宗
者指上器人。那了仏仏之妙道、悟祖祖之」1ウ
心意、必斉三四金言、依八万之餓弁哉。因
茲附見色聞声示見性聞性。達見聞無
二者、必帰自性一地。故拾祖師之微言、聚
如来之正説。以倭洲之語伝之。以扶桑之
字記之。但至如僧璨請懺法者、二祖答将
罪来、道信乞解脱、三祖対誰縛你、商那
和修之問、毱多尊者之答者、何瞻説文、困記」2オ
註矣。抑雖霊雲眇華、恵稜者悟於簾、良介
臨水、悟空者開籠、奚見聞之外解知覚之
性。所以潙山笑中持刀、雪峰手内在釼、
普化者振鐸驚耳、寒山串茄而打人、嵩
嶽之安公以眼睨之、江西道一以足踏之。豈
是離見聞覚知而悟心性乎。羨一華開
万葉、早結仏果心地、免心裏枯燥之譏、捨」2ウ
意地洪波之誚。呵呵　咦咦。
問曰、イカンシテカ生死ウミヲワタリテ菩提ヤマニワノ
ホルヘキ。答曰、一切衆生死イヱニ生トキ、生生死ナ
ク滅菩提ナシ。諸仏如来菩提ミヤコニカヘルトキ、帰
菩提ナク滅生死ナシ。ナムノ生死アレハカコレヲワタラ

ムトナケキ、ナムノ菩提ナケレハカレヲヱムトワカナシフソ。生死モトヨリナケレト、ミタリニ生ヲモイ死ヲモヘリ。菩」3オ提モトヨリウセサレト、ミタリニ証ヲモイ得トヲモヘリ。タトヘハ空花生ヲモイ滅ヲモヒ、虚空ヱムトヲモイトラムトヲモヘルカコトシ。空花アルニワニタレト体ナシ。タヽコレ目ヤマウノユヘニヨシナク、ヲヽソラヲ花ミテヰタルナリ。生死マタ〳〵シカナリ。マコトニハ生死法ナケレト、ヨシナキマヨイノユヘニ菩提サトリヲタヽチニ生死法ミタリニヲモヒテイタルナリ。虚空々花カクサレテナキニワニタレトモ、マ」3ウコトニワ滅ウセサレハ、ハシメテウスヘキモノニワアラス。菩提マタ〳〵カクノコトシ。シハラクヨシナキ生死カクサレテ滅ウセタルニワニタレト、マコトニワナキニアラサレハ、イマハシメテウヘキモノニワアラス。シカレハスナワチ、虚空ハナムテ（ママ）空花ナケレハ、空花ホカニ虚空モトムヘカラサルカコトク、菩提ハナレテ生死ナケレハ、生死ホカニ菩提タツヌヘカラス。空花ハシメヨリヲハリニイタルマテ体アルモノニハアラス。虚空」4オハシメヨリヲハリニイタルマテ実体ナキニアラス。生死菩提カクノコトクコヽロウヘシ。宗鏡録、五陰即菩提、離二是一無二菩提一、不可以菩提而求二菩提一、不三可二以菩提一而得二菩提一トイヘリ。文殊我不三求二菩提一、何以故、菩提即我、我即菩提ナリトノタマヘリ。

問曰、生死涅槃コレ牛角ウチムカヒ、煩悩菩提マタ人ワヘタテタリ。ナンソ生死ハナレテ涅槃（ニ）イタリ煩悩ホカ」4ウニ菩提トルコトナカラム。答曰、生死ハナレテ涅槃モトメ、煩悩ホカニ菩提タツヌルモノハ、カタチヲハナレテカケヲモトメ、コヱノホカニヒヽキヲタツネムカコトシ。スヘカラク生死イトハムヨリハ、生死涅槃二見タツル愚イトウヘシ。モシシカラハ、生死ハナレテ涅槃カヘリナム。菩提ネカハムヨリワ煩悩菩提一心サトラムコトヲネカウヘシ。モシヽカラハ、煩悩ハナレテ菩提イタリナム。」5オ

問曰、マヨヱルモノハサトリニマヨヘルノミニアラス、マヨイノマヨイタリケムヨシニモマヨヱリ。サトレルヒトハマヨイノサメタルノミニアラス、サトリノサトリタルコトハリヲモサトレリ。シカレハマヨイノマヱノ是非是非トモニ非。シカレハサト

リノマヱノ是非是非トモニ是。ワカマヨヒ、トニアラサレハヒトノサトリモワレニアラス。タトヘハ、ユメサメタルヒト、ネムレルヒト、ユカヲナラヘ坐ヲナシクシテトコロハヘタテ」5ウサレト、夢人シナ〳〵ノコトヲミレト、覚人マタクシナ〳〵ノコトヲミサルカコトク、見性ヒトハ生死生滅ミス、涅槃生滅ミストイウトモ、未達トモカラハイカテカコレヲイトヒコレヲネカハサラム。カルカユエニイカナル法水アミテカ煩悩チリヲキヨメ、イツレノ仏灯カ、ケテカ菩提ミチヲハアキラメムトイウナリ。

答曰、フネハシレハキシウツリ、クモサハケハ月ハコフ。ウツルト」6オミユルキシノホカニウツラサルキシハナシ。ハコフトミユル月ハナレテハコハサル月ナシ。タ、ウツルトミエツルキシノウツラサルキシニテハアリ。ハコフトミエツル月、ハコハサル月アリケルナリ。コノタトヒヲモチテコ、ロウヘシ。意識フネハシレハ、菩提彼岸ウツルニ、タリ。无明クモサハカシケレハ本覚朗月ハコフニアイヲナシ。身ハナレテアリトヲモヘル菩提ホカニ身ハナレサル菩提ナシ。ハナレタリトヲモヘル菩提ハナ」6ウレサル菩提アリケルナリ。心ホカニアリトヲモヘル本覚ハナレテ心ハナレサル本覚アルニハアラス。ホカニアリトヲモヘル本＝覚ハナレサル本覚ニテハアリケルナリ。マコトニフネト、マリヌレハウツラサリケリトシリ、クモハレヌレハハコハサリケリトサトリヌ。意識フネタチマチニト、マリ、无明クモニハカニハレヌレハ、菩提覚岸不変不動本覚円月无去无来。アハレナルカナヤ未知未見凡夫、カナシキカナヤ未了未達衆生、是心即仏談トヲク聖者ユツリ、」7オ即身菩提説ハルカニ凡倫ヘタテルコト、眼若不睡諸夢自除。心若不異万法一如、イヘルコトマコトナルカナヤ。真覚大師、法身覚了无一物、本源自性天真仏、五陰浮雲空去来、三毒水泡虚出没ノタマヘリ。

問曰、マコトニカクノコトクノ説キクニ、尊高シテハナハタ尊高。幽深シテハナハタ幽深ナリ。シカレハヲヨハサルヨト蝸角＝穹昊天」7ウツカサルニ、タリ。イタラサルコト隼繞溟渤ソコヲフマサルカコトシ。タヽシネカ(ハクハ)□□□微著イタリ、浅深イタルコトナキニアラス。ソヘニ朝四暮三トキハサルコトヲヨロコヒ、朝三暮四トキハサルコレヲイカル。法イツレモ利益ナキニアラサレト、根機シタカヱルハ現為莫大。コレニヨリテ仏語仏心シナヲハカテ教内教外コトハリヲトキタマヘ、出離遅速シリ得脱可否サトラム。」8オ

答曰、筆トリテカ、(ム脱カ)トスレハ、大海スナハ(ミ脱カ)ヲウタムニ、タリ。言モテカタラムトヲモヘハ、虚空カマ(衍カ)ムニコトナラス。シカリトイヘト指モテツキヲサシ、蹄モチテ菟トルコトナキニアラス。タヽシヒヲマホリテ月ワスレ、蹄ニキテ菟トラスハナムソソラニムカイテホシヲカスヘ、ウミニノソ(ミ脱カ)テイサコヲモテアソハムニコト(ナ)□ラス。シカレハ、トカムヲキ、テハコトハヲ執シテ、タヽチニコヽロヲサトリアラワスヘシ。マコトニ根」8ウ機シナ〳〵ナレハ仏教マチ〳〵ナリ。ヤマウヒトシナナラサレハ、クスリヒトツニアラサルカコトシ。コレニヨリテ、釈尊意楽広大ヒトノタメニハ九十億修多羅トキ、意楽物持モノ、タメニハ十億契経ノヘタマヱリ。馬鳴意楽広大機タメニハ九十部論蔵ツクリテ九十億契経アキラメ、意楽惣持根タメニハ十部論蔵ノヘテ十億契経釈タマヱリ。コレスナハチ根自力他力シナ」9オアリケレハ、教経蔵論蔵ハカレタ(リ)□ケルナリ。人心如面各々不同、大聖随宜説法亦爾、イヱルコトマコトナルカナヤ。コヽニ天笠(竺)論師ヲノ(〳〵)□論ツクリ、仏経アキラムルコトシナ〳〵ニワカレ、震旦人師マチ〳〵ニ章ハカテ経論釈スルコトヲノ〳〵コトナリ。所見不同異義蘭菊。料簡シナ〳〵ナレハ宗旨雲泥ヘタテタリ。カルカユヱニ宗々義門ハルカニコトニシテ、偏円コヽロカハレリ。」9ウ師々出離トヲクハカレテ遅速ミチヘタテタリ。シカリトイヘト、ミチモトヲタツヌレハ諸仏金口甘露、衆生了心良薬。シカレハ、出離生死弄引、入証菩提方便。コヽニ本朝ツタヘハタセルハ、八宗ナラヒニ禅宗。成実倶舎律小乗宗。法相三論コレ権大乗宗、華厳天台真言コレ実大乗宗、禅宗コレ大小両乗ホカヲイテ権実二宗ウチニアラス。故教外別伝不立」10オ

文字宗(ト)ナツク。𥉌瞬相伝法イヘリ。弘法大師以西天仏心印東土仏心、曹谿玄旨宗属在応機者イヘリ。コレスナハチ心モチテ心ツタヘテ言ツタハス。故教行証三重コヘテ戒定恵三学ホカニツタヱタマヘリ宗。宗蜜(密)禅師、教コレ仏ヲムコトハナリ、(見消)「コレ仏ヲムコトハナリ」禅コレ仏ヲムコ、ロナリトノタマヘリ。マツ教コ、ロヲホ、ノフヘシ。所断煩悩四住五住」10ウハカレ、能断観智二観三観コトナレト、断惑証理ヲシヘ滅罪生善ハカリコトハ、大乗小乗ヲキテ権宗実宗ナライナリ。故略一家円宗四教コ、ロヲノフヘシ。三蔵教三祇六度行修百劫四八業ウヘ、自行化他功徳円満トキ菩提樹下三十四心断結成道、仏ナルトハイウナリ。乃至円教六即次位タテ、六輪断惑判(ス)。ソレ薄地衆生理」11オ即凡夫知識シタカイ経巻シタカイテ、法キ、文ナラウニ一切法ミナコレ仏法サトルナリ。イハユル青々タル翠竹コト〳〵クコレ法身、欝々タル黄花ミナコレ般若。シカレ

ハ万法ミナコレ仏、諸法コト〳〵ク心ナリトシルナリ。マコトニ風河月渚真如妙理アラサルハナク、煙嶋雲林如来蔵性ハナレタルコトナレハ(ケ脱カ)、雲台宝細コト〳〵クタヘナルヒ、キヲイタシ、毛乳(孔)光明ヨク〳〵ノリヲトク。」11ウ四衢四生凡聖仏性ヘタテナク、十界十如依正□□(ノ二)如コトナラス。シカレハ六凡四聖不二九権一実無□□□(キナリ)カクノコトク善悪不二、邪正一如ト、クヲキ、テ、ソノコトハリヲサトリアラハサムト、教信理仰名字ウヘニヲイテシルヲ、於名字中通達解了知一切法皆是仏法釈ナリ。コレ能詮言教ウヘノサトリナリ。故ムニ(シ)ノ木ハヘ(ム)ニタマ〳〵字ニテアラハレタリトハイヘトモ、ソノ」12オ是字非字シラサルカコトシ。コレモマタ〳〵シカナリ。タ□□(マ〳〵)万法一心シルトハイヱトモ、ソノ一心ナリケルヨシヲハシラサルナリ。シカレハ名字即イウナリ。ソモ〳〵ヘタテモナクコトナラサリケル仏性真如、イカムカサトリシルヘキトイウニ、観行相似クライヲヘテ、ウチニハ十法成乗観智コラシテ、ホカニハ万行諸波羅蜜修行ナ□□(シテ)

経典読誦仏法解説。外読モチテ内観タ□(ス)」12ウ
ケテ、ヤウヤク首楞厳定月三諦一実ソラニア□(キ)
ラカニシテ、無明住地雲一心三観風散。ステニ□
惑別惑クモハレテ、界内界外アキラカナルトキ、煩悩業
苦三道三徳秘蔵妙理サトリ、常楽我浄四倒
四徳波羅蜜法アラハシ、一位諸位ヲサマリ諸位
一位ヲサマリテ、帝網重々主伴具足、初住頓悟
ホトケトハイウナリ。一家天台釈義細目ハナハタ」13オ
ヲ、シトイヱトモ解悟修行初住帰コトヲ詮。ソノユ
ヱハ初住サトリヲウルマテカマコトニハ大事アルナリ。故
発心畢竟二无別如是二心前心難イヘリ。如
竹破初節タトイマコトナルカナヤ。二住已上无明漸々
ツキ三昧転之、マシテ住(任)運円妙道マシ変易生損。
シカレハナニトヲモヒハカサレト、自然仏智海流入、カ□□(クノ)
コトクシテ始覚智、本覚合始本不二究竟□(仏)」13ウ
果イウナリ。コノコ、ロヲモチテ諸教ヲキテヲハアフ□(キ)コ、ロ
ウヘシ。マコトニ権宗実宗コトナレハ、能詮所詮ニサレトモ、

出離生死ヲキテニハ断迷開悟ヲシヘ、入証涅槃ミチニハ
遠塵離垢ノヘタマヘリ。故宗鏡、三論法相華厳等宗
染□(浄)対治教イヘリ。梁宝志云、真俗□(不)二□曰、□
法師説法極好、心中不離煩悩、口談文字化他、転
更増他生死。雖然口談甘露、心裏尋常□□□(枯燥)(自)」14オ
己元无一銭日夜数他珍宝。
律師持律自縛、々々亦能縛他。外作威儀恬静、
心□(内)恰似洪波。有二比丘犯律便却往問優婆。依
律説罪転増比丘網羅。方丈室中居士維摩便
即来可優婆黙然无対。浄名説法无過。次仏心宗
者タ、チニ心性サトリ、知覚アラハス詮。故執指□(忘)実ソシリ
ヲマノカレテ、学語翫砂セメヲハナレタリ。ソヘニ修因得果」14ウ
迷人教、了心无相覚者宗。ソレ心イハ霊光独照
物累カ、ヱラレス、魏々堂々等妙域コヘ、霊々了々シテ
凡聖表イテタリ。金剛堅固体八臂魔王動、長
生不死心二死殺鬼クラハレス。无形无相大毗盧、不老
不小大丈夫、諸仏一口ノミクライ、万法一時トリヒサク。

ナムソカナラス身長丈六紫磨金輝遍知縛伽イヒ、項佩円光 広長舌相 如来世尊イハム。凡諸有相皆」15オ是虚妄ノヘタリ。自性真仏モチテ仏セヨ。以色見我見行、邪道トケリ。无相知覚モチテ覚セヨ。ナムソマコトニ一心サトテホトケトセスシテ、ミタリニ衆色モトメテホトケヲネカハム。花色色身ミシ(テ)、ツイニ仏面ミサリキ。空生生身ミサリシ、ハヤク仏心ミテキ。水月ミルモノハ天月ソムケリ。鏡像マホルヒトハ真像ウシナヘリ。狂狗ツチクレヲカフリ、師子ヒトヲ、ヒ、愚人文字ナラウ、智者心性サトルトイウコト」15ウマコトナルカナヤ。カミ諸仏シモ螻蟻イタルマテ、心性ハナレ知覚ホカニアルモノニハアラス。ミナコレ自性サトリニマヨエルトカニヨリテ、ミタリニ諸仏神変感見、ミタリニ九界相貌分別セルナリ。シカレハ、コレ自性随縁相貌、転変不思議幻用。タトヘハ森羅万象大清イテサルニ、タリ。乱起千波瀛渤ハナレサルカコトシ。コレニヨリテ衆生心ホカニ仏ムトメサレ。諸法相ハナレテサトリヲタツネサレ。恵海和尚云、心是仏、不」16オ用論二仏一求 仏心是法、不三用二将法一求二 法一云。

宝誌台(公カ)云、衆生与仏无殊一、大智不三異二於愚一、何一須向外一求二宝一、身田自有二明珠一。又云、仏衆生一種衆生即是世尊。凡夫妄生分別二无中執有迷奔。問曰、仏語仏心名カハリ、教内教外言コトナレト、能詮言教マタクカハラス。イツクンカ教イウコトハニタカヘル。シカレハナムノシナカアラム。答曰、覚人仏経ナラエトモ仏意サト」16ウラサレハ、タトヘハ鸚鵡人コトハヲハマナヘトモ、人コ、ロシラサルカコトシ。寱語寤々コトハ、ヲナシキニ、タレトモ、夢心覚心サトリハルカニコトナリ。愚人経ヨミ智者経ヨムコトハマタクカハラサレト、仏心サトルトサトラサルトハコ、ロハルカニコトナリ。ナンソコトハノカハラサルヲモチテサトルト、コ、ロノカハレルコトヲシラサルヤ。マコトニヨシヲモシラス、文字仏性イハ、文字火ヤケサラムコトハリヲモシラス。言説法性イハ、、鸚鵡マヨハ」17オサラム。ネスミハ即々ナケトモ、色即空即マヨヘリ。鳥空々サヘツレトモ、内空外空サトラス。音響正理アタラス。言説心性ヲヨハシ。ナムソコトハノヲナシキヲモチテ、サトリノコト

ナルコトヲヒトシムルソヤ。タトヘハ火イヒ水イヘルハコレ名。ソノ体ヲ
イヱハ、火アツキヲモチテ体シ、水ウルヲイヲモチテ体。マコト
ニモ名体ハナレテナヽシトハイヘト、サスカニ名体アラサリケ
レハ、ヒメモスニ火々イヘトモヤケタル□ナシ。ヨモスカラ水々ト」17ウ
ナウレトモ、ウルヘルノトモナシ。□□(ユエ)ニ体ナク、マ[]
(ル脱カ)ヤケノトモウルヲハサラム。シカリトイヘトモ名体ア□□□(ラサリ)
ケレハ、ヤケスウルヲハスアリケルナリ。教内教外シナヲハ[]
モチテコヽロウヘシ。マコトニ花厳法界唯心、方等不思議解
脱、般若畢竟空、法花一乗実相、涅槃仏性常住。
カクノコトクノシタイ[]名コレ自性□(ウ)知仏[]ノ[]
シタカヘテツケタルナ□□(ナリ)。シカレハ名知覚ハナ」18オ
レストイヘト、サスカニ体□(ニ)アラサリケルナリ。マコトニ[]
体マシカハ、一心イヒ[]イヒ雲ト□宝[]エルヒ□
サトリテマヨハサラ□(ム)。ソヘニ万□(法)一心心外法ナケレハ法界
唯心イヒ、自性清浄心本来煩悩妄染ハナレテ繋縛
ナキ心解脱イヒ、心性畢竟諸相ハナレタレハ空トキ、心性□(ハ)
妄法アラサレハ実相トヽキ、心性本有覚仏性[]

諸法サキタチ諸法ヲクレテ[]際生アラス。後際[]」18ウ
レハ常住ノフルナリトハ、クチ[]コヽロニハコ[]
シリタルヲモチテ、ステニヨク〳〵法門サトリコヽロヘタ□□(ルトイ)
ヘリ。シカレト名マコトニ体アラサリケレハ、サトリヲエタル。□(サ)
トリヲエタルヒトハナキナリ。コレニヨリテシルヘシ。教内名ハカ□(リ)
ヲトナヘテ、ソノ体□□(ソノ)モノトシラ□(ス)。教外タヽチニ体サトリテ
ソノ名コトヽセルナリ。タトヘハ□□(モヤ)シタ火身フレ、□□(水ニ)ツカリ□□(アツ)
トシルカコトシ。モシマサシク身フレスシテ火イハシト、□(マ)サ」19オ
シクアツカリケリトシラムトハイカテカシラサラム。カル
カユヘニ教内心相約法□(ト)キ教外心体□□□□(約)法シメ□(ス)。
カクノコトクシナアリケルモノヲ、□(ヨ)シナクカハラスヒトツナ□□(リト)
イヘルハ、メシヰカイロヲヒトシ□(ム)ルニヽタリ。ミヽシヰカコヱヲ
タクラヘルニコトナラス。ヲノレカ□□ヲモチテヒトノクラヲ□(サ)
クルハ、モシハアウコトモアリ。ナンソ□(ヨ)シヲ□(シ)ラス[]
ナリトイハムコトハ、マタクコ□□□(コロエシ)ラス。」19ウ

《後補白紙》」20オ

《後補白紙》」20ウ

ハ同分相似妄見。マコトニハ愚智別ナク□化シナモ
□□(ナシ)。本来平等久成ホトケナリ。シカレハ、僧祇劫数ヲク
ラス塵点時分ハコハス、マタ次第転勝門アラサレハ、観
智ヲモコラサス、断惑証理教コトナレハ修禅ツトメ□(ス)。シカ
レトモ、ヨク〳〵コノムネヲトクヒトニアイヌレハ、コノサトリヲ□(エ)ル
ナリ。タヽシヨク〳〵トクヒトハアレトモ、信セサレハサトリア□(ラ)ハサ、
ルナリ。タトヘハ楽ネヲシラサレハ、キクトハイヘト愛サルカコ」21オ
トシ。愛楽セスハ、ナムソ楽ネヲシリコヘノ調シヲコヽロヘム。＝
シカレ
ハ憍慢コヽロヲステヽ信楽ヲモヒ切、凡心ステスシテ仏心
アラハシ、肉身ハナレスシテ仏心(身)ナルナリ。タトヘハナミヲキルニ
水ナルカコトク、イシヲニキルニ玉ナルカコトシ。傅大士云、入
此(衍カ)コノ門端坐成仏イヘリ。マコトニヨク〳〵アサキトコロニヨク〳〵

フ□(カ)キモノヽアルニヽタリ。コノ心サトリヱツルヒトハ、生死ハ
ナレテ仏ナルヘキヨシヲハ、マサシクコヽロニアタリ□(テ)ヲホユル」21ウ
ナリ。タトヘハ水ノミテアツキヒヤキヲヲホユル□(カ)コトシ。イツ
レ□(モ)教マサシク仏性サトリアラハスヘキコトヲアキラカニノ
ヘタル。タヽシ仏ミノリアヤマリアルヘカラス。信仰仏ナルヘシト
ハイヱトモ、マサシキサトリヲハヱサルナリ。シカレハ穢土イトヒ
浄土ネカヘルハ、コレ仰信ハカリナリ。イツカハマサシクコヽロニア
タリテ浄土ウマルヘキヨシヲシリタル。タヽ信念仏スレハ
ムマルヘシト、ヒヽヲモヘルハカリナリ。コレスナハチソノヒトノ名」22オ
キヽテ信仰イヘトヽソノヒ□(ト)ノ面マサシクミサルカコトシ。禅
宗シカラス。ソノ人名キヽ、タヽチニソノヒトノ面ミテ信コト
シ。名キクトコヽロハイツレモカハラサレト、面ミルトミサルトハハルカ
ニカハレルコトナリ。
問曰、無始无始念念ヲモヒトヲモウコトハ、ミナ六趣四生
業、久遠久遠歩歩ナシトナスコトハ、コト〳〵ク四倒三毒コヽロ
ナリ。イカムカカクノコトクノ悪業煩悩ハナレ□□□(スシテ)タヤスクモ」22ウ
正覚ミニトナヘ、仏心コヽロニアラハサム。

答曰、我慢山タカウシテ无明海フカク、マコトニユメサメヌレハ覚人ワサナシ。心サトラサレハ悟人□□□(ナシ)波羅蜜光イヨ〳〵ツミヲ増、維摩大士コト〳〵クツミヲノソキタマヒキ。真覚大師云、証実相无人法、若刹那滅却阿鼻業、若将妄語誑衆生、自招抜舌塵砂劫イヘリ。マコトニ十善々アラス、ミタリニ執善。十悪々アラス、ヨシナク計」23オ悪。分別セサラマシカハ、善悪ナカラマシ。シカレハ善悪ミツカラナノラス。タ、コレ妄想ヲレヨリ。故宗鏡云、東国ノ元暁義相二法師同来唐国尋師遇夜宿荒、止於場(塚)内、元暁法師因渇思漿、見一泓水掬飲甚美。乃至天明観是屍之汁、心悪吐□□□□(クナリ。豁)然大悟。乃曰、我聞仏言三界唯心万諸唯識。故美悪在我実非水乎、トイヘリ。コ、ニシレヌモノニハ善悪ナカリ＝ケ」23ウリ。タ、コレヨシナキコ、ロノヲモヒナリ。善悪ヲモハサルトキニ＝ハ善悪法ナキ□(ナ)リ。タ、シ善悪アラサル心ナニトヲモイハケタルコトナケレト、任運テラシテアリケルナリ。カルカユヘニ心性サトリモ善悪アラス。諸法善悪アラサリケルニ、タ、ヨシナクコトハリヲモシラスシテ善悪業ツクリテ、善悪報ウケキタリケルナリ。ヒトヘニコレユメニツクリテユメニウケテ、サムルヨモナクアリケルナリ。四祖曰、一切業障本来空寂、一切因果皆如幻」24オ夢、蕩々无礙任意縦横、不作諸善不作諸悪。＝コ、ニ法融問曰、既不許作観行、於境起時心如何対治。祖答曰、境縁无好醜、々々起於心、々若不強名、妄情従何起。妄情既不起真心任遍知イヘリ。コレヲモチテコ、ロウヘシ。罪福无主モトヨリ自性ナシ。タ、コレ妄心思想ヨリヲコレリトイウコトヲ。シカレハスナハチ岸クツレテ魚コロシ、風フイテ花供。シカレトツミヲウケタル岸ナク」24ウ福マネケル風□□□□(モナシ。ユエ)ニコレ善悪コ、ロノホカニアラマシカハ、キシモツミヲウケ、カセモフクヲマネカサラムヤ。シカレトシカラサルコトハ岸コ、ロナク、風ヲモヒナカリケルニヨリテ、ウケスマネカスハアリケルナリ。コレニヨリテコヽロウヘシ。善悪コヽロノホカニナカリケリ、トイウコトヲハ語性論イハク、罪業ウタカイノコヽロヨリヲコレリト釈。マコトニ心性サトリ知覚アラハシ□一切法□□□□心ナクシテ了々コヽロヲ」25オサトリヌレハ、善悪モトヨリ菟□□ラニツノアラソイ、因果ハシメヨリ亀□ウヱニ毛ウハウニコトナラス。故コヽロノサトリヲヱツルヒトハ、浄土生死ネカハサレハ、知苦断集 行ヲコサス。穢土生死ネカハサレハ、人天定散 善ツトメサレト一期報ヲヘテ、ソノヽチニハイツレノ生ウケスシテ、モトヨリアリツルトコロノ本覚ノミアラハルヽヲ、マコトノ浄土ムマレマコトニ生死ハナレタルニハ□聖道門イウトコロノ歴劫修」25ウ行アラス。浄□□□トク順次生浄土ムマレテ、ソノヽチ弥陀観音説法アツカリテ、无生サトリヲヘムトイウカコトキニモアラス。シカレハ聖道浄土二門コヱタルコトアラハナルカナヤ。問曰、善悪東西コトニシテ因果胡越ヘタテタリ。ナムソ見性チカラタヽチニコレヲ一心サトリテ差別ナシトイヘルヤ。答曰、清濁コトナルニ、タレトモ、ウルヒハカハラス。東西ヘタテタリ□□□ヘト、ヲホソラハヒトツナリ。」26オ清濁縁ヲコ□、東西ハカミニノソメテヘタテリ。象珠ナカラマシカハ、清濁ナカラマシ。吾我存セサラマシカハ、東西ナカラマシ。境界ナカラマシカハ、妄心生サラマシ。妄心生セサラマシカハ、善悪ナカラマシ。善悪ナカラマシカハ、業ツクラサラマシ。業ツクラサラマシカハ、果報ウケサラマシ。タヽシコトハリヲモシラス、ヨシヲモサトラス、ヒトヘニ因果撥無善悪不二イヒテ悪ツ□□モノハ悪趣空モノナリ。コレハ諸仏」26ウ教化アツカラス、仏法ナカノアタナリ。故有見ヲチムコトハ須弥コトクナリトモ、空見ウツモレムコトハ芥子ハカリモアルヘカラストイヘリ。コレニヨリテ首楞厳経、劫波羅天花巾左ヒクモムスホリ、右ヒクモムスホリ□□□ルコトナキヲモテ有空執破タマヱリ。マコトニヨ□ヲモシラス、コトハリニマヨヱルモノハ万法有トクヲキヽテハ、ヒトヘニ有執幼有有有有アラス。ソノ性空不有有シカラス。諸」27オ法空イヘハ、ヒトヘニ空執不空空空空アラス。ソノ相有不空空サトラス。カヽルヒハ生死イテヽ仏ナルコト

ハカタキコトナリ。コレヒト□□コ、ロヲサトリテアラハサヽル
トカナリ。一体心王義天トヒテ、非因非果□□ヘト、三自
法王蔵海アソヒテ是悪是善。シカレハ有執　真有
ウツミ、空着　俗空カクス。タヽシコレモナヲ実義アラス。
マコトニハ仏有空ノヘタマハサルナリ。タヽシ有執モノアレハ」27ウ
有執破　タメニ空　トキタマヱリ。空執セヨトイウニハアラス。
空着ヒトアレハ、空執ヤフラムカタメニ有　ノヘタマヱト、有
執セヨトイウニハアラス。有空トモニ執セサルモノ、タメニハ
ナニヲモチテカ有イヒ空イハム。有空両辺ナケレハ中
道イフ名ナキナリ。三諦仮立シテ一心真実。故一心地
ウヱニハ因果チリモナク、真実海ウチニハ善悪ナミモナシ。
龍牙和尚云、在夢那知夢是虚、覚来方覚」28オ
夢中无、迷時恰是夢中事、悟後還同睡起
人イヘリ。コヽニシメ迷マヱニハ因果ナキニアラサレト、悟
マヱニハ善悪アルニアラス。忠□国師云、迷人向文字
中求、悟人向心而覚悟、迷人修因待得果、悟
人了心而无相イヘリ。

問曰、マコトニカクノコトクキクトハイヘト、ナヲ〳〵アキラカナ
ラス。衆生業因果報、種子現行時ヲクリテ劫ツミテ、シ」28ウ
ハラクモハナレウセサルコト、タトヘハニカハノイロニツキ、ウルシノ
モノニツケルカコトシ。イカムカ一心□□リタラムニヨリテ、タヤスク
モコレヲ滅ヘキ。答曰、モシ心境コレ実執人執法執
空セサレハ、イタツラニ万法ヘテ修行スレトモ、ツイニ道果
証。モシ頓无我サトリテ、フカクモノヽ空ナルコトヲ達シヌレハ、
心境トモニ滅。ナムノ証サルコトカアラム。タヽシサトリニ遅
速アルコトハ教漸頓アルカユヱナリ。ソヘニ漸教ナラヱルトキ」29オ
ニハ僧祇劫数ヘテ、ナヲ輪廻サトニト、マリ、頓乗サトル日
ヒチヲ屈伸アイタニ妙覚ミヤコニイタルナリ。何況頓
悟上乗宗、親証自知法ヲイテヲヤ。恵海禅師云、
頓悟上乗超凡超聖。迷心性人論凡論聖。又云、若
於迷人求得求証、若於悟人无得无求、若於迷
者期久遠劫、若於悟者頓見本仏イヘリ。マコトニ自
性清浄ノサトリヲヱ、円明心体アラハシツレハ、三妄」29ウ
浮雲微塵猛吹アカルニ、タリ。五住軽塵軽舸迅

流シタカヘルカコトシ。故宗鏡云、勇施菩薩因犯婬欲尚悟无生、性比丘尼无心修行亦証道果。何況信解仏法諦了自心而无尅証。人疑曰、豈不断煩悩耶。解曰、但諦観殺盗婬妄、従一心上起、当処即寂。何須更断是以但了一心自然万境如幻。何者以一切法皆従心生、心既无形、法何有相之ナ」リ」30オ

問曰、一心不二万法是一イハヽ、ナムソ凡聖シナハカレテ貴賤別アリケルソヤ。答曰、赤青メニアルトキニハ千花乱空。金錍膜サクルトキニハ一空寂静。不覚心有時凡聖尊鄙シナハカレテ、覚了心有時生仏憂分別ナシ。雲居和尚云、一道虚寂万物斉平。何貴、何賤、何辱、何栄アラムト。

問曰、極悪闡提无間堕、極善如来寂光居。」30ウ六凡四聖コトニシテ九縛一脱ヘタテタリ。ナムソミタレカハシクヒトツナリトイハムヤ。答曰、我見々タカク妄執々フカシ。イツレノヒノイツレノトキニカ、我山タチマチニクツレテ真我ソラヲアラハシ、妄海ニハカニカハキテ金湖ソラヲミ□(ム)。ソレ我見ツルキハ身害アタナリ。妄執ナハ、ムネヲ縛トカアリ。スヘカラク実我ツルキヲナケステ、真我ツルキヲミカキ繋縛ナハヲキリタチテ、大定索」31オニキルヘシ。マコトニ妄心妄境執スレハ、真心心境ウチニカクレ、我見我慢存スレハ、真見々慢ナカハ(二)ウツモレヌ。タトヘハ山ノホレハウミヲミス、ウミニノソメハ山ミサルカコトシ。マコトニ見性人アラスハ、ナムソ邪山アタリテ正海見ム。正邪道不二、了悟凡聖同、迷悟本无別、生死涅槃一イヘルコトマコトナルカナヤ。

問曰、カクノコトクシナ〳〵ニコトハ、アルニ、タリトイヘト、」31ウコタヘタマヘルハコレ教相ハナレス。シカレハスナハチコレ禅宗法門ナリトヤセム。マタ教門シタカイテコタヘタマヱルカ。

答曰、問シタカヒテシハラク教門コトハヲカリテイウハカリナリ。禅門マサシキコ、ロニハアラサルナリ。

問曰、正宗実義トキタマヱ。コレヲサトラム。答曰、石虎

山(ヤマノ)フモトニタ、カヒ、蘆花(ロクエ)ミツノソコニシツマムトキヲマチテ、コノ宗ムネヲハノフヘシ。」32オ

問(トウ)曰(ク)、イカムカカクノコトクアラム。

答(タウ)曰、イカムカコ、ロヲトクコトアラム。

問曰、トカスハイカンカサトルヘキ。

答曰、トカハイカンカサトルヘキ。

問曰、ネカハクハコレヲトキタマヘ。一心サトリテ生死ヲイテム。

答曰、ステニトキヲハムヌ。

問曰、イマタキカサルヲヤ、イカンカトキヲハヌトノタマヘ」32ウルソヤ。

答曰、トクヘカラストイエルハトクニアラスヤ。タレナムチカコレヲキカサルナリ。ハカトカサルニハアラス。

問曰、イカンカトカサルヲトクトハコ、ロウヘキ。

答曰、イカンカトカンヲハトクトハコ、ロウヘキ。

問曰、モシ、カラハ、コノ宗(ニハ)トカサルヲモチテトケルニスルカヤ。

答曰、イカンカトカサルヲモチテトケルニハスヘキ。

問曰、モシ、カラハコレヲノヘタマヘ。」33オ

答曰、ステニノヘヲハヌ。ナムチカキカサルナリ。

問曰、ノヘサラ(ル)ヲハイカンカキクヘキ。

答曰、ノヘハイカンカキクヘキ。ノヘサルハステニノヘツルナリ。

問曰、カクノコトキノ義(ナラハ)、タレカコノ宗(シユウ)ナライサトラム。

答曰、モトヨリマヨイナシ。タレカハシメテサトラム。

問曰、ステニ衆生マヨエリ。イカンカモトヨリマヨヒナシトイヘルヤ。

答曰、マヨイナシトシラサルヲマヨヒトハイウナリ。マヨヒ」33ウノアルニハアラス。シカレハサトリモナキナリ。

問曰(ク)、見性(ノ)ヒトハコ、ロヲサトリテ□(マ)ヨヒヲハナレスヤイカム。

答曰、見性(ノ)ヒトハマヨヒヲモハナレス、サトリヲモヘサルナリ。

問曰(ク)、モシ、カラハ、イカンシテ生死イテ菩提ヘム。

答曰、生死(ヲモ)ハナレス菩提(ヲ)ヘサルナリ。シカレハ生死(ヲ)イテヲハヌ。

問曰、カクノコトキナラハ、タレカコノ法文(モンヲ)ネカヒナラウヘキ。」34オ

答曰、モトヨリヒトナケレハナラウヘキモノナシ。タレカアレハカコノ宗(ムネヲハ)サトルヘキ。

問曰、カクノコトクイヘルハヒトニアラスヤ。

答曰、ヒトアラマシカハイカンカコノ宗ノフヘキ。

問曰、カクノコトクハキケトモ、マコトニソノヨシヲシラス。コレヲトキタマヘ。答曰、マナコヲモチテマナコヲミユ。ヒヲモチテユヒニフレムトキ、コノコトヲハイフヘシ。」34ウ

問曰、イカンカマナコヲモチテマナコヲハミルヘキ。

答曰、イカムカコ、ロヲモチテコ、ロヲハトクヘキ。

問曰、トカスハイカンカシラムヤ。

答曰、ミスハイカンカシラムヤ。

問曰、イカンカマナコヲモチテマナコヲミルヘキ。ステニコレヒトツナルカユヘニ。答曰、イカンカコ、ロヲモチテコ、ロヲハサトルヘキ。ステニヒトツナルカユヘニ。」35オ

問曰、カクノコトクノ法マコトニ不思議。凡夫境界アラス。ハレライカンカコレヲサトルヘキ。

答曰、廓然凡聖トモニナシ。ナムノ凡夫アレハカコノ法ヲヒテ境界々々アラストモイハム。

問曰、モトヨリ凡聖ナクハ、ナンソ現迷悟シナアルヤ。

答曰、大明ナカニネフレリ。

問曰、モシ、カラハ邪執ヲチサラムヤ。」35ウ

答曰、コ、ロノホカニアナ、シ。

問曰、断見アラスヤ。答曰、カメノウヘニケナシ。

問曰、カクノコトヲ(ク)ナラハタレカコレヲ信用。アニイタツラコトニアラスヤ。答曰、日月トカナシ。

問曰、ヲヨソ不可思議。愚人イカンカコレヲシリアラハサム。答曰、愚人タレカシリケルソヤ。

問曰、愚者イヘトコレヲサトルトヤイフヘキ。」36オ

答曰、智者サトラサラム。

問曰、モシ、カラハ智者(愚)ノミサトルトイウヘキカ。

答曰、(愚)智者マヨハサラム。

問曰、心性愚智アラストイハ、、頑空木石ヲナシクサトリナシトヤイウヘキ。答曰、霊知。

問曰、知アリトイハ、作意計度アリトヤイウヘキ。

答曰、任運。」36ウ

問曰、ナニヲモチテカシルヘキ、任運霊知イウコトヲ。

答曰、千タヒキカムヨリハ、一度ミテコレヲシラム。

問曰、イカンシテカコレヲミルヘキ。

答曰、丙丁（ヒヤウチヤウ）童子（トウ）来求火（ククワ）。

問曰、コノ義（キ）ナヲシラス。イカンカコレヲコヽロウヘキ。ハヤクトキタマヘ。答曰、鉢口（ハチノクチハ）アヲケリ。袈裟（ケサノ）スミハクタレリ。

問曰、ナヲコヽロヘス。イカンカコレヲシルヘキ。コレヲトキタマヘ。」37オ

答曰、フレサルハナンチカトカナリ。アハレナルカナヤ。自他（シタ）不二（フニニシテ）本来（ホンライ）平等（ヒヤウナリ）ケルニ、ヨシナクコレヲシラスシテ、他（タ）人（ニ）シタカヒテモトメケルコトアハレナリ〱。マコトニ生死（シノ）サトヲイテ、菩提（ノ）キシニイタルコト、コノ法門（ヲ）サトルニアリケルナリ。

永仁五年八月四日酉時了」37ウ

覚性論

称名寺蔵（神奈川県立金沢文庫管理）

覚性論　（別筆）「金沢称名寺」
憫哉、執見痼深。蒼波万里之師不所
及。悲哉、重境心強。喜見甘呂（露）之服薬
不足。所以宅縁家石薄伽人名也書自執（画）
成怖。制心沙弥踏花罪自思為辜。
誰知此理迷罪福无主。所以堕在因
果人、迷非因非果、亦執非因非果、生」1オ
非因非果計。被対修証、闇非修非証、
亦執非修非証、生非証計。嗚呼、
語見深、如何治之。薬山人名也遮看経、円
覚不立字。道理所指、君子不思乎。
口乍言心性々々、心性々々言能念心心性
々々所言心不覚。言心性々々能思心外、所
言心性有思、心性々々唱、吾心々性々々不覚。」1ウ
心性非心性、還迷己心性。実哉、日夜数
他宝言誰会得心理半銭、語乍談

如々不可得、迷如々実体、雖言如々、
為如々如々不覚。苦哉、迷非内非外非
中間心、外痛流転為流転、无始為无始、
不知无明之本。内擬還滅心秡（祓）、還滅還
滅為、未滅妄之本。吾不見、吾不聞。捨」2オ
虚空智人々語、人不言砕兎角智者。
人不見、僚慮人名之冠帯之上領衣鉢、人
不聞、楽天討八塔法味留朝市。人雖
有上下、誰判性上下、所以、霊知不昧性
不動不変。必執不動不変語、莫生
語見、永背心理法体歟。所以、大論云、有
亦无、々亦无、有无亦无、非有非无亦无文。」2ウ
如是言説亦无。心性如是。莫有无見生。
或予執筆為書、似打虚空長尺。以
言為弁、似擬大海曳墨縄。為不語
不書失方便成。爰以无言説之中仮立言
説、无文字之中仮借文字談之。自性

清浄不変凝然。応用无窮。于爰无応用応体不可悟、无応体応用不」3オ可示。故知、心性一如而不変随縁也。不変随縁而其体一如也。故論云、不変随縁為心、随縁不変為性。是心性雖同、随義別名。誰君子依之不悟心性如々、非如々、非非如々理。羨学者瞻株妄兎、執文莫失義理。憫哉、見椿瞎賊踏杌（杌）疑鬼。是為実、為不実。如」3ウ是无身之中受和合身、无散之中立離散業、徒暗徒明。本覚非本覚月、常住非常住照、无明眠深出无見之。長闇非長闇非長、三界非三界被闇留内。於常明闇作失在孰。但未見、无禁取蛇、以一目羅得鳥。未聞、无行至覚所、闕三学得解者。于爰誰人」4オ

信、誰人行、何人学、何人不循。所以、尸羅不清浄、不現前三昧云。執四重不沙門釈子。仏法中死人。嫌戒定恵三学、清潔亡心意識。是仏教所指。故義浄南海伝云、聖教八万、要唯一二、外順俗徒（途）、内擬心智。何為俗徒（途）。奉禁妄（亡）辜。何為智。見境倶棄述、此語、実哉」4ウ実哉、誰智人不信之矣赫ヤ。

問、此等皆聖教所説方便言也。其実如何。答、汝背有文字、汝以眼見之。問、如何。答、此如何赫。問、何名心耶。答、心非自生非他生。又非共生无因生。離四句何求心耶。問、非四句、何故名心。又汝答吾心、亦非心耶。答、此」5オ問道理所指爾。你有心故問吾、吾有心故答汝。若汝

自本无心、吾不可問。吾自本无心、求汝不可答。故知、真如体常住如僕（撲）伏敵後力知有无。依妄撲（撲）知真性力性。心亦如是、心離自他供（共）无因四旬（句）。能知心妄心也。所知心真心也。真心无妄心不可」5ウ生、无妄心不可悟真心。依妄心悟時、真心非自生、非他生、非共生、非无因生悟也。故真妄二心依言似別名其体一也。依波知水、依焔知火。是豈水波別火焔二。爰知、性水一湿相波差別、性火一処相焔分十方。誰是不視乎。問、誰聞如斯説未被得意。如何得意。」6オ羨重示之。答、重為示之、似把虚空。重此不述之。除僻似把。経云、諸法実相、不随他教、善自思惟、覚知諸法云々。汝不聞、崛大地求青天。汝不見耶、留風藉高山、所以言説之極因言遣語。真如之体無有可遣。是真故亦无有可立。同是如故。雖説諸法無有」6ウ能説可説知、雖念諸法無有能念可念識。是名随順真如。但莫汝以心求心。以自頭似求自頭。汝同心即真心也。問、前言今言前後相違如何。前問心妄、所問心実今如何。答、妄心不悟真心間、真心妄心也。妄心真心悟故妄心真心也。故迷前是非、是非共非也。」7オ悟前真妄、真妄共真如也。問、縄夜見縄、蛇見昼蛇。何悟妄真。答、縄蛇云昼夜見都（者カ）、昼夜併実見非妄。悟前煩悩、悟前生死、悟前菩提、悟前涅槃、於縄起蛇覚、見壊成蝦蟆思。是為真為妄、迷前真即妄也。悟前妄即真也。案之。問、迷時如何妄想知真、自」7ウ

悟相違如何。答、迷時妄為妄不知、
故執妄為真。言同而意遥別。乳名
乳色雖同、驢乳牛乳天地隔物哉。
抑翫一枝美花輩、入裏後還思表。
居外莫測内。六賢々々。誰人乍居外
知内。誰人乍識内迷外。知内人自外
来故外不迷。故外不迷故外不求内。」8オ
不内者不入内故迷内。何不入内妄談
内義嚇。竊以夫諸仏実智己証、衆
生心地本源、誰見、誰聞、誰知、誰覚。
覚非覚、非覚為覚。知解非知解、
非解為知解。所以、心源湛寂離知覚、
己証如々非見聞。于爰、曹谿一味之
旨伝諸祖同、鵠林不二之宗述郡（群）経共。」8ウ
可謂万善淵府、衆哲玄源、一字宝王、郡（群）霊
元祖。此語実哉々々。七仏授手諸祖汲流。誰此
不信矣。見々夢、聞々幻、覚々実、夢不実。

知々真幻虚妄。々名誰付、有名不実。
如誰呼有名无体。予案妄若妄誰
始付名。真若如々誰始呼名。狂誰悟
誰、知人察之。吾未見妙理身体性質。」9オ
吾未聞霊知不昧際限。只欲覚此宗、
心舒法界、心巻一心、至耑（専）心莫動。行亦
坐禅、住亦坐禅、坐亦坐禅等施為運動
皆是自性清浄法体。悲哉、執文字
神秀迷相、長水何達一心体。武帝住
所作、初祖之蒙弾、了達住有相、六
祖之受責。今始非無昔。々日々今日々、今」9ウ
昔雖殊日輪同之。付人古今雖異風
月等之。調御挙手開合慶喜迷之、
六祖挙杖下神会解之。尚那和須問、
鞠多尊者答、秘不隠。誰秘之。道信
問懺遅、僧璨示懵監、恵明分怒（忿）前
大鑑唱莫思如是。能証人在世滅後

有異。慈悲忿怒有別。人差云理云天」10オ
地。性相血脈初祖論偏集黙示実体
埋。伝続灯数家説偏聚遮詮費
後眼、誰見此一紙表義、迷性相失義
兎道。真如々々云真如非真。妄相々々云
妄相非妄。所以者何、悟真如人対何
云真。迷妄人何還云妄。平等真界
内無妄无真。但法性非遠、心中是近。」10ウ

（後欠）

百丈禅師広説・法門大綱

称名寺蔵（神奈川県立金沢文庫管理）

《白紙》」表紙

（別筆）「金沢称名寺」」見返

百丈禅師広説伝録第六

洪州百丈山懐海禅師者、
福州長楽人也。廿歳（卯カ）にして離塵一、
三学該練。属三大寂闡二化
南康一、乃傾心依附。与西堂
智蔵禅師二同号入室。時」1オ
二大士為角立焉。一夕二士随一
侍馬祖一、翫レ月之次、祖曰、正一
恁麼時如一何。西堂云、正
好供養一。師云、正好修行。
祖曰、経入蔵一、禅帰海一。馬
祖上堂、大衆雲集。方升」1ウ
坐良久。師乃巻（居倦切、曲也。）一却面前
礼拝席。祖便下堂。師
一日詣馬祖法堂一、祖於
禅牀角二取払子二示レ之。師
云、只遮一筒（箇カ）、更別有。祖乃
放旧処二云、你已一後将二什
麼二為人師一。却取払子二示
之一。祖云、只遮筒（箇カ）、更別有。
師以払子一挂安旧処一。
方侍立。祖叱レ之。自レ此雷
音将震。果檀信請於
洪州呉界一（新脱カ）、住大雄山一。以」2ウ
居処巌巒峻一故、号之百
丈一。

有一僧一問、依経一解義一、

三世仏怨、離経一字、如同魔説如何。師曰、固守動用、三世仏怨。此外別」3オ求、即同魔説。僧問、如何(是脱カ)大乗頓悟法門。師曰、汝等先歇諸縁、休息万事。善与不善、世与出世間、一切諸法、莫記憶、莫縁念、放捨身心、令其自」3ウ在。心如木石、無所弁別心無所行。心地若空、恵日自現、如雲開日出相似。倶歇一切攀縁、貪嗔愛取、垢浄情尽、対五欲八風、不（五欲者、色受想行識。八風者、利衰毀誉称譏苦楽。）被見聞覚知所縛、不被」4オ諸境所惑。自然忽具神通

妙用、是解脱人。対一切境、心無静乱、不摂不散、透一切声色、無有滞礙、名為道人。但不被一切善悪垢浄有為世間福智拘繫」4ウ処心自在、名初発心、菩薩便登仏地。一切諸法、本不自空、不自言色、亦不言是非垢浄、亦無(自脱カ)心繫縛人。但人虚妄計著、作若干種解、起若干種知見。若垢」5オ浄心尽、不住繫縛、不住解脱、無一切有為無為解、平等心量、処於生死、其心自在。畢竟不与虚幻塵労、蘊界生死、諸入和合、迥然無寄、一切不拘、去」5ウ

留無礙、往来生死一、如門
開一相一似。若遇下種々苦楽、
不称意一事上、心無退屈一、不
念名聞衣食一、不貪一切
功徳利益一、不三為世法二之所二
滞一。心雖親受苦楽一、不干々一（于カ）」6オ
懐麁食一接命一、補衣一禦
寒暑、兀々（五忽反。高貌。）如愚一如聾一相
似、稍有親分一。於生死中一
広学知解、求福一求智一、
於理一無益一、却被解境
風漂一、却帰生死海裏一。」6ウ
仏是無求人、求レ之即乖、
理是無求法、求レ之即失。
若取於無求一、復同有求一。
此法無レ実無虚一。若能一

生心如木石一相似、不下為陰
界五欲八風一之所中漂溺上」7オ
即生死因断、去住自由、
不下為一切有為因果一所縛上、
他時還与無縛身一同利物一、
以無縛心一応一切心一、以無
縛恵一解一切縛一、亦能応
病一与薬。僧問、如今一受戒一」7ウ
身口清浄、已具諸善一、得
解脱二否。答、少分解脱、
未得心解脱一、未得一切
解脱。問云、何是心解脱。
答、不求仏一、不求知解一、垢
浄情尽、亦不守此無求為」8オ
是一、亦不住尽処一、亦不畏地
獄縛一、不愛天堂楽一、一切法
不拘一、始名為解脱無礙一。即

身心及一切皆名解脱。汝
莫言有少分戒善、将為
便了。有河沙无漏戒定恵」8ウ
恵門、都未渉一毫在。努力
猛作早与。莫待耳聾眼
暗、頭白面皺、老苦及身、眼
中流涙、心中慞惶、未有
去処。到任麼時、整理脚
手不得也。縦有福智多聞、」9オ
都不相救、為心眼未開、唯
縁念諸境、不知返照、復不
見仏道、一生所有悪業
悉現於前、或忻或怖、六
道五蘊現前尽見厳好
舎宅、舟船車誉、光明顕」9ウ
赫、為縦　自心、貪愛所見

悉変為好境、随所見重
処受生、都無自由分。龍
畜貴賤、亦総未定。問、
如何得自由。答、如今対五欲
八風、情無取捨、垢浄俱亡、」10オ
如日月在空、不縁而照、心如
木石。亦如香象截流而
過、更無礙滞。此人天堂
地獄所不能摂也。又不読
経看教、語言皆須宛転、
帰就自己。但是一切言教、」10ウ
只明今覚性自己、俱不被
一切有無諸法境縛是導
師。能照破一切有無境
法是金剛、即有自由独
立分。若不能恁麼得、
縦令誦得十二韋陀経、」11オ

只成増上慢、却是謗仏、不是修行。読経看教、若准世間是好善事。若向明理人辺数、此是壅塞人。十地之人脱不去流入生死河。但不用求覓知」11ウ解語義句。知解属貪、々変成病。只今但離一切有無諸法、透過三句外、自然与仏無差。既自是仏、何慮仏不解語。只恐不是仏、被有無諸法縛、不得自由。」12オ是以理未立、先有福智載去、如賤使貴。不如於理先立、後有福智。臨時作得、捉土為金、変海水為酥酪、破須弥山為微塵、於一義作無量義、於無量」12ウ義作一義。師有時説法竟、大衆下堂、乃召之。大衆廻首。師云、是什麼。薬山名之為百丈下堂句。唐元和九年正月十七日、帰寂。寿九十五。長慶元年、勅諡時悉切。大智禅師。塔曰大宝勝輪。」13オ

《白紙》」13ウ

法門大綱

伏以世尊在世八十年之間、一々化儀、無非不可思議。十九超城、三十成道、説教四十九年、有三百六十余会。初華厳経、上機受化、鹿苑説諦、双樹顕常。

中間処、権実相摂、若顕」14オ若密、皆為成大事也。末後伝心、為遺法本宗。西天廿八祖、次第相承、達磨東来、震旦興化。有三人上足、尼総持得肉、道育得骨、慧可得髄。慧可所解云、本无煩悩、元是菩提。意云、煩悩依妄、々体本空。」14ウ此空寂之理、霊知自具、浄法宛然、是名菩提。々々亦無相、況論生滅邪。真心独明、不可変易。故云、本無煩悩、元是菩提。道育云、迷即煩悩、悟即菩提。本雖有覚性、以不覚故、動心忽転、生死広博。生死相空、」15オ不離覚性、々々不動、無漏現前。総持云、断煩悩、得菩提。一切衆生、煩悩為体。雖具法性、無由現前。息妄観真、顕仏菩提、是為修道。皆是大乗所解、利鈍自別也。仏不出世已前、有旧医外道、而説理談道。西」15ウ天三類、東土不来。震旦三聖、其教久伝。孔子宣五常、是為儒教本祖。老子帰虚無、(荘)庄生説自然、此二聖同称道家。皆是和心防悪、為至道之哢胤。然不破人執故、不免三界。如来新医、正教出世」16オ道、漸蕩其執、入一心之門。小乗法執、雖隔報土、涅槃時至、仏為現身、示無上道、同契菩薩位。方等詮仮、般若説空、法華明実。迹門之初、説十如是、而顕妙境、於衆生心地、開示仏之知見。以仏之知見、」16ウ悟入妙境、是出世本懐也。既契本心、与諸仏一例。仏早得道、同本覚性、無始覚之果故、無始無終、是本門大意也。本迹高広、唯在己心之中。浄心見之、聖応不遠。又離法愛、莫蒙浄縛。涅槃遺属、」17オ遍示仏性。是指無縁之知、真言秘説、阿字為門、即無相本心也。直契本不生際、在衆教之頂、花厳法界、又不出唯心妙理。釈論十識、談第八上、終明一心体用。法相三性、顕真妄二心。三論観八不、契」17ウ無相心。禅門宗者、仏々祖々、以心伝心、不立文字、是文字相離也。以正語指心、得心忘詞、依心求仏、得仏忘心、々是名、其体即知也。心知何物、即知妙境。々々是仏真体、不即不離、知是仏用、衆徳従此而」18オ成、知泛性浄理而顕、此理依無相而有。無相本空、知亦無所得、以無所得故、得无上菩提。是即顕密肝心、離之無別体、唯未開本性、住分別執心之中者、総是名凡夫、生死難出也。縦雖学諸教、」18ウ皆悉属人天小乗歴劫迂廻之行。若又依善友開示、悟無念知見者、諸縁頓寂、法界洞朗。触目触耳、無非妙境。於四威儀中、常見仏面。直如是悟入者、念々遊寂光、新々顕妙覚、娑婆界中、猶」19オ有難思事。況実心観理、豈無歓喜乎。雖未眼見、既心見了々、於道有勇。又不撥因果、邪智執慢、因何而生耶。是為行深般若、亦名一行三昧、即如来清浄禅与念仏定相応。誠是浄土菩提」19ウ之妙因、長生不死之要術也。不久而成遍利矣。十方諸仏、一切賢聖、天神地府、只擁護此人。何以故。是為仏国太子故。此要節之外、又何求乎。譬如王種唯期帝位無余希望。又入此法之人、非啻」20オ

成仏道。又能治国持家、身心調和、道俗誰不帰者耶。仏子適受人身、又得遇聖教、為遺法弟子、仮名染衣。雖恐破戒之過、猶憑習教之志、尋数輩知識、学其大旨、披仏祖教説、与心理相応。常」20ウ好坐禅、消落諸念、深観無常、不随放逸、三心具足、自離虚仮、専念本尊、為証為救。法界覆慈、愍其不覚、随分敷徳、真期広済。是則宿善所追、歓喜有余。然自疾未除、速難説也。若遇有縁、」21オ又不能守黙。願諸聖加被、成就浄心焉。」21ウ

或云、
真如仏性、本来不変、凡聖同備、無待修治。煩悩惑業、性相空寂。達本不生、莫起心念。一切聖人、皆悉契此義故、説法利生、終与理相応。雖仮種々方便、心悟為本。念仏」22オ往生者、則方便一門也。発菩提心上、三心具足、専称念仏名、為決定往生之業、不可疑耳。問、諸仏猶念仏否。答、十方三世如来、皆悉円満三身、具足四土、念々照了、切那不隔。是豈非甚深念仏定耶。」22ウ正是一行三昧之源、游甚深法界也。自他急務、何事如之乎。此故四依弘経、皆順之也。又問、修深三昧之人、可観無常乎。答、雖悟性無生、還怖世無常者、発心終極也。何不観之乎。問、契深法者、」23オ可信因果乎。答、縦雖悟無生、終不可撥無因果也。問、知本不生之後、以何法為勝方便乎。答、唯不汚染之法是為要也。何以故。謂、諸仏護念内心不穢故、有大道理也。応知。」23ウ

此四問答、皆順仏祖之説、敢不出胸襟而已。」24オ

或云、
達磨大師、始於嵩山(少脱カ)□林寺小室面壁而坐、以壁断諸縁。九載

待機、終得恵可禅師。又云、小室
吟詠、六時行道、是非修行。時々
念化度之縁、示調身之方法、是
云行道。吟詠者、覆慈悲之念、」24ウ
起運載之旨、更無所得也。

応無所住而生其心。金剛経
退後々々。看々。頑石動也。頌曰、
山堂静夜坐無言、
寂々寥々本自然。
何事西風動林野、
一声寒雁唳長天。」25オ

金剛経云、
応無所住而生其心。
釈云、無所住者、畢竟無心。
生其心者、無念真知、理自照也。

起信論云、
若知動心、即無生滅、即得入
於真如之門。」25ウ
動心者依妄念、妄体本空、
故不生滅。無生之恵、則達
真際也。

菩提達磨云、
欲見仏者、先悟心。既見仏
已、即忘心。譬如求魚者、先
見水已、見魚已忘水。仏者」26オ
真了知。此知従心而生。故先
悟此心。既得真念、無取心相、
法界一味、不可分別。云々。

天台云、
制心一所、無事不弁。

制一所者、摂散覚定、々心」26ウ
明了、遍一切処、随縁任物、
平等受恩。是云無不事弁（事不カ）
也。

五台山文殊授法照禅師偈云、
諸法唯心造、了心不可得。
常依此修行、是名真実相。」27オ
十界依正名、諸法是法本。
無依心分別、而有心性常。
空々而成故、不可得為実相
也。唯知実相而心無所得、是
順理発心。依此発心、専念
西方尊、出離大要也。此故大
聖鑑機、直示要路、以及」27ウ
遐代耳。

或云、伝灯録歟。可検之。
東印□（土脱カ）国王斎次、問二十七祖一、諸
人看経一、唯師不看。祖曰、貧道
出息不渉万縁一、入息不居陰界一。
常転如是経、百千万巻一。」28オ

祖師云、
教外別行、単伝心印。不立
文字、不仮方便、直指人心、見性
成仏。
又云、
不立楷（階カ）梯、不生知見。
又云、
即心即仏、非仏非心。可見之。」28ウ
伝教大師、始随大安寺行表和尚
受禅法。和尚者、北宗之流、大唐

先福寺道璿和尚弟子也。大師御入唐之時、重遇天台山禅林寺翛然。伝法血脈、幷牛頭山法門等、安置叡山蔵。云々。

慈覚大師将来記云、」29オ

曹渓山第六祖恵能大師説見性頓教直了成仏決定無疑法宝記壇経一巻。門人法海訳。

智証大師将来記云、

曹渓能大師壇経一巻。

達磨宗系図、同渡之。」29ウ

（中欠）

引法項背端直、勿萎勿倚。必使四体不寛不急。次当開口吐気、自恣而出使身中百脈、噓濁気出尽。乃閉口於鼻中納清気。次令辰（唇カ）歯相著、舌向上齶、目致微開。調出入息、令不渋不滑。次当調心、不沈不浮、調身息心、」30オ従麁入細、安住禅中。有不調処、如初入法。出定、則徐々而起、不可卒暴。三事調已、応作是念。普願衆生、同入深禅、発明妙性。爾時妄縁離念体、逮絶凡聖自他之相、無一法可得。如是久々修習、自然発起智恵光」30ウ明。於諸声香味触、色空明闇、天地獄刹之中、一時頓現。華厳云、唯有一堅密身、一切塵中現。履践至此、雖菩提涅槃、猶属幻事、生死塵垢、豈能留礙耶。如斯習禅、乃是体

究法界、無作妙定。不同四禅」31オ
八定存虚静想、亦非二乗沈
空滞寂之定。古人云、直得如
秋潭月影、静夜鐘声、正是
生死岸頭、学者不可不知也。若
乃於坐禅中、三障四魔汾
然競起、当随而観之。如是心境、
住於何処。従何而起、自何而」31ウ
滅。返観能観之心、復何所達。
観照推尋、至無着力処。若
障若魔、一切諸法、任運円寂
矣。冀諸聞見常念生死、各
自努力、同証斯道。云、普勧
坐禅、願明心地、証悟無生、同
成種智。」32オ
淳熙十六年孟夏月望日、謹録。
建久五年五月廿三日、々本僧直念
入宋、始到明州延慶寺。然後
参於天台本院国清寺、此寺
壁上書此文、則於壁下写
取之。于時宋慶元々年乙卯二
月廿五日。」32ウ

去坐禅病。　如々居士
坐禅心若昏々、則睡魔侵。坐禅
心若散々、則胡思筭。散去昏復来、
昏去散又乱。皆縁［　］虧。所以
随他転。放下両倶忘、十方都
坐断、当体等空虚、久々自
霊験。」33オ

見色明心。
福州霊雲志覲(勤カ)禅師
因見桃花悟道。有頌

云、
三十年来尋剣客、
幾回葉落又抽枝。」33ウ
自従一見桃花後、
直至如今更不疑。
挙似潙山。山云、従縁入者、
永不退失。汝善護持。
玄砂聞云、諦当甚諦当、
敢保老兄猶未徹在。」34オ

聞声悟道

香厳寺襲灯大師、入
武当山忠国師旧庵基、
卓庵住。棄礫撃竹
作響、忽然大悟。有頌云、
一撃亡所知、更不因(仮カ)
修治。動容揚古路、」34ウ
不堕悄□(然)機。処々
無蹤跡、声色外威儀。

雪峰山畔、有一僧卓
庵。多年不剃頭。自作一
柄木杓、去渓辺舀水
喫。時有僧問、如何是祖」35オ
師西来意。菴主云、渓
深杓柄長。僧帰挙
似峰。(雪脱カ)々云、也甚奇怪。云々。」35ウ

坐禅箴

仏仏要機、祖祖機要。不触事
而知、不対縁而照。不触事而知、
其知自微。不対縁而照、其照
自妙。其知自微、曾無分別之
思。其照自妙、曾無毫忽之

兆(テウ)一。曾無分別之思一、其知無偶(ヨルコト)一
而奇(キナリ)。曾無二毫忽之兆、其照
無(ヲ)取(ルコト)一而了。水清(クシテ)徹(ス)底□(ヲ)(兮)、」36オ
魚(ノ)行(キ)遲々(タリ)、空闊莫涯一兮、
鳥(ノ)飛杳(エウ)々(タリ)。

右大宋太白山勅諡宏智禅師述」36ウ

宗鏡録要処

称名寺蔵（神奈川県立金沢文庫管理）

「宗鏡録要処」表紙

《白紙》」見返

秘密義記云、縁起陀羅尼者、一
起而一切起。見一而見一切故、一切
諸法不可説不可説。一法中有
十、重重現顕。此一法中所顕一切
法中亦復如是。十重重顕現無
尽、無尽。如摩尼雨宝。経十不可」1オ
説十無尽故、以此陀羅尼無尽
宝、雨一切諸十不可説十無尽
宝。此所雨宝中又雨十無尽宝。
乃至無尽無尽。故名因陀羅尼。此
中所明陀羅尼不有余所、不出大
日毘盧遮那法界身。此身即是一」1ウ
切衆生身。惣持十不可説十無尽法

故、名陀羅尼。此身中有八種五摩
尼。若約円融、不問仏衆生、皆倶
円融顕現。不可具説。凡夫不解故、
不得根五用。聖者解故、得根五用。
得五根用者、通名二種陀羅尼即」2オ
根本因陀羅尼、縁起陀羅尼。八種五
摩尼者、一者上方体著有五摩尼。一
眼、二耳、三鼻、四舌、五口。二者左方有
五摩尼。一大指、二頭指、三中指、四
無名指、五小指。三者右方五種摩
尼即右手五指。四者下方足□（亦）」2ウ
五摩尼。一大指、二頭指、［（三中指、四）］
無名指、五小指。五者下右方五
摩尼義、即右足五指。六者就全
身、又五摩尼。一頭、二左手、三右手、
四左足、五右足。七者就五大五摩
尼。一地、二水、三火、四風、五空。八者」3オ就五□又五摩尼。一心、二肺、三腎、四脾、五肝。辯業用者、一眼。此雨能遍照分別、十方所有善悪法、十無尽仏国土微塵数諸仏菩薩声聞縁覚、十不可説体相心行、又照見世間種種所有十不可□（説）」3ウ衆生、十無尽苦楽等事。此光明宝摩尼王、若不善用、一刹那中沈苦輪廻、無有窮已。若善用一刹那中究竟無上菩提。如一刹那一切刹那亦爾。二耳。此雨能分別世間種種苦楽等音声、又」4オ無漏聖者音声。此光明宝摩尼王、若善用即一刹那中究竟無上菩提。若不善用一刹那中招無出期苦。三鼻。此雨能分別一切世間種々名香、凡聖正報身分依報宮殿等香、又人間中種」4ウ種作善作悪念善念悪乃至念無上菩提等香。此光明宝摩尼王、若善用一刹那中究竟無上菩提、若不善用、一刹那中招十無尽苦。四舌。此雨能分別演説十無尽仏刹塵数一切諸仏菩薩等」5オ十不可説無漏妙法乃至一切世間善不善身口意業行等。此光明宝摩尼王、若善用一刹那中究竟無上菩提、若不善用一刹那中招無出期苦。五口。此雨能分別演説十仏刹塵数仏菩薩、十不可説三」5ウ業行、十無尽諸衆生所有邪正等法。此光明宝摩尼王、若善用一刹那中究竟無上菩提、若不善

用一刹那中招無出期苦。二者上
左方摩尼一一摩尼、周徧十不可
説法界、能雨十不可説天衣天」6オ
饌華香等種種荘厳雲。此光明
宝摩尼王、若善用一刹那中究竟無
上菩提、若不善用一刹那中招無出
期苦。三者上右方五摩尼、如左方
亦爾。四者下方左五摩尼。雨能令
飛行十方不可説十無尽法界虚」6ウ
空界仏国土海、歴事諸仏、承給供
養、以此無礙神足、一刹那中遍至十
不可説一切衆生界、示教利喜廻
向仏道、無疲無厭。此光明宝摩
尼王、若善用一刹那中究竟無
上菩提、若不善用一刹那中招無」7オ
出期苦。五者下方右五摩尼。雨無
尽宝如左亦爾。如上所説、一一身
分中法界法爾、十重重・十無尽
不可窮極。如不思議品云、一切法界
虚空等世界、悉以毛端周遍度量、
一一毛端処於一一念中、化不可説不」7ウ
可説仏刹微塵等身、乃至一一法
中説不可説不可説仏刹微塵等
名句文身、充満法界一切衆生、無不
聞者、尽一切未来際劫、常転法輪等。此則
処以毛端該於法界、時以刹那尽於
劫海。謂於此処頓起業用、謂於此時」8オ
常起業用。此亦不待因縁、諸仏法爾。
六者全身五摩尼者、若善用名金剛輪、
若不善用名地獄猛火輪。上方摩尼
者、名日月星宿摩尼。若善用不起
風雷雲霧、若不善用現種種不
吉祥事。其余四摩尼惣名拒敵剣」8ウ
輪。七者五大五摩尼惣名荘厳仏国土

成就衆生。八者五内摩尼、此有十義。一名因陀羅網、体備五珠者重重無尽義。二名錠光頗梨、如頗梨鏡頓現万像故。三名円鏡、普現諸法無分別義。此三鏡一名一義。四名満月、」9オ清涼解脱義息煩悩焔故。五名烈火、令無遺余義、如劫火故。六名金剛杵、拒敵義、破煩悩軍故。七名闇浮金、無鑛無価義。八名無価摩尼、雨宝無量、亦無類義。九名無畏印、如持世間大王印、随所至処得無畏故。」9ウ十名大日如来、奪千電烈宿、百千億十不可説日月光明義。又因陀羅網者、約喩説、網主即天主。由宿世十不可説劫歴事供養諸釈梵王、是故得此果報、以此宝網荘厳天宮殿、以化諸天衆、悉令知一切善悪業報、諸」10オ

天衆見此事已皆悉不放逸、令勤行精進。乃以此網令類知十無尽重重法界法門。故顕其体徳、備五珠者、如是無尽五珠。五五為部其数無量。何故得如是依報荘厳者、由一念中如是以十無尽戒定慧解」10ウ脱解脱知見五分法身等、乃至演説十不可説十無尽法門海熏修自身心故、得如是十無尽依報所有世界海中十不可説諸天衆皆悉流入大日毘盧遮那果海中、如一念一切中亦如是不」11オ可窮尽。此皆去情思之、是名体徳備五珠也。五珠者白珠・赤珠・青珠・黄珠・黒珠。一為本法摂余四珠。如挙一為本法余四随挙為本法亦如是。又白珠中余

四現、及本白影影又影現如白」11ウ珠現影中。又影現一切珠亦如是。如是十重重・十無尽、不可具説。又諸衆生所造作業影現、善悪無記現。又無漏聖人所証因果、上中下位分於中皆具現。如天珠中現一切宮殿楼閣柱楹梠桷」12オ現如是。□是時諸天見此事已、深起慈悲心・救護心、三業中不作悪心、勤行精進不敢放逸。又此五色珠中随衆生業影現。白中天清浄業現、赤中無記業現、青中餓鬼畜生業現、黄中人」12ウ間種種輪転不相捨離世善業現、黒中地獄種種苦業現。乃至十方諸仏八相成道靡不於中重重影現。心等五色珠因陀羅網亦如是。於中有業識細相・転識中相・現識粗相。目」13オ見可貪色時、眼脈走黄、黄熏随色摩尼黄色現、是名貪業現五道業作。目見可瞋色時、目脈走青、青熏随色摩尼青色現、是名瞋業現五道業作。目見可善可悪不識不知色時、目脈」13ウ走黒、黒熏随色摩尼黒色現、是名癡業現五道業作。純白色時此諸天業現、表而可知。約実而言一一業中皆具一切、如是重重無尽、即徳用自在門、是根本因陀羅尼。並是実」14オ

《白紙》」14ウ

（中欠）

如粒子。漸大動有如細流。漸大動有如涌騰。然此自然随風之色。或得破種種穀、破諸草木、或滋萠五穀成熟一切果実。若欲起」15オ
此風時、最初雲霞於外顕現、然後起大風。若此抜草木根栽及諸五穀、海上起黒雲。若此破五穀一切果実不抜草木根栽、海上起青雲。若此成熟五穀滋萠一切華草、海上起白黄」15ウ
雲。若此非善非悪、海上起慶色赤雲。由此三種能知。若此極細一船師所知。若此中二船師所知。若此極粗相於上現凡夫所知。如是毘盧遮那智蔵海中有

三風三波。秘密難知。良以一切」16オ
衆生自心処内有八辯普眄反。即一切衆生心（腹）□内有八辯為革五藏。其八辯相状一似牛黄也。和合成蓮華。此蓮華中有正遍知海。是名毘盧遮那智蔵、亦名蓮華蔵荘厳世界海。此海有三種波者、一業相、二転相、三現相。然此蓮華蔵海有二種」16ウ
門。一大蔵金剛門、二差別金剛門。然凡夫華未開発、聖者華已開発。此未開発華萼上有九孔、名差別金剛門。此華茎上有一大孔、是名大蔵金剛門。凡衆生業将起、従大蔵門風起、飄動心海、」17オ
乃至涌出差別門中已。後眼等五根面上乃至諸根中周流、不知手

舞足踏手擎足擾、動初発微
細、是名業相。諸仏境界。次漸
粗、涌出差別門、未現面貌、是
名転相。諸菩薩声聞縁覚境」17ウ
界後於諸根貌面中、顕現善
悪相極粗、是名現相。諸凡夫境
界。若諸仏現在一刹那中、了知
十世九世無礙、如一刹那一切刹那
亦爾。是名知根海。又若網所張
処謂諸宮殿。若配法者、宮殿」18オ
即是支末因陀羅無尽。五体徳備
五珠即是根本因陀羅。若秘密
□□〔　〕□□□〔　〕」18ウ

（後欠）

養心抄

称名寺蔵（神奈川県立金沢文庫管理）

卯次（ツキ）南都
何立（ナツタテ）　辰　卯室（ニ）三井
巳上（ミカミ）延暦□□□

自恣作法

大徳一念心　衆僧今日
自恣　我比丘了禅　亦自恣

養心抄

若有見聞疑罪
大徳長老哀愍故
証我　我若見罪
当如法懺悔」表紙（左上）

恵海
等閑一納且随身　終日凝然面壁眠
仏祖玄風心底断　更修何法化人天
昔時花月共君見　今日風光独自知
莫限山川千万畳　円通面目本無違
少林妙決人雖議　無孔笛中一曲音
不彫不吹涯卜度　本来枯木具龍吟
浩々長江際碧雲　片帆高掛便乗風
快哉不費繊毫力　万里家郷咫尺通
一心妙曲人雖儀　不待宮商万調音
閉口吹赴無孔笛　背手弄得没弦琴

又云
暫借山林喜坐禅　雲遊無住又随縁
臨行尚有雖忘跡　幽住苔誠芥塵前」1（左下）
言前句後無非道　放却両頭亦未真
無限葛藤都坐断　蒲団一片自随身

又云
来無可抑　去莫可追　本自円成
何待相対　物々証人　人々証物
本無添減　何更求仏

永嘉云
若見山忘道、則森羅眩（メクルナカニ）目音声

聒（イソカハシ）耳。雖山林独処、何因静也。若見
道忘山、則城隍閙市心境翛然、
万法本閑而人自閙、廻光反照触
処皆渠、無一法可当情、亦無一法
可当情者、得無所離□除諸幻耳。

古人云
独閉松門忘年月　自看青黄識時遷
（古）□寺鐘声告旦暮　一輪孤月勧坐禅」2（右下）

裴天師義
六根方寸絶纖埃　久々行之一念灰
不是鑿池専待月　池成明月自然来

布袋
弥勒真弥勒　化身千百億
時々示時人　時人皆不識
入市行々　行行行遍　行行之人　一人不見

一百二十問
敬仏法僧否　求善知識否　発悟菩提心否
信入仏位否　古今情尽否　安住不退否
壁立千仞否　斎戒明白否　身心閑静（シャウ）否
常好坐禅否　絶黙澄清否　一念万念否
対境不動否　般若現前否　言語道断否
心行処滅否　見色便見心否　聞声便見性否
達磨面壁否　龍牙隠身否　千手千眼否
古仏与露柱相交否　至道無難否　似地撃山否
迷逢達磨否　庵内人不見庵外事否　南山起雲北山下雨否
師子奮迅否　慈悲開示否」3（右上）

（中欠）

一切法如鏡中像無体可得、唯心虚
（妄）空以心生則種々法生、心滅則種々法
滅（ス）。

壇経云、煩悩暗宅中、常須生恵日、
邪来煩悩至、正来煩悩除、邪正倶不用、
清浄至無余云々。
又云、何名無念、若見一切法、心不染着、
是為無念、用即遍一切処、亦不着
一切処、但浄本心、使六識従六門、
走出於六塵中、無染無雑、来去
自由、通同無滞、即是般若三昧、
自在解脱云々。
又云、心地含種性、法雨即花生
　頓悟花情意、菩提果自成」4（左上）
又云、念々之中、不思前境、若前念
今念後念、念相続不断、名為繫縛、
於諸法上、念々不住、即無縛也。
又云、念者真如本性。真如即是念之
体。念是真如之用。真如自性起
念、非眼耳鼻舌能、真如有性、
所以起念。真如若無、眼耳色声、
当時即壊。真如自性起念、六根
雖見聞覚知、不染万境、真性尚
常自在。外能分別諸色相、内
於第一義而不動。
又云、外於一切善悪境界、心念不起、名
為坐。内見本性、不乱為禅」5（左下）
又云、外離相為禅、内不乱為定。外
若着相内心即乱、外若離相心即
不乱、本性自浄、自定。只為見境
思境即乱。若見諸境、心不乱者、是
真定也。
浄心誡観法云、知而故犯無解脱時、
千仏出世不見不聞、以是因縁
地獄罪畢、受悪龍身○云々。

又云、出家行非法感得多衰悩ヲ一危苦随念豈カナリ安楽福フク情シ少天神不愛護魔事数シハ〳〵来擾ナヤマス死時懐恐懼長劫堕ニ悪道ニ一又云、行者謹慎テ屏露無レ差ヽ、大千沙世界在仏毛孔ヽ、豈容屏過賢聖不知一。」6（右下）

又云、以修定故、挙動審諦、心不卒暴ヽ、謙下柔和忍辱ニシテ無諍ヽ、以是功徳一増長智恵、臨命終時一他方菩薩来迎テフ神識○生ハ於浄土、見仏聞法。

又云、滅者モ不常滅ヽ、生スル者不常生、生滅畢竟空ナリ、凡聖本来平也。

又云、生死煩悩従真性起、喩如大水本ノホン浄湛然カヽ、為因風一故遂生波動、後因大寒乃結成氷、衆生ノ仏性本浄如水ヽ、由覚観風ニ一波浪生死ヽ、貪愛堅固成煩悩氷ヽ、欲顕仏性一者恵火融氷禅定息波ヽ、氷液ト波止水即清浄ニシテ仏性影現ス。」7（右上）

（後欠）

禅宗法語

称名寺蔵（神奈川県立金沢文庫管理）

発心祈請表白

敬十方法界不可説々々。三宝境界、天照大神、春日権現等垂跡和光、別三世覚母大聖文殊師利菩薩□□(清)涼山中一万眷属等申言、弟子某過去業因ツタナクシテ、今既卑賤孤独果エタリ。生涯空過ナントス。後生又其何報。兼将来過患思悲涙ヲサヘカタシ。嗚呼悲哉、恣名利毒薬服心長夜道ウシナウ。愚哉、常恩愛絆マトハサレテ徒六趣中メクルコト。就中一泥梨沈ナハ曠劫イテカタシ。タトヒ亦人身ウクトモ仏教アフコト尤カタシ。早世間万境抛宜求出世」1オ一道。シカルニモノウクシテ修セス、ツタナクシテスキナハ、後悔千万ストモ更何益アラム。可勤可修。莫期後日。或少業クワタツト云ヘトモ多悪縁タメニヤフラレ、粗罪障カナシムト云ヘトモ、又恩愛ノタメニミタラル。衆罪如草露説恵日カクレテ照スコトナシ。諸法ハ影焔似聞妄情現迷ヤスシ。滅罪生善計心ト事ト、ノヲラス。発心修行志、内外共ソムキ、又無益語カマヒスシクスト云ヘトモ、出世事説コトナシ。他人非ソシリヲレトモ、自身過カヘリミス。自行敢勤、何況及利他。身生死処スト云ヘトモ未知生死源。心妄執ヲコスト云ヘトモ未弁妄執基。専可訪□尋父母生処。更可哀親眤受苦」1ウカナシマス。又ツフサニ観皆是我四恩。四恩皆三悪道堕無量苦ウク。吾是カレカ愛□リ。亦□(カ)レカ弟子。我アラスンハ誰ヨク抜済。何タノミ誰ユツリテカイタツラニクラシ徒明。若後期不勤、期日コレイツレノ日ソヤ。甚性任緩慢、慢緩ソレナンノタメソヤ。若愚癡イタリト思速愚癡慎ヘシ。若懈怠過ユツラハ何懈怠イマシメサル。実此身思此身念コトナカレ。早此身ステ、以此身タスケヨ。徒野外捨ヨリハ同仏道スツヘシ。空苦海沈マンヨリハ迷輪船筏ナスヘシ。歎哉、無上仏種孕ナカラ無始無終凡夫タルコト。苦哉、二空満月備ナカラ生死長夜迷情タルコト。或投」2オ身命雪山半偈眼アテ、ミサルカコトシ。給侍千歳致一乗掌握シラサルニ似タリ。爰出離指南徒生死

海沈、菩提明月空妄染雲隠。無量億劫
難値三宝福田マサニカハキナムトス。智水若ウルヲハスンハ何
ヨテカ善苗ウエン。法灯永絶、何以カ迷暗照。仍
仏法興隆広人天度、三宝種紹隆、断絶セ
シムルコトナカレ。シカノミナラス時ウツリ質アラタマテ百年ノ
ヨハイヤウヤク闌、春往秋来冥途郷既近。人送
涙イマタカハカサルニ、自病患ウケテ空以死セムトス。初中後年
何タクワウル所アル。屠所羊今幾無常庭歩、閻王
使何時朽宅窓望。野山煙昇リ今ニ□リトヤセン。
明［　］□アリトヤセン。□□庭苔 友ナワム□ト朝待トヤ□ン。暮」2ウ
待□ヤセン。マノア［　］交。芝［　］息トマレハ遂［　］クル
マサシク契ヲ結［　］断金眠魂サレ□独悲 頗□ユル所
染筆跡、適所呼者主失 名ノミナリ。況ヤ又春朝花
持人、夕 北茫風チリ、秋暮□月友 輩、暁
東黛雲隠。昔見人既空、今聞類忽去。灯
キヘテ後再不見コトシ。魂去人又重来 ナシ。無慙
シテ閻魔ノ誡アツカリ、放逸シテ冥官セメヲ蒙、自
業自得果道理マコトニ以ノカレカタシ。然 既過去未
発心故今已常没凡夫タリ。今生若空過 未来
永々タリ。出離何時ソヤ。豈安然シテ徒日月送。寧
緩慢 出要求メサルヤ。爰以草庵山林寂漠霞
シメテ今生遊宴栖、一鉢聚落憒丙煙撃必一」3オ
仏浄土縁結。一行企イヘトモ物ウクシテ切ヲエム事
急。急ヲエテハ何ナス所。只偏世務ハカリ事ナリ。世務
是何要。夢中名利タメ。名利又大毒也。二世身心
ナヤマス。適身口悪忍云トモ未見意業過。自人目
慎云ヘトモ未畏真知見。マレニ心水キヨムトモイヘトモ、妄
風忽浪動。手念珠廻 イヘトモ、数口アイミタル。
是或利養タメ名聞ユヘ、或勝他タメ無慙。故其行
既実。三宝知見其如何アラム。可恥可恥、可悲可悲。
無実時感応随ナシ。若実有時利益何空。倩
念出離要道只一念発心アリ。仰願無辺三宝
一切神祇［　］一万眷属、弟子過意哀愍
真実道心［　］給、三界［　］ク有［　］利」3ウ

益［　　］南無［　　　　］
［　　］大聖文殊［　　　］春日大権現、今自□得発菩提心
［　　］生々世［　　］近奉仕二反
(善知識)□□□自他和合、互為助縁、善願成就、順次決定、値遇
□聖、二利行願、速至不退

一　栂尾明恵上人つねにかたりたまひしハ、病者ハよき
くすしのそはにそひて益あるへし。学道の人は
善知識のほとりに随居せすハ成しかたかるへし。
まことに深切の心さしをたて行道をはけ
むへくは真正の知識のため二頭目髄脳をも」4オ
おします、交衆のかまひすしきをいとはす、
麁食薄衣をも忍、閑寂冷然に居し、恥辱
煩悩を事とせす、たゝ久長乃志をひさけて
今日きわめすは明日、又今月二さとらすは来
月、又今年相応せすは明年、若今生二証せすハ
(来)□生ふかく退屈せす、火をきるかことく
はけむへし。いまた煙気をそきによりて退(たい)
屈する(ことなく)□□□すてに煙(を)□得てたりんぬと
お(もひてたゆ)□□□□む(事)□なかれ。(直に火)□□□をもみい」4ウ
たして(これを炭荊に)□□□□□たきつけ(すはある)□□□□へからす。
応物さま〱用にいたるまて、いたつらにすく
(す時)□□節あるへからす。もしはらくも間断
あらハ、労(らう)して功なりかたし。されハ真正の善
知識にあはすハ、西にゆくと思もいて東へあゆミ、
北をさすと思て南にむかふあやまりあるへし。
虚空のおもてに方角の銘なし。これなにをかし
るしとせん。されハ日とり山中ノ二うそふくと
いふとも、老たるきつねの墳に眠になんそ
ことならん。末世末法のつ(たな)□□きころなり」5オ
といへとも、さすかに善知識の門下二尋来訪リ
去ル人、しけくかたをならへひさをつめて、かま
ひすしきならひなりといへとも、さるにつきてハ
うるさき事もおほく、むつかしきふしも
すくなからす。あるいは又はちかましきたく

いあり、あるいはハらのたゝる、たよりもあり、又ハ軌矩(キロ)のきひしき所もあり。しかれとも大事のまへにハ小事なし。けにこの生死一大事のた□(め)、又ハかきり□(な)き仏恩を報せんかため□□□□(に志をお)こし願を□□(たて)釈門に」5ウ□□□□□(入れり。更に目)にかくへからす。金をとるものハ人を見す。鹿を追物は山を見さる諺(コトハサ)あり。けに志ふかくかゝる事ともの心にかゝる事ハさらにあるましきなり。たゝし半信半不信にして無道心なるゆへなり。されはかゝる事をいといて、善知識のほとりをはなれて、かたかけにしつかにいらんといふ心つきたらハ、大魔王(ノ)心中(ニ)託しにけりとしりて、一念(モ)きさゝはかたきをさるかことくはらひのくへし。」6オつたなきかなや、うけかたき人身を受て、きゝかたき法をきく。あひかたき善知識にあへり。しかるにたゝ身のやす□□(から)ん事をもとめて、たま〳〵家を出といへとも道を専(ニ)する事なし。一度人(ヒ)身をうしないてハ万劫にもかへらす。これ如来誠言なり。あにうたかふ事あらんや。日々に志をはけまし、時々に鞭(むちを)(ママ)をすゝめて大願を□(た)てゝ、善知識のあし□□□□□□(のしたにかうへ)をつ□(か)へて身命をおし」6Uま□□□□□□□(すして道行を励ます)へし。

建仁寺の開山の弟子に□(円)空上座□(と)云僧、随□(分)志深して道行する聞(ヘ)ありき。修行すへきやうを開山にとひ奉けれは、開山答て仰られけるは、栂尾(ノ)上人こそ禅定を修(ス)る事功つもりてすてに成就し給へり、其に行て問奉(リ)て、そのまゝに行すへきよし示されけるとて、彼上座来て行すへきやうを訪申けり。上人答て云、禅定修(ヲ)するに三の大毒あり。是をのそかされは只身心をつ」7オからかして、歳をふるといへとも成就する

事ありかたし。砂を煮(ニ)て飯(と)せんことを不見か
ことし。薪をそたて力をつくして猛火を
用とも豈やハらかなる期を得や。此三毒
と云ハ、第一に睡眠、第二に雑念、第三に坐相不正
是なり。此の三の物をのそきて一切もとめ
心をすてゝ、只此無所期の志をひさけて、わた
くしにとかくあてかふ事なく、いたつら
物に成かへり□(て)、生々□□(世々)はてんと云長志
□□□□□□(を立給へし、仏になり)て□□□(もなに)か□□(せん)道を成」7ウ
□□□□□□□(しても何かせん、)わたく□□□□□□□□(しのこゝろ穴賢)
もち給□□□(へから)す。只此法師か申事やうこそ
有らめと思給ひしおもひきりてかゝるいた
つら物に成帰り給へし。是高弁か私に申に
あらす。先年紀州苅磨島にありし時、
空中に文殊大士現して予(ワレ)に示給しまゝに
申也。今の世にハ如此あてかふ人無にや。末世
末法の辺土の浦み此事にありと云々。

明恵上人ある時、行法の最中侍者をめして
□(手)水桶の水に虫の落入たるとおほゆる、とり」8オ
あけてはなて、としめさる。いてゝみるに、はちか
をち入てしなんとす。いそきとりあけてはな
ちけり。又ある時ハ坐禅の最中人をめして、
うしろの竹の中ニことり物(に)けらるゝ
かとほゆる、行てとりさへよ、とおほせらる。
いそき行てみれハ、雀の小鷹(ニ)けらるゝを追
はなちけり。かくのことくの事、つねのこと
なり。かそへ尽へからす。□(あ)る時ハ夜ふけて
炉は［(か俄にあらむさんや、をそく見付てはやくひ)］かことく坐したまへり」8ウ
［(つるそ、火をとほして急き行、追放と驚き)］
おほせら□□□□□□(れけり。前なる僧何)事候そと申せハ、
大湯屋の軒にある雀の巣にくちなハ入たると
おほせける。しんのやみにてあるに、けしからむや
とおもひて、らうそくいそきともして行て見に、よ

ろいけにをいて羽なんともをいたる雀子を大くちなわの呑かけて、すのはたにままひつきたり。いそきとりはなちにけり。かゝるやみの夜にへたゝりて、はるかに遠き所をたに見たまふ。まして我々かかけりてあしきするいかにふしきに御らんすらんとて御弟子同宿なと、うしろかけまてもをそれあらた」9オ〔　〕ふるまひもせさりけり。かゝる事ともの御免たまふていなれとも、たまく〳〵もれてあらはるれは、権者にて御わたり候なと、人の御うしろにてあまねく申候、と侍者する僧なとのなかに、をこく〳〵しく〔　〕＝あはう

なる物なとかたり申けれは、ことく〳〵くはらく〳〵としはしなき給候て、あらつたなの物のいひ事や。されはとよ高弁かことく定をこの〻仏のをしへのことくに行してみよかし。たゝいまに汝ともく〳〵かやうの事ハあらんとするそ。我ハかやうになんと思事□(は)ゆめく〳〵なけれとも、法のことく行する

ことの年つもるまゝに、自然にしられすして具足□□□(せられ)た□□(る也。こ)れ□□□□(ほいしき事)に□□(非す)。汝」9ウ□□□(ともか)水□□□□□□□□□□□□(のほしけれは、水を汲て飲、火にあ)たりたけ□□(れは)火のそはへ□(寄)るもをなし事なり、とそおほせられける。ある時□(ま)へなる小童につきていはく、我ハこれ毘舎鬼の類也。世間に名僧おほくましませと名聞をすて利養にかゝわらす、如法道ニを修する人すくなし。御様なる人ハ天竺ニをいまたくハしくもたつね〻す。震旦より始りて仏法流布の大国等をみるに当時さらになし。いはんや本朝にをいて□(を)や。上人坐禅入定の御すかたをみまいらすに貴敬のおもひふかく感涙をさへかたく候。去二月十三日の夜、洞中月ほからかに、石上風やわらかに候しに、」10オ夜もすから経典読誦の御音きもにこをりてたうとくおほし候き。その時に我願をたてつ、生々世々値遇したてまつりて仏法に帰依し、なかく肉食をたつへし。ねかハくハ戒をさつけられたてまつ

らんと思といふ。よて上人この童にむかひて戒をさつけたまふ。又申様、我は肉食をする物にて候か。これをたち候ハヽ食あるましく候御時のついてに、すこしき御はからひにあつかり候ハんといふ。仍上人それより毎夕施餓鬼の法をそ修し給ける。

一　建仁開山□（千）光法師もろこしより帰朝して、達□□□（摩多羅）尊者の□□（宗を）さとり□□（きは）めて此国□□（にひ）」10ウ□□□□（ろむへき）よしきこゑけり。□□（貴賤）上下門前いちを作して論せん事をのそミたり。ある時上人おハしまして問答してそかへり給ける。そのゝちねんくたいめんありて法談したまふ。開山この上人を印加（ママ）したてまつられて云、この宗をうけつきて興隆すへき人大切也。上人その器にあたれりり（ママ）。まけて我門下にましくてともに興行したまゑとしい申されけれとも、かたく存する子細ありとてふかく辞申させ給けり。しかれとも入滅ちかつきて法衣をたてまつらる。先師東林弊和尚の法衣云々。」11オ

由良開山法語　法灯円明国師

先初心人ハ念起ノ坐禅ト云事ヲ心得ヘシ。念起ノ坐禅ト云ハヨロツノ善悪境界ニ付テ我念ノヲコル其ノ始ヲヨクくミレハ、天□（二）始テ雲ノヲコルカ如クシテ其由来ナシ。只ハレタル虚空ノ如シ。清浄ノ虚空ナル処ヲハ心ト名ツク。其心中ヨリ起ルヲハ念ト名ツク。其心中ヨリヲコルヲハ念ト名ツクル也。心即体ナリ、灯ノコトシ。念即用也、光ノ如シ。又心即体也、一ノ木ノ如シ。念即用也、＝木ト枝ト葉ト花ト木ノミ香トカヲルニヽタリ。又心ハコレ体也。色カタチナシ。サレハ仏ハ浄法界ト心ヲ説玉フ。又三界唯一心、々外無別法ト説給。内行内心ハタクミナル絵師ノ如シ。種々ノアマタノ色ヲツクル。一切世間ノ中ニ心ヨリ生セサルハナシト説ケリ。虚空ノ如シ。体□（ノ）中ヨリヨロツノ善悪ノ諸法ハ起ルナリ。故虚空［　］也。是以虚空ノ一体、木ヨリ万法枝葉ノ生タルニヽタリ。」11ウ其一心ヨリアラハル、万法ト云ハ、地獄餓鬼畜生人天声聞縁覚菩薩仏ナリ、十界ナリ。此十界ニハ六凡四聖アイ列タリ。

六凡ト云ハ地獄餓鬼畜生三悪道ナリ。修羅具シテハ四悪趣ナリ。此ニ人ト天トヲ具シテハ六趣ト云ナリ。四聖ト者、此外善ナルアヒタ仏ナレハ四聖ト云ナリ。万法多トイヘトモ此ヲハイテス。此ハコト〱ク衆生ノ心ノ中ヨリアラハルト云ハ、衆生ノ境界向 放逸邪見ノ念起セハ、其念色形ナケレトモ即地獄形トモ成ナリ。タトヘハ物ヲネタム女ノ思シウ心行テウハナリノ家蛇ト成カ如。ヨロツノ念ノ形ヲツクリ出 苦ヲ受楽アツカルカ如。是以心得ヘシ。一切ワサ執心フカケレハ一々ノカタチヲ結事如此。サレトモ念ヲ以結出果報ハ生スルカ故ツイニ滅スルナリ。生滅スル故諸法ハ夢ニ、タリ。幻ノ如シ。夢善悪有ト思トモ覚テ見レハ形ナシ。幻ニハ結」12オ始モナシ。サメタル終モナシ。其カ様善悪法ハ悪心境界ニ向テヲコレトモ、其念ノ源ヲ見レハ、始モナク終モナシ。又ヲコリテ結タルカタチキユルヲハリヲ見レハ、夢ノ覚テ無カ如ク、キエテハウセ〱シテツイニハナニモナシ。サレトモ実ニハナケレトモ、アシキ夢見程ハ術無悲キ事疑ナシ。善夢ヲ見程ハウレシクタノモシキ事カキリナシ。故念ハ覚テ夢ヲ見始カ如。サレハ仏モ

生死ハ夢トノ給ヱリ。凡夫ハ此念ノ中ニシテ生死ノ深キ夢ヲ見、ソレニトリテモ朝夕境界ノ縁向悪念ヲノミヲコス。故トコシナヘニアシキ夢ヲ見テ三悪道ヘ実ニノミ堕ト思タリ。仏ハ善悪ノ念ノ起ル源知執心起サルカ故トコシナヘニ念ハヲコレトモ無念ト成ル。無念ノ処ヲシハラク心トイフ。心ト云ハ名ノミ有テ形ナシ。サレハ無心ト云ヘリ。立ニモ居ニモネテモ覚テモタシカニ心ナカリケ。（リ脱カ）念ナケレハ念ヨリ」12ウ結生死有ト云ヘキ事ナシ。念タニナケレハ其ヨリアマタノ心ト云物スヘテナカリケリ、トタシカニウタカヒ一モナクシリハツル処ヲ、一分見性トモ、悟道トモ、生死ヲ離トモ、仏法ヲ覚トモ、往生極楽スルトモ、仏成トモ云ナリ。タシカニ念ト心ト有ト思タレハ、夢サメヌ程ハ有コト、思ヱトモ、ヲトロキテ見レハソラ事ナルカ如。仏ト思モ、生死ト思フモ、迷思実ナシ。無念無心ヲサトルト心得ヘヌレハ、又無念トモ無心トモ心カアリサコソ思ワスレ、ケニ無念トモ無心トモ云ヘキ物スヘテナキナリ。其時ハ心ナケレハ清浄虚空トヒトツナリ。虚空ニハ始メナシ、終リナシ、中モナシ、浄モ無、キタナキモナシ。別ニ

法トテ取定ヘキ物ナシ。只サハ〳〵トシタル虚空ノ中ニ、クモリナキ月星ノアラハレタルカ如ク、ヨロツノ法ハ実ノ法テハアラス。本来歴然トシテ有ナリ。コ、ヲ古人ハ何カ」13オ是仏法ト問ヘハ、庭前柏樹子トモ云ヘリ、又柳緑花紅トモコタヱタリ。サレハトテ、カ、ルコソ仏法ヨト取定ヘキ処ナシ。サレハ悟ル古人ハ把定スレハ、雲谷口横放行月寒潭落トイヱリ。是体事ヲ我ト疑ナキ程見明メント志フカキ人ヲ道心者トモ、仏法者トモ、坐禅スル人トモ申也。此処ニハマメヤカニ〳〵心ヲカケテ疑ナキ程見明メント思志深人万人ニ一人モナシ。此ヲシラサル人ヲ迷ノ凡夫トモ、生死ニ流転スルトモ名付タリ。悲哉、夢幻ノ身ヲ、シムトモカヒナキ老少不定、今日トモ明日トモ知ラヌ身ヲ法ノ為ニヲシミヲキテ、トコシナヘニ生死ノヤミニ我ト迷テ、イツヲカキリ□(ト)云事モナク、アキラメスシテ」13ウ六趣ノ夢ヲ見□□ム事ハ実ニヲロカナルヘシ。サレハ釈尊ハ位ヲステ、此法ヲサトリ、達磨ハ玉ヲナケテ此処ヲアキラメ、慧可ハ雪ノ中ニヒチヲキリテ此事ワリヲ得タリ。志フカケレハ刹那ニアキラムル事ナリ。生々世々ニ宝ヲ、シミ命ヲ、シミテ、今ニ生死ノウタカヒノヤミハレカタシ。此度仏法アイ知識アフ時身命財ヲステ、、ハケミイトナミ行セスハ、永劫多生間、長クムナシカラム事ツヘシ〳〵可悲〳〵。坐禅ノ心ツカイ大方是ニ通ヘカラス。只生死ノ疑ヲ破ル事、道心ノ有ト無トノカハリメナリ。男女タカキイヤシキニヨラス、只身命ヲステ、此一大事ヲハケミ、イトナム志ノ有テ悟コトタナ心ヲカヘスカ如シ。只仏法ノ得カタキ」14オ事ヲナケクヘカラス。広劫多生ノ間、志ノ薄道心ヲ起ラヌ事ヲナケクヘシ。我心ナカラツタナキ哉ヤ、口オシキ哉、イカ、セン。誰ヲカウラミ誰ヲカ、コタム。願ハ仏哀ヲタレテ我道心付給ヘ。

一　毘沙門堂権中納言殿問　由良心智(地)上人御返報云

道ハ見聞覚知ヲハナレテシカモ見聞ノ中ニアリ。

道ヲ離見聞覚知ノカタヲ見凡夫ト名付、見聞覚知ヲステ、道ヲノミ見二乗(ト)□名付。二(ナ)□カラ仏法ニアラス。此二乗凡夫ノ境界ヲ、コシテ始テ仏法［　］セハ心ヲ起シテヒラクニアラス。」14ウ心□是妄想［　］也。心無シテヒラクヘキニアラス。心ヲ無スレハ断滅ノ見也。言語ヲモテ明ムルニアラス。コレハ戯論ノ法也。黙然ヲモテ観アラハ、□観念コレ意識ノカタチ也。サテハ何シテカ仏知見ヒラカムトナラ□、タヽサキノ如モロ〳〵ノトカオハナレハスナハチノ所也。此所者、言ノイタルニアラス。仏モ説給。心ノヲヨフニアラサレハ祖師モ示サス。眼ノ境界アラサレハ色ヲモテタトヘ難。智恵ノ弁アラサレハ形ヲモテ論スヘカラス。生滅ノ法ニアラサレハ生死ヲモ犯サス。常住ノ体ニモアラサレハ輪廻ニモヲノツカラ離タリ。名付クル所無トコロハ万法形ヲモウシナワス。カクノコトキノトコロニ住ヲステ、シカモ住ス。念ヲステ、自境界ヲハナレタリ。此大安楽所也。」15オ御文委見マイラセ候。又ネムコロニ御修行候事、随喜無極候。

サテ候自己ノ本分ノ心アラハレテカクレスト申候ハ、タヽ今ノ手ヲアケ足ヲウコカス心スナハチ本分ニテ候也。ソノユヱハ此心一念モ生セサルカ故十界心ヲコラス。又ヲコラサル故、十界形ナク、十界品無。此時父母ナク子孫ナシ。天真独朗トシテ凡聖の品ナシ。浄土穢土差別無、父母未生已前ノ面目ト云、又本来ノ面目トモ申ス也。利根ノ人加様申候。コトハノ下水ヲ冷テ冷煖自知スルカ如。思量計挍ヲコシテ、仏教祖教トヲラスト云事無、直本分ヲ示シ向上宗風ヲアラハス。直道ト云事人問ヘカラス。十界各別ニシテ迷悟別コト［　］異カ故悪捨善貴、人□性空」15ウニ［　］善悪ノ［　］リ万法一如ナ［　］円融無碍ノ観ヲコラス人アリ。性空ナルカ故、取捨□起縁随テ放光シ、心任自在ナレハト云テ悪無碍ノ見起人有。善悪心ヤメテ、シカモ鏡ノ明ナルカ如シテ無為無事ナル所ヲ信シテ、口マカセテ問答ヲモテ道スル人有。ミナ是大道捨小径ヲモムク人也。上種々事ヲ申候。又御心何所当挍御ラムアルヘク候。御文ニハコマ〱ト候ヘトモ、心ヱス候アイタ是非ヲ申不及候。所詮一念ヲコラヌ所大疑ヲオコシテ行シ候カ、アヤまチナキ事ニテ候也。其外念ヤメテ無為無事ノ心地ニシテアケクレシ候ヘハ、心モスム所ナクモウ〱トナリ候也。此テイノ病ヲ覚食知テ御修行候ヘカシ。天地未レ顕」16オ仏ト衆生ト出来セス、父母未生前ムカテ御工夫候ハヽ、日々夜々ノ見参ニテコソ候へ。生死無常ハナヲサリナラヌ事ニテ候。ヨク〱御ハカライ候ヘカシ。仏法ス［　］スツヘキニテ候ヘハ何申候ハンヤ。世間ノ事ヲヤ一分モ御心カケサセ給ヘカラス候。ひころの御コトハト御心トノホカニムカテネンコロニ御修行候者、コト〱クナニ事カ自余ノヘチノ候ヘキ。モシ日コロノ御心地ニテ候ハヽ、法々已ナリトヲホシメシ候トモ戯論□御志ニテ候也。

一　昔喆侍者云僧夜坐□□眠サラム事□見ケリ。アマリニツカレタル夜円木□枕トシテヤスムニ、ヲホヱスネムル時枕ニワリテ□□□□レハ目ヲサマシ□□ヌ［　］リテ□［　］シク坐［　］一生カクノコ［　］テ［　］レハ」16ウ□□□用心［　］［　］喆［　］善縁分モウスシ、若カクノコトク志ア□クセ［　］ラクハミタリ□妄執ノタメニヒカレム、イハ［　］夢幻ノマコトナラス。イックムソ又長ノハカリ事ヲヱムトソ云ケル。イニシヱ上根上智人猶道ヲキテ志励マサルコト如此。何況末世賤根賤智ノ人ニヲイテヲヤ。此一倍十倍ハケミテモ猶道成スル事難シ。□カルオ夜サナカラ枕カタムケテ臥ホシキマヽニネムリ、ヒルハ日トヱニ雑念ニホタサレテ何トモ無事トモ思ツヽケ、ムナシクトシ月ヲ送ラム人、驢年ニモ道ヲ成スル事アルヘカラス。ヲシキ哉、難レ受人身ヲ受、遇難法ニアエリ。此度三途帰ナハ復何時カ期セン。」17オ

一　氷暦一和尚云

昔大愚慈明トモヲムスヒテ汾陽参レ河ー東、クルシクスサマシキ所ニテ衆人タヱス。シカレトモタヽ、慈明志道ニ

深クシテ朝夕ヲコタル事ナシ。夜坐ハシテネムラムトスレハ、キリヲモテ身ツカラ身ヲサシテナケキテイハク、古人ハ生死ノ大事ノタメニ物クウ事ヲモワスレ、夜ネムル事ヲモワスレシソカシ。ナニ人ソヤ放逸ニシテヲロソカナラストスル。若道ニカナワスシテ、イキテモナニカセムトテ身命ヲヽシマス、修行ヲハケミタマイケリ。ヲヨソ世間(ニ)□生(ヲ)□受［　］死セサルナシ。是生何所ヨリ来而何所ニ向テ去ル□是ヲ［　］サトラス□苦海□流［　］輩マヌカルヘカ［　］今［　］人身ヲ」17ウ□テ正知識(ト)□アヱリ。此□□ナヲサリニシ□スクシナハ何時カ又法王ニ遇ハン。宝ノ山ニ入テ手ヲ空クシテ帰ムヨリモヲロカナルヘシ。

一 慈明禅師道思志深切ニシテ、法ノ源底ヲキワメテ其名天下ニヒヽキ、其徳海外ニヲヨヘリ。僧俗此法殊国家ニ多クシテヲヽクシテ、其恩ヲカウフラサル人スクナシ。古者ノ云、賢キヲ見テハヒトシカラム事ヲ思ト、誠ニ此一言信スヘシ。袈裟下ニ人身ヲ失ナハム事、患ノ中ノナケキナリ。友ヲムスヒテタカヒニ志ヲ励マシ、鞭スヽメテ夜ネフリヲホシヰマヽニセス。ヒル障ヲナケステ、是ヲ思事是ニテ有修道ヲスへし。」18オ

一 夢窓国師土佐国五台山吸江菴ニ住給ケル時、彼老母か伊ノ国浄居寺辺ヨリ送ラレケル国師御返事

御文クワシク承リ、又殊ナル御事ワタラセヲハシマシ候ハヌヨシ仰蒙候、悦入候。御修行の事アリカタク覚ヘ候セヲハシマシ候。ナニトモナキ御心ノヲコラセヲハシマシ候ヲハハラワムトスレトモ、ハラワレヌヲハイカヽセントウケ給リ候。タトヱハ、人ノ夢ニミチヲ行ト云テイツカ此ユク事ヲヤメテシツカ［　］候ワムト申候ハ、カ如、夢ノ内ニアユムト思テクルシク候ヘトモ、ケニアユム事候ハス。タヽアユムト思［　］ヲヤミ候ヘ□ユム事ノマコトニヤムニテ□候ハス。念ノヲコルト思食候コト□ヌカクノコトク思本虚空ノ［　］テヲコル物［　］物ニテモ候ハス。タヽ」18ウ凡夫ノミタリ［　］此故ニ悟ル時ハ本ヨリ

一念モヲコリ［　］所□コソ知候へ、始念ヤムルニテハ候ハす。生死□□候ニ［　］此事□□カヤウニ申候ニ、猶御フシム候ハヽ、タヽアサユウ御念ヲコリヤムトヲホシメシ候所ニ、サシムカテ御ラム候へ。誠起者ヤム物タヽ念ノ起ヤムトヲホシメシ候御心ヲステサセ給候ハヽ、シセンニアムヲムノ所ヘモトツカセ給候ヘシ。此ヨリ後御不審ナル事イテキ(候)□ハヽ、人ヲホセアワスルマテモ候ハス。タヽ夢ノ中ノイタツラ事トヲホシメシ候テ、ウチステサセ給候ハヽ、自然夢ノサメ候ハン時、御フシムモハレ候ヘシ。又イツカ御夢サムヘキナムト覚食候ハン。ソレモ夢ト知食候テ、ステサセタマイ候へ。ヨロツ夢ト知食ス所ヲモ、誠ノ仏法トハ覚食メスマシク候。トモカクモ御心候ハヌ所ニシハラク御」19オ志ヲ付御ラン候へ。迷御心ヲモテ、トカク御アテカイ候ハヽ、弥々御マトイニテ候ヘシ。タトヘハ、サケニヱイタル思ト思事ハミナイタツラ事ニテ候コトシ。タヽイタツラ事ト知ヌレハ、設酔未覚候ハネトモ、スコシアヤマリヲハノカレ候ヘク候。朝夕付ソイマイラセ候ハストモ、我御修行タニヒマナク候ハヽ、イツク候トモソレ［　］アリカタキ事ニテ候へ。仏モ衆生ヲステヽ、御カクレ候時モ候。又世ニイテサセ給候時モ候。イツレモ御利益ノタメニテ候。カクウチステマイラセ候ヲモ、御ウラミ候マシ□候。此ミナハカラ□ムネノ候程カヤウニ申候。御夢ノサメ候［　］ラム□イツモ［　］別候ヘク候。御修行候てサトリ［　］ラカ□給候ハヽアフト別トノヘタテモナクトヲキ近キノ［　］リ□モ［　］マシク候。此御返事御」19ウ［　］マ［　］候［　］御ランアルヘク候ツキソイマイ［　］モ［　］レニハス□マシク候。此ヨシヲ申サセ給ヘク候［　］ア［　］候。

正覚国師御歌　文保二年五月五日、同□七日到来、妙了上座御使

我屋ととふとしもなき春のきて庭にあとある
雪のむらきへ
見る程ハ世のうき事もわすられてかくれ
かとなる山さくらかな
なゝそちのゝちの春までながらへて

心にまたぬ花を見るかな」20オ
西方寺に御幸なるへしときゝしころ
花のちりけるを御らんして

わすれても世をすてかをに思かな
のかれすとてもかすならぬ身を
なかれてハ里へもいつる山川世をすつ
る身のかけハうつさし」20ウ

［　　］号月窓国師

古人云、衆生［　　］性□不生不滅、無去無来。然レトモ一念□妄心□（ヲ）コル時、生滅去来相見事眼マケ（ク）ノ病アル物、虚空花乱起乱滅スルカコトシ。翳病イマタナヲラサル時ハ、乱起乱滅ノ相ヲミルトイヱトモ、加様事我妄想故也。虚空ハスヘテ起滅ノ相無ト信シテ、驚動スヘ□（カ）ラス。臨終ノ時ハ、設仏菩薩来迎シ給トモ、歓喜ノ想生スヘカラス。獄卒悪鬼現スル事アリトモ、怖畏ノ心ヲ生スヘカラス。ミナ空花ノコトシト知テ驚動セスハ、業力ニヒカレテ」21オ輪廻スル事アルヘカラス云々。又生死海沈論（淪）スル事ハ、此身ヲ愛シ命ヲオシム故也。我身我命ニ思物ミナ空花ノ如ト知、愛惜セサレ生死ニ輪廻スル事アルヘカラス。

答北条大方殿

アツキ時アツシト云レ、サムキ時サムシト云レ候コトク、計校安排アツカラスシテ、時ニ随縁フレテ、御歌ヲアソハサレ候ハ、申ニ及候ハス。モシ朝夕和歌三昧ノ中御心廻、御言カサラセヲハシマシ候テハ、コレモイタツラニ□□即ヲ□クラセ給候御事ニハアラストヲホシメサレ［　　］シカラス存候。代ノツネ初心ニ［　　］道心モ候ハヌハ、カヤウ事ニモ」21ウ［　　］ニハヲチヌタヨリモナリヌヘク候ヘハ、ワサトモ［　　］江給事ト申シ官人ノ大恵禅師御モトヱ頌ヲツクリテ進テ候シ。其御返事曰、此度ノ頌前々ノ頌ヨリモ勝タリ。サハアレトモ今後頌ツクル事ヲト、ムヘシ。タ、カノ季泰政ヲマナフヘシ。他アニ頌ヲツクル事ノアタハサラムヤ。シカレトモスヘテ一字モ無事何故ソヤ。識法者怖云々。季泰政トハ大恵ノ印証シ給ヱル官人ナリ。大恵加様仰ラレタルモ愚人ニハカタリカタシ。愚人ニ二種有。一人頌作歌読モ仏法ニハアラス。鼻端守黙々トシテ日スコス、是真ノ工夫ナリト思ヱリ。是愚ノ中ノ愚ナリ。」22オ一人見聞覚知、喫飯着衣、皆此時節也。頌ヲ作歌ヲ読何サマタケアラムト思ヱリ。此人ハ無取捨ノ中、真取捨無方便中真方便ト云事不レ知。信心銘云、多言多慮ナレハ、ウタ、相応セス。絶言絶慮ナレハ、処トシテ通セスト云事ナシ。古人又云、仏祖言教見事、生寃家如。況其外狂言ヲヤ。世常ノ道人ハ境界対スル時、喜怒愛楽ノ起許ヲ障トシテ、一切法門ノ胸中縁々

タルヲハ障トモ思ハス。世間万事ヲハステタル道人ノ仏法ノ中ニシテ、年月ヲ経トモイマタ脱洒自在ヲ得サルハ仏法［　］解ニ胸ヲサヱラレタル故也。先師仏国禅師常□者語云、学道ノ人、初心ナル時、悟［　］テ二六時中□（間）断ナク、工夫ヲ」22ウ［　］有□得心サヘ□レテ□（悟）入スル事アタハス。善知識是□方便垂□□着衣喫飯外何悟求ヤ□（ト）激励スル時、学者言外意領スル事アタハス。其証随解生シテ見幻覚、或証言吐気、此外仏法無ト思ナシテ日来ノ如ク綿蜜（密）ノ工夫ヲナサス、タ、困来レハ眠、飢来食ス。アツキ時扇ヲツカイ、サムキ時火向。是ヲ工夫ト思、安然トシテ日送。此故悟入分ナシ。行住坐臥外別仏法ナシ。悟入トテ他ニ求ヘキ事無知所付、日来如間断無工夫ヲナサハ必悟入スヘキ也云々。既悟入スル人モ無始熟シキタレル。世間出世是非得失ツキ」23オ

ハテ、、洒々落々タルヲ打成一片ノ人トナツケタリ。此田地ニ到テ、枯木花生、寒灰焔起時ヲ真実ノ道人トナツケタリ。此時始鄽ニ入テ、手ヲタレテ手ニマカセテ拈来、口ニマカセテ道着ス。頌ヲ作歌読、情識ノハカル処ニアラス。逆行順行、天魔モ又ウカヽウミチナシ。是皆道業純熟ノ故□(ナ)リ、是ヲ長養工夫トナツク。タトヱハ人ノ□生タル時、六根皆ソナハリテ成長ノ人ニカワラス。サレトモ此小児長養セサレハ起居モタヽシカラ不。才芸モソナワラサルカ如シ。古人云、得法則易、守法則難シト云此意也。円悟禅師云、仏法無多子□(久)長難得人、加様ノ法門メツラシカラス。」23ウ「　」ヘキニテ候ヘトモ、禅人比丘尼達御為一ハシ申入候也。　御歌ニ云

アウマシニ侍□□山□タエネタヽイトワス□□モ夢ノ世中

御返事　大方殿

「　」世□思ウキ世ヲ猶ステヽ山ニモアラヌ山ニカクレヨ

答等持寺殿

生死去来本無所候ン。アヤマテ生死去来アリト見ルヲ、凡夫ノ妄想ナツケタリ。タトヱハ夢中ワサハイサイワイト、サマ〳〵ノ事見候ヘトモ、イツレモ皆実ナラサルカ如。此理三世諸仏、歴代祖師、同トキヲカレタル事ニテ候。御疑アルヘカラス。此理フカク信心ヲトラセ給テ、其上即心即仏ノ公案ヲ御ワスレ」24オナク候ハヽ、譬御悟ノ分ワタラセ給候ハストモ、未来マテモ仏法御信心クラマスヘカラス。仏祖大事ヲ成就シマシマスヘシ。此濁世御執心ト、メラレ候ハヽ、当来猶アサマシキ悪道ニ入セ給候ハム事疑アルヘカラス。其時仏神タスケ申ル、事アルヘカラス。

答佐々木六角庭尉書

□人云、夢裏明々トシテ六趣有覚後、空々トシテ大千ナシ□(ト)云々。地獄落種々苦受、人天生種々楽ヲ得思皆夢中妄想也。」24ウ

例者戦場［　］心労給モ一念夢也。念起止御ランスルモ夢中思。此故動念息念皆迷也ト申ナリ。動念息念外何ト工夫ヲハ成ヘキト問セ給モ夢中ノ妄想也。只トモカクモ御心ノ付所モ無覚食処向ハセ給候ハヽ、御夢ハサメサセ給へ。タヽ御夢サメ候ハン時、始本分田地ハアラハレ候ヘク候。設ヤカテ御夢サメ候ハストモ、皆夢中事ト御ランシテ、イトハスネカワス狂動セサセ給ハスハ、来生ニハ人身ヲウシナハテ、悪趣ニヲチサセ給事アルヘカラス。当来ニハ必一聞千悟ノ人ト成セ」25オ給ヘシ。又御心疑ハ仏法世法一切疑ウチステヽ、只即心即仏ノ四字ヲ御ワスレナクハ、是又工夫最要也。古人云、刹那無生相、刹那無滅相、一翳在眼千花乱墜、此是不欺言思之。」25ウ

遺誡　肯山

生老病死之四種是漫天網子也。一切衆生従曠劫至今被伊籠罩、須暫時脱離不可得。従上諸大宗匠興大哀憫垂大慈悲、以須弥山、放下着、麻三斤、乾屎橛、狗子無仏性話。挙似学者。此話断生死利刀。即今在汝諸人手裏。若要裂破漫天網子豁開通天活路、更掀翻煩悩情識截断生死根株。雖然就実論生死大事、生時情与無情同時生、死時情与無情同時死。」26オ同生同死無欠無余、天不能尽地不能載。浄裸々絶承当、赤洒々没窠臼、老僧与一偈筆似諸人生死一大事因縁釈迦達磨得一半。那一半又作麼生。劈破面門汝自看。

辞世頌

同生同死、不渉多途。拗折雲門杖、倒跨揚岐駈。」26ウ

《白紙》」27オ・ウ

明心

称名寺蔵（神奈川県立金沢文庫管理）

明心

亮順」表紙

大明録篇目

明心

学道人先真心妄心可知。何妄心云。依縁念々ヲコリテ不休モノナリ。是煩悩トモ云、此情識云、又客塵名、無明名。真心云、自無始以来、寂不動明ナルモノナリ。是仏性云、此真如云、又般若云、如意宝珠云。是二心譬以明」1オ妄心如影、又如客人。真心如鏡、又如家主。常人此如影客人、我心思、念々起滅、シハラクシ、ヤム時ナシ。若真心明所エツレハ、縁心自忘、真心日ソヘテチカツクナリ。此由キケトモ、大機アラサル人ウケカハス。

問、凡夫妄心ヲコリテヒマナシ。争」1ウ此真心可知。答、古人云、水スメハ月ヤトリ、鏡清影アラハル。知、妄心ヲコルトキ、真心アキラカナルコトヲ。

問、真心清ユヘニ縁心影ウカフナラハ、無影真心、争是可知哉。答。真心物サヘス、物サヘラレス、鏡カケヲトヽメサルカコトシ。而ハカナキ小児影見鏡シラス。ソノヤウニ」2オヲロカナル衆生、明心上浮境界形愛、明鏡本心ワスレタルコト、是似。仏法入利鈍二機相分。鈍根人クモリナキ心諸カケアリト存、ハラウテ後是エントスルナリ。利根人本クモラサレハ、其色見其声聞、是則本来面目、本地風光也。今始一物」2ウ一物ソヘス、一物不可除。若加様得心トキハ真心妄心シナヽシ。只是迷衆生教シルヘナリ。又明心者真心妄心ワクルナリ。諸法ヲコルヲ、我心思妄心ナリ。此情識云。真心明鏡如是アキラムルヲ明心云。縁シタカヒテ白黒見、ニクシイトヲシト思ヘトモ、是ヤミヌレハ、心アタル」3オコトナシ。譬明鏡ヨロツノモノウツレトモ、鏡所一物ト、マラサルカ如。風ヤミヌレバ浪シツマル。スキニシカタ縁アヒテ

腹立タリシカトモ、其縁ヤミヌレハ、又其腹本ヤウニハタヽス。諸教三夢譬アリ。万劫夢百年夢一夜夢可得意。夢中ミユル海山万モノ、マコトニハ其体ナキカ如。火ヤケ水入」3ウ見夢覚ウルホヒ、ヤケタル所ナシ。而百年ネフリノ内見事此可得意。此心本ヨリモノニケカレス、山河ナラス、不変ナルカ故、万モノヲテラス功能有也。是明心云、妄心我心ヲモヘルホトハ、縁アヒテヲコル心シタカヒテ、地獄ヲチ、畜生ナリツルヲ、本此縁随心客人有、」4オ此心来云ヘトモ、ツイニトヽマルト云コトナシ。真心アルシナレハ、ハタラクコトナクシテ、ヨクアヒシラヒテヰタレハ、来不厭、去トヽメサルナリ。サラトウカフ心

不用、真心モテ見聞ナラハ、一切善
心事皆浄行也。此真心不知、
縁随心我心思、因果道理
テツクル罪シタカヒテ生受」4ウ
迷名、真心モチキル時、迷コトナカリ
ケリト得意処破迷名。此理
エツレハ、万ウチステ、只一法ナリ
カヘルナリ。夢中ミヘツル山河大地シ
ナ〳〵ナレトモ心外別物ナシ。夢覚
後、スツルトコロモナク、サルトコロモナシ、又
風イツクヨリ来云事不知、シツ
マリヌレハ、又フクトコロモナキカ如シ。皆」5オ
一法ナルコトハカリ也。如是得意入理
云。此諸教云処ナリ。心源コヽロ
エツレハ、別其体有アラス。諸教
塵ハラヒテ鏡得、宗門本
塵ナシト云。諸教工夫シテ玉得、

宗門先玉得ウシナハシトテ、
工夫用也。大根者工夫セサレ
トモ自然スヽム也。此不求不尋」5ウ
工夫云、此求教機云。此心源
不知故也。本此心物ケカサレス、
諸法物ケカサヽレハ、ヲソルヽトコロ
ナシ。浄土外不可求、而諸
教心モノニケカサレ、諸法物
ケカス故、ヱ土イハレケルナリ。カク
得意不尋求、入機云ナリ。
機絶禅師ユルサルヽヲ大悟」6オ
云ナリ。此道理得、何事
云事タカハス、ヒカ事ナキヲ的意
云。大悟此心物ケカサレス、色
ウツラヌナリ。大用此心一切
モノヲテラシテ、アハレミヲナスヲ云也、
先世果報此身アルヘキ程、

火ヤケ水ヌルレトモ、実火水ナラヌ処エツレハ、アツケレハ」6ウアフキヲツカヒ、寒物キルハ、幻化空身カタヲアハレム化他門也。人ニクミ罵打ナムトスルモ、降伏門方大悲普門身也心ウヘキ也。クネナクアリノマヽニ見所、大悟名。此上智恵ヲコシテ物ハカラヒ、ワキマフル方大用云也。是同体大悲云。譬日輪物」7オ照如、家上限様ミユレトモ、山テラス光、河照光不別。同光万物照様、機向時一人アハレムニニタレトモ、是大日大用也。釈迦化道此イハレナリ。幻化空身アラム程、サキ〳〵ノタウリアレハ、我身タカフ所ニクミモスルハ、ミナ大用也。此事アハレムカタハ化他門也。道理ナク、」7ウ人ニクミ、ワルシト思オサヘテ、化他門云アラス。是幻化空身方ニテアレハ、カク自在ナラヌ所大用化他也。衆生方智恵門ヲコス、普門身方同大用アリナカラ、出化空身方化ナリ。同体ニテアレトモ、頭上有、足下有如。同体ナカラ仏ウヤマウハ、」8オ此イハレナリ。夫以念為念、以生為生者、常見之所執也。以無念為念、以無生為生者、邪見之所惑也。念与無念、生与無生者、第一義諦也。是以実際理地一塵不受、而上諸仏可念ナク、浄土可生ナシ。仏事門中不捨一法、惣持諸根。蓋有」8ウ

念仏三昧、還源要術也。往生一門示開ナリ。所以終日念仏、而不乖於無生。故能凡聖各住因位、而感応道交、東西不相往来、而神遷浄刹此不可得而致詰也。」9オ

雪竇云、
見聞覚知非一々
山河不在鏡中観
蒼天月落夜将半
誰共澄潭照影寒」9ウ

《白紙》」10オ

《白紙》」10ウ

《白紙》」見返

《白紙》」裏表紙

正法眼蔵打聞

称名寺蔵（神奈川県立金沢文庫管理）

（別筆）「称名寺」

正法眼蔵打聞
乾坤無地立孤筇、
喜得人空法也空。
可惜大元三尺剣、
電光影裏斬春風。」表紙

（九行抹消）「上
瑯琊
摵一摵
杜撰
卸(スク)レ甲(カフトヲ)　跛驢
激揚　醯鶏酢虫也。
謂之坐参
巖頭
眊瞪地目見カタメタルナリ。」」見返

上巻
瑯邪
摵(シク)　杜撰外道書、杜帝光之撰也。
謂之坐参
跛驢アシナヘタル驢ナリ。　激揚
醯鶏酢虫ナリ。　乱統ムネカミタル也。
巖頭
眊瞪地目見カタメタルナリ。
硬糾々地堅固之地。　（抹消）「採伊」　1オ
屙漉々地ソロ〱トクタル也。
刺蝟子ケムシナリ。　嗔斗呴地ケムシノハラタチテマカリタルナリ。
不要故採伊　信彩(トルモ)カセ□ル也。
有(ラハ)則便須二等破一
赤閔々地イソカハシキ地。
老榾榾老僧臀骨クヒセニ似タリ。故名之。
軟嫩々地ヨハキ地。　誑謼(ワウカ)タフロカス也。

仏眼

王子宝刀喩」1ウ

衆盲摸象喩

隔江招手

望州亭相見

迴絶無人

深山巌崖処

雲門

特舎児

克由叵耐（タウヲ）キハメテシノヒカタシトナリ。

冒姓佃官田本百姓ノ姓ヲ偽仮テ窃ニ官田ヲ作也。」2オ

羅山

出場定当（シテ）　布取

眼卓朔地

事褫言句。動逾万億

罩却。教汝

無々不是　遑得

錮鏴アナヲイフタイナリ。人ノ目ノツフス類也。

酌ニ度（セヨ）　胸襟（ヲ）

雪峰山畔

舀（クム）レ水」2ウ

（中欠）

帰宗宝

捫摸

僧問慈明

釣糸絞水

黄龍南

指路。曲為初機

大愚

嗄

大寧寛

整頓ツクロフ。

江州刺史

措大空」3オ

　疎山

枯椿タウクヒ也。

　帰宗和尚斬蛇

召云、布衲

　天衣懐

車馬駢闐

　泐潭英

不到烏江畔。知君未肯

休

蹋土墼漢」3ウ

褫剝　笑破佗口。大衆

　大潙真

撃香卓一下

　琅邪覚

農人移片礫

　大愚芝

撃箭。寧知枯木存

　泐潭準

両子父弄一箇師子

攫

　仏日才頌」4オ

松羅亮隔

　雲蓋智

緊峭離水靴

（抹消）「黄龍南」

（抹消）「遵布納」

　晦堂

覆盆之下

　雲峰悦

不ㇾ知若為、国師曰

　洞山初

未、喚作打底」4ウ

蹋著正脈、省前所行履
処、方始羞見本命元辰
搵錫
首山念
為甚麼却首山
隔窓看馬騎快過也。
葉県省
揭却脳蓋、豈不是
宝峰準
勿於中路事空王、策杖」5オ
従淮南来、不得福
建路信、却道
雲蓋智
作箇模子搭却、若也出
過山尋蛍跡
洞山聡
因発供養主

明招
條子
楊岐」5ウ
（後欠）

禅門詩文集

称名寺蔵（神奈川県立金沢文庫管理）

禅門詩文集伝記勘文」後補表紙

（前欠）

洞山和尚辞親書

伏聞諸仏出世、皆従父母而受身、万類興生、尽仮天地而覆載。故非父母而不生、無天地而不長。尽沾養育之恩、倶受覆載之徳。嗟夫一切含識、万象形儀、皆属無常、未離生滅。雖則乳哺情重養育恩深。若把世賂供資、終難報答、作血食侍養、安得久長。故孝経云、雖日用三牲之養、猶不孝也。相牽沈没、永入輪廻。欲報□□（罔極）深恩、莫若出家功徳。截生死之愛河、越□□□（煩悩之）苦海。」1オ報千生之父母、答万劫之慈親。三有四恩、無不報□（矣）。経云、一子出家、九族生天。良价捨今生之身命、誓不□（還）。将永劫之根塵、頓明般若。伏惟父母心開喜捨、意莫攀縁。学浄飯之国王、効摩耶之聖后。他時異日、仏会相逢。此日今時、且相離別。某非遽違甘旨、蓋時

不待人。故云、此身不向今生度、更向何時度此身。伏冀
尊懐莫相記憶。頌曰、

未了心源度数春　翻嗟浮世謾逡巡
幾人得道空門裏　独我淹留在世塵
謹具尺書辞眷愛　願明大法報慈親」1ウ
不須洒涙頻相憶　譬似当初無我身

又

巌下白雲常作伴　峰前碧障以為隣
免于世上名兼利　永別人間愛与慎
祖意直教言下暁　玄微須透句中真
合門親戚要相見　直待当来証果因

復云

良价自離甘旨、杖錫南遊。星霜已換於十秋、岐路俄経於万里。伏惟　娘子収心慕道。摂意□(帰)空。休□(懐)」2オ離別之情、莫作倚門之望。家中家事、但且□(随)時、転有転多、日増煩悩。阿兄勤行孝順、須求氷裏之魚。小弟竭力奉承、亦泣霜中之筍。夫人居世

上、修已行孝。以合天心、僧在空門。慕道参禅、而報慈徳。今則千山万水、杳隔二途。一紙八行、聊伸寸□（意）。

頌曰

不求名利不求儒　願楽空門捨俗徒
煩悩尽時愁火滅　恩情断処愛河枯
六根戒定香風引　一念無生恵力扶
為報北堂休悵望　譬如死了譬如無」2ウ

娘回書

吾与汝夙有因縁。始結母子恩愛情分、自従懐孕祷神。願生男児、胞胎月満、性命糸懸、得遂願心、如珠宝惜。糞穢不嫌於臭悪。乳哺不倦於辛勤。稍自成人送令習学、或暫逾時不帰。便作倚門之望、来書堅要出家。父亡母老兄薄弟寒。吾何依頼。子有抛娘之意、娘無捨子之心。一自汝往他方、日夜常洒悲涙。苦哉。今既誓不遷郷、即得従汝志、不敢望汝。如王祥臥氷、一（丁）蘭刻木。但願汝如目連尊者度我、下脱」3オ沈淪、上登仏果。如其不然、幽譴有在。切宜体悉。

雲峰悦和尚小参

汝一隊後生、経律論故是不知也。入衆参禅、々又不会、
臘月三十日作麼生折合去。師云、灼然。諸禅徳去聖時
遥、人心淡薄。看却今時叢林、更有不得也。所在之処、或
三百五百匝、浩々地、只謂飲食豊濃寮舎穏便、為旺化。
中間孜々為道者無一人半人。設有三箇五箇、走上走下、
半青半黄会却。総道我会、各々自謂握霊蛇之宝。
孰肯知非及乎挨撥、鞭擗将来。真是万中無一。苦哉々々。」3ウ
所以般若叢林□々彫、無明荒草年々長。(令)□□□
纔入衆来、便自端然拱手、受他人供養。到処菜不
□択一菜、柴不搬一束、十指不沾水。百事不干懐。□□
一期快意。争奈三途累身。豈不見教中道。寧以熱
鉄纏身、不受信心人衣。寧以洋銅灌口、不受信心人
食。上座若也是去、変大地作黄金、攪長河為酥□、
供養上座亦不為分外。若也未是至於滴水寸糸、便須

披毛戴角牽犂、拽杷償他始得。不見教中道。入道」4オ
不通理。復身還信施。此是決定底事終不虚也。諸
上座光陰可惜。時不待人、一朝眼光落地、緇田無一簣
功。鉄囲陥百刑之苦。莫言不道。珍重。

相州禅門送蘭渓回書

倩思、大師和尚之恩［　］報謝哉。寔是于（手）
足供給、頭頂礼敬全不可及。悲哉、尊顔已隠、徒思□
事令痛心、忍遺徳落紅涙者也。大聖猶無道、労心無
□。須此心堅固、世々生々、担荷此大法、全無間断、仮使入地獄
不失、亦上天宮無忘。以和尚指示之一句、頓在胸中、心々念
提撕之、挙覚之。如斯則時々相見、尅々面拝、［　］」4ウ
透脱一句之時節、即和尚与弟子、無二無分、無別無断故耳。

真観法師伝続高僧伝卅一

釈真観、字聖達。呉郡銭唐人。俗姓范氏。○天台智者名行
絶倫。先世因縁敦献莫逆。年臘既斉為法兄弟。游秦嶺陵
雲旧房。朝陽澄景、則高談恵照。夕陰匿彩、則深安禅
寂。○初観声辯之雄、最称宏富。江表大国莫敢争先。自

正法東流、談道之功、衛安為其称首。自爾詞人莫不宗猷於観。是知五百一賢代興、有日。仏法栄顕実頼斯乎。開皇十一年、江南叛反、王師臨弔。乃拒官軍。羽檄競馳、兵声逾盛。時元帥楊素、整陣南駆。尋便瓦散。俘虜誅剪三十」5オ餘万。以観名声昌盛、光揚江表、謂其造檄。不問将誅。既被厳縶、無由伸雪。金陵才子鮑亨謝瑀之徒、並被擁略、将欲斬決、来過素前。責曰、道人当坐禅読経。何因妄忤軍甲。乃作檄書。罪当死不。観曰、道人所学誠如公言。然観不作檄書。無辜受死。素大怒将檄以示。是你作不。観読曰、斯文浅陋、未能動人。観実不作。若作過此、乃指擿五三処曰、如此語言何得上紙。素既解文、信其言也。観曰、呉越草竊出在庸人。士学儒流多被擁逼。既数鮑謝之徒三十余人。並是処国賓主。当世英彦。願公再慮不有怨辜。素曰、道人不愁自死。乃更愁他。観曰、生死常也。既死不可不知人以為深慮耳。素曰、多」5ウ

（中欠）

側石傾斜澗、廻流瀉曲泉。野紅知草凍、春来鳥自伝。
樹錦無機織。猿鳴詎仮絃、葉密風難度。枝疎影易穿。
抱嚢依閑縒、策杖戯荒田。游心清漢表。置恵白雲辺。
栄名非我顧、息意且蕭然。

明解伝廿七

釈明解者、姓姚、住京師普光寺、有神明薄知才学、琴詩
書画京邑有声調情敞悦。頗以知解自傲。於諸長少無重
敬心。至於飲噉不異恒俗。○不久病卒。与友僧夢曰、解以
不信故、今生悪道甚患飢渇。如何不以故情致一食耶。及覚
遂列食於野祭之。又夢極慚愧云々。又下夢於画工先来同
役者曰、我以不信敬生処極悪。思得功徳無由可弁。卿旧与 6オ
相知。何為不能書一両巻経耶。 又遺其詩曰、
握手不能別、撫膺聊自傷。痛矣時陰短。悲哉泉路長。
野風驚暁吹、荒塚落寒霜。留情何所贈、惟斯内典章。

魏徴揀大宗云、貞観政要第十　十ケ条有之

貞観十三年、魏徴恐大宗不能克終倹約、近歳頗好奢縦、上疏
揀曰、臣観自古帝王、受図定鼎、皆欲伝之万代、貽厥孫謀。

故其垂拱巌廊、布政天下、其語治也。必先淳朴抑浮花、其
論人也。必貴忠良鄙邪佞、其言制度也。則絶奢靡而崇倹
約、談物産也、則重穀帛而賤珍奇。然受命之初、皆遵之以
成治。稍安之後、多反之而敗俗。其故何哉。豈不以居万乗之」6ウ
尊、有四海之富、出言而莫己逆、所為而人必従、
公道溺於私情、礼節虧於嗜欲故也。語曰、非知之難、行之難。
非行之難、終之難。斯言信矣。伏惟、陛下年甫弱冠、
大拯横流、平定区宇、肇開帝業。貞観之初、時方克壮、抑損
嗜欲、躬行節倹、内外康寧、遂臻至治。論功則湯武不足方。
語徳則尭舜未為遠。臣自擢居左右、十有余年、毎侍帷
幄、屡奉明旨。常許仁義之道、守而不失、倹約之志、終始不
渝。一言興勧、斯之謂也。徳音在耳、敢忘之乎。而頃年已来、稍
乖曩志、敦朴之理、漸不克終。謹以所聞列之如左。陛下貞観之
初、無為無欲、清静之化、遠被遐荒、考之於今、其風漸墜。」7オ
聴言則遠超於上聖、論事則未踰於中主。何以言之。漢文晋
武、倶非上哲、漢文辞千里之馬、晋武焚雉頭之裘。今則求駿
馬於万里、市珍奇於城外。取怪於道路、見軽於戎狄。此其

漸不克終一也。昔子貢問理人於孔子。々々曰、懍々乎、若朽索之馭六馬。子貢曰、何其畏哉。子曰、不以道導之、則吾讎也。若何其無畏。故書曰、人惟邦本、々固邦寧。為人上者、奈何不敬。陛下貞観之始、視人如傷、見其勤労、愛之猶子。毎存簡約、無所営為。頃年以来、意在奢縦、忽忘卑倹、軽用人力、乃云、百姓無事則驕逸。労役則易使。自古未有由百姓逸楽、而致傾敗者也。何有逆畏其驕逸、而故欲労役之哉。恐非興邦之至理。豈安人之長算。此其漸不克終二也。陛下貞観之初、損己以利物。至 7ウ 於今者、縦欲以労人。卑倹之迹歳改、驕侈之情日異。雖是憂人之言、不絶於口、而楽身之事、実切於心。或時欲有所営、慮人致諫、乃云、若不為此、不便我身。人臣之情、何可復争。此直意在杜諫者之口、豈曰択善而行者乎。此其漸不克終三也。立身成敗、在於所染。蘭芷鮑魚、与之倶化也。慎乎所習、不可不思。陛下貞観之初、砥礪名節、不私於物、唯善是与、親愛君子、疎斥小人。今則不然、軽褻小人、礼重君子也。重君子也、敬而遠之。軽小人也、狎而近之。近之則不見其非、遠之則莫知其是。莫知其是、則不間而自疎。不見其非、則有時而自昵。昵近小人、非致治之道。
疎遠君子、豈興邦之義。此其漸不克終四也。書曰、不作無益」8オ
害有益、功乃成。不貴異物、賤用物、人乃足。犬馬非其土
性不畜、珍禽奇獣、不育於國。陛下貞観之初、動遵尭
舜、捐金抵璧、反朴還淳。頃年以来、好尚奇異、難得之
貨、無遠不臻、珍玩之作、無時能止。上好奢靡、而望下敦朴、
末作滋興、而不求農人豊実、其不可得、亦已明矣。此其漸
不克終五也。貞観之初、求賢如渇、善人所挙、信而任之、
取其所長、恐其不及。近歳已来、由心好悪、或衆善挙而
用之、或一人毀而棄之。或積年任而信之、一朝疑而遠之。
夫行有素履、事有成跡。所毀之人、未必可信於所挙。
積年之行、不応頓失於一朝。且君子之懐、踏仁義而弘大」8ウ
体。小人之性、好讒毀以為身謀。陛下、不審察其根源、而軽
為之臧否。是使守道者日疎、干求者日進。所以人思苟
免、莫能尽力。此其漸不克終六也。陛下初登大位、高
居深視、事惟清静、心無嗜慾。内除畢弋之物、外絶田猟
之源。数載之後、不能固志。雖無十旬之逸、或過三駆之礼、

遂使般遊之娯、見譏於百姓、鷹犬之貢、遠及於四夷。或時教習之処、道路遥遠、侵晨而出、入夜方還。以馳騁為歓娯、莫慮不虞之変。事之不測、其可数乎。此其漸不克終七也。孔子曰、君使臣以礼。臣事君以忠。然則君之待臣、義不可薄。陛下初践大位、敬以接下、君恩下流、臣情上達。咸思」9オ竭力、心無所隠。頃年已来、多所忽略。或外官充使、奏事入朝。思睹欠遅、将陳所見、欲言則顔色不接、欲請又恩礼不加。乍因所短、詰其細過。雖有聴辯之略、莫能申其忠款。而望上下同心、君臣交泰、不亦難乎。此其漸不克終八也。傲不可長、欲不可縦、楽不可極、志不可満。四□（者）前王所以致禍、通賢以為深誡。陛下貞観之初、孜々不怠、屈己従人、恒若不足。頃年已来、微自矜放、恃功業之大、意蔑前王、肩聖智之明、心軽当代。此傲之長也。欲有所為、皆取遂意。縦或抑情従諫、終是不能忘懐。此欲之縦也。志在嬉遊、情無厭倦。雖不全妨政事、不復専心治道。此楽□之将極也。率土艾安、四夷款服、仍欲」9ウ

（中欠）

歎者也。臣誠愚鄙、不達時機。略挙所見十条、輒以上聞聖聴。伏惟、陛下採臣狂瞽之言、参以芻蕘之議。冀千慮一得、袞職（天子服也）有補、則死之日猶生之年。甘従鈇鉞。疏奏。太宗謂徴曰、人臣事主、順旨甚易、忤情尤難。公作朕耳目股肱、常論思献納。朕今聞過能改。庶幾克終善事。若違此言、更何顔与公相見。復欲何方以理天下。自得公疏、反覆研尋、深覚詞強理直、遂列為屛障、朝夕瞻仰、兼又録付史司。冀千載之下、識君臣之義。乃賜黄金十斤、厩馬二疋。

魏徴対大宗曰、

嗜慾喜怒之情、賢愚皆同。賢者能節之、不使過度。愚者縦之、多至失所。陛下聖徳玄遠、居安思危。豈同 10オ
常情。伏願、常能自制心、以保克終之美、則万代永頼。
大宗曰安不忘危、理不忘乱 文

晋武焚雉頭裘事

晋事武帝紀曰咸寧四年十一月太医司馬程拠献雉頭裘、帝以奇枝異服典礼、所禁焚之殿前

智愷伝辞世詩云
続高僧伝第一

千秋本難満　三時理易傾　石火無恒燄　電光非久明

遺文空満笥　徒然昧後生　泉路方幽噎　寒隴向凄清

一随朝露尽　惟有夜松声

因放筆、与諸名徳握手語別、端坐儼思奄然而卒春秋五十有一」10ウ

続高僧伝一仏法□□事(云)□、海法浩汗浅識難尋文

又云、仏法沖奥近識難通、自非才学無由造極文

帝範御撰事

唐会要修撰篇曰、貞観二十二年正月廿日太宗撰帝範十二篇賜皇太子文

太宗撰帝範十二篇賜皇太子、顧謂公王曰、餝躬闡改之道、備在其中。

朕一旦不諱、更無所言矣。尚書尭典曰、若稽于古帝尭。孔頴達曰、

帝者天之一名。所以名帝。々者諦也。天蕩然無心、忘於物我。公平

（ママ）
達遠挙事審諦故也。人君与天地含其徳。只詰曰範法也。」11オ

恵浄法師伝第三　註金剛般云々　褚亮序曰

若夫大塊均形役智従物。情因習改性与慮遷。然則達鑑

窮覧皎乎先覚。炳恵炬以出重昏、抜愛河而昇彼岸。与夫輪転、万劫蓋染、六塵流遁、以徇無涯、踳馳而趨便径、不同日而言也。顓川庾初孫早弘篤信、以為般若所明。帰於正道。顕大乗之名相、標不住之宗極。出乎心慮之表、絶於言像之外。是以結髪受持多歴年所。雖妙音演説成誦不虧。而霊源邃湛或有未悟。嗟迷方之弗遠。睠砥途而大息。属有恵浄法師、博通奥義。辯同炙輠理究連還。庾生入室研幾。伏膺善誘。乗此誓願仍求註述。法師懸鏡忘疲衢罇自満。上憑神応之道。傍尽心機之用。敷暢微言宣揚 11ウ 至理。曩日旧疑渙焉氷釈。今茲妙義朗若霞開。為像法之梁棟。変群生之耳目。辞鋒秀上。映鷲岳而相高。言泉激壮、赴龍宮而竟遠。且夫釈教西興道源東注。世閲賢智才兼優洽。精該睿旨罕見其人。今則沙門重闡籍甚。当世相此玄宗爵為。称首、歳維閹茂始創懐袖。月躔任呂爰茲絶筆。緇俗攸仰軒蓋成陰。扣鐘随其大小。鳴鳴剣発其光彩。一時学侶専門受業。同渉浪瀾、逓相伝授。方且顧蔑林遠俯視安生。独歩高衢対揚正法。遼東真本望懸金而不刊。

指南所寄、蔵群玉而無朽。豈不盛哉、豈不盛哉。

恵浄法師伝云、伝第三」12オ

大法広弘充溢□天壌、頗亦浄之功也。然末代所学庸浅者多。若不関外則言無所厝。如能摧伏異道、必以此学為初。毎以一分之功遊心文史。讃引成務兼済其神。而性慕風流、情寄仁厚。泛愛為心忘己接物。舒写言晤終日無疲、故使遠近聞風参請填委。皆応変接叙。神悦而帰、或筆賦縁情触興斯挙。留連旬日動成文会。和琳法師初春法集之作曰、

鷲嶺光前選　祇園表昔恭
哲人崇踵武　弘道会群龍
高坐登蓮葉　麈尾振霜松
塵飛揚雅梵　風度引疎鍾
静言澄義海　発論上詞鋒」12ウ
心虚道易合　跡広席難重
和風動淑気　麗日啓時雍
高才掞雅什　顧己濫朋従
用茲仰積善　霊花庶可逢

又与英才言聚、賦得昇天行詩曰、

馭風過閬苑　控鶴下瀛洲
欲採三芝秀　先従千仞遊
駕鳳吟虚管　乗槎泛浅流
頽齢一已駐　方験大椿秋

又和盧賛府遊紀国道場詩曰、」13オ

日光通漢室　星彩晦周朝
法城従此構　香閣本迢暁
珠盤仰承露　利鳳俯摩宵
落照侵虚牖　長虹拖跨橋
高才暫騁目　雲藻遂飄颻
欲追千里驥　終是謝連鑣

又於冬日普光寺臥疾、値雪簡諸旧遊詩曰、

臥痾苦留滞　闢戸望遥天
寒雲舒復巻　落雪断還連
凝花照書閣　飛素婉琴絃」13ウ

（中欠）

入三界、昇降六天、経営十方良為。於此若夫鹿園福地鷲嶺霊山、灑甘露於禅林、転法輪於浄域。付嘱菩薩済抜黔黎。然後放光面門、滅影双樹。宝船雖没遺猶（ママ）存。即是如来法身無有異也。然人能弘道、非道弘人。遠有弥勒文殊、親承音旨。近則図澄。羅什発明経教。五百一賢信非従説。千里一遇蓋匪虚言。法師昔在俗縁門称通徳。飛纓東序、鳴玉上庠。故得垂裕後昆伝芳猶子。嘗以詩称三百、不離於苦空。典礼三千未免於生滅。故発弘誓願、廻向菩提、落彼両髦披茲三服。」14オ至如大乗小乗之偈、広説略説之文、十誦僧祇一部波若、天親。無著之論、法門句義之談。皆剖判胸懐、激揚清濁。至於光臨講座、開置法筵、釈義入神随類倶解。写懸河之辯、動連環之辞。碧雞誉於漢臣、白馬称於傲吏。以今方古彼復何人。所以仰請法師為普光寺主、兼知紀国寺上座事。又聞。若独善之心有限、則済物之理不弘。

彼我之意未忘、則他自之情不坦。且普光、紀国倶是道場、旧住新居有何差別。法師来状云、魚鹿易処、失燥湿之宜。斯乃意在謙虚、仮称珍怪。昔聞。流水長者、遂能救十千之魚。曠野猟師、豈得害三帰之鹿。但使筌蹄 14ウ 不用、則言象自忘。

浄又謝曰、

重蒙令旨、恩渥載隆。追深悚怍。但恵浄学漸照雪解愧伝灯、濫叨栄幸、坐致非望。復蒙垂茲神翰、播斯弘誘、文麗辰象、調諧金石。加以恩兼道俗、沢惣存亡。奨進高深、譬超山海。循環百遍悲喜交懐、徒知銘感。豈陳螢路。頻煩曲降。顧己多慚。謹以謝聞。用増怵惕。

登又下令、与普光寺衆曰、

蓋聞正法没於西域、像教被於東花。古往今来多暦年所。而難陀。迦葉、馬鳴、龍樹、既同瓶写。有若灯伝。故得妙旨微言垂文見意。是以三十二相遍満人天、十二部経敷 15オ 揚刹土。由其路者、則高騁四衢之上、迷其塗者、則輪廻六趣之中、理窟法門玄宗秘蔵。非天下之至賾。孰能与於此乎。皇帝以神道設教利益群生。故普建仁祠紹隆正覚。卜茲勝地立此

伽藍。請赤県之名僧。徴帝城之上首。山林之士擁錫来遊、朝
廷之賓枢衣趨座。義筵済々法侶詵々。寔聚落之福田、黔黎
之寿域。加以叢楹畳榭宝塔花台、洪鍾扣而弗諠。清梵唱
而逾静。若夫盧舎那仏坐普光法堂、霊相葳蕤、神変肸響。
以今方古闇与冥符。名器之間、豈容虚立。然僧徒結集、須有
綱紀。詢諸大衆、罕値其人。積日捜揚頗有僉議。咸云、紀国寺
上座恵浄、自性清浄本来有之。風神秀徹非適今也。至於龍」15ウ
宮宝蔵象力尊経、皆挺自生知無師独悟。豈止四諦一
乗之説。七処八会之談、要其指帰得其真趣而已。固亦滌
除玄覧老氏之至言。潔静精微宣尼之妙義。莫不窮理
尽性尋根討源。其徳行也如彼。其学業也如此。今請為
普光寺主、仍知本寺事。法師比者逡巡静退不肯降重。慇
勤苦請方始剋従。但菩薩之家体尚和合。若得無諍三昧。自然
永離十纏。亦願合寺諸師共弘此意。其迎請之礼任依
僧法。

同伝破中舎辛云、
太子中舎辛諝。学該文史、傲誕自矜。題章著翰莫敢」16オ

当擬、預有殺青、謂必裂之于地、謂僧中之無人也。浄賾斯軽侮、乃裁論擬之。文云、

紀国寺釈恵浄、敬酬東宮辛中舎曰、披覧高論博究精微。旨贍文花驚心眩目。辯超炙輠理跨連環。幽難勃以縦横、掞藻紛其駱駅。映雲霞而比爛、叶金石以相諧。絢矣文章、沖乎探賾。非夫哲士、誰其溢心、瞻彼上人固難与対、軽持不敏敢述朝聞。豈曰稽疑寧酬客難也。来論云、一音衍説各随類解。蠕動衆生皆有仏性。然則仏陀之与先覚、語従俗異、智恵之与般若義本玄同。習智覚」16ウ若非勝因。念仏恵、豈登妙果。答曰、大矣哉斯挙也。其信深固幽遠杳冥難測。吾子為信乎為疑乎。其信也豈不然乎哉。其疑也豈不深乎哉。然則下士不笑、不足以為道、浅智不謗、不足以為深。仰度高明。固無笑謗矣。但其言濩落理渉嫌疑。今当為子略陳梗概。若乃問同答異、文郁郁於孔書、名一義乖、理堂堂於釈教。若名同不許義異、則問一不得答殊。此例既昇、彼並自没。如其未喩更為提撕。夫以住無所住、万善所以兼修。為無不為一音

所以斉応。豈止絶聖棄智抱一守雌、冷然独善義無兼」17オ
済。較言優劣、其可倫乎。二宗既辯百難斯滞。来論云、
必謂彼此名言遂可分別。一音各解乃翫空談。答曰、誠如
来旨亦須分別。竊以逍遥一也鵬鷃不可斉乎九万。栄枯
同也椿菌不可斉乎八千。而況熠火之侔日月、浸灌之方
時雨。寧以分同明潤、而遂均其曜沢哉。至若山豪一其
小大、彭殤均其寿夭、莛楹乱其横発、施厲混其妍媸、斯
由相待不定相奪可忘。荘生所以絶其有封非謂、未始無
物。斯則以余分別攻子分別。子忘分別即余忘分別矣。
君子劇談幸無譴論。一言易失、駟馬難追、斯文誠矣。深」17ウ
可慎哉。来論云、諸行無常、触類縁起。復心有待資気
渉求。然則我浄受於熏修、恵定成於繕刻。答曰、無常者
故吾去也。縁起者新吾来也。故吾去矣、吾豈常乎。新吾
来矣、吾豈断乎。新故相伝、仮熏脩以成浄、美悪更代、非
繕刻而難功。是則生滅破於断常、因果顕乎中観。賛乎
宗也。談乎妙也。斯実荘釈玄同。東西理会。而吾子去

彼取此。得無謬乎。来論云、続鳧截鶴庸詎真如。草化蜂飛、何居弱喪。答曰、夫自然者報分也。熏修者業理也。報分已定、二鳥無羨於短長。業理資縁、而虫有待」18オ而飛化。然則事像易疑。沈冥難暁、幽求之士、淪惑罔息。主若道円四果、尚昧衣珠。位隆十地猶昏羅縠。聖賢固其若此、而況庸々者哉。自非鑑鏡三明雄飛七辯。安能妙契玄極敷究幽微。貧道藉以受業家門。朋従是寄、希能択善、敢進蒭蕘。如鑑然願詳金陵矣。於是廊廟貴達、咸仰高風。人蔵一本、緘諸懐初。同聚談宴、以為言先。辛侯由玆頂戴。頓袪邪網。帝里栄勝、望日披雲。各撤金帛樹興来福。 沙門法琳、包括経史、摘掞昔聞。承破邪疑、迺致書曰、近覧」18ウ所報辛中舎析疑論。詞義包挙比喩超絶。 璀璨眩離朱之目。鏗鏘駭師曠之耳。固以妙尽環中事殫辯囿。譬王衡之斉七政、猶溟海之統百川。煥々乎、巍々乎。言過視聴之外、理出思議之表。足可杜諸見之門開得意之路者也。至如住無所住、兼修之義在焉。為無不為、斉応之功和矣。将令守雌顔厚独善靦容。乃理異之顕哉。豈玄同之可得、失立像以表意、得意則象忘。若忘其所忘彼此之情斯泯。非忘其不忘。小大之殊有異。是知日月既出、無用爝火之光。時雨既降、」19オ何煩浸灌之沢。故云彼此可忘、非無此也。故吾去也因故去而辯無常。新吾来也藉新来以談縁起。非新非故熏修之義莫成。無繕無剋美悪之功孰著。蓋以生滅破彼断常之迷。寄因果示其中観之、断常見息則弱喪同帰。中観理融則真如自顕。或談業理以明熏習。乍開報分以釈自然。意出情端旨超文外。分有在、鳧鶴自忘其短長。業理相因、草蜂各任其飛化。可謂於無名相中仮名相説。体真会俗、豈不然歟。詳中舎天挺之才、未等若人尽理之□（説）。子期可慚於喪偶、顔生有愧其坐」19ウ忘。可以息去取之□（両）端、泯顛沛之一致。楚既得之、斉亦未為失也。法師博物不群智思無限、当今独歩即日梁棟。既為衆所知識、実亦名称普聞。加以累謁金門頻登上席。扇玄風於鶴籥、振法鼓於龍楼。七貴挹其波瀾、五師推其神雋。既聳乗天之翼、又縦横海之鱗。支遁之足、王何寧堪並駕。帛祖之方、嵆阮未足連衡。用古儔今、君有之矣。琳謝病南山棲心幽谷。非出非処、蕩慮於風雲。無見無聞、寄情於泉石。遇観名作実遺繁憂、乍覧瓊章用祛痼疾。徘徊吟諷循環巻」20オ舒。蘊懐袖之中、不覚紙労字故。略申片意、謹此白書。

寒山詩云、

千生万死何時已　生死来去転迷情
不識心中無価宝　恰似盲驢信脚行
心神用尽為名利　百種貪婪進己軀
浮生幻化如灯燼　塚内埋身是有無
世間何事最堪嗟　尽是三途造罪租
不学白雲巌下客　一条寒衲是生涯
秋到任他林葉落　春来従你樹開花」20ウ
三界横眠無一事　明月清風是我家

豊干詩云、　余為執筆幷刪綴詞理文。余者南山也。

本来無一物　亦無塵可払

若能了達此　　不用坐兀々

弁云、昭明道契生知、晋安徳光天縦。邀遊礼楽之囿、馳騁仁義之場。

又云、学窮百氏、文統九流。文　又云、漁猟墳典、遊戯篇章。文

拾得詩云、

出家要清閑　　々々即為貴

如何塵外人　　却入塵埃裏　21オ

通人云、因尸利而説三帰。由末伽而説五戒。為迦王而説十善。為長者而説六斎。

又云、学不師古、無克求世。先賢往彦、孰不因師。文

儒生云、布李老無為之風而民自化。執孔丘愛敬之道而天下孝慈。

通人曰、太昊本応声大士、仲尼即儒童菩薩。

通人曰、訥。言敏行君子所称。文

古哲云、文繁者失其要。理寡者喪其実。文

庠公子云、愍傷不殺曰仁、防害不婬曰義、持心禁酒曰礼、清察不盗曰智。非法

不(ルヲ)言(二)曰信(一)(ト)。

又云、左右部(ノ)落咸(クニ)使六斎(一)、(合第)□□尊卑皆受五戒。文」21ウ

嘉泰普灯録

称名寺蔵（神奈川県立金沢文庫管理）

（表紙欠）

（1～2丁欠）

嘉泰普灯録第二十

南岳第十六世　臨済十二世

霊隠仏海慧遠禅師法嗣覚阿上人、日本国藤氏子也。日本而安元々航海而来、歳余始至乾道辛卯夏也、袖香拝霊隠仏海禅師、海問其来、阿輒書而対、復書曰、我国無禅宗、唯講五宗経論、国主無姓氏、号金輪王、以嘉応改元、捨位出家、名行真、年四十四、王子七歳令受位、今已五載、○某等仰服　聖朝遠」3オ公禅師之名、特詣丈室礼拝、願伝心印、以度迷津、且如心仏及衆生、是三無差別、離相離言、仮言顕之、禅師如何開示、海曰（花厳）、衆生虚妄見、々仏見世界、阿書云、無明因何而有、海便打、即命海陞座決疑、明年秋、辞游金陵、抵長芦江岸、聞鼓声忽頴悟、始知仏海垂手旨趣、旋霊隠、述五偈、叙所見、辞海東帰、偈曰、航海来探教外伝、要離知見脱蹄筌、諸方参遍草鞋破、水在澄潭」3ウ月在天其一、掃尽葛藤与知見、信手拈来全体現、脳後円光徹大（太）虚、千機万機一時転其二、妙処如何説向人、倒地便起自分明、驀然踏著故田地、倒裹帽（幞）頭孤路行其三、求真滅妄元非妙、即妄明真都是錯、堪笑霊山老古錐、当陽抛下破木杓其四、竪拳下喝少売弄、説是論非入泥水、截断千差休指注、一声帰笛囉々哩其五、海称善、書偈贈其行。阿少親文墨、善諸国書、至此」4オ未数載、径躋祖域、其於華語能自通。淳熙乙未（安元々年）、与其国僧統、遣僧訊海。副以水晶降魔杵及数珠二臂、綵扇二十事、貯以宝函。壬寅夏（寿永元）、王請住持其国叡山寺、復遣僧通嗣書、時海已入寂矣。

第廿二

真宗皇帝見花厳自暁製偈曰、」4ウ
寂々大虚空、湛々如秋水、払拭本無塵、不属張王李、
正覚本逸禅師、賜前偈令和釐為四章、
一曰寂々大虚空、何人達此宗、本来無一物、仏祖永潜蹤、
二曰湛々如秋水、此心誰可委、唯有悟空人、相逢只弾指、
三曰払拭本無塵、青天一月輪、堂々無罣礙、全露法王身、
四曰不属張王李、従来自家底、山河及大地、通身無不是。

徽宗皇帝践祚之初、留神禅奥、紹（詔）芙蓉道楷」5オ禅師、住持法堂以問宗要。二年仏国禅師白奏所集宗門続灯録三十巻、上賜其序。政和三年夏四月、嘉州道傍有大樹、風雷所摧、一僧宴坐樹内、髭髪被体、指爪遶身、絵慧持法師像并製三頌、○
七百年来老古錐、定中消息有誰知、争如隻履西帰去、生死徒労木作皮、
蔵山於沢亦蔵身、天下無蔵道可親、寄語荘周休擬議、樹中不是負趨人、
有情身不是無情、彼此人々定裏僧、会得菩提本無樹、不須辛苦問盧能、
丞相王随居士、嘗謁首山省念禅師、得言外之旨、自爾践履益深竟、明大法至臨終日、書偈曰、
尽堂灯已滅、弾指向誰説、去住本尋常、
春風掃残雪。」5ウ
礼部楊傑居士、辞世偈曰、
無一可恋、無一可捨、大虚空中、之乎者也。
将錯就錯、西方極楽。

第廿三

丞相富弼居士、
万木千草欲向栄、臥龍猶未出滄溟、
彤雲彩霧呈嘉瑞、依旧南山一色青。
彦脩居士、於柏樹子上、発明頌、」6オ
趙州柏樹太無端、境上追尋也大難、
処々緑楊堪繫馬、家々門底透長安。
呂巌真人、字洞賓、京川人也。唐末三年不第、偶於長安酒肆、遇鐘離権、授以延命術、自爾人莫之究、嘗游廬山帰宗、書鐘閣壁曰、

一日清閑自在身、六神和合報平安、丹田有宝休尋覓、対境無心莫問禅、未幾道経黄龍山、覩紫雲成蓋。疑有異人乃入謁値龍、」6ウ陞堂、龍見意必呂公也。欲誘而進厲声曰、座傍有竊法者、呂毅然出、問一粒粟中蔵世界、半升鐺内煮山川、且道、此意如何。龍指曰、這守屍鬼。呂曰、争柰嚢有長生不死薬、曰饒経八万劫、終是落空、亡呂薄訝飛釼、脅之釼不能入、遂再拝求指帰、龍詰曰、半升鐺内煮山川、即不問你、如何是一粒粟中蔵世界、呂於言下、頓契作偈曰、棄却瓢嚢摵砕琴、如今不恋水中金、」7オ自従一見黄龍後、始覚従前錯用心、龍属令加護後、謁潭之智度覚禅師、有曰余游韶郴、東下湘江、今(令)見覚公、観其禅学精明、性源淳潔、促膝静坐、収光内照、一衲之外無余衣、一鉢之外無余食、達生死岸、破煩悩殻、方今仏衣寂々兮無伝、禅理懸々兮幾絶扶、而興者其在吾師乎。聊作一絶奉記、達者推心方済物、聖賢伝法不離真、請師開説西来意、七祖如今未有人、○時往来接化」7ウ京華、而人鮮遇。有偈曰、独自行来独自坐、無限世人不識我、唯有橋東老樹精、分明知道神仙過、有老宿見此偈問禅者曰、既是神仙為甚麼却被樹精覷破。宣和中抵四明金鵝寺、顧方丈、粛然頃、有童子、出呂問、此何寥々、童云、莫道寥々虚空也、不著呂嘉其言、題詩於壁曰、方丈有門出不鑰、見箇山童赤双脚、問伊方丈何寥々、報道虚空也。不著聞此語、何欣々主翁、豈是尋常人。我来謁見不得見、渇心」8オ耿々生挨塵、帰去也波浩渺路入蓬莱、山杳(エウ)々（杳深也宜也）相思為上石楼時、雪晴海闊千峯暁。

弥勒菩薩金剛経頌有云、饒(タトヒ)経八万劫終是落空亡。

建寧府千山智栄禅師、侍三教頂禅師之久、未有所証、脇不至席者数年、一日飯後至鐘閣、経行聞忽雷、而悟述偈曰、一震驚天地、轟々不是声、

何労勤苦覓、時至自然明、以所見白頂、々曰此乃」8ウ
観音入道之門也。宣自護持。

第六

黄龍宝覚晦堂祖心禅師法嗣、隆興府黄龍死心悟新禅師、○晦堂竪拳問曰、喚作拳頭則触、不喚作拳頭、則背、汝喚作甚麼。師罔措経二年方領解、○後聞震雷大悟。○上堂曰、古人道、蔵人不蔵照、蔵照不蔵人、人照倶蔵、人照倶不蔵。後来挙者甚多、明者極少。今日黄龍不惜眉毛、与你諸人説破。蔵人不蔵照、」9オ
鷺鷥立雪非同色。蔵照不蔵人、明月蘆花不似他。人照倶蔵、了々了時無可了。人照倶不蔵、玄玄々処亦須呵。復曰、会麼。慇懃為唱玄中曲、空裏蟾光、撮得麼。上堂、清珠下於濁水、々々不得不清、念仏投於乱心、々々不得不仏、々既不乱、濁水自清、濁水既清、功帰何処。良久曰、幾度黒風翻大海、未曽聞道釣舟傾。問、如何是光照後用、曰、清風払明月。云、如何是先用後照。曰、明月払清風。云、如何＝是」9ウ
照用同時。曰、清風明月。云、如何是照用不同時。曰、非清風而無明月。云、若然者、龍岫清風蔵不得、西安明月却相容。曰、貧無達士、将金済病有閑人説薬方。○政和五年春、偶謂侍者曰、今年有一件好事、人莫知之、衆罔側。是歳十二月廿三日、就昭黙堂、○説偈曰、説時七顛八倒、黙時落二落三、為報五湖禅客、心王自在休参。」10オ

第二十九　偈賛

黄龍普覚南禅師二首　答張職方

夢幻年光過耳順、茆庵草座頗相宜、
日高一鉢和羅飯、禅道是非都不知、
不知猶作不知解、解在功成百鳥奔、
欲絶喃花箇中意、江心明月嶺頭雲。

芙蓉楷禅師

妙唱非千舌」10ウ

（11～13丁欠）

庵之基兮不崩而不騫、庵之形兮似月而孤円、
上無其際兮傍無其辺、中無其極兮下亦如然、
斯古今兮未聞其変遷、西来之人兮強謂其相伝、
嗟余之不敏兮実亦紹焉、念道之将墜兮欲扶危而持顛、
彼昏者何知兮迺拘空而滞偏、棄栴檀古幹兮慕螻蟻之腥羶、
還郷路絶兮嗟荊棘之参天、空花易落悲短景之難延、
昔人不偶兮亦梁逐而魏還、顧余之微兮今復何言、
結茅宴処兮其楽闐々、朝昏兀々兮饑飡而困眠、」14オ
九年冷坐兮、斯人可憐、魯祖面壁兮、藩籬未堅、
諗老敗軍兮徒展戈鋋、三斗山茶兮聊思共煎、
伊人不来兮、吾意日懸、伊人既至兮、凝寂異喧、
喧之至理兮乃默之源、吾無已兮為若重宣、
松風之飂々兮巌溜濺々、峯巒之崷崒兮浮黛而凝煙、
竹窓皎々兮、桂魄而霄穿、凡席英々兮、白雲而画聯、
春夏兮層飀与百花而闘妍、秋冬兮擁炉、視黄葉之翩々、
斯物々兮挙妙以談玄、伊迷徒兮剛欲而棄捐、」14ウ
全体見成兮、不労雕鐫、忽爾回光兮、乃聖乃賢、
真風既復兮捨罤而忘筌、野老歌吟兮、幸斯言之未愆、
熙微幽径兮蘚駮苔纏、此処同帰兮千年万年、
劫火洞然兮、此不可然、重閣之後兮寒山之前、

呉山師子端禅師

睡辞

夫人処世、身有四儀、身之四儀、唯臥最奇、人」15オ間万慮倶遣、名利富貴都不能知、翻思釈迦老子、不知人之好宜、却教我画則勤心、修習善法、初夜後夜、事勿有廃、中夜誦経、以自消息、莫以睡眠、因縁令一生空過、若教老僧当時親見、領向霊山頂上大松樹下、塊石枕頭大家一時打睡、驀地起来知道、睡中有此慈味。

同報牛歌」15ウ

牛牛牛、休休休、更莫牽犂、拽把任経、冬夏春秋、無縄無索、無准無鉤、朝来放向荒郊去、杳々無蹤休復休。

薦福常庵崇禅師

和陶潜帰去来辞

帰去来兮、一念相応名曰帰、既以此処為我家、何外物而可悲、審霊々而自到、会了々而堪追、」16オ在我而無非我、其非我而孰非、矧我性之有常、如我身之能衣、問行人而未悟、即迷荒而細微、全身不動、乃馳乃奔、一塵廓然、見此法門、塵々有光、刹々儼存、唯此多旨、匪壺匪罇、楽帰来以自得、向万化以開顔、居常庵以黙照、念懶拙之可安、将寒暑以為用、労生死而何関、借夢幻以遊戯、統思慮而全観、今無心以放曠、適有趣而来還、其至々以無外、等空々」16ウ以盤桓、帰去来兮、請悟此而勝游、不動歩而到家、胡自苦兮多求、了千生之活計、聆毫髪以忘憂、無寸土而耕鋤、実万頃而千畴、仮道浮嚢、寄夢扁舟、或山丘以城郭、或城郭而山丘、非変化以能融、豈神通而同流、善寂滅而莫任、起三摩而寧休、已矣乎、只将煩悩正与時、挙体不住焉爾留、堂々歴々宜知之、愚智未嘗間、螻蟻亦可期、幸有田而可」17オ種、何不及時而耕耔、師吉祥而問已、従無言而賦詩、本如々以独耀、証夫親而将誰疑。

常庵賦

山之前水之後、嶠崒乎煙雲之上、縹緲乎松竹之杪、会霊跡以託化、楽幽居而養浩、茲固野人之自得、豈心口之所較、雖復異心口於思議、即見聞於是否、破滞著於二乗、」17ウ闢円常於非道、然非造詣深妙与識並遷、浮雲易散夜蟄非堅、豈独苟初歩之不正、矧倏途之能前、乃欲超生死之大患、出有無之深源、是猶照蛍光於捺落、指慧日於尼乾、則亦沈荒於黒暗之下、淪堕於矯妄之辺、顧衣珠之有在、是宝刀之終還者矣、若夫撒手高巌、箭鋒中鏑、全機全用混塵混跡、瞥爾不到、邃然難及、喪妙用於刹那、超情塵於毫忽、類」18オ春夢之展転、若空華之出没、謂無有以不無、言有有而非実、妙無無之成病、妙有々之成賊、四句消融、百非条直、暢霊襟而適悦、開玄路而安逸、故能随所而為楽、非居而居一、邀清風於倏竹、聴吟猿於石室、廓然寥然、以語以黙、非禅非誦、非忘非憶、然後秉万化之用、等衆類之帰、以会夫一瞬、又胡我胡物。

司空山歌」18ウ

司空山在雲外、人到得方自在、
我今随力幸登臨、四顧巍々無向背、
絶遮欄難比況、千山万山斎侍仰、
九夏炎々雪正飛、三冬颱々華初放、
春不栄秋不落、隠々昭々倚寥廓、
直下人間咫尺間、欲上之人難措脚、
人跡絶野境寛、触事無能懶散便、
有時向日巌前坐、有時乗困日高眠」19オ
不学禅不終道、只麼騰々恣顛倒、
百種無求箇野人、随分随縁能作造、
不従他不覓已、一句霊々万縁裏、
自従識得祖師関、歴々明々此為始、
無姓名無忌諱、来者向渠只麼是、
任你千般与万般、何曽出得箇些子、
分明説報知音、日炙風吹不用尋、
須弥南畔相逢著、積翠台遍旨更深。」19ウ

（20丁欠）

助発真源、果不廃修、即同参契
欽山方禅師　四威儀頌
山中行　歩々踏無生、手把過頭杖、軽重不多□(争)、
山中住　生死全無路、地獄与天堂、總是閑家具、
□中坐　松竹大底大、時々起清風、自唱還自和、
□中眠　祖師並斉肩、神通幷妙用、尽在枕頭辺。」21オ

坐禅箴
□(仏)々要機、祖々機要、不触事而知、不対縁而照、
□(不)触事而知、其知自微、不対縁而照、其照自妙、
其知自微、曾無分別之思、其照自妙、曾無毫忽之兆、
曾無分別之思、其知無偶而奇、曾無毫忽之兆、
其照無取而了、水清徹底兮、魚行遅々、
空濶莫涯兮、鳥飛杳々。
右大宋太白山勅諡宏智禅師述」21ウ

続灯第廿七
潭州大僞懐秀禅師、挙仰山夢、住弥勒所、令居第二座、有尊者白槌云、今当第二座説法。仰山起白槌云、摩訶衍法離四句倦百非、諦聴々々。師云、仰山依文
□義即不無、忽然弥勒会中有箇作者、纔見伊
□摩訶衍法便云、合取両片皮非唯止絶。仰山寐
〔　〕後人夢中説夢。」22オ

〔　〕灯録第二十九巻
□地蔵顕端禅師　玄唱頌有十首　地蔵一琴　誰是知音
□(取)松百尺　瀑布千尋　是何之琴　虎嘯龍吟
□州龍安兜卒従悦禅師十首帰根頌
笑把寒山手、相将過野橋、水辺同坐石、林下各攀条
日到天心盛、雲帰谷口消、寥々人界外、何処不逍遥
廬州興化仁岳禅師十首之内　妙談不干舌頌。
口口称揚舌本無、無中演妙作明謨
君臣唱和通玄旨、天下同帰絶異途」22ウ

碧巌集云、
挙、仰山問僧、近離其処、僧云、廬山、仰山云、曽到

（盧山有之）五老峯麼、僧云、不曾到、仰山云、闍梨不曾遊山、
雲門云、此語皆為慈悲之故、有落草之談、頌曰、
□（寶頌）草入草誰解尋討、白雲重々紅日杲々、
左顧無瑕（キス）㆒、右盻（ミレハ）已老（リ）、君不見。寒山子行太早、
□年帰不得㆒、忘却来時道。円悟曰、到這裏無一
□□□凡㆒、無一毫末属聖㆒、偏界不曾蔵、一々覆」23オ
□□（不）得、所謂無心境界、空不同空、寒□（不）聞寒、
□不聞熱、都盧尽箇大地、只是箇大解脱門、
□顧無瑕右盻已老。如唐時有僧、名懶瓚和尚、
□（居）衡山頂石窟中、徳宗発使者、詔使至宣
詔、瓚起撥牛糞火㆒、取煨（ヤケタルイモ）芋㆒喫、寒涕（スヽハナタルムネニ）垂膺（ヨウ）、
使臣勅令拭之。瓚云、有甚公夫㆒、為俗人拭涕、
此乃古人、不弄光陰㆒如是。寒山有詩云、
欲得安身之処㆒、寒山可長保（ク）、微風吹幽谷、」23ウ

（後欠）

舎利礼文

称名寺蔵（神奈川県立金沢文庫管理）

舎利礼文

明忍」表紙

《白紙》」見返

医王山参詣一歩一礼文

南(ナ)無(モ)阿(ヲ)一(イ)心(シン)敬(チン)礼(レイ)
阿(ヲ)育(イ)王(ワウ)八(ハ)万(マ)四(ソ)千(セン)
釈(シ)迦(キヤ)如(シヨ)来(ライ)身(シン)真(シン)」1オ
舎(シヤ)利(リ)耶(ヤ)宝(ハフ)塔(タフ)婆(ハ)
阿(ヲ)育(イ)王(ワウ)八(ハ)万(マ)四(ソ)千(セン)
釈(シ)迦(キヤ)如(シヨ)来(ライ)身(シン)真(シン)
舎(シヤ)利(リ)耶(ヤ)宝塔婆」1ウ
釈(シ)迦(キヤ)如来身真
舎利耶宝塔婆」2オ

宋人参詣医王山之時礼拝文

称名寺蔵（神奈川県立金沢文庫管理）

宗(宋)人参詣医王山之時礼拝文

南無阿一心敬(キン)礼阿
育王八万四千釈迦
如来身真舎利耶
宝塔婆阿育王八万
四千釈迦如来身真
舎利耶宝塔婆八万
四千釈迦如来身真舎
利耶宝塔婆

〈紙背〉

(貼紙)

ヤ印三枚	僧ノ房名ノ一面ハ写(ニ)不及

衲衆

順恵房　　(東)明円房
空道房　　本空房
良乗房　　覚円房
(千秋)明照房　　良念房
(蓮花寺)是円房　　乗忍房
理一房(ホウタウ ハ)　　慈鏡房
(常葉寺)静教房(シンラクシン)　　照観房(シヤリ)
乗覚房(イワウハマソ)　　明本房(センシ キヤ)
〔　〕忍春房(ヲイシン)　　(竹鼻)心月房(チンレイ ヲ)
賢祐房　　(多宝寺)覚証房

浄乗房　千秋尊舜房

理智光院円一房　行空房

松室良忍房　如禅房

禅円房　信法房

円宗房　浄意房

行証房　多修一房

思観房　東栄寺唯観房

静妙房　慈日房

賢信房

伝心法要

大谷大学蔵

黄檗希運禅師伝心法要　河東裴休　集

有二大禅師一、号二希運一。住下洪州高安県黄檗山鷲峰下上。乃曹谿六祖之嫡孫、百丈之子、西堂之姪。独佩二最上乗一離二文字之印一、唯伝二一心一、更无二別法一。心体亦空、万縁倶寂。如下大日輪昇二於虚空中一、照耀静无中繊埃上。証レ之者无二新旧一、无二浅深一。説レ之者不レ立二義解一、不レ立二宗主一、不レ開二戸牖一、直下便是動レ念則乖。然後為二本仏一。故其言簡、其理直。其道峻、其行孤。四方学徒望レ山而趨、観レ相而悟。往来海衆常千余人。予会昌二年廉二于鍾陵一、自レ山迎至レ州、憩二竜興寺一、旦夕問レ道。大中二年廉二于宛陵一。復礼迎至二所部一、寓二開元寺一。旦夕受レ法退而紀レ之十得二一二一、佩為二心印一、不レ敢発揚一。今恐四入レ神精義不三聞二未来一、遂出レ之、授二門下僧太舟法建一。帰二旧山之広唐寺一、講二長老法衆一」1オ問与下往日常所二親聞一、同異如何上也。時大唐大中十一年十月八日謹記。自後毎段各紀歳月今刪繁爾。諸仏与二一切衆生一唯是一心、更无二別法一。此心无始已来不二曽生一、不二曽滅一、不レ青不レ黄、无形无相、不レ属二有无一、不レ計二新旧一、非レ長非レ短、非レ大非レ小、超二過一切限量名言、蹤跡対待一。当体便是動レ念即差。猶如下虚空无有辺際、不可側度。唯此一心即是仏、々与衆生更无差異。但是衆生差相外求、転失、使仏覓仏、将心捉心、窮劫尽形終不能得、不知息念忘慮、仏自現前。此心即是仏、々即是衆生、々々即是佛、仏即是心、為衆生時、此心不減、為諸仏時此心不添、乃至六度万行河沙功徳、本自具足、不仮修添。遇縁則施縁、息則寂。若不決定信此而欲着相修行以求功用。皆是妄相。与道相乖。此心即是仏、更无別」1ウ仏亦无別心。此心浄明猶如虚空无一点相貌、挙心動念即乖法体、即為着相。无始以来无着相仏、修六度万行欲求成仏、即是次第。无始以来、无次第仏。但悟一心更无少法可得。此則真仏、仏与衆生一心无異。猶如虚空无雑无壊。如大日輪照四天下。日昇之時、明徧天下、虚空不曽明、日没之後、暗徧天下、虚空不曽暗、明暗景、自相凌奪、虚空之性、廓然不変。仏与衆生心亦如此。若観仏作清浄光明解脱之相、観衆生作垢濁暗昧生死之相。此人作此解、歴河沙劫、終不得菩提、即是着相之故。唯此一心更无微塵許少法可得、即是仏。今学道人、不悟此心体、便於心上生心、向外求仏、着相修行、皆是悪法、非菩提道。供養十方諸仏不如供養一无心人不可得。无心者、无一切心也。如如」2オ之体、内外如木石、不動不転、内外如虚空、不塞不礙、无能无所、无方所无相貌、无得失。越者不敢入此法、恐落空无棲泊処。故望涯而退。文殊当理、普賢当行。理者、真空无礙之理。行者離相无尽之行。観音当大慈、勢至当大智。維摩浄名也。浄者性也。名者相也。性相不異号為浄名。諸大菩薩所表者、人皆有之。不離一心悟之即是。今学道人、不向自心中悟乃於心外求着相取境、皆与道背。恒河沙者、佛説是沙。此沙諸仏菩薩、釈梵諸天歩履而過、沙亦不喜、牛羊衆蟻踏践而行沙亦不怒、弥宝馨香沙亦不貪。糞溺臭穢、沙亦不悪。此心即无心之心離一切相、衆生諸仏更无差殊。但能无心便是究竟。学道人、若不直下无心、累劫修行終不成道、被三乗功行拘繫不得」2ウ解脱。然証此心有遅疾。有聞法一念便得无心者、有至十信十住十行十廻向乃得无心者、有至十地乃得无心者。長短得无心即住、更无可修、更无可証。実无所得。真実不虚、一念而得与十地、而得者功用恰斉、更无深浅。只是歴劫枉受辛勤耳。造悪造善皆是着相。着相造悪枉受輪回、着相造善枉受労苦、揔不如言下自認取本法。此法即心。心外无法、此心即法、々外无心、々自无心亦无々心者。将心无心、々即成有。黙契而已。絶諸思量、故曰言語道断、心行処滅。此心是本源清浄仏。人皆有之。蠢動畜生与諸仏菩薩一体不異、只為妄想分別造種々業果。本仏上実无一物。虚通寂静明妙安楽而已。深自悟入直下便是円満具足更无所欠。縦三僧祇精進修行歴諸地位、及一」3オ念証時、只証元来自仏。向上更不添得一物、却観歴劫功用、揔是夢中妄為。故如来云、我於阿耨菩提、実无所得。若妄有所得、然灯即不与授記。又云、是法平等无有高下、是名菩提、即此本源清浄心与衆生諸仏世尊山河有相无相偏十方界、一切平等无彼我相。此本源清浄心常自円明偏照。世人不悟只認見聞覚知為心、為見聞覚知所覆。所以不覩精明本体。但直下无心本体自現、如大日輪昇於虚空、偏照十方、更无障礙。故学道人、惟

認見聞覚知為動作。空却見聞覚知、即心路絶无入処。但
於見聞覚知処認本心、然本心不属見聞覚知、亦不離
見聞覚知。但莫於見聞覚知上起見解、莫於見聞覚
知上動念、亦莫離見聞覚知覓心、亦莫捨見聞覚知」3ウ
取法、不即不離不住不着、縦横自在。无非道場。世人聞道諸
仏皆伝心法、将謂心上別有一法可証可取。遂将心覓法、不
知心即是法、々即是心、不可。将心更求於心歴千万劫終
无得日、不如当下无心便是本法。如力士額珠隠於額内向
外求覓、周行十方、終不能得。智者指之。当時自見本珠
如故。学道人迷自本心、不認為仏。遂向外求覓起功用
行、依次第証果位。歴劫勤求、元不成道、不如当下无心
決定知一切法本无所有、亦无所得、无住无依无能无所、
不動妄念、便証菩提。及証道時、只証本心。仏歴劫功
用並是虚修。如力士得珠時、只得本額珠、不関向外尋
求之力。故仏言、我於阿耨菩提実无所得。恐人不信。故
引五眼所見五語所言、真実不虚是第一義諦。学道」4オ
人勿疑四大。為身四大无我、々亦无主。故知此身无我亦

无主、五陰无我亦无主。故知此心无我亦无主、六根六塵六
識和合。生滅亦復如是。十八界既空、一切皆空。唯有本
心蕩然清浄。有識食、有智食、四大之身飢瘡為患、
随事給養不生貪着謂之智食。恣情取味、妄
生分別、唯求適口、不生厭離謂之識食。声聞者、因声得
悟謂之声聞。但不了自心於色教上起解、或因神通、或
因瑞相語言運動、聞有菩提涅槃三阿僧祇劫修成仏
道。皆属声聞道。謂之声聞仏。唯直下頓了自心本来
是仏、无一法可得、无一行可修。此是无上道、此是真如
仏。学道人只怕一念有、即与道隔矣。念々无相、念々无
為即是仏。学道人若欲得成仏、一切仏法揔不用学、惟 4ウ
学无求无着。无求則心不生、无着則心不染。不生不染
即是仏。八万四千法門、対八万四千煩悩、是教化接引
門、本无一法、離即是法、知離者是仏。但離一切煩悩
是无法可得。学道人欲得知要訣、但莫於心上着
一物。言仏法身猶如虚空。此是喩法身即是虚空、
虚空即是法身。常人将謂法身徧於虚空処、虚空

中含容法身、不知虚空即法身、々々即虚空。若定言有虚空、即虚空、不是法身。定言有法身、即法身、不是虚空。但不作虚空解、虚空即法身、不作法身解、法身即虚空、々々与法身无異相、仏与衆生无異相、生死涅槃无異相、煩悩菩提无異相。離一切相、即是仏。凡夫取境、道人取心。々境双忘、乃是真法。忘境猶」5オ易、忘心至難。人不敢忘心、恐落空无撈摸処、不知空本无空、唯一真界耳。此霊覚性、无始以来、与空虚同寿、未曽生、未曽滅、未曽有、未曽无、未曽穢、未曽浄、未曽喧、未曽寂、未曽少、未曽老、无方所、无内外、无数量、无形相、无色像、无音色、不可覔、不可求、不可以智識解、不可以言語取、不可以景物会、不可以功用到、諸仏菩薩与一切蠢動衆生同大涅槃性、々即是心、々即是仏、々即是法、一念離真、皆為妄想、不可以心更求於心、不可以仏更求於仏、不可以法、更求於法。故修道人直下无心、黙契。擬心即差、以心伝心、此為正見。慎勿向外逐境為心、是認賊為子、為有貪嗔痴即立戒定慧。

本无煩悩、焉有菩提。故祖師云、仏説一切法、為除一切」5ウ
心。我无一切心、何用一切法。本源清浄仏上更不得着一物。
譬如虚空雖以無量珍宝荘厳、終不能住。仏性同虚空。
雖以无量智恵功徳荘厳、終不能住。但迷本性将不
見耳。所謂心地法門、万法皆依此心建立。遇境即有。无
境即无。不可於浄性上専作境解。所言定恵鑑用歴
歴、寂々惺々見聞覚知、皆是境上作解。暫為中下人説
即得。若欲親証、皆不可作如此解。尽是境縛、法有没
処、没於有地。但於一切法、不作有見、即見法、自達磨大師
到中国、唯説一性、唯伝一法。以仏伝仏、不説余仏、以法伝法
不説余法、法即不可説之法、仏不可取之仏、乃是本源清浄心
也。唯此一事実、余二則非真、般若為恵。此恵即无相之
本也。凡夫不趣道、唯恣六情、乃行六道、即学道人、一念」6オ
計生死、即落諸魔道。一念起諸見、即落外道。見有
生趣其滅、即落声聞道、不見有生、唯見有滅、即縁覚
道。法本不生、今亦不滅。不起二見、不厭不忻。一切諸法唯
一心是、然後乃為仏乗也。凡人皆逐境、生心、々随欣厭。

若欲无境、当忘其心、々忘則境空、々々則心滅、不忘心而
除境、々不可除。只益紛擾耳。故万法唯心、々亦不可得、復何
求哉。学般若法人、不見一法可得、絶意三乗、唯一真
実、不可証得。謂我能証能得、皆増上慢人也。法華会
下払衣而去者、皆斯徒也。故仏言、我於菩提実无
所得。黙契而已。凡人欲修証、但観五蘊皆空、四大无
我、真心无相不去不来、生時性亦不来、死時性亦不去、
湛然円寂心境一如。但能如此直下頓了、不為三世所 6ウ
拘繋、便出世人也。功不得有分毫起向。若見善相、諸仏来
迎及種々現前、亦无心随去。若見悪相、種々現前、亦无畏
心。但自忘心同於法界、便得自在。凡言化城者、二乗及
十地乃至等覚・妙覚皆是権立接引之教、並為化城也。
言宝所者乃真心本仏自性之宝。此宝不属情量、不可
建立。无仏无衆生、无能无所。何処有城。若問此既是化
城。何処為宝所。々々不可指、々即有方所、非真宝所也。
故云在近而已。在近者、不可定量言之。但当体会契之
即是闡提者、信不具也。一切六道衆生及至二乗、不信有

仏果、皆謂之断善根闡提。菩薩深信仏法不見有大乗小乗。仏与衆生同一法性、乃謂之善根闡提。大抵因色教而悟者名声聞、観因縁而悟者名縁覚。若不向」7オ自心中悟、雖至成仏、亦謂之声聞仏。学道人、於法上悟不於心上悟、雖歴劫修行、終不是本仏。若不心悟乃於法悟即是軽心重法。遂成逐塊、忘於本心故。但契本心不用求法、心即法也。凡人多謂境礙心、謂事礙理、常欲逃境以安心、屏事以存理。不知乃是心礙境、理礙事。但令心空、境自空。但令理寂、事自寂、勿倒用心也。凡人多不肯空心、恐落空、不知自心本空。愚人除事不除心、智者除心不除事、菩薩心如虚空、一切俱捨。所作福徳、皆不貪着。然捨有三等。内外身心一切俱捨、猶如虚空无所取着、然後随方応物、能所皆忘、是謂大捨。若一辺行道、布徳一辺旋捨、无希望心、是謂中捨。若広修衆善有所希望、聞法知空。遂乃不着是謂小捨。大」7ウ捨如火燭在前、更无迷悟。中捨如火燭在旁或明或暗。小捨如火燭在後、不見坑穽。故菩提心如虚空一切俱捨。

過去心不可得 是過去捨、現在心不可得 是現在捨、未来心不可得 是未来捨、所レ謂三世倶捨 自三如来付二法迦葉一以来、以レ心印レ心、心心不レ異、印着レ空則印不レ成レ文。印着レ物則印不レ成レ法。故以レ心印レ心、不レ異。能印所印倶難二契会一、故得者少。然心即无心 得即无得。仏有二三身一。法身説二自性霊通法一、報身説二一切清浄法一、化身説二六度万行法一。々身説法不レ以二言語・音色・形相・文字一、无二所説一、无二所証一。自性霊通而已。故曰、无二法可レ説一是名二説法一。報身・化身皆随レ機感現。所レ説法亦随レ事応レ根以為二摂化一、皆非二真法一。故曰二報‐化非二真‐仏一、亦非二説法一者。所レ言同是一精明、分為二六和合一者、一精」8オ明者一心也、六和合者六根也。各与レ塵合。眼与レ色合、耳与レ声合、鼻与レ香合、舌与レ味合、身与レ触合、意与レ法合、中間生二六識一、為二十八界一。若了三知 十八界空 无二 所有一、末(束)二 六和合一為二一‐精明一者、一精明者即心也。学道人、皆知レ此但不レ能レ免レ作二一精明六和合解一。遂為レ法縛 不レ契二本心一。如来現世欲レ説二一‐乗真法一則衆生不レ信興 謗 没二於苦海一。若都不レ説則 仏堕二慳貪一、不下為二衆生一普捨中妙道上遂方便 説二三乗一。々有二大小、得有深浅、皆非本法。故云、唯此一乗道余二即非真。然終未能顕一心法故、召迦葉同法座、坐別付一心、離言説法。此一枝法、今別行。若能契悟者便至仏地。

裴　休　相国伝心偈　予於宛陵・鍾陵皆得親。黄檗希運禅師、尽伝心要、乃作伝心偈、爾。」8ウ

心不可伝、以契為伝、心不可見、以无為見。契亦无契、无亦无无。化城不住、迷額有珠。々是強名、城豈有形、即心即仏、仏即无生、直下便是、勿求勿営、使仏覔仏、倍費功程。随法生解、即落魔界。凡聖不分、乃離見聞。无心似鏡、与物无競。无念似空、无物不容。三乗外法歴劫希逢。若能如是、々出世雄。

嘗聞、河東大士、親見高安導師、伝心要当年、著偈章而示後。頓開聾瞽、煥若丹青。予惜其所遺綴於本録云、爾。

慶歴戊子歳、南宗字天真者題。

伝心法要、内段十一処、除略三字、添入九字、並按四家録」9オ

并別録為拠也。

黄檗希運禅師伝心法要終也。伝灯録巻第九在。

此論何点雖不如意也、任本書写之、後見之人取捨之。

于時天文廿一壬子年九月十一日、於相可浄土寺書写之畢

沙門舜済慶林（花押）

永庵伝持之」9ウ

解題

『稀覯禅籍集』総説

道津綾乃

本書は、神奈川県横浜市に所在する称名寺が所蔵し、神奈川県立金沢文庫（以下、県立金沢文庫）が管理する「国宝　称名寺聖教」のうち、現存唯一あるいは現存最古、またはそれに近い禅と関わりのある仏典一二点と、称名寺所蔵の版本『伝心法要』の評価に必要な比較対象として適した大谷大学所蔵の写本『伝心法要』を掲載している。特に、『覚性論』と『養心抄』はこれまで未翻刻であり、先行研究は皆無に等しく、ましてや写真の公刊など一度もなかった資料である。こうした稀覯本を実際に手に取る機会は極めて希であるが、典籍は読まれなければ存在意義がない。本書に計一三点の影印とともに翻刻・解題を掲載し刊行する目的は、このような稀覯禅籍を手に取り、翻刻・解題をヒントに読む楽しみを、読者と共有することにある。

一三世紀の中ごろ、日本にモンゴル軍が来襲した際、対応を余儀なくされた鎌倉幕府の重鎮として、政権の中枢に北条実時（一二二四～七六）という武士がいた。称名寺は実時の亡母の供養のために建てられ、以後、金沢北条氏と呼称されるようになる一族の菩提寺として発展する。一二七六年に本尊・弥勒菩薩立像（重要文化財）の開眼供養が行われていることから、寺院の機能が整ったのはその頃といってよい。金沢北条氏によって十分な布施を受けていた称名寺は、多くの僧侶が止住し、豊富な蔵書を維持し、盛大な法会が数多く行われた、活気のある寺院だったことは、称名寺に現在も多く残る文物から窺える。一三三三年に鎌倉幕府が滅亡すると、大檀越を失った称名寺の経営は厳しかったようだが、室町時代には鎌倉公方から援助され、江戸時代には幕府の直轄となり、商人の寄付により荒廃した伽藍が整備されるなど次第に安定した。称名寺は現在、日本の国指定史跡となっている。

約七四〇年を経て現存する称名寺聖教は、現在一六六九二点を数え、約七割が密教、一割が華厳、その他、戒律、天台、浄土教、禅などの仏典で構成されている。七割を占める密教は、称名寺歴代住持が多くの流派の伝法灌頂を受ける密教僧としての一面を持っていたからであるが、とりわけ二世長老・明忍房釼阿（一二六一～一三三八）の密教関係の手沢本は多い。そして、称名寺に珍しい禅籍が現存するのも釼阿の存在が大きい。本書に収録した『見性成仏論』、『宗鏡録要処』、『養心抄』、『禅門詩文集』、『舎利礼文』は、釼阿と少なからず関わっている。各書の解題に述べられているので、詳細はそちらに譲ることとしたい。また、釼阿と禅との関係は、本シリーズ第三巻「達磨宗」に所収された高橋秀榮氏の「金沢文庫の達磨宗関係資料と北条顕時」「『小経蔵目録』解題」にくわしいので、参照してほしい。

実は、本書刊行にはもう一つの目的がある。県立金沢文庫は、一九七四年に『金沢文庫資料全書』禅籍篇を刊行し、本書所収の『見性成仏論』、『百丈禅師広説・法門大綱』、『宗鏡録要処』、『禅宗法語』、『明心』、『正法眼蔵打聞』、『禅門詩文集』、『嘉泰普灯録』は既に、同書に翻刻と解題（一部は解題のみ）を掲載している。執筆陣は当時最高峰の禅宗研究者で、現在も、そして本書でも同書を参照している。しかし、刊行から既に四〇年以上を経て、ここで改めて、四〇年分の研究の蓄積を示す必要があった。これがもう一つの刊行目的である。

本書の刊行は、称名寺、大谷大学、県立金沢文庫、そして執筆者と編集者の多大な協力がなければ成し得なかった。本巻担当として関係各位に深く感謝申し上げます。

『見性成仏論』解題

古瀬珠水

一、書誌

本書の翻刻及び解題については、既に『金沢文庫資料全書』第一巻「禅籍篇」（神奈川県立金沢文庫発行、一九七四年）の中で河村孝道氏が叙述している。本稿では上記を基に、新たに明確となった部分を改訂して記載するものである。

体裁は、一巻一冊、一九丁（全二〇丁のうち第一二丁欠）、粘葉、縦二二・八cm、横一五・五cm、楮紙を料紙とする国宝の写本である[1]。外題は「見性成仏論」であるが、内題は「見性成仏義　序」とあり、その下に「称名寺」の墨書がある。奥書には「永仁五年八月四日酉時了」と記されている。外題は金沢称名寺二世長老の釼阿による筆であるが、本文と奥書は釼阿より早い時代の書写人[2]に依って作成されたと推測される[3]。その結果、本書の題名は元来「見性成仏義」であり（後述するが、日蓮宗が引用する本書の題目は全て「見性成仏義」）、外題の「見性成仏論」はその後に釼阿によって付されたと考えられる（以下、解題では『見性成仏義』を用いる）。本文は毎面一七行であり、漢字と片仮名交じりの表記で構成されている。

本書には「中欠」の他、脱字・破損なども多く、判読不能な部分が多々認められる。しかし近年、他宗（日蓮宗、真言宗）の文書（『金綱集』、『法華問答正義抄』、『顕密問答鈔』）に『見性成仏義』の引用文が確認され、本書の不明な部分の一部が明らかになった(4)。また、『金沢文庫資料全書』第一巻「禅籍篇」（以下、「金禅籍」）の翻刻の誤謬と思われる箇所のいくつかを改めた。主な六カ所は以下の如くである。

・六丁オ　「菩提ミマユヲハアキラメムト」（「金禅籍」一七八頁上）→「菩提ミチヲハアキラメムト(5)」
・八丁ウ　「筆トリテカヽトスレハ大海スナハヲウタムニヽタリ」（「金禅籍」一七九頁下）→「筆トリテカヽムトスミレハ大海スミナハヲウタムニヽタリ(6)」
・八丁ウ　「ウミニノソテイサコヲモテアソハムニコト□ラス」（「金禅籍」一八〇頁上）→「ウミニノソミテイサコヲモテアソハムニコトナラス(7)」
・一四丁オ　「宗鏡録三論法相華厳等宗染□對治」（「金禅籍」一八三頁上）→「宗鏡録三論法相華厳等宗染浄対治(8)」
・二五丁オ　「知覚アラハシ［　］一切法［　］心ナクシテ」（「金禅籍」一九〇頁下）→「知覚アラハシ□(テ)一切法□□(於テ疑)□心ナクシテ(9)」
・二五丁ウ　「善悪モトヨリ苑［　］ラニツノアラソイ」（「金禅籍」一九〇頁下）→「善悪モトヨリ苑□□(カシ)ラニツノアラソイ(10)」

『金綱集』、『法華問答正義抄』の『見性成仏義』からの引用箇所はほぼ同じであるが、『法華問答正義抄』には『金綱集』にも本書にも確認できない引用文が二カ所、以下の如く含まれている。

・凡迷者迷於悟。々者悟於迷。正見之人知心是文無即越迷悟。無有迷悟始名正解正見色。々不自色由心故。心不自心由色故。是知心色両相倶生滅。有者有於無。々者無於有。是名真是文。（『興風叢書』一三、二七四頁）
・若解時法遂人。若迷時人遂法。若人遂法即法皆妄。若法遂人法皆真。答、多有義云云。（同右）

これらはどちらも『悟性論』からの引用文[11]である。本書には「中欠」があり、恐らくその部分に記された可能性が推測される。但し、該当する部分は『金綱集』「禅見聞」の「悟性論云」の中に含まれており、『法華問答正義抄』の著者日全が『金綱集』を参照し『悟性論』を『見性成仏義』と混同した可能性も否定できない。尚、『見性成仏義』には他にも『悟性論』からの引用文（「語（悟）性論ニイハク罪業ハウタカイノココロヨリオコレリ」二五オ）があり、『悟性論』の無自性の思想を反映していることが解る。

以上、『見性成仏義』は日蓮宗の資料に多々引用されていることが確認され、本書の不備な部分を補うことが出来るようになった。また、それらの資料と本書を比較することにより、表記が異なり、内容も一部異なる点が判明した。『見性成仏義』は現在本書のみ確認されているが、鎌倉後期にいくつかの異なる写本が存在したことが推察される。更に、『見性成仏義』は『法華問答正義抄』「禅門釈」六の目次に「禅宗法門大概事付見性成仏義」と記され、『金綱集』には「禅祖師頌筆等」の項目に含まれており、一三世紀から一四世紀において、少なくとも日蓮宗の中では代表的な日本の禅籍の一つと捉えられていたと考えられる。

二、内容

内容の形式は「序」と「本文」に分けられる。「序」では菩提達磨（菩提多羅）の経歴を述べ、その後、法を嗣ぐ禅師らが機を得て頓悟した様子を描く。「本文」は問答形式で長いものから短いものまで合計四四である。前半の問答一から一〇までは、問者が禅宗の教義に関する質問をし、答者は丁寧に天台宗などの教義とは異なることを述べる。後半の問答一一から四四は、所謂禅問答である。問者の質問に対し答者が文言を繰り返したり、比喩を使って問者に考えさせたり、問者の質問を答者が一言で切り返すなどである。このような具体的な禅問答が鎌倉期の日本の禅籍の中で見られるのは、他に例が少なく極めて貴重である。

主たる内容は、「教外別伝」と「如来蔵思想」についてである。

「教外別伝」は全体を通じて各所で「教」と「禅」の違いを論じている。特に問答四で、仏心宗（禅宗）の「教外」とそれ以外の八宗（「教内」）の違いを詳しく述べる（以下、訓読文で表す）。「仏心宗はただちに心性をさとり、知覚を表すを詮とす。故に、執指（忘）実の誹りを逃れて、学語翫砂の攻めを離れたり。そへに修因得果は迷人の教えなり。了心無相は覚者の宗なればなり」（一四ウ―一五オ）と述べ、更に「妄りに諸仏の神変を感見し、妄りに九界の相貌を分別せるなり。然れば、これ自性随縁の相貌、転変不思議の幻用なり」（一六オ）と、相を用いる教えを批判している。上述の前には、文字や事相に依らず、修因得果を求めず、直に心を伝える「教外別伝」の禅宗が、今までの顕密二教の教えを超えるとして、「教外の別伝、不立文字の宗（と）名づく。（中略）是れ即ち心をもちて心を伝えて言を伝わず。故に、教行証の三重を超えて戒定慧の三学のほかに伝えたまへる宗なり。」（一〇ウ）、と述べられる。この思想は明らかに「教外別伝」、「（禅宗は）顕密を超える」と表明しているが、後述するように、その主唱者は大日房能忍である。

もう一つの内容「如来蔵思想」については『起信論』に依る。本書では『起信論』における真如（本覚、菩提、一心）を悟ることが全てであると強調する。更にその真如は不変不動の絶対的なものとして捉えられ（「菩提の覚岸不変不動にして本覚[12]の円月は無去無来なり」七オ）、その体は清浄、不二、無相、空寂な虚空であり、随縁の相に関わるものではないとする。そして、衆生は既に真如であり仏であると説くのである。本文は多くを『景徳伝灯録』と『宗鏡録』から引用している。真如に関する説明は『宗鏡録』に依っていることが解る。特に問答八は、問いから答えまで全て『宗鏡録』一八巻からの引用文で成り立っている。このため、本書は実際行われた問答の記録ではなく、机上で作成された説法であったと考えられよう。ま

た、『景徳伝灯録』からの引用は主に唐代南宗禅洪州宗の思想に影響を受けていることが解る。(13)

三、作者について

『見性成仏義』の作者については、かつて筆者が大日房能忍に関わる可能性を論じた。(14)その根拠は能忍が「教外別伝」及び「禅宗は顕密を超える」と表していた点である。日蓮遺文『教機時国鈔』、『開目鈔』、『佐渡御書』には「大日は禅をひろめ、教外別伝という」とあり、『法門可被申様之事』には「禅ははるかに天台真言を超えたる極理なり」と大日（房）は述べている。また、『悲想伝授抄』にも「大日御房云く、達磨(15)宗は顕密二宗を超ゆ。是れ心宗なり」と、従来の顕教と密教を超えた教えが禅宗（または仏心宗）であると明言しているのである。しかしながら、本書には「大日」、「大日房」、「能忍」などの記載も、能忍が開いた三宝寺に関わる記述も見いだすことは出来ないため、「能忍作」と判じうる直接的根拠がない。作成年代についても、本文中に「聖道浄土ノ二門」（二六ウ）と述べていることから、法然の念仏がある程度広まった頃と考えられ、法然と同時代の能忍が著したとは考え難い。また、本書は『宗鏡録』や『景徳伝灯録』から多く引用している点、後半部分に公案のような文言が含まれている点などは、同じ称名寺蔵『成等正覚論』と共通する。しかし、『成等正覚論』が達磨大師の教え、達磨（の）宗を中心とすると宣言しているのに対し、『見性成仏論』では「教」とは別の「禅宗」または「仏心宗」と標榜しており、両者の方向性が些か異なっているようで、同一人物あるいは同系統の人物に依るものとはみなし難い。(16)

近年真福寺で発見された鎌倉期の禅籍等は従来の禅宗諸派の枠組みでは捉えきれない内容を含むことが解明されつつある。(17)本書の作者についても、能忍派の可能性を更に追究すると共に、新たな視点をもって多面的な考察が為されるべきであろう。

（1）『金沢文庫資料全書』第一巻「禅籍篇」（神奈川県立金沢文庫、一九七四年、二七二頁）。
（2）福島金治『金沢北条氏と称名寺』（吉川弘文館、一九九七年、一三二頁）。
（3）高橋秀榮氏は書写人を「浄観」と推定する（「達磨宗研究の回顧と展望」『駒沢大学禅研究所年報』二五、二〇一三年、一一四頁）。
（4）拙稿「『見性成仏論』と『顕密問答鈔』の「禅門の人」の関係について」（『仙石山仏教学論集』六、二〇一一年）、同「『金綱集』における「見性成仏義」について」（『印度学仏教学研究』六一―一、二〇一二年）、同「日蓮関係文書に表れる大日房能忍とその禅について」（『多田孝文名誉教授古稀記念論文集「東洋の慈悲と智恵」』、二〇一三年、山喜房仏書林）、同『法華問答正義抄』にみられる日本の禅宗文献―『見性成仏義』及び『明心抄』について―」（『印度学仏教学研究』六五―二、二〇一七年）を参照。
（5）『金綱集』に「菩提之道ヲ審メント」（『日蓮宗学全書』一四、三〇七頁）とある。
（6）『金綱集』に「執レ筆書トスレハ大海ニ墨縄ヲ打ニ似リ」（同右、三〇八頁）とある。
（7）『金綱集』に「臨レ海沙ヲ翫ニ異ラム」（同右、三〇八頁）とある。
（8）『顕密問答鈔』に「宗鏡中具列二真言法花華厳三論法相所立教門一皆名二染浄對治之教一」（『続真言宗全書』二三、三三頁下）とある。
（9）『金綱集』に「知覚ヲ顕シテ、一切之法ニ於テ無二疑心一」（『日蓮宗宗学全書』一四、三〇九頁）とある。
（10）『金綱集』に「善悪ハ自レ本兎頭ニ角ヲ諍一」（『同右、三〇九頁）とある。
（11）「凡迷者迷於悟。悟者悟於迷。正見之人。知心空無。即超迷悟。無有迷悟。始名正解正見。色不自色。由心故色。心不自心。由色故心。是知心色兩相倶有生滅。有者有於無。無者無於有。是名真見。」『少室六門第五門悟性論』（『大正蔵』四八、三七一中）。「若解時法逐人。若不解時人逐法。若法逐於人。則非法成法。若人逐於法。則法成非法。若人逐於法。則法皆妄。若法逐於人。則法皆眞。」同右（『大正蔵』四八、三七一中）。
（12）従来、『見性成仏義』（『見性成仏論』）が「達磨宗」という無行無修の一集団によるものと思われ、本書の内容も天台本覚思想に関わるものと考えられていた。しかし、本書における「本覚」は『起信論』による真如を意味し、更に、天台本覚思想を批判する文言が叙述されている。以上については、拙論「『見性成仏論』における「本覚」思想について」（『印度学仏教学研究』六三―一、二〇一四年）に指摘した。

（13）拙稿「『見性成仏論』の基本的性格に関する一考察」（『仙石山論集』四、二〇〇八年）を参照。

（14）拙稿「再考―大日房能忍と「達磨宗」―」（『鶴見大学仏教文化研究所紀要』一八、二〇一三年）、前掲「日蓮関係文書に表れる大日房能忍とその禅について」を参照。

（15）ここでの「達磨宗」は禅宗のことを指す。詳しくは、前掲「再考―大日房能忍と「達磨宗」―」を参照。

（16）拙稿「称名寺所蔵『法門大綱』における禅門についての考察」（『仙石山仏教学論集』八、二〇一六年）。

（17）末木文美士「『禅教交渉論』総説」（『中世禅籍叢刊』七巻「禅教交渉論」、二〇一六年）。

『覚性論』解題

古瀬珠水

一、書誌

称名寺蔵国宝『覚性論』は後欠を伴う墨付一〇丁粘葉の写本である。表紙、外題、奥書、作者名及び書写名不明、一面縦一五・八センチ、横一六・六センチ、七行一四文字である。

本文は漢字に（例外もあるが）片仮名の送り仮名を付し、「一」点のみの送り点を使う。また、「レ」（雁点）は確認できない。難字または作者の意図する読み方の漢字には片仮名でルビが付されている。例えば「痾（キス）」（一オ）、「踏花（タウクワ）」（一オ）、「背（コム）」（五オ）、「測（ソハタツ）」（八オ）等である。また、「人名也」とルビを付した人物は「宅縁（?）」（一オ）、「薬山」（一ウ）、「僚慮」（二ウ）である。(1) 書かれている言語形態は漢文様式であるが、日本語を反映した語順の文がしばしば見られ、作者は明らかに日本人と思われる。例えば、「口乍言心性々々一、心性々々言能念心心性々々所言一心不覚二」（一ウ）、などである。更に「橅」（三ウ）なる異体字もある。筆者はこの文字を把握できていないが、前後の文脈から推察すれば、「棒」または「橛」とでも読むのだろうか。つまり、「棒（または橛）を見て、賊かと睹（にら）み、杌（きりかぶ）を踏んで、鬼かと疑う」と。また、「撲」に「スマフ」とルビを付している。「真如の体は常住なることは撲（スマフ）の如は（く）、敵を伏せ、後ち力の有無を知る」（五ウ）とあるので、文脈から「相撲」の意味に推察できる。ともあれ、当資料には一般的な仏教書にはない独特の表現が見られ、国語学的考察も必要であろうと考える。

作成年代を類推するに、送り点が「一」点のみであること、「キ」は「／」と表示し、「シテ」は「〆」と表示していない点は称名寺蔵『成等正覚論』と同様である。(2)

二、内容

本資料は、表紙なし、奥書なし、更に後欠という、全体像の見えない文書のためか、今まで翻刻はおろか研究されたことがない。上述したように、筆者には未だ把握できない語句などもあり、全てを詳細に理解するには余りにも力不足であるが、本資料が大凡どのような方向へ向かって論じているかを明らかにしたい。

本資料の構成は、前半（一オから五オ一行目）は作者が論を展開し、後半（五オ二行目から最後一〇ウ）では問答形式で更に持論を説く形である。また、内容は、およそ三部（前半部、中間部、後半部）に分けられる。

前半部（一オから五オ一行目）では、「心性」を真の意味で理解することを説く（以後、本文は平仮名交じりの訓読文に変える）。「心性有りと思て、心性々々と唱て、吾心、心性々々と言う。不覚なり。心性は心性に非ずして、還て己の心性に迷へり」（一ウ―二オ）と述べ、『大智度論』の四句「有亦無、無亦無、有無亦無、非有非無亦無」(3)（二ウ）を引用し、「言説も無」であるので心性も有無の見を生じてはならないという。しかしながら、方便を用いなくては言説も立てられないので「無文字の中仮に文字を借りて之を談せむ」（三オ）と文字を使って説く理由を言う。この前半部で特徴的なことは、「非因非果」、「非修非証」、「非内非外」に迷い、執し、計を生ずることないように重ねて述べ、「心性」も同様（「心性如々、非如々、非非如々」

三ウ）に名称に囚われてはいけないと強調する。更に、湛然撰『止観大意』からの引用文「不変随縁を心と為し、随縁不変を性と為す」（三ウ）[4]を用いて「心」と「性」の体が一つであることを述べる。

中間部（五オ二行目から八ウ二行目）は「真心・妄心」について説く。「能知の心は妄心なり。所知の心は真心なり。真心無かば、妄心生ずべからず。妄心無しかば、真心を悟るべからず。妄心に依つて悟る時、真心は自生に非ず、他生に非ず、共生に非ず、因生無きに非ず（して）悟るなり。故に真妄二心、言に依つて別の名に似たれども、其の体一なり」（五ウ―六オ）と、心の相応関係を論じる。心を「真心」と「妄心」に分ける点については、『起信論』に「若離妄心実無可空故。所言不空者、已顕法体空無妄故、即是真心[5]」と、妄心と真心に分けて「空」を説いた部分に依拠していると思われるが、『首楞厳経』巻一、二には仏が阿難が客塵煩悩（妄心）を以て見ることを諫め、本覚明心（真心）を以て見ることを説く部分があることを想起させる。さらに「真心」を内に、「妄心」を外に喩え、「内を知る人は外より来るが故に外に迷はず。故に外迷わざるが故に、外に内を求むることあらず。内にあらざる者は内に入らざるが故に内に迷う。何ぞ内に入らずして妄に内義を談ぜん」（八オ―ウ）と、「妄心」に依らずして「真心」を知ることを説く。

後半部（八ウ二行目から一〇ウ）では、「真心」または心源をどのように体得すべきかが説かれる。その方法の一つが「只し、此の宗を覚らむと欲（おも）はば、心を法界に舒べ、心を一心に巻き、耑（＝専）心を至して動くこと莫れ。行亦た坐禅、住亦た坐禅、坐亦た坐禅等の施為運動、皆な是れ自性の清浄の法体なり」（九ウ）と述べる。前半の「心を一心に巻き、動かさないこと」とは、智顗撰『天台小止観』における「制心止所謂随心所起即便制之不令馳散行[6]」に依拠していると思われ、後半の「行住坐及び坐禅の施為運動を自性の清浄の法体」とする考えは、『血脈論』にある「若識得施為運動霊覚之性。即諸仏心[7]」が想起される。更に、義浄撰『南海寄帰内法伝』の引用文を示し、「戒定恵の三学を嫌い、清潔して心意識を亡ず。是れ仏教の指す所なり」（四ウ）と述べる。又「知覚を離れ已に証す。如々して見聞に非ず」（八ウ）と言い、伝統的な方法を否定し、自身で証す禅宗の方法を勧める。心源を得るもう一つの方法は「性相・血脈、初祖の論に偏に黙示を集めて、実体を埋ずめり。伝続灯数家の説、偏に遮詮を聚めて後眼を費やし、誰か此の一紙の表義を見て性相に迷ひ、義兎の道を失はむ」（二〇ウ）と言い、『伝灯録』などに記述された、六祖、神会、道信、僧璨などの名を挙げ、先人の証などに迷うべきでないと説く。そして最後に「平等真界の内には妄も無く、真も無し。但し、法性遠に非ず。心中に是れ近し」（一〇ウ）と、心中が真如に近いことを述べるのである。

以上の内容から推察できることは、本資料の作者は「如来蔵の絶対的な真如が覚である」ことを説いていることは確かである。例えば「霊知不昧性は不動不変なり」（二ウ）、「真如の体は遣かるべきこと有ること無し」（六ウ）、「吾れ未だ見ず、妙理身体の性質。吾れ未だ聞かず、霊知不昧際限」（九オ―ウ）などである。しかし作者は一般的な禅宗に見られる「心即是仏」、「自心即仏」、「無心無念」などの語句は使わずに論じる。更に、本資料で持論を補うために引用される文献は、上述した如く『大智度論』、『止観大意』、『南海寄帰内法伝』の他、『摩訶止観』、『中論』、『入楞伽経』、『起信論』、『宗鏡録』である。『大智度論』、『摩訶止観』は天台教学で、『中論』は三論教学で主要な経論であることから、本資料の作者のバックグラウンドを推察することができよう。また、「悲哉や、文字を執する神秀、相に迷とふ」（九ウ）と北宗禅を批判的に扱い、「長水何ぞ一心体に達す」（九ウ）と華厳宗の子璿にも否定的な文言を付す。加えて、『宗鏡録』から「曹谿一味の旨、諸祖同く伝ふ。鵠林不二の宗、那〔群〕経共に述ぶ。謂（いいつべ）し、万善の淵府、衆哲玄源、一字の宝王、郡霊の元祖」（八ウ―九オ）を引用し、禅宗が仏教経典に述べることと根源的に同じであることを強調する。偶然かも知れないが、『摩訶止観』および『南海寄帰内法伝』の引用文は栄西撰『興禅護国論』にも引用文として掲載されている。

さらに、後半部の「性相・血脈、初祖の論に偏に黙示を集めて、実体を埋ずめり」は、作者が「初祖」の達磨や、師嗣相承の「血脈」を仰ぐことに反感を持っていた可能性も示唆される。つまり、作者自身は禅宗の臨済宗にも曹洞宗にも属さない人物だったか、あるいは端的に他の宗派、つまり天台僧（または三論僧）であった可能性も読み取れるのである。

三、本資料の意義

鎌倉期、禅宗は国を挙げ上から下まで大流行したことは、日蓮が『法門可被申様之事』で述べている。[8] そして近年の新たな資料発見や研究により、日本の禅は中国伝来の中国禅ばかりでないことも分かってきた。[9] 本資料『覚性論』も日本の伝統的な教学（主に天台宗）を基礎に禅を組み込ませようとして生み出された「日本禅」の一つであると言えよう。最後に、筆者は未だ他の資料の中に『覚性論』の明記を確認していない。また、作者についての情報や、本資料がどのような形で流布したのかも全く不詳である。今後の研究に大いに期待したい。

（1）「宅縁」、「僚慮」なる人物については不詳。
（2）『金沢文庫資料全書』第一巻『成等正覚論』の解題（石井修道執筆）は「鎌倉時代」とする。
（3）『大正蔵』二五、一三九下。
（4）「如是観時名観心性。随縁不変故為性。不変随縁故為心。」『止観大意』（『大正蔵』四六、四六〇中）。
（5）『大正蔵』三二、五七六中。
（6）『大正蔵』四六、四六七上。
（7）『大正蔵』四八、三七六上。「心が動いてきたら、それをおさえて駆け出さないよう散らないようにすることである」（関口真大『現代語訳　天台小止観』、大東出版、一九九八年、五九頁）。『大乗起信論』（『大正蔵』四八、三七三中）。
（8）拙論「日蓮関係文書に表れる大日房能忍とその禅について」（『多田孝文名誉教授古稀記念論文集「東洋の慈悲と智恵」』、二〇一三年、山喜房仏書林）。

（9）末木文美士「『禅教交渉論』総説」（『中世禅籍叢刊』七巻「禅教交渉論」、二〇一六年）。

『百丈禅師広説・法門大綱』解題

石井修道

金沢文庫管理の『百丈禅師広説・法門大綱』は、一冊の最初に全体の書名が存するのではなく、また、一書にまとまった尾題や奥書が存するものでもない。ただ、最後の三六丁が別筆であることを除いて、全体は同一人の筆写であり、凡そ全体を（A）（B）（C）に三分することができる。最初の三分の一に相当する（A）は、「百丈禅師広説」の内題があって『景徳伝灯録』巻六の「百丈懐海章」から抜萃されている。続いて（B）一四丁オ～二五丁オまでは、「法門大綱」の内題から、「願諸聖加被、成就浄心焉」の願文で一応のまとまりの後に、関連する「或云」「或云」の二つの文が続いていて、三分の一を占める。最後の三分の一（C）は、「応無所住而生其心」「金剛経云」などと続いて、諸禅籍等からの抜萃で構成されている。ただ、三〇丁オの前に中欠があり、恐らく三五丁ウの後にも後欠の可能性があると思われる。

既に（A）を除いて、（B）（C）は神奈川県立金沢文庫発行の『金沢文庫資料全書 仏典第一巻禅籍篇』（一九七四年）に翻刻され、河村孝道氏による「解題」が存在する。また、近年、その所収資料を使用して意欲的に問題に取り組んでいる古瀬珠水氏の一連の研究があり、本書についても、「称名寺所蔵『法門大綱』における禅門についての考察」（『仙石山仏教学論集』第八号、二〇一六年）などがある。

まず書誌を記しておこう。

装丁　綴葉装
紙質　楮紙
丁数　全三六丁（中欠）
法量　縦一六・八センチ、横一五・二センチ
書写年代　鎌倉期
書写名　不明（三六丁は別筆）
外題　ナシ
内題　百丈禅師広説（一丁オ）・法門大綱（一四丁オ）
尾題　ナシ
奥書　ナシ。直念の奥書（三三丁ウ）については、解題参照。
指定　国宝

次に内容を細かにみてみよう。

（A）は内題の「百丈広説」の下に「伝録第六」とあることからも判明するように、『景徳伝灯録』巻六の「百丈懐海章」より抜萃したものである。百丈懐海（七四九―八一四）は、周知のように、馬祖道一（七〇九―七八八）の法嗣で、清規を制定し、禅宗教団を独立させた人として、禅宗開祖の菩提達磨と共に、中国においては、「両祖」の一人と称されている。実際、門下に潙山霊祐（七七一―八五三）と黄檗希運を輩出し、前者は五家最初の潙仰宗の派祖であり、後者は法嗣に臨済宗の派祖の臨済義玄（?―八六六）が出て、禅宗で最も大きな影響を与え、最大の教団を展開するのである。その行状の収められた

『景徳伝灯録』については、石井修道「『景徳伝灯録』の歴史的性格」（『宋代禅宗史の研究』所収、大東出版社、一九八七年）を、また、百丈懐海の制定に関わる清規については、「百丈清規の研究―「禅門規式」と『百丈古清規』―」（『駒澤大学禅研究所年報』第六号、一九九五年）を参照されたい。

本書の抜萃で注目すべき点は宋版の引用である。宋版の『景徳伝灯録』とは、その代表的に知られているのは、福州東禅寺版（禅文化研究所発行、一九九一年）と福州開元寺版（金沢文庫管理）であるが、明らかに本書はこれらの宋版ではなく、四部叢刊に所蔵されている常熟瞿氏鉄琴銅剣楼蔵の宋刻本『景徳伝灯録』（柳田聖山主編『禅学叢書之六』所収、中文出版社、一九七六年）と一致するのである。それは東禅寺版・開元寺版等に伝承される冒頭の馬祖道一門下の西堂智蔵・百丈懐海・南泉普願の三大士角立ではなく、西堂智蔵・百丈懐海の二大士角立において顕著に見られるのである。

また抜萃と言っても、百丈懐海章（「禅門規式」を除く）は二千字ほどであり、その内、七割の千四百字ほどは書写されていて、その主な主張は知ることができる。特に長い五百字ほどの「大乗頓悟法門」の説は、関心があったと思われ、「五欲者、色受想行識」と「八風者、利衰毀誉称譏苦楽」の語釈の傍注が見られ、また、「兀兀」には「五忽反。高貌」と反切と語釈が見られる。現代からすれば、句読などに問題も見られ、更に五丁オの最初に「即名為仏慧。是非好醜、是理非理、諸知見総尽、不被繫縛」の脱文があり、四丁ウの最後の「縛」の字に続けて書写されている。特に、百丈懐海といえば、先に指摘したように、清規の制定者として知られているが、残念ながら、本書に続く、巻六に現存する百丈懐海の清規の説である「禅門規式」は書写されずに終わっている。恐らく、本書は行状の記述で完結しており、筆写者には「禅門規式」の関心は無かったと思われる。

（B）については、従来、（B）（C）の全てを「法門大綱」として検討されてきたが、ここでは（B）のみを「法門大綱」とする。その内題にふさわしい首尾完結したまとまった論と、それに関連する二つ文の「或云」が続き、それで全体的に内容も内題にふさわしい。更に（C）は二五丁オの「応無所住而生其心」から始まるが、筆写者も文の区切り線を付して、別の関連の文献を書写していることを示していると思われる。

内題の「法門」とは、釈尊伝の「末後伝心、為遺法本宗」の「本宗」のことであり、文中にある言葉で言えば、「禅門宗」のことである。それは八宗に新たに当時加わった二宗の「浄土宗」と「禅宗」の内の「禅宗」を指し、その「大綱」を述べた論である。ここで「禅門宗」を、その言葉の規定にもよるが、たとえば「禅宗」とか、「仏心宗」とか、「達磨宗」と呼んだとしても問題はなかろう。

ここでは「法門大綱」の論を詳細に展開するのが主題ではないので、簡単に特徴を述べるならば、先に紹介した古瀬珠水氏の論文で言うように、圭峰宗密（七八〇―八四一）の説く「禅宗」観の語を多く引用してまとめていると言えよう。最初に釈尊の略伝を述べ、顕教と密教にも言及して展開し、「末後に心を伝えて、遺法の本宗と為す」といい、「本宗」こそ「禅門宗」であって、それは西天二十八祖の達磨によって中国へもたらされたとするのである。その達磨は三人の上足に伝法したとして、ここに有名な「肉骨髄得法説」が記されているのである。

有三人上足、尼総持得肉、道育得骨、慧可得髄。慧可所解云、本无煩悩、元是菩提。意云、煩悩依妄、々体本空。此空寂之理、霊知自具、浄法宛然、是名菩提。々々亦無相、況論生滅邪。真心独明、不可変易。故云、本無煩悩、元是菩提。道育云、迷即煩悩、悟即菩提。本雖有覚性、以不覚故、動心忽転、生死広博。生死相空、不離覚性、々々不動、無漏現前。総持云、断煩悩、得菩提。一切衆生、煩悩為体。雖具法性、無由現前。息妄観真、顕仏菩提、是為修道。皆是大乗所解、利鈍自別也。

「肉骨髄得法説」だけであれば、石井修道「宗密の肉骨髄得法説の成立背景」（『道元禅の成立史的研究』所収、大蔵出版、一九九一年）で述べたように、『歴代法宝記』や最澄撰『内証仏法相承血脈譜』にも観られるが、本書が本叢刊第九巻『中国禅籍集二』所収の『裴休拾遺問』にある圭峰宗密が肉骨髄得法説に浅深を始めて導入した次の文に基づくことは動かすことはできないであろう。

達磨云、三人得我法、深浅不同。尼総持如肉。断煩悩、得菩提。道育如骨。迷即煩悩、悟即菩提。恵可如髄。本無煩悩、元是菩提。（同書二九七頁）

圭峰宗密の説に対して、「法門大綱」は得法内容を新たに語釈し、「皆是れ大乗の所解にして、利鈍は自（おのずか）ら別なり」とするのである。ただ、この箇所は禅宗史上において、禅宗と天台宗の論争を生み、複雑な問題に発展することについては、石井修道「『四馬』考」（『駒澤大学仏教学部研究紀要』第五九号、二〇〇一年）に譲ることにしたい。また、『裴休拾遺問』の書名には多くの問題があることは、筆者の「解題」に触れたが、たとい『小経蔵目録』（三七三頁、『達磨宗〈中世禅籍叢刊第三巻〉』所収、二〇一五年）の「中花伝心地禅門一帖」と伝承されていたとしても、「中華伝心地禅門師資承襲図」（傍点筆者）の書名は内容的にはふさわしくないと言えよう。

更に、二点ほど「法門大綱」と宗密の著作との関係を確認しておこう。先ず「法門大綱」の「禅門宗」については、次のように述べる。

禅門宗者、仏々祖々、以心伝心、不立文字、是文字相離也。以正語指心、得心忘詞、依心求仏、得仏忘心、々是名、其体即知也。

この文に対して、圭峰宗密の『円覚経大疏釈義鈔』巻三には、

以心伝心者、是達磨大師之言也。因可和尚諮問、此法有何教典。大師答云、我法以心伝心、不立文字。謂、雖因師説、而不以文句為道。須忘詮得意、得意即是伝心。（続蔵巻一四―二七五左上）

とあり、また、『禅源諸詮集都序』にも、

故前叙西域伝心、多兼経論、無異途也。但以此方迷心執文、以名為体故。達磨善巧、揀文伝心。標挙其名心是名。、黙示其体霊知是心。、喩以壁観如上所引。令絶諸縁。（石井修道・小川隆「『禅源諸詮集都序』の訳注研究（五）」二一頁、『駒澤大学仏教学部研究紀要』第五五号、一九九七年）

とあって、その主張に近似していることが知られる。

更に、先の文に続いて、「法門大綱」の「一行三昧」説には、次のようにある。

雖未眼見、既心見了々、於道有勇。又不撥因果、邪智執慢、因何而生耶。是為行深般若、亦名一行三昧、即如来清浄禅与念仏定相応。誠是浄土菩提之妙因、長生不死之要術也。不久而成遍利矣。

この文を見ると、『禅源諸詮集都序』の、五種禅の分類の「最上乗禅」説を思い出す。

若頓悟自心本来清浄、元無煩悩、無漏智性本自具足、此心即仏、畢竟無異。如此修者、是最上乗禅、亦名如来清乗禅、亦名一行三昧、亦名真如三昧、此是一切三昧之根本也。若能念念修習、自然漸得百千三昧。達磨門下展転相伝者、是此禅也（同「『禅源諸詮集都序』の訳注研究（二）」六〇～六一頁、『駒澤大学仏教学部研究紀要』第五三号、一九九五年）。

ここで取り上げた一行三昧説については、古瀬珠水氏は、東山法門の根拠となった『文殊師利所説摩訶般若波羅蜜経』ではなく、圭峰宗密が依った『起信論』の影響だと指摘している。

このように、肉骨髄得法説をはじめ、圭峰宗密の説と深い関係があることが判明した。ただ、『裴休拾遺問』が洪州宗よりも荷沢宗の優位を主張する必要性は、禅の荷沢宗に教禅一致説の根拠を求めたからに他ならず、『禅源諸詮集都序』に至っては、その当時、「経是仏語、禅是仏意」の立場から教禅一致の主張をしなければならない状況に、圭峰宗密は時代的に置かれていたのである。ところが、「法門大綱」は、既に洪州宗の立場こそ「禅門宗」の大綱だとして次のように説くのである。

縦雖学諸教、皆悉属人天小乗歴劫迂廻之行。若又依善友開示、悟無念知見者、諸縁頓寂、法界洞朗。触目触耳、無非妙境。於四威儀中、常見仏面。直如是悟入者、念々遊寂光、新々顕妙覚、娑婆界中、猶有難思事。況実心観理、豈無歓喜乎。

柳田聖山氏は「教外別伝」の句の出現は、「宗密や延寿らの教禅一致説の批判を経過して、なおその主張が必要であったから」（『初期禅宗史書の研究』四七四頁、法蔵館、一九六七年）と述べるが、「法門大綱」に「教外別伝」の語はないけれども、いわば宗密批判後の禅宗の「大綱」を示していると思われる。従来、この「法門大綱」が、大日能忍の流れの「日本達磨宗」の資料かどうかが、大きな問題となってきた。永明延寿（九〇四―九七五）の『宗鏡録』が説く「一心」による仏教の再編を目指した立場に同調する『成等正覚論』のような説は、この「法門大綱」にはなく、古瀬珠水氏の論文にも言うように、「法門大綱」は、「日本達磨宗」の文献であると積極的に断定できる根拠は見出せないと言えよう。

なお、続く二つの「或云」については、一つ目は「法門大綱」と密接に関連することは誰もが認めることであろう。その説である一行三昧と念仏定のと関係を四問答で明らかにしたものである。二つ目は、禅門宗の開祖の達磨大師のことを更に補ったものと考えてよいであろう。

最後に（C）の二五丁オ以降の項目内容を一七段に分けて検討するが、ここには部分的には、極めて興味深い内容の文献も含まれている。

①の「応無所住而生其心」は、『金剛経』（大正蔵巻八―七四九ｃ）の一句で、六祖慧能との結び付きが深いとされて禅宗では伝承されている。ここは冶父道川の『金剛経頌』からの引用で、本叢刊第八巻の『中国禅籍集一』の二七四頁に相当する。

②も同じ一句で、「無所住」と「生其心」の語釈であるが、誰の釈かは不明である。

③は『起信論』の一句（大正蔵巻三二―五八八ａ）である。但し、「無生滅」は「不生滅」とあり、誰の釈かについても不明である。

④は「菩提達磨云」の語であり、出典は不明であるが、一部の説は『悟性論』（本叢刊第三巻『達磨宗』二五二頁参照）に基づいている。

⑤は「天台云」とあり、「制心一所、無事不弁」の語は、『遺教経』の「制之一処、無事不弁」（大正蔵巻一二―一一一一a）のことである。天台智顗撰『法華玄義』巻一之上に、「大経云、夫有心者、皆当得三菩提。心是宗也。遺教云、制心一処、無事不弁。心是用也。」（大正蔵巻三三―六八五c）などと、引用されるが、本書の語釈の出典は不明である。

⑥は「五台山文殊授法照禅師偈云」とある。続く五言四句のみは、『新修往生伝』巻下の「釈法照伝」（続蔵巻一三五―三七右上）及び『広清涼伝』巻中の「法照和尚入化竹林寺」（大正蔵巻五一―一一一四c）に見られ、文殊師利菩薩から法照へ偈を授けられる時の物語は興味ある伝承である。法照は唐代の浄土教の僧で、南岳承遠の高弟で、五会念仏の創唱で知られている。興味深いのは、『入唐求法巡礼行記』開成五年（八四〇）五月一日の条によると、円仁（七九四―八六四）が、法照の住した五台山竹林寺の般舟道場を巡礼し、法照の影像をも拝したと記している。このことから、円仁は五会念仏を日本に伝え、比叡山常行堂を中心に平安時代に流行したものである。残念ながら、「十界依正名」以下の説については不明である。

⑦の「或云」は「東印請祖」の公案で有名な西天二十七祖般若多羅の説である。「伝灯録歟」の語があるが、『景徳伝灯録』巻二「般若多羅章」ではなく、語句は『宗門統要集』巻一「般若多羅章」（宋版三三丁左～三四丁右）に近く、『五灯会元』巻一「般若多羅章」（続蔵巻一三八―一三左上）の可能性もあろう。

⑧は「祖師云」として、三つの語が取り上げられている。一・二の語句は、圜悟克勤（一〇六三―一一三五）の語の可能性が高く、『円悟語録』巻二〇に「破妄伝達磨胎息論」があり、その中に、「謂之教外別行、単伝心印。金色老子以来的的綿綿。只論直指人心、見性成仏。不立階梯、不生知見。」（大正蔵巻四七―八〇九c）とあり、「不仮方便」の語は挿入されたものであろう。三つ目が『景徳伝灯録』巻六「馬祖道一章」の「僧問、和尚為什麼説即心即仏。師云、為止小児啼。僧云、啼止時如何。師云。非心非仏」（宋版二丁左）から派生したことは明らかであろう。

⑨は「伝教大師……」で始まる簡単な伝である。ここにも文の区切りの線があるので、あるいはこれよりCの後半として、

筆写者は最澄・円仁・円珍と続いて、内容が改まると考えたかもしれない。⑨については、栄西の『興禅護国論』の「又日本国天平年中、唐道璿在大安寺、以禅宗授行表和尚云云。伝教大師譜文云、謹案某度縁云、師主左京大安寺伝灯法師位行表文。其祖璿和上、自大唐持来写伝達磨大師法門、在比叡山蔵。延暦末、向大唐国請益、更受達磨大師付法。大唐貞元二十年十月十三日、天台山禅林寺今大慈寺僧翛然、伝授天竺大唐二国付法血脈、並達磨大師付法牛頭山法門等。頂戴持来、安叡山文。」（『日本思想体系』所収、岩波書店）を踏まえたものと思われる。

⑩⑪は将来目録からの引用で、「慈覚大師将来記」とは、『入唐新求聖教目録』（大正蔵巻五五―一〇八三b）で、「智証大師将来記」とは、『日本比丘円珍入唐求法目録』（大正蔵巻五五―一一〇〇c）のことである。共に既に日本では逸書となったいわゆるの敦煌本『六祖壇経』に関心を示している点は興味あるところである。

⑫は前欠であり、⑪と⑫の間に中欠があることが新たに判明した。本書は綴葉装となっており、まず五紙を半分に折って三束あり、次の四束目の⑫以降が三紙しか無い。それ故に、二紙を欠いていて、⑫の前に二丁（三二〇字ほど）あったことが予想される。それにともなって、後の⑯以降にも二丁の欠紙があったことになろう。前欠の分量のことは、⑫の文献が後に紹介するように、国清寺の壁上に書かれていたことから推測するならば、それほど分量は多くは無かったであろう。最後の願文から見ると、その内容は「普勧坐禅儀」と言うにふさわしい。当時の天台の国清寺の「坐禅儀」は、実際に禅林の修行者の生活が示されていたと考えられる。全体はいわゆるの『天台小止観』などを踏まえていて、前欠のすぐ前は調五法（調節飲食・調節睡眠・調身・調気息・調心）の調身の部分であったと思われる。⑫の文献で、特に興味あるのは奥書で、その部分を訓読で紹介すると次のようになり、この文献の伝承を知ることができる。

建久五年（一一九四）五月廿三日、日本僧直念入宋し、始め明州延慶寺に到る。然して後に天台本院の国清寺に参じるに、此の寺の壁上に此の文を書けり、則ち壁下にて之を写し取る。時に宋の慶元元年乙卯（一一九五）二月廿五日。

壁上に書かれたこの文は、淳熙十六年（一一八九）四月十五日の撰述であったことが記されていた。重要なことは、この奥書は、本書全体の書写を意味するものではないことは明らかである。

写し取った日本僧の直念については不明であるが、当時の国清寺は禅宗の影響も大きいものがあったと思われる。文中には二つの引用があり、『華厳経』巻六「如来現相品」の慧灯普明菩薩の頌（大正蔵巻一〇―三一c）と、古人とは雪峰義存の法嗣の玄沙師備（八三五―九〇八）のことであり、『禅林僧宝伝』巻四の「玄沙師備伝」の「一句当機、八万法門、生死路絶。直似秋潭月影、静夜鐘声。随扣撃以無虧、触波瀾而不散、猶是生死岸頭事」（続蔵巻一三七―二二八左下）などの語であり、一夜本『碧巌録』の第四則「徳山挟複」の話の本則評唱（伊藤猷典本二一頁）にも引用されているものである。

⑬の「去坐禅病如如居士」は、大慧宗杲（一〇八九―一一六三）の孫弟子の如如居士顔丙（嗣雪峰慧然）の坐禅論の一部である。既に金沢文庫管理の如如居士の「坐禅儀」については、本叢刊第六巻の『禅宗清規集』（二〇一四年）に収められ、如如居士の「去坐禅病」については、同書五〇七～五〇八頁に説かれている。その「坐禅儀」のことは、道津綾乃氏の「解題」があるので参照されたい。また、同箇所は、「禅家説」（一七頁、『達磨宗』所収）にも見える。更に、顔丙の禅宗思想史上の問題については、前川亨氏の「「看話」のゆくえ―大慧から顔丙へ―」（『専修大学人文科学年報』第三七号、二〇〇七年）に興味ある分析がなされているので、参照されたい。

⑭⑮⑯の「見色明心」「聞声悟道」「雪峰山畔」の三つの文献は、やや急いで書写された様子がうかがえる。この三つの文献が、今まで全く指摘されることのなかったことであるが、新たに道元の真字『正法眼蔵』からの引用であることが判明した。それぞれを上に真字『正法眼蔵』、下に本書の引用文を対照して比較してみよう。

⑭見色明心。

真字『正法眼蔵』金沢文庫本五五則（本叢刊第二巻『道元集』五二一～五二三頁）

福州霊雲志勤禅師、因見桃花悟道。有頌曰、三十年来尋剣客、幾回葉落又抽枝。自従一見桃花後、直至如今更不疑。挙似潙山。山云、従縁入者、永不退失。汝善護持。玄砂聞云、諦当甚諦当。敢保老兄猶未徹在。

福州霊雲志観（勤カ）禅師、因見桃花悟道。有頌云、三十年来尋剣客、幾回葉落又抽枝。自従一見桃花後、直至如今更不疑。挙似潙山。山云、従縁入者、永不退失。汝善護持。玄砂聞云、諦当甚諦当、敢保老兄猶未徹在。

⑮〈聞声悟道〉

真字『正法眼蔵』一七則（『道元禅師全集』第五巻―一三四頁、春秋社、一九八八年）

鄧州香厳寺襲灯大師嗣大潙、諱智閑其性聡敏。在潙山会下、多聞博記。潙山一日曰、汝常所説、尽是章疏之中記持得来。吾今問汝、汝生下為嬰児時、未弁東西南北。当此之時、与吾説看。師下語、并説道理、並不相契。又於平生所集文字尋究、総無此箇相契時節。乃歎悲泣、将諸文字以火爇却。乃云、我此生不敢望会禅。且入山修行去。便入武当山忠国師旧庵基卓庵。一日併浄道路、因棄礫撃竹響、於時忽然大悟。乃有頌曰、一撃亡所知、更不仮修治。動容揚古路、不堕悄然機。処処無蹤跡、声色外威儀。諸方達道者、咸言上上機。潙山聞得云、此子徹也。

香厳寺襲灯大師、入武当山忠国師旧庵基、卓庵住。棄礫撃竹作響、忽然大悟。有頌云、一撃亡所知、更不因（仮カ）修治。動容揚古路、不堕悄□（然）機。処々無蹤跡、声色外威儀。

⑯

真字『正法眼蔵』金沢文庫本八三則（同上五九～六〇頁）

雪峰山畔、有一僧卓庵。多年不剃頭。自作一柄木杓、去渓辺舀水喫。時有僧問、如何是祖師西来意。菴主云、渓深杓柄長。僧帰挙似雪峰。峰曰、也甚奇怪。雖然如是、須是老僧勘過始得。峰一日、同侍者将剃刀去訪他。纔相見便問、道得即不剃汝頭。菴主便将水洗頭。師便与他剃却。

雪峰山畔、有一僧卓庵。多年不剃頭。自作一柄木杓、去渓辺滔水喫。時有僧問、如何是祖師西来意。菴主云、渓深杓柄長。僧帰挙似雪峰（脱カ）。々云、也甚奇怪。云々。

道元はこれらの三つの古則は、中国禅籍の大慧『正法眼蔵』巻上（宋版五五丁左）・『景徳伝灯録』巻一一（宋版六丁右）・大慧『正法眼蔵』巻上（宋版八丁左）などから基本的には引用しているので、本書も中国禅籍からの引用ではないか、の疑問が出ることであろう。なぜ真字『正法眼蔵』の引用と断定できるか。もちろん対照して近似しているのも一つの理由である。その上、決定的な証拠が二つある。

先ず、⑭の霊雲志勤の悟道頌の二句目が中国禅籍では「落葉」になっているのも多く、「葉落」となっていて、その頌を潙山霊祐が認めて、「永無退失」でなく「永不退失」となり、更に玄沙が批判するのは、『宗門統要集』巻五（宋版二一丁左～二二丁右）、大慧『正法眼蔵』巻上（宋版五五丁左）及び元の『禅林類聚』（続蔵巻一一七―一一六右上）に限られる。更に、一般には禅者名として「玄沙」の字が使用されのがほとんどであるが、なぜか道元は「玄砂」を使用している。そのことは道元の真蹟の『行持 下』（『道元禅師真蹟関係資料集』一七八頁、大修館書店、一九八〇年）の特色であり、金沢文庫管理の真字『正法眼蔵』の九則（本叢刊第二巻『道元集』二六頁）・一二則（同二八頁）・四四則（同四七頁）・四六則（同四八頁）・四九則（同五〇頁）・五六則（同五三）も全て「玄砂」である。本書も「玄砂」であり、⑭はその点で特徴あると言ってよいであろう。

次に⑮の香厳智閑の悟処は忠国師の旧庵であるが、その場所の香厳山は河南省の南陽白崖山の党子谷でなければならないのである。ところが道元は思い込んで、湖北省の武当山と誤ったらしい。道元は『正法眼蔵行持』（岩波文庫本Ⅰ三三四頁）でも、『正法眼蔵渓声山色』（岩波文庫本Ⅱ一一二頁）でも、その思い込みは続いたのである。⑮はその道元の思い込みと一致していることが分かる。このことから、恐らく現在は金沢文庫管理本の真字『正法眼蔵』は巻中しか存在しないが、それと同じ真字『正法眼蔵』巻上が存在していたことは確実であると言えよう。道元の思い込みのことは、石井修道「香厳智閑の撃竹悟道」（『道元禅師 正法眼蔵行持に学ぶ』所収、禅文化研究所、二〇〇七年）で問題にしておいたので参照されたい。

これらから考えて、⑯の類似は、真字『正法眼蔵』と考えてよいであろう。細かなことであるが、「卓庵」と「菴主」の「庵」と「菴」の字の使い分けの一致などがその例である。なお、この話は、『正法眼蔵道得』（岩波文庫本Ⅱ二八七頁以下）に引用され、詳細に解説されて有名である。

以上のように、金沢文庫管理の真字『正法眼蔵』が、確実に伝承されたことを確かめることができたことは、重要な指摘と言えるであろう。

⑰の宏智正覚撰述の「坐禅箴」は、別筆と思われる。この一紙は一見して紙の色が他と比べて白色が強く、また、それまでの一紙の半分に相当し、全体が綴葉装なのに、この一紙のみ四束に続いて最後にのり付けされている。ただ、引用に関しては、これまた宏智の肩書から考えて、道元の『正法眼蔵坐禅箴』（岩波文庫本Ⅱ二四二頁以下）と考えてよいであろう。もちろん宏智正覚の『宏智録』巻六所収の「坐禅箴」（名著普及会本四六五頁）からの直接引用を否定するものではない。また、真福寺所蔵の『禅祖頌』（本叢刊巻一二『稀覯禅籍集　続』所収予定）にも見える。

本書が特にCの後半に坐禅に関する引用が多いのは、全体の特色といえるであろう。

『宗鏡録要処』解題

柳　幹康

丁数　一〇紙一七折
装幀　折本装
大きさ　縦一四・四センチ　横一二・〇センチ
紙質　楮紙
指定　国宝

『宗鏡録要処』一巻（横浜市称名寺所蔵、神奈川県立金沢文庫保管）は『宗鏡録』巻二八（T四八・五七五a—五七七a）に引かれる『雑華厳経一乗修行者秘密義記』（以下『義記』と略称）を書写したものである。

『宗鏡録』は五代十国時代の禅僧永明延寿（えいめいえんじゅ）（九〇四—九七六）が仏教の核心たる禅宗所伝の一心を明かすため、唐代以前の各種文献を渉猟し「要文」を集めて百巻にまとめた書物である。つづく北宋の時代に仏教の正統説と公認され、一一〇七年からその翌年にかけて東禅寺版大蔵経（崇寧蔵）の一部として開板された。以降歴代の大蔵経に収められるとともに、禅・教・浄土など諸派が融合していく中国仏教に「教禅一致」や「禅浄一致」といった各種理論の基礎を提供したため、宋から元を経て明にいたるまで『宗鏡録』の評価はいやましに高まり、清代になると時の皇帝の雍正帝（在位一七二二—一七三五）により「震旦（＝中国）宗師の著述中、第一の妙典」と絶讃されるにいたる。いわば『宗鏡録』は禅の立場から唐代以前の多元的仏教を一元的に総括するとともに、諸宗融合の道をたどる宋代以降の中国仏教にその理論的根拠を提供した一大宗教書なのである。[1]

『宗鏡録』の日本への伝播は早く、一〇九四年に法相宗の永超が編んだ『東域伝灯目録』にその書名が見えることから（T五五・一一六四c）、遅くとも平安の末までには日本に伝わっていたことが分かる。その後鎌倉・室町を通じて禅宗を中心にひろく受容された。

禅宗では栄西（一一四一―一二一五）・円爾（一二〇二―一二八〇）・夢窓疎石（一二七五―一三五一）など歴代の高僧が『宗鏡録』を引用乃至重視している。すなわち、栄西は『興禅護国論』において『宗鏡録』の読誦を「諸教・諸宗の妙義を伺い、禅の旨帰を学ぶ」「修入の方便」と位置づけ、円爾は当時の天皇や関白・高僧に『宗鏡録』を講じて広く尊崇を集め、夢窓疎石は『夢中問答集』において『宗鏡録』を引用しつつ総合的な仏教観を提示している。また円爾の法嗣の無住道暁はその著『雑談集』において『宗鏡録』を屢々引用しており、夢窓疎石の門下では春屋妙葩が一三七一年に『宗鏡録』を開板、その十二年後には義堂周信が足利義政に対し『宗鏡録』とその著者延寿について述べている。[2]

禅宗以外で『宗鏡録』を引いた主な例を列挙すると以下の通りである。(1)真言宗では覚鑁『五輪九字明秘密釈』（一一四三年、T七九・一四b）、頼瑜『大日経疏指心鈔』（一二六一年以降、T五九・七〇〇b、七二〇b）・『釈摩訶衍論開解鈔』（一二八八年、増補改訂日本大蔵経 四四・八四a、一八七a等）、頼宝『釈摩訶衍論勘注』（一三二〇年、T六九・六二八b、六三九c等）・『真言本母集』（続真言宗全書 二一・五三a）、杲宝『開心抄』（一三四九年、T七七・七三六a、七三七a等）。[3] (2)浄土宗では信瑞『浄土三部経音義集』（一二三六年、T五七・三九八b）、良忠『観経疏伝通記』（一二五八年、T五七・五〇五b、五一七c等）。(3)法相宗では良遍『真心要決』（一二四四年）。[4] (4)三論宗では澄禅『三論玄義検幽集』（一二八〇年、T七〇・三八三c、三八七c等）、貞海『三論玄義鈔』（一三四二年、T七〇・五〇二c）。(5)律宗では如空『菩薩戒問答洞義抄』（一三〇八年、T七四・九六b）。(6)天

台宗では光宗『渓嵐拾葉集』（一三四八年、T七六・五三七c、五四〇b等）。(7)時宗では託阿『器朴論』（一三五四年、T八四・一八a等）。また近年では『宗鏡録』が能の大成者世阿弥（一三六四？—？）に影響を与えた可能性も指摘されている。[5]

このような広範にわたる『宗鏡録』受容のなかで書写されたのが『宗鏡録要処』である。冒頭で示した通り本書は、『宗鏡録』巻二八所引の『義記』を抄録したもので、『義記』については佐藤厚「『宗鏡録』巻二十八所引「雑華厳経一乗修行者秘密義記」について——房山石経刻経『健拏標訶一乗修行者秘密義記』との対照研究」（『東洋学研究』四一、二〇〇四年）に詳細な研究がある。いまこれに基づいて略説すると、『義記』は朝鮮平壌出身の大香山隠士釈法蔵（華厳宗第三祖の法蔵とは同名異人）が華厳教学を基礎に密教や中国伝統思想を摂取して編んだ書物で（成書年不明）、一三世紀に刻まれた房山石経が目下唯一の完本である。『宗鏡録』には巻二八のほか、巻一九（T四八・五二二c）、二四（五五四b）、三五（六一八c）の計四箇所に引用が見え、総じてその文章は房山石経よりも詳細である。

『宗鏡録要処』が書き写す部分は、華厳教学「一中一切、一即一切」の関係を明かす「縁起陀羅尼」の総説から始まり、それが密教の教主たる大日如来の法界身（宇宙に遍満する仏の真の身体）に包摂されると明言したうえで、衆生の身体を五種八組の摩尼宝珠に配当し陀羅尼との関係が説明される。『宗鏡録要処』の書写はほぼ正確であり、「余処」（五七五b）を「余所」（1ウ）に、「五根」（五七五b）を「根五」（2オ）に、「辦」（五七六c）を「辯」（16ウ）にするなど異同はごく些細なものにとどまり、その数も少ない。『宗鏡録』では「雑華厳経一乗修行者秘密義記」と書名を具さに挙げるが、『宗鏡録要処』では「秘密義記」のみを書名と見なしている。本書の中欠部分は『宗鏡録』に鑑みて二五四文字、写本二葉分に相当する。

『宗鏡録要処』の書写年や書写者は不明だが、[6]おそらく華厳乃至密教に関心を有する者が『宗鏡録』のみに見える特殊な引用文に気付き書き留めたものであろう。書写の具体的な背景や本書が日本仏教思想史にしめる位置については、今後の研究が俟たれる。

（1）柳幹康『永明延寿と『宗鏡録』の研究──一心による中国仏教の再編』（法藏館、二〇一五年）。

（2）禅宗における『宗鏡録』受容については重田みち『世阿弥の思想と能楽』（慶應義塾大学博士論文、二〇〇九年）二八一─三三頁を参照。栄西の『宗鏡録』援用については柳幹康「栄西と『宗鏡録』──『興禅護国論』における『宗鏡録』援用」（『印度学仏教学研究』六五─一、二〇一六年）を、円爾の『宗鏡録』援用については同「鎌倉期臨済宗における『宗鏡録』の受容──円爾と『十宗要道記』」（『臨済禅師一一五〇年遠諱記念『臨済録』国際学会 論文集 附・資料編』（学会当日資料）、臨済宗黄檗宗連合各派合議所・花園大学、二〇一六年）を参照。

（3）覚鑁の『宗鏡録』引用については古瀬珠水氏（鶴見大学仏教文化研究所）よりご教示いただいた。この場をかりて厚くお礼を申し上げる。頼瑜・頼宝については千葉正「頼瑜の禅宗理解──頼瑜撰『釈摩訶衍論開解抄』考」（『印度学仏教学研究』五六─一、二〇〇八年）、同「頼宝撰『真言本母集』に見られる禅籍について」（『印度学仏教学研究』六三─一、二〇一五年）を参照。

（4）養輪顕量「良遍の『真心要決』と禅」（『印度学仏教学研究』六一─一、二〇一三年）は用語と文脈を分析したうえで「良遍は貞慶の著作を通じて、あるいは直接に、『宗鏡録』を知っていた可能性が高い」と推定している。

（5）注（2）所掲重田論文二七頁、同「岐陽方秀と世阿弥の交流と「一」への意識──室町時代初期の東福寺を中心とした中国風の思想」（『禅からみた日本中世の文化と社会』、ぺりかん社、二〇一六年）。高橋悠介『禅竹能楽論の世界』（慶應義塾大学出版会、二〇一四年）二六六頁。能楽・文学における『宗鏡録』の研究状況についてご教示くださった高橋悠介氏（慶應義塾大学附属研究所斯道文庫）・中野顕正氏（東京大学大学院）に深謝申し上げる。

（6）石井修道「宗鏡録要処」（解題、『金沢文庫資料全書』第一巻、神奈川県立金沢文庫、一九七四年）が指摘するように、称名寺の小部経蔵の目録『小経蔵目録』には「宗鏡録要文三巻」の名が見える。もし『宗鏡録要処』がこの「宗鏡録要文」の一部に相当するのであれば、その書写年の下限は『小経蔵目録』が記された一三二八年頃となるが、その当否は不明である。『小経蔵目録』の書写年については高橋秀榮「『小経蔵目録』解題」（『中世禅籍叢刊』第三巻 達磨宗、臨川書店、二〇一五年）を参照。

『養心抄』解題

高橋秀榮

〈**書誌**〉

書名　養心抄
数量　一帖
丁数　二紙
紙質　楮紙
寸法　縦一四・八センチ、横二〇・四センチ（全紙　縦三〇・七センチ、横四一・五センチ）
装丁　四つ折り
刊写　写本
年代　鎌倉時代
筆者　法光房了禅
奥書　なし
紙背　唯忍書状（『金沢文庫文書』二一八五号）
指定　国宝

〈解説〉

神奈川県立金沢文庫管理の古文書群の中に唯忍書状というのがある。書状を包んでいた懸紙は残っていないが、文面を記した本紙と裏紙の二紙が揃った「法光御房」宛ての書状であるが、自らの名前を仮名文字で「ゆいにん」と三度も表記しているその書きぶりからみて、尼僧の手になる書状かと推察される。

書状の文面は六七五字を数えるかなりの長文で、文中には「このくにゝあま□（の？）ふつほうの候ハぬハあさましうおほへ候あいた……」というように、仏法の興隆が思うようにいかないとの歎きの言葉も混じっているが、ここでは、繁雑さを避け最初と末尾の数行だけを掲示すると、「そのゝち御みに、御かさけやはたらせおはしましや候らんと、おもひやりまいらせ候て、おほつかなくこそ、おもひまいらせ候へ、（中略）又、了智房のかゝれ候し手本、覚如御房御さた候て給はるへく候也。六月三日　唯忍上　法光御房」との書きぶりからも尼僧の手になる書状らしさは十分に窺われよう。

書状の末尾に記された「法光御房」とは了禅の房号である。法光房了禅は称名寺の開山審海とは同法の間柄であり、戒法を重んじた真言密教の僧侶であったらしいが、その生涯のくわしい軌跡は明らかでない。以前、金沢文庫管理の聖教の奥書などをもとに、修学の志が篤かった足跡の一端を追考し、今泉淑夫編『日本仏教史辞典』（吉川弘文館、一九九九年）に、「承久三年（一二二一）生まれの僧で、正嘉元年（一二五七）に常州の三村山極楽寺で書写した『仏眼法密記』や弘長二年（一二六二）に三村寺の忍性の求めに応えて上州伊南荘那熊村の光明寺で書写した『梵網菩薩戒本疏』などが現存している。了禅は称名寺開山の審海や極楽寺開山の忍性らと親しい交流があった縁で、天台、戒律、禅の三宗を兼ね学ぶ学僧でもあったようで、真言密教の修法書や仏教説話の聖教なども残している。先年、横浜市大道の宝樹院に客仏として安置されている常福寺旧蔵の阿弥陀如来坐像の像内から審海自筆の弘安五年の仏像修理願文と仏舎利を包み「同法了禅」と墨書された紙片が発見されたことから、弘安四年（一二八一）頃寂したらしい」との略伝を紹介したことがある。

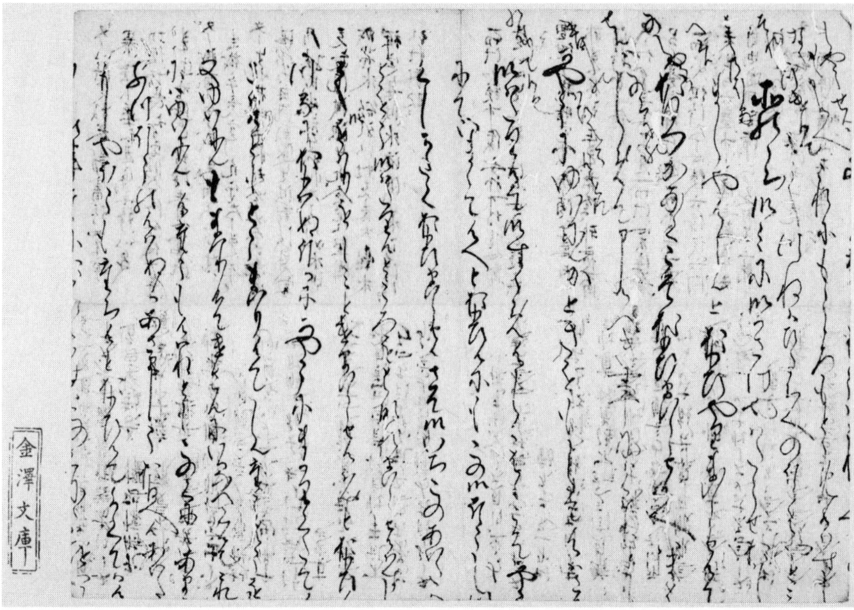

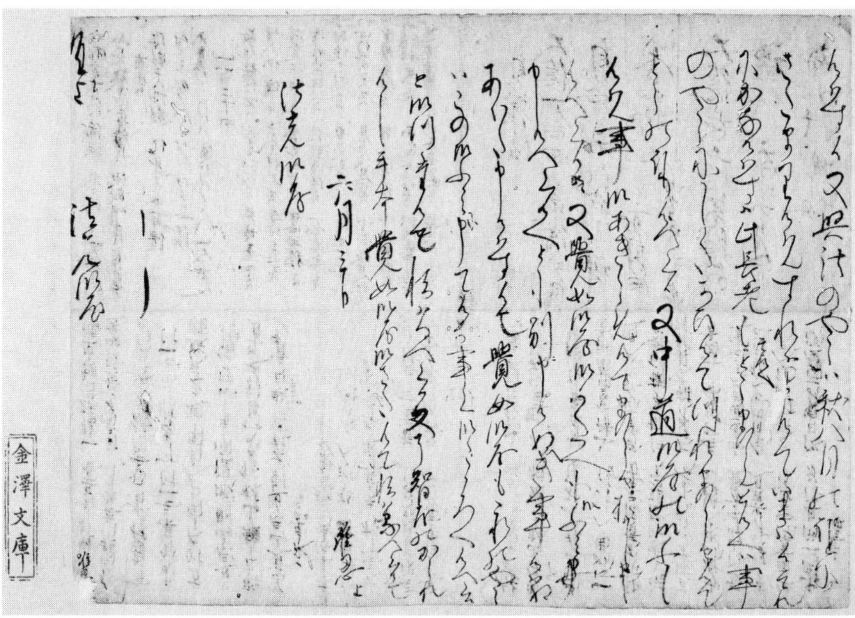

『養心抄』紙背文書（唯忍書状）

了禅が称名寺に遺した自筆聖教は前掲の二書のほかに『阿闍梨位印明事』（古文書二八四九号紙背）、『健素因縁』（三〇九函）、『如意心陀羅尼呪経』（二五四函）、『如意宝珠』（三二五函）、『発菩提心得益縁』（三四六函）、『悲母因縁』（三〇七函）、『万荼羅尺』（三〇九函）、『優填王夫人因縁』（三〇九函）、『梵網経釈』（三五六函）、『善光寺如来事』（二九八函）などがある。これらの聖教の書名だけからも了禅は密教を宗とした学僧であったことが偲ばれよう。

ところで、唯忍書状は昭和初年に称名寺の子院の一つ光明院から発見された古文書群の中の一通であるが、この書状の裏面がじつは『養心抄』という外題が表記された禅籍であった。それがどうして禅籍の扱いを受けなかったのか、その確かな真相は定かでないが、愚察するに、昭和五年に称名寺の子院の光明院の須弥壇下から発見された厖大な古書・古文書の整理とその解読、出版に取り組まれた関靖初代文庫長の判断が働いていたように推測される。『養心抄』は仏典の抜書集のようなものであるが、いつ、だれが、どこで書写したかという奥書の記載がない。対してその紙背の書状には「法光御房」という宛所や「唯忍」という発給者の署名が明記されている。関氏は古文書の解読に精通していた専門家であったことからして、二者択一で選ぶとすれば当然のこと聖教より古文書の方を優先されたはずである。

『養心抄』が本来、禅籍とみなされる聖教であったことは、称名寺第二代の釼阿が鎌倉時代の後期、嘉暦三年（一三二八）頃に筆録した『小経蔵目録』（本叢刊「達磨宗」収録）に「養心抄一帖」とその書名が採録されていることからも明らかである。しかし関氏は『小経蔵目録』に『養心抄』という書名が明記されていることを失念されていたようで、唯忍書状の文面を重んじられたようである。それが証拠に昭和十二年発行の『金沢文庫古書目録』にも『養心抄』という禅籍名は掲載されていないし、「金沢文庫の禅籍」（『金沢文庫研究紀要』第2号、一九六四年）と題する関氏の論文中にも「養心抄」の書名は見いだされない。さらには昭和四十九年発行の『金沢文庫資料全書』第一巻禅籍篇に掲載されている総説（鏡島元隆博士執筆）にもその書名は採録されていない。それに対して唯忍書状の文面は昭和二十七年発行の『金沢文庫古文書』第三輯・僧侶書状篇下に二一八五号の通し番号を付して活字化されているのである。以来、『養心抄』は「所在不明の幻の禅籍」となってしまったのである。「唯忍書状」の活字化の際に、その表題の下に小文字でもいいから（「養心抄」紙背）との記述が施されていたならば後学を悩ませることは生じなかったはずである。なお『養心抄』という表題の禅籍は他には伝存していないようである。数カ所の図書館施設をめぐって『禅籍目録』や『古典籍目録』をいくつか閲覧して調べてみたことがあるが、同名書目は探し出せなかった。よって『養心抄』は北条実時の菩提寺である称名寺だけに伝存した珍本ということができるようである。

『養心抄』は了禅が唯忍という尼僧から届いた書状の料紙を四面に折りたたみ、本文を書写し、紙縒で仮綴じされただけの簡単なものであるが、表紙の中央部分の線内に書かれている三文字が書名で、その左右の文章は夏安居の最終日（七月十五日）に修行僧が一堂に集まって唱える「自恣作法」の文である。その文中に「了禅」の名前があり、本書の所持者が疑いなく法光房了禅であったことが確認できる。

初丁以下の紙面には「恵海」「永嘉云」「布袋」「一百二十問」「大乗起信論」「壇経」「浄心誡観法」などの要文が引用転写されている。元来はまだ数丁の料紙が続いていた可能性が考えられるが、引用文は『永嘉集』など数点の中国禅籍に限られている。いずれにせよ『養心抄』という禅籍は、その所持者了禅自身が禅の教えを自らの心の養いとすべく中国禅籍の要文を適宜抄出したものであることは疑いないと思われる。

最初に「恵海」のことばが転写されている。恵海といえば『頓悟入道要門論』の名著が思い出されるが書き写されたことばはその名著には見い出されない。また「永嘉云」といえば、『証道歌』の作者永嘉玄覚のことが連想されるが、引用されている三か条の要文は『証道歌』とは関係がなく、その典拠も明らかでない。「一百二十問」は『禅苑清規』の一部であるが、「布袋」の句の典拠も不明である。

「壇経」は六祖慧能の語録ともいわれる『六祖壇経』からの抄出である。『六祖壇経』には異本を含め数多くのテキストが伝存している。現存最古の敦煌本はじめ、真福寺本・金山天寧寺本・大乗寺本・興聖寺本・徳異本・宗宝本・延祐本・契嵩本などの諸本が伝わっている。序文、本文の内容と構成、章の分け方などから、おおむね敦煌本系統・恵昕本系統・契嵩本系統の三つのグループに大別されるというが、我が国にも早い時期に伝来し、鎌倉時代には広く読まれた禅籍であった。了禅による抜書きもその時代の影響によるものであろう。ちなみに了禅が抜書きした『六祖壇経』の本文がどの系統の写本か、駒澤大学禅宗史研究会編著『慧能研究』（大修館書店、一九七八年）を手がかりに調べてみたところ、おおかた大乗寺本と合致することが確かめられた。

『浄心誡観法』は唐時代を代表する律宗の名僧・南山道宣の撰述であるが、鎌倉時代の顕密禅の三宗兼学の僧侶には注目されていた仏典の一つである。無住が著わした『沙石集』の巻四の文末には、「南山大師ノ云」として『浄心誡観法』の要文が引用されているし、金沢文庫管理の『布薩事』の文中には「即此ノ人身々々ノ難キコト得。浄心観ニハ云ヒ万類之中ニ人身尤モ難シト得。」とみえ、興味深い。

ところで、弘安三年頃、下総の印西郷の天台宗寺院で『十不二門指要抄』の講義が行われたことがあった。講師は□祖という碩学であるが、その講義の内容を記録したのは天台僧の円観であった。その講義録の文中に、「達磨門下三人得法而有浅深者、祖云相伝ノ説挙ル也。了智云、達磨弟子有四人。正法眼蔵云、観音導利院。達磨大師将返西天、謂テ門人曰ク時将至矣。汝等蓋言所得乎。……」という文章がみえる。ここにいう正法眼蔵とは、題下に観音導利院という寺名が明記されていることからして道元が漢文体で筆録した真字『正法眼蔵』であることが明白である。そうした珍しい要文を講義録の中に書きとめた円観の学識も高く評価されていいが、道元の著作に達磨の四人得法の記事が掲載されていることを記憶していた「了智」の存在にも驚かされる。この「了智」とはいったい何者なのか。偶然にも「唯忍書状」の中に「又、了智房のかかれ候し手本、覚如御房御さた候て……」との記述がみえる。このように「唯忍書状」には「了智房」、『十不二門指要抄聞集』には「了智」とあり、「房」の一字の有無に検討の余地は残るが、「唯忍書状」を介して了智房と了禅が知り合いの間柄であったことを重視すると、了智と了智房とは同一人物であった可能性が高いようにも推察される。この点は今後、さらに傍証資料の発掘につとめ、解明につとめたいと思っている。

『養心抄』には道元の真字『正法眼蔵』（本叢刊「道元集」収録）からの引用文はないけれど、「了」の字を法名に付けた好学の僧が少なからず東国の上総・下総周辺の寺院に居住し、中国の禅僧の行動と言葉を記述した禅宗関係の典籍に関心を寄せていたという事実は注目されていいであろう。

このたび、幻の禅籍ともみなされていた了禅筆録の『養心抄』の本文が禅籍叢刊に収録されることになったことは、じつに慶賀なことである。願わくはこの『養心抄』に禅宗文献研究者の目が注がれ、内容のさらなる考察が進展することを期待するばかりである。

参考文献

高橋秀榮「金沢文庫保管「指要鈔聞集」に引用せられた正法眼蔵の一古則について」（『印度学仏教学研究』二十三巻一号、一九七四年）
高橋秀榮「法光房了禅について」（『金沢文庫研究』二八四号、一九九〇年）

『禅宗法語』解題

高柳さつき

一、書誌

本写本は既に『金沢文庫資料全書　仏典　第一巻　禅籍篇』（神奈川県立金沢文庫、一九七四年）にて河村孝道氏により翻刻及び解題がなされている。今回、影印と共に新たに翻刻するにあたり、田中久夫氏による翻刻[1]や『由良開山法燈国師法語』（大日本仏教全書〈以下「仏全」〉、四八）[2]を参考にし判読可能な箇所は該当箇所の右に（　）により補った。

『禅宗法語』という題目は、便宜的につけられたものである。もともと金沢文庫にあった法語の抄録の寄せ集めで、昭和三十八年に補修された際に表紙が付加されたため『禅宗法語（仮題）』となっている[3]。

金沢文庫本『禅宗法語（仮題）』の書誌情報は以下の如くである[4]。

数量　一巻一冊、丁数　二十八丁、装訂　袋綴、大きさ　縦二四・七センチ　横一六・六センチ、

刊写　写本（南北朝時代）、紙質　楮紙、指定　国宝

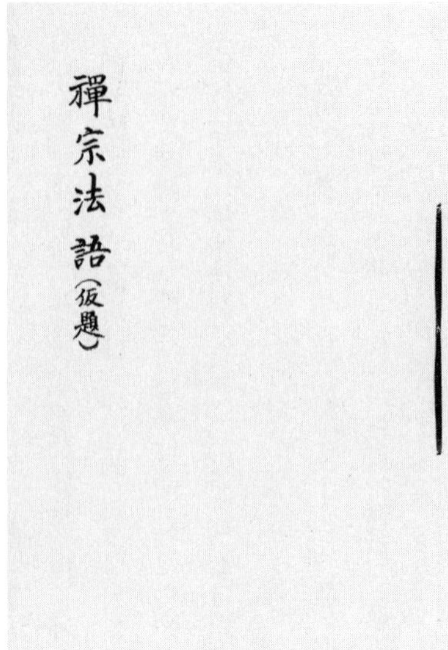

『禅宗法語』表紙

書写年代については、河村氏は金沢文庫中の他の諸禅籍類の書写本と関連をもつ同時代頃の筆写と考えてよいとする。本書中に「文保二年五月五日、同□七日到来、妙了上座御使」（二十オ）とあることや「正覚国師御歌」（二十オ）の記述[5]から南北朝時代の書写であるというのは概ね妥当だと考えられよう。保存状態が悪かったためか虫食い等の破損が酷くあまり状態はよくない。そのため判読不能の箇所が多いが、禅が鎌倉時代後期から南北朝期においてどのように受け入れられていたかを窺い知る貴重な写本であるので残念である。筆写は複数の者によると思われ、平仮名のものと片仮名のものがあり、行書体で解読の難しいものもある。また一面毎の行数も九行～十三行と一定せず寄せ集め的な印象を受ける。

二、内容について

河村氏は収録法語類を以下のように九つに分類しており、本稿でもこの分類に随いたい。

一、発心祈請表白（表白文）　二、明恵上人法語　三、由良開山（法燈円明国師）法語。この後五項目の示衆語が続く（五項目めは夢窓疎石の文保二年〈一三一八〉の老母への返書）　四、正覚国師（夢窓）御歌　五、法語一篇…夢窓によるもの

六、法語一篇…夢窓が北条大方（北条高時の母）に示したもの　七、夢窓の法語一篇…等持寺（足利尊氏）に示したもの

八、法語一篇…夢窓が佐々木六角に示したもの[6]　九、遺誡・辞世頌（肯山）[7]

諸々の法語の概要は河村氏の解説があるので、ここでは本書全体の核となっている人物である明恵、法燈国師（心地覚心）、夢窓疎石に関係するいくつかの法語に着目し補いたい。

明恵

一、発心祈請表白……神仏に対する表白文であり、前後の関係から明恵のものであると河村氏は推測されるが、他にも「草庵ヲ山林寂漠ノ霞ニシメテ今生遊宴栖カトシ、一鉢ヲ聚楽慣丙ノ煙ニ撃必一仏浄土縁ヲ結ハン」（三オ～三ウ）の表現から、十代の頃から処々で坐禅に励み「禅念沙門」と自ら言っていた明恵らしさが見取れる等[8]、明恵のものと判断してよいと考える。

二、『明恵上人法語』……『明恵上人伝記』の抄録。田中久夫氏によれば[9]、『明恵上人伝記』には、慶應義塾図書館本（貞治三年、上巻のみ）、高野山親王院本（文明十五年）、高山寺本（慶長十四年）等があるが、文字の異同等を考慮すると親王院本と近いという。ただし、みすぼらしい姿の明恵が建仁寺の栄西に会いに行く途中で従者を従えて新しい車に乗る栄西に出会い声をかけずにいたが、逆に栄西に呼び止められて話をし、その後栄西より印可を与えられるのを断ったという有名な栄西との出会いの挿話は、親王院本にはあるもののこちらにはない。

法燈国師（心地覚心）

三、『由良開山法語』……現在『法燈国師坐禅儀』（以下『坐禅儀』）として知られるものとほぼ同じ内容で、全文が収められている。『法燈国師法語』（『由良開山法燈国師法語』、『法燈法語』、『由良法語』とも。以下『法語』）は『坐禅儀』とは別のものであるが、本書の『由良開山法語』はかなり異動はあるものの『坐禅儀』と内容が似ており、『坐禅儀』の元本に近いものと言うことができる。『坐禅儀』は現存するのが文明十七年の写本、正保二年、慶安元年、文政六年の版本のみであるので、貴重なものであると言えよう。『法語』は坐禅にまつわる見解を十一項目に亘り述べるが、最後の第十一には坐禅之事という題で、「先アツク坐物ヲシキ、ユルク坐シ、身ヲ端シテ坐シ、云々」（仏全四八・二七六中）、「…是ヲ無記心ト云ナリ。只偏ニ父母未生已前ノ面目ハサテイカントフカクウタガウベシ」（仏全四八・二七六中）等と坐禅の用心を示す。一方『坐禅儀』では「是ヲ以テ知ベシ。一切ハ唯心ノ造リ出スコトヲ」（仏全四八・二七二上）、「万物ハ真ノ法ニハアラズ。本来歴然トシテ有ナリ」（仏全四八・二七二中）等と坐禅の本旨とはいかなるものかを語っている。また正保二年刊本では『法語』の次に『坐禅儀』が置かれている一方、慶安元年版では『法語』の前に『坐禅儀』が置かれている。(10) つまりこの『由良開山法語』は『法語』と『坐禅儀』の成立に関して、全く新しい考察の必要性を示唆するものである。

夢窓疎石

筆者の調査が十分ではないので部分的な指摘に留めるが、母親への手紙、北条高時の母（覚海尼）や足利尊氏（等待院）への法語等は夢窓が当時いかに仏教界で広く信頼を得ていたかを教えてくれる。覚海への法語では「此田地ニ到テ枯木ニ花生、寒灰ニ焔ノ起ル時ヲ真実ノ道人トナツケタリ」（二三オ）、佐々木六角へは「夢サメ候ハン時、始テ本分ノ田地アラハレ候ヘク候」（二五オ）とあり、夢窓が禅の悟りの境地として使う「本分の田地」という語が早いうちから在家の接化に使われていたことがわかる。夢窓は『夢中問答』において、本分の田地を「凡聖迷悟いまだ分かれざる処は、世間の名相もあづからず。出世の法門も及ばず。しかりといへども、迷人を誘引せむために、仮に語をつけて、或は本分の田地と名づけ、或は一大事と名づく。本来の面目、主人公なむど申すも、皆同じことなり」（下巻一丁オ）[11]、「本分の田地は、真如の妙理、及び一切の仏菩薩の所依なり」（下巻二丁オ）、「もし人この本分の田地に相応せば、教門に談ずるところの、仏性・心地・如来蔵・真如・法性等、乃至凡夫所見の山河大地、草木瓦石にいたるまで、皆ことごとく田地なるべし」（下巻二丁ウ）等と説明している。『夢中問答』では、本分の田地は本来の面目、主人公という禅の悟りの極致であり、教の悟りのそれに通じるものとしている。

三、本書成立の背景と思想的意義

重要なのは本書がいくつかの法語の寄せ集めではあるが、表白文から始まり、諸々の法語が並び、遺誡・辞世頌で終わるという一貫性のある体裁をとっていることである。このことは、本書がまとめられた南北朝期において、明恵、心地覚心（法燈国師）、夢窓疎石が一貫性のもとで捉えられることがあった事実を語っている。特に明恵が禅僧として扱われていることは注目すべきである。明恵は坐禅を好んだが、『達摩多羅禅経』や『禅法要解』等を拠り所に坐禅に励んだのであり、それは禅宗の坐禅とは系譜が異なるものである。[12]明恵と栄西が実際に接点があったかは定かではなく、結びつけられる説話ができたのは十三世紀後半であるかと思われる。

三者の関係をみていくと、明恵は覚心が生涯にわたり拠点とした紀州の生まれであり、若い頃有田で活動した時期があり、後に覚心の活動拠点となる西方寺創建の際に落慶供養の導師を務めているものの両者の接点は見いだせない。

夢窓は永仁二年（一二九四）二十歳のとき、覚心を訪ねて紀州由良の西方寺に向かったが、京都で会った旧知の徳照にまずは叢林で学ぶように助言され、建仁寺に赴いたとされる。その後の交流などはないようである。覚心は臨済宗法燈派の開祖である禅密僧で念仏も兼修し高野聖の萱堂聖の祖にもなっている。夢窓が訪ねようとしたのは覚心の最晩年の頃だが、当時はかなり名を遂げた禅僧だったのだろう。覚心は『由良開山法語』の中で、悟りの境地として無念を掲げ、「仏ハ善悪ノ起ル源ヲ知テ執心起サルカ故ニトコシナヘニ念ハヲコレトモ無念ト成ル。無念ノ処ヲシハラク心トイウ。心ト云ハ名ノミ有テ形ナシ。サレハ無心ト云ヘリ」（一二ウ）、「タシカニウタカヒ一モナクシリハツル処ヲ一分見性トモ悟道トモ生死ヲ離トモ仏法ヲ覚トモ往生極楽スルトモ仏ニ成トモ云ナリ」（一三オ）と述べている。また、示衆語の中では「自己ノ本分ノ心アラハレテカクレスト申候ハ、タヽ今ノ手ヲアケ足ヲウコカス心スナハチ本分ニテ候也。ソノユヱハ此心一念モ生セサルカ故ニ十界ノ心モヲコラス」（一五ウ）や「浄土穢土ノ差別無、父母未生已前ノ面目ト云、又本来ノ面目トモ申ス為リ。（中略）思量計挍ヲコシテ仏教祖教トヲラスト云事無、直ニ本分ヲ示シ向上ノ宗風ヲアラハス」（一五ウ）ともいっている。この覚心の無念、自己の本分、本来の面目は夢窓の本分の田地と意味合いが近いのではないだろうか。(13)

明恵と夢窓であるが、田中久夫氏によると、(14)金沢文庫所蔵の『持戒清浄印明』には文殊―明恵上人―義淵房―盛遍（明信）上人という血脈が記され、この血脈を夢窓の弟子の碧潭周皎が延文元年（一三五六）に承けているということである。また『明恵上人法語』には明恵が栄西の弟子の円空に禅定について無所得の心が重要だと教えた際に「是高弁か私に申にあらす。先年紀州苅磨島にありし時、空中に文殊大士現して予に示給しまヽに申也」（八オ）と自分ではなく文殊が示したとするくだりがある。

十分な証拠とまではいかないが、こういう背景の元に夢窓派に近い者が諸々の法語をまとめた可能性が高いかと考える。

鎌倉時代から南北朝時代にかけて、禅宗は兼修禅から純粋禅へ進歩したとか兼修禅中心に発展したとか一律的に展開したのではなく、禅的な実践や禅的な思想が処々において絡みながら伸展していったことを本書は語っている。

(1) 田中久夫「「禅宗」所載の「明恵上人伝記」の抄録」（『金沢文庫研究』一五―一二、一九六九年）。
(2) 仏全所収本は正保二年版本による。
(3) 本写本の保護紙に「昭和三十八年　以県費修理之　金沢文庫」と記載されている。
(4) 『金沢文庫資料全書　仏典第一巻　禅籍篇』（神奈川県立金沢文庫、一九七四年）二七八頁。
(5) 夢窓疎石が光明天皇より正覚国師の国師号を勅諡されたのは暦応二年（一三三九年）十一月。
(6) 六角時信（佐々木時信）（一三〇六―一三四六年）か。
(7) 建長寺第二十八世住持で『建長寺興国禅寺碑文』を著した肯山聞悟か。
(8) 『華厳仏光観冥感伝』には「愚僧盛年以来、深好二実行一、更不レ事二浮花一。或入二深山一、或時於二海辺一、松風為二宴坐之友一、朗月為二誦習之燈一」（日蔵、一〇四下）とある。
(9) 田中久夫前掲論文。
(10) 『仏書解説大辞典』第四巻六頁参照。
(11) 五山版（康永元年〈一三四二年〉）による。
(12) 明恵の弟子の証定は『禅宗綱目』（一二五五年）において文殊菩薩より伝授したという明恵の仏光三昧観と円爾の禅宗及び聖一派の影響により南都で広まっていた禅宗とを関連づけようと試みている。『持戒清浄印明』の印明も明恵が文殊菩薩から授けられたものであることは興味深い。（高柳さつき「『禅宗綱目』の思想的考察」（二〇一六年、第八十七回禅学研究会学術大会口頭発表））
(13) 筆者は能忍系の禅宗以来、日本の禅宗には、「作用即性」であり見聞覚知のはたらきがそのまま悟りであるとする洪州禅の流れがあり、それが日本の臨済宗で受け継がれてきたと考える。夢窓が大慧宗杲の公案禅を取り入れることにより無事の境地を修行無用論から切り離したと考えているが、まだ構想段階である。今後の課題としたい。末木文美士「日本における臨済宗の形成――新資料から見た禅宗と達磨宗」（『禅文化』二四三号、二〇一七年）参照。

(14) 田中久夫『明恵』（吉川弘文館、一九八八年）二〇八頁。

『明心』解題

道津綾乃

本『明心』（以下、本書）は、二〇一六年六月一八日に国宝に指定された「称名寺聖教」のうちの一冊（二九五函一八号二番）で、称名寺が所蔵し、神奈川県立金沢文庫が管理している。縦一六・四センチメートル、横一六・五センチメートルの六紙の楮打紙を一一丁の粘葉装に仕立てている。一丁につき八行の押界が引かれ、界高は一三・七センチメートル、界幅は一・七センチメートルである。書写および手沢者は亮順である。

本書は、正和二年（一三一三）に顕瑜が書写した、伝衣の際に授けられる鉢を図示した一紙とともに、湛円によって「鉢図並明心」と記された楮紙に包んで一結とされている。(1)

本書についての最初の紹介は、納冨常天氏「金沢文庫本『大明録』について」(2)によって行われた。これによれば、本書は「南宋・圭堂居士の撰にかかる『仏法大明録』の篇目について簡単に解説を加えたもの」で、「編目中真空・度人・入寂・化身・篇外雑記の五篇に相当する部分はなく、尾に雪竇の頌が記してある」ことが特徴である。すなわち、本書について検討するべき課題は、内容と全体構成であることを示している。

一、本書全体の構成と作者像

本書は納冨氏がいうような二部構成ではなく、三部構成である。八丁裏一行目「此ノイハレナリ」までは和文で記された『大明録』の解説とする部分（①とする）、八丁裏一行目「夫以念為念…」から九丁表までは長蘆宗賾「蓮華勝会録文」の引用（②）、そして九丁裏に「雪竇頌」（③）が書写されている。

①と②の境界が同一行上にあり、かつ同筆で書写されているのには、何等かの意図を想定してよいのではないだろうか。まず、①が依拠している圭堂居士の『仏法大明録』に②の引用があるならば、それを抄出したと考えてよいだろう。しかし、椎名宏雄氏「『仏法大明録』の諸本」(3)によれば、『仏法大明録』に②の引用はなく、宗賾の著作の引用は逸文「長蘆賾禅師葦江集」が唯一であることがわかる(4)。つまり、①と②の連続書写の理由は『仏法大明録』にはないとみてよい。次に、書写者が本書を構成した作者であり、書写者の意図によって連続した書写となっている可能性が想定され得る。この場合、①とは別の典籍である②をあえて続けて写すところからみて、書写者が②に関心を持っていたことが、この構成の原因とみるべきだろう。書写者である亮順は良印房亮順といい、納冨氏は、彼が手沢、書写、執筆した「灌頂品儀私記・聖天供次第・大法会僧名帳案・仏像抄鉤策・仏説護諸童子陀羅尼咒経・金剛界次第生起・受法次雑談記・真言宗血脈・胎蔵界口伝・秘蔵記聞書・心目鈔・自見口決・如意輪観音法最深秘要文集・極楽寺十三重塔供養式・観経玄義分聴聞抄・三ヶ願事・古語拾遺・仲文章要文・孝経正宗分聞書等」を列挙して、「東密の法匠であると共に広く浄土や国書・漢籍にも関心が深く、京都醍醐寺・遍照心院（西八条の律寺）や金沢称名寺を中心に活躍している」(5)と評する。このうち、蓮華勝会に関連する浄土についての書籍は『三ヶ願事』と『観経玄義分聴聞抄』であるが、管見の限りにおいて、両書には蓮華勝会についての記述は見い

だせない。また後者には作者名、書写者名はなく、手沢銘は「崇順」で、筆者にとっては本書と同筆かの判断がつかないことを付記しておく。現存資料のみによって亮順の蓮華勝会への関心の有無を論じることはできないため、判断を留保するが、亮順に関わらず、本書の作者は、蓮華勝会に何らかの意味を見出していたといってよいだろう。

本書の作者を考える上で、筆者は、本書の書写の仕方に注目している。まず、②を『楽邦文類』巻二に引用される長蘆宗賾「蓮華勝会録文」(6)と比較する。便宜上、段落に分け、相違部分は「蓮華勝会録文」に傍線を引いた。

	②	蓮華勝会録文
1	夫以念為念、以生為生物者、常見所執也。	夫以念為念以生為生者、常見之所失也。
2	以無念為念、以無生為生者、邪見之所惑也。	以無念為無念以無生為無生者、邪見之所惑也。
3	念与無念、生与無生者、第一義諦也。	念而無念生而無生者、第一義諦也。
4	是以実際理地一塵不受、而上諸仏可念ナク、浄土可生ナシ。	是以實際理地、不受一塵。則上無諸佛之可念、下無淨土之可生。
5	仏事門中不捨一法、惣持諸根、蓋有念仏三昧、還源要術也。往生一門示開ナリ。	佛事門中不捨一法、則總攝諸根、蓋有念佛三昧、還源要術。示開往生一門。
6	所以終日念仏、而不乖於無生。	所以終日念佛、而不乖於無念、熾然往生。而不乖於無生。
7	故能凡聖各住因位、而感応道交東西不相往来、而神遷浄刹、此不可得而致詰也。	故能凡聖各住自位、而感應道交、東西不相往來、而神遷淨刹、此不可得而致詰也。

段落2や6の脱文だけをみれば、両者の違いを写し間違いとして看過してしまいそうであるが、②の段落4と5にみられ

る和製漢文への改変と、段落1の「執」と「失」は「シツ」、段落7の「因」と「自」は「ヨリ」という日本語読みによって生じたことが疑われる改変に、筆者は注目している。つづく③と『碧巌録』(7)の引用箇所を比較すると、

見聞覚知非一々、山河不在鏡中観、蒼天月落夜将半、誰共澄潭照影寒（③）

聞見覚知非一一、山河不在鏡中観、霜天月落夜将半、誰共澄潭照影寒（『碧巌録』）

と二ヶ所の違いがある。誤写とも考えられるが、二つ目の相違点である「蒼」と「霜」の音は「ソウ」である。また、一つ目は『註華厳経題法界観門頌』巻二(8)には、「見聞覚知非一一」と記されており、「雪竇頌」の書写系統の違いも念頭におく必要があろう。

さらに、①を検討する。古瀬珠水氏は「『法華問答正義抄』にみられる日本の禅宗文献(9)」において、『正義抄』と本書とを比較している。冒頭部分の比較箇所を、まま引用すると、

『正義抄』の『明心抄』

学道人、先真妄ノ心ヲ知ヘシ何ヲカ迷心ト云ヲ。依縁テニ一念々不息ニ一物也

称名寺蔵『明心』

学道人ノハ先真心妄心ヲ可知一何妄心ト云依縁テニ一、念々ニヲコリテ不レ休モノナリ

とあり、両書は「いくつかの例外の他、同義異字や送り仮名の違いなどを除けばほぼ同文の内容である。」「但し、文言や使

用する漢字が異なる箇所が多く見られ、同じ原本に依拠していたとは考え難い。」と、古瀬氏は分析している。内容は酷似しているが、言い回しや漢字や文字表記に違いがあるのは、両書の祖本は同じだが、早くから流布系統が分かれ、文字だけでなく音声も伝承経路に混じったからではないだろうか。

①〜③の共通点は、伝承の過程で音声が使われたことが窺われる文字表記の改変がみられる点である。筆者は、本書を実際に行われた講義の聞書の写しと考えており、衆僧の前で講義をするような立場にある人物が、本書の作者あるいは述者とみているのである。

二、①部分の検討

本書の作者や内容の検討は、主に①部分に対して行われてきた。

古瀬氏は、『正義抄』に記された「明心抄云、〈聖一和尚作〉」、および荒木浩氏が『徒然草への途―中世人の心とことば』のなかで指摘した高野山金剛三昧院所蔵『達磨大師安心法門並明心』に記されている「東福寺聖一上人御作」の文言から、本書①部分について円爾作者説を提示されている。①の作者については、椎名氏が既に「本番の作者は円爾その人であるか、または円爾と深いかかわりを有する東福寺系統の禅匠であると思われる。[10]」と推定されており、その証明に掛かっているといってよいだろう。「但し、確実に円爾作であるかどうかは、今後、『大明録』を論じた虎関師錬の『済北集』を検討するほか、近年真福寺で発見された聖一派による資料なども詳しく研究してから結論を出す必要があろう。[11]」という。今後の成果に期待したい。

さて、前述のとおり、納冨氏は主に①部分を「『仏法大明録』の篇目について簡単に解説を加えたもの」としているが、椎名氏は「内容的には『大明録』の所説とはかならずしも対応してはいない」[12]と述べている。また、椎名氏は①における各項目の本文に占める割合を求め、「分量的にも全文の2／5強は〝明心〟の紙幅に費され、〝浄行〟から〝的意〟までが1／5、残る2／5弱は末尾の〝大用〟に関する説明である」ことから「本書の眼目が〝明心〟と〝大用〟にあることは明らかであ」るとし、さらに①は「『大明録』の項目を解説するという形式をとりつつ、内容的には学人に対して見性禅の要諦を説きあかすための、きわめてすぐれた法語」[13]であるとも述べている。両氏の言及から、①部分の内容の検討には、三つの視点を持つ必要があることがわかる。一つは『仏法大明録』との対応関係、もう一つは本書①の眼目は何か、いま一つは①部分に見性禅を説いているのか、である。

そもそも『仏法大明録』の篇目は、どのような関係性を持っているのだろうか。圭堂居士の自序[14]によれば、

便曰明心。知仏即心、亦須修証。立処超灑、方可発明。故受之以浄行。履行既清、便堪晋歩。（中略）故受之以破迷。迷雲既披、義天朗耀。（中略）故受之以入理。妙理既徹、真智自如。（中略）故受之以工夫。工夫既深、莫躋窠臼。（中略）故受之以入機。機鋒既高、通身是口。（中略）故受之以見師。智過於師、妙堪付与。（中略）故受之以大悟。悟処的当、孤悄不携。（中略）故受之以的意。的処莫守、卓一明三。（中略）故受之以大用。六用交煉、一物成真。（中略）故受之以真空。従空起悲、廻照興智。（中略）故受之以度人。度縁已畢、過迹不留。（中略）故受之以入寂。真寂不寂、妙応無方。化身。以明心為入仏之始、以化身為成仏之終。

とあり、前の篇目の修了とともに次の篇目の段階に進み、最終篇目の完成は成仏を意味している。では①も、篇目の進行が修行の進歩という内容になっているのか、確認したい。

冒頭の〝明心〟の段階は、本書三丁表に「明心ト者真心妄心ヲワクルナリ。」とあるとおり、真心と妄心を分けることができれば修了である。分別した「真心ヲモテ見聞ナラハ、一切ノ善心ノ事ハ皆浄行也」（四丁裏）、「真心ヲモチキル時、迷コトナカリケリト得意処ヲ破迷ト名ク。」（五丁表）とあることから、真心を用いて見聞できれば〝浄行〟、迷うことがなくなれば〝破迷〟である。ここには、浄行の修了後に破迷に進むという段階設定は確認できない。ここまでの「理（ことはり）」を会得すると「皆一法ナルコトハカリ也」（五丁裏）と理解できる、この段階を〝入理〟という。しかし、「此マテハ諸教ニ云処ナリ」といい、〝工夫〟の違いによる諸教と宗門の違いを述べる。宗門の工夫は「玉ヲ得テウシナハシ」（五丁裏）という。玉とはこの一文の直前にある「心源」であり「鏡」にも譬えられている存在のことである。宗門は既に心源を得ているため、それを求める工夫はしないが、それを失う可能性があるため工夫をすると述べているのである。つづく〝入機〟は、心を汚し諸法が汚す「物」について理解し求めないようになる段階、そして、機を絶したと禅師に認められると〝大悟〟の段階である。大悟の段階で発する言葉は〝的意〟、大悟の段階で智恵をおこして「物ヲハカラヒ、ワキマフル」ことができると〝大用〟である。大用の例として大日如来や釈尊の化他門を挙げる。ここにも〝的意〟の段階を修了して〝大用〟に進むという設定はない。

　こうしてみると、本書①は全ての篇目の前後が進歩前と後という設定には必ずしもなっておらず、『仏法大明録』の篇目設定とは異なっていることがわかる。また、『仏法大明録』は〝化身〟段階の修了をもって目標の達成としているが、①は〝大用〟の修了によって仏の化他門まで到達してしまうようだ。椎名氏は、①に『大明録』の第一一項目以下の該当項目が存しないのは、それが説示の対象としては、かならずしもふさわしくなかったからであろう。[15]」と述べているが、筆者は、説示を継続する必要がなかったために、次項以降は示されなかったのではないかと考える。

　さて、筆者の力量では①の眼目が何処にあるかは見極められないが、他宗との違いを述べる〝工夫〟部分は、特徴といえるのではないだろうか。既に「塵ナシ」の鏡を得ており、「先ツ玉ヲ得テウシナハシ」と工夫（修行）することを宗門と位置付けた①の作者は、見性を掲げる師家だったようである。

三、本書の性格

以上をまとめるならば、本書は、ある師家が行った、見性により如来の化他門を目指すことと、長蘆宗賾以来の蓮華会を催すことを同列に扱う説法の聞書の写しであるといえるだろう。

（1）仮題「鉢図」（称名寺聖教二九五函一八号一番）は、縦三〇・九センチメートル、横二七・一センチメートルの楮打紙に、鉢の図とともに、「受衣之日同鉢、念珠、坐具等／伝受師所被圖与也、信广記之／永久五—六月廿五日、於常住院座下受衣之日、同賜鉢念珠坐具等圖々寫之／良修記／正元々年五月十四日、賜御本寫之／交了、仙朝記／弘安元年十一月廿六日、以匠師本寫之／交了、覺助記／正和二年三月七日、賜御本寫之、即交了／顯瑜記」の奥書が記されている。湛円が「鉢図」を本書と一結にした理由は未詳である。納冨常天「金沢文庫本『大明録』について」（『金沢文庫研究』二四八号　一九七七年一二月）によれば、湛円は永享七年（一四三五）～文安四年（一四四七）頃、称名寺で活動していた。

（2）前掲注（1）参照。

（3）『曹洞宗研究院研究生研究紀要』第一一号（一九七九年八月　曹洞宗宗務庁）六三～七八頁参照。

（4）椎名氏の論文とともに、『仏法大明録』は、『禅学典籍叢刊』第二巻（一九九九年六月　臨川書店）に収録された東福寺霊雲院所蔵本の影印を参照。所収解題は椎名宏雄氏。

（5）前掲注（1）、または納冨常天『金沢文庫資料の研究』（一九八二年　法蔵館）二二九ページ参照。

（6）『大正新修大蔵経』（以下、大正蔵）巻四七　一七七b～c。

（7）大正蔵巻四八　一七八b。
（8）大正蔵巻四五　七〇二a。
（9）『印度学仏教学研究』六五巻二号　一五一～一五六頁。
（10）前掲注（3）、六九頁。
（11）前掲注（9）、一五五頁。
（12）前掲注（3）、六八頁。
（13）前掲注（3）、六九頁。
（14）前掲注（4）、一〇五頁上段。
（15）前掲注（3）、六九頁。

【付記】　脱稿後、古瀬珠水氏より「『明心』についての考察―『仏法大明録』との関係および「円爾作」の根拠を探る―」（『仙石山仏教学論集』第九号　二〇一七年）を拝受した。ご教示に感謝申し上げます。

『正法眼蔵打聞』解題

石井修道

金沢文庫管理の『正法眼蔵打聞』は、宋代の看話禅の大成者である大慧宗杲（一〇八九—一一六三）の撰述する全六六三則の公案集からなる『正法眼蔵』三巻の中から難解な用語を摘出し、語釈を試みようとした未完のもので、しかも現存するのは、その三巻本の上巻の一部しか残っていない。既に神奈川県立金沢文庫発行の『金沢文庫資料全書　仏典第一巻禅籍篇』（一九七四年）に翻刻され、河村孝道氏による「解題」が存在する。但し、原本は現存の最後の書写が第三紙に紛れ込んでいるので、今回はその錯簡を補正して翻刻した。まず、書誌を記しておこう。

数量　一冊（端本）
装丁　袋綴（書簡の紙背を横に切断したもの）
紙質　楮紙
丁数　六紙（表紙共に）
法量　縦一五・二センチ、横二二・六センチ
書写年代　鎌倉末期
書写者　不明

外題　正法眼蔵打聞
内題　ナシ
尾題・奥書　欠
指定　国宝

金沢文庫には、本叢刊の『道元集』に収められた『正法眼蔵 中』があり、その撰述は道元（一二〇〇―一二五三）の手になるものである。その「解題」に示されるように、道元を代表する仮名『正法眼蔵』とは異なる漢字で書かれた『正法眼蔵』で、真字『正法眼蔵』と一般に呼んでいる。公案を三百集めた内容であり、指月慧印（一六八九―一七六四）の撰述した『拈評三百則不能語』の開板流布により、『三百則』とも通称している。真字『正法眼蔵』が道元研究にいかに重要であるかは解題を参照されたい。

ところで、本書でいう大慧『正法眼蔵』は、続蔵経に所収されている万暦四十四年（一六一六）の明蔵の重刊の底本は六巻本ではあるが、柳田聖山・椎名宏雄共編『禅学典籍叢刊第四巻』（臨川書店、二〇〇〇年）所収の宮内庁書陵部所蔵の宋版を初め、椎名宏雄氏の「解題」にも触れられているように、元来、三巻本である。それ故に真字『正法眼蔵』も三巻であるから、金沢文庫で嘗て所蔵されていた『正法眼蔵』三巻が、大慧宗杲の著述か、道元の著述かの判断は難しい面がある。本叢刊の『達磨宗』（二〇一五年）に所収された鎌倉時代後期の釼阿書写の『小経蔵目録』の「四十三件」の禅籍は、高橋秀榮氏の「解題」によると、その「三分の二が散逸している」とある。恐らく、その「寒」函の「正法眼蔵三帖」は、前の「大恵録七帖」「円悟録六帖」と後の「五灯会元十帖 唐」「禅門宝訓一帖」「抄一帖」の禅籍から想像すると、大慧『正法眼蔵』三巻を指すであろう。そのことから金沢文庫には、かつては大慧『正法眼蔵』三巻は存在したのであろうが、既に散逸していることになる。恐らく、この『正法眼蔵打聞』は、この大慧『正法眼蔵』か、同時期に開板あるいは書写されたものの語釈であろう。

ここで、大慧『正法眼蔵』の成立過程を少し触れておくことにしよう。この書の成立も大慧の伝記も、北宋の滅亡と深く関係している。

大慧は宣和七年（一一二五）に北宋の都の東京（開封）において、師の圜悟克勤（一〇六三—一一三五）の下で大悟している。その当時といえば、靖康元年（一一二六）十一月には、北宋は女真族の金に都を陥れられ、その翌年、徽宗・欽宗以下の皇族と官僚など、数千人は北方へ拉致されて、北宋は滅ぶことになる（靖康の変）。一一二七年五月に、幸い北従を免れていた、徽宗の第九子、康王趙構が、南京（応天府）で即位して高宗となり、宋の王朝は再興された。南宋の成立である。東京が陥落する以前の八月に南下していた大慧が、後に同じく南下した圜悟克勤に雲居山で出会ったのが、一一二八年十月のことである。翌年、圜悟は故郷の四川に帰る時に、政情不安を理由に、大慧には大寺に住して修行者を指導することをしばらくとどまるように伝えていた。

圜悟の指示通りにしばらく江西省にとどまっていた大慧が、紹興四年（一一三四）に福建省を訪れるのである。この年、大慧は洋嶼の雲門庵に留まり、曹洞宗の真歇清了（一〇八八—一一五一）の雪峰寺の集団に対して黙照邪禅の攻撃を行い、それと同時に看話禅が成立するのである。圜悟の訃報が届いたのが一一三六年で、大慧が泉州の雲門庵に住していた時のことである。その時、大慧は圜悟の遺言を知るのである。やや政情が落ち着きを取り戻したので、大寺に住持して参禅指導して臨済の禅を復興して欲しいということであった。そこで大慧は一一三七年七月二十一日に径山の受請上堂を行うのである。大慧の四九歳の時である。当時の平和は秦桧（一〇九一—一一五五）の結んだ金の臣下となる屈辱的な条約で保たれていたのである。この状況に不満をもった金との戦いをも辞さない主戦論者もいたが、秦桧はこれらの人々への弾圧を加えていたのである。たまたま一一四一年に五三歳の大慧が交流していた主戦論者の張九成（一〇九二―一一五九）との関係が密議と疑われて、僧籍剥奪されて流罪となるのである。これを「神臂弓事件」と呼ぶ。最初の配所は衡州（湖南省）であり、この時に『正法眼蔵』は成立するのである。上巻の冒頭の「琅邪和尚」の項の大慧の長文の著語の一部に次のように示すのである。

> 予、罪に因りて衡陽に居す。門を杜じて循省するの外、用心する所無し。間に衲子の請益する有り。已むを得ず之れが与に酬酢するに、禅者沖密、慧然、手に随いて抄録す。日月浸久して一巨軸と成る。沖密等、持ち来たりて、其の題を名づくるを乞う。後来に昭示して仏祖の正法眼蔵をして不滅ならしめんと欲す。予、因りて之れに目づけて正法眼蔵と曰う。（臨川書店本四頁）

『大慧普覚禅師年譜』によれば、紹興一七年（一一四七）の大慧五九歳の時の完成とし、その時、既に刊本も存在したことを伝えている。その後、一一五〇年に流罪地が梅州（広東省）へと移ったのである。流罪が終わったのは、一一五五年十月二十二日に秦桧が没した為に、翌年の一一五六年に、復僧が許されるのである。大慧は既に六八歳となっていた。その年十一月、天童寺に住持していた黙照禅の大成者の宏智正覚（一〇九一―一一五七）の推挙によって、大慧は育王寺に住することになる。その後、径山に再住し、龍興元年八月十日、七五歳で示寂するのである。

なお、筆者は「大慧普覚禅師年譜の研究（上）（中）（下）」（『駒澤大学仏教学部研究紀要』第三七号～四〇号、一九七九年・一九八〇年・一九八二年）を発表したが、補正が必要だと感じていた。幸いに中西久味氏が「『大慧普覚禅師年譜』訳注稿（一）～（四）」（『〈新潟大学〉比較宗教思想研究』第一四輯～一七輯、二〇一四年～二〇一七年）で発表継続中なので、関心のある方は参照されたい。

さて、本書の『正法眼蔵打聞』（以下、『打聞』と略称す）の内容を更に細かに見てみよう。残されている『打聞』は、先にいうように『正法眼蔵』三巻の上巻の一部の語釈であるが、その中には、公案名は、主にその話の禅者の名で取り上げられ、固有名詞の禅者名の語釈はなく、その公案の中の語及び句に釈を施そうとしたものである。それ故に、次の二例は写誤と考えた。

①天衣懐　車馬駢闐　（3ウ）
②雲峰悦　不知若為。国師曰　（4ウ）

①の「車馬駢闐」は、慈明の則であり、②の「不知若為。国師曰」は、僧問忠国師の則の写誤となろう。もちろん、①の場合、天衣懐の語句が脱け、更に「慈明」の公案名が脱けたとも解釈できる。②の場合、雲峰悦の語句が脱け、更に「僧問忠国師」の公案名が脱けた可能性もあり、②の場合は、「国師曰」の語があるので、それがより近いとも考えられる。

次に欠紙を見ておこう。『正法眼蔵』上巻は全部で一二六則の公案で成っている。その内の語句は、一紙には1・2・4の三則、二紙には4・5・7・9の四則、三紙には28・32・36・37・43・44・48・51・63・70の一〇則、四紙には70・73・82・85・87・89・97・102・109・113・116の一一則、五紙には116・121・122・127・129・130・131・135の八則である。このことから一則の長短はあるものの、現存の二紙と三紙の間にも欠紙があったと思われ、五紙の最後の楊岐には、語句はないので、上巻でもかなりの欠紙があったことが予想される。なお、127則以降が上巻内に残っていることから、六巻本ではなく、三巻本であったことも確認できる。ただ、最初の二紙を除いて、語釈はほとんど無く、難解な語を取り上げたに過ぎないとすれば、『打聞』の内容は残念ながらあまり参考にならないことになろう。

最後に書写年代について触れておこう。河村孝道氏の「解題」にも指摘するように、『金沢文庫古文書 第二輯僧侶書状篇（上）』のNo九八八～九八九（五七～五八頁、金沢文庫、一九五二年）によると、『打聞』には紙背文書が存し、「沙弥覚一」から「見性御房」に宛てた書状がある。見性房については、従来不明とされていたが、高橋秀榮氏の御教示によると、釼阿の弟子であったらしい（昭和四十一年「東京古典会古書展観入札目録」所収『麗気記残巻』の奥書に、正和三年〈一三一四〉の年号と「此書者又釼阿弟子見性房口決、宀一山（「室生山」）覚忍房記之也」とある）とのことである。残念ながら覚一なる人物についての行状は不明である。ただ、書中には貞顕の信任を得た「鵜沼左衛門尉」の名も知られるから、書写年代の推定に役に立つと言えよう。

なお、見返しは第一紙と同様の語釈を書写しようとして、書写を始めたことが分かり、それらを全て抹消したと思われる。また、表紙の題名に付された「乾坤無地立孤笻、喜得人空法也空。可惜大元三尺剣、電光影裏斬春風」の偈は、円覚寺開山の無学祖元（一二二六―一二八六）の作として有名であるが、『仏光国師語録』などの「乾坤無地卓孤笻、喜得人空法亦空。珍重大元三尺剣、電光影裏斬春風」（大正蔵巻八〇―二四〇c）との語句の相違については、別の伝承か、筆者が独自に変更したかは不明である。

『禅門詩文集』解題

道津綾乃

はじめに

本『禅門詩文集（仮称）』（以下、本書）は、二〇一六年六月一八日に国宝に指定された「称名寺聖教」のうちの一巻（二六五函一号一番）で、称名寺が所蔵し、神奈川県立金沢文庫が管理している。縦二七・三センチメートル、全長八四三・八センチメートルで、二一紙の楮紙を巻子装に仕立てて修理しているが、原装は横二〇センチメートル前後の一丁分に一〇行前後で書写した袋綴装である。前欠と二ヶ所の中欠部分がある。筆跡は称名寺第二世長老・釼阿（一二六一～一三三八）のものと推定される。

本書の先行研究には、石井修道氏の「禅宗詩文集（仮称）解題[1]」と西岡芳文氏の資料解説[2]がある。石井氏が解題中に翻刻した「相州禅門送蘭渓回書」は、蘭渓道隆（一二一三～七八）の語録等に見られない逸文である。

石井氏の解題から、本書について注目するべき点は四つあることがわかる。「関氏が『禅家詩文集』と名ずけ（ママ）」たこと、「他人の消息の紙背を利用して雑録用にし」ていること、全て引用文で構成されていること、用いられている『続高僧伝』は大正蔵所収テキストよりも古い版であることである。これらを検証していきたい。

本書の紙背文書について

本書料紙の裏面には、一五通の書状がみられる。順に列挙すれば、「円運書状」（国宝　金沢文庫文書九一八号）、「覚忍書状」（同一〇一七号）、「観恵書状」（同一〇二一号）、「源阿書状」二通（同一二三六号、一二三七号）、「しやう□□書状」（同一六四九号）、「良性書状」（同二三一二号）、「源阿書状」（同二四八五号）、「某書状」六通（同四七九〇～四七九五）、「釼阿宛某書状」（同四七九六号）である。三通の書状が紙背にある源阿は、納冨常天氏によれば、「正安三年（一三〇一）、北条顕時による称名寺銅鐘の改鋳にあたり、その行事比丘をつとめているから、称名寺初期僧団の指導的地位になった[3]」人物という。源阿はその前年、称名寺開山・審海（一二二九～一三〇四）から釼阿とともに伝法灌頂を受けている[4]。これらのことから、源阿と釼阿は審海の兄弟弟子と考えられている。また、福島金治氏[5]によれば、紙背文書中に名前が記されている定蔵房と良証房が審海門下の僧であることを明らかにしている。本書には奥書をはじめとする成立年代を示す情報がないため、紙背文書が書かれた年代が絞れれば、それを上限として成立年代を、より詳しく導き出すことができるが、現在は不明な点が多い。ちなみに、福島氏によれば、金沢文庫文書からみた書状の廃棄時期は、「早いもので二～三カ月前、下限が七～八年前までといった場合が多い[6]」という。

本書の構成と編集意図

石井氏の指摘どおり、本書は全部で二二の引用文のみで構成されており、作者の見解や主張は明文化されていない。引用文を表にまとめると次のとおりとなる。

	章題名	典拠
①	洞山和尚辞親書	禅門諸祖師偈頌下之下
②	復云	同上
③	娘回書	同上
④	雪峰悦和尚小参	同上
⑤	相州禅門送蘭渓回書	？
⑥	真観法師伝続	高僧伝　雑科声徳篇中欠
⑦	（智炫伝	続高僧伝　護法篇）
⑧	明解伝	続高僧伝　感通篇
⑨	魏徴揀太宗	貞観政要　慎終
⑩	魏徴対太宗	同上
⑪	太宗曰	？
⑫	晋武焚雉頭裘事※	晋書武帝紀
⑬	智愷伝	続高僧伝　訳経篇
⑭	仏法□□事（宝唱伝）※	同上
⑮	帝範御撰事※	唐会要、冊府元亀、尚書、尚書正義
⑯	恵浄法師	続高僧伝　訳経篇
⑰	寒山詩	寒山子詩集
⑱	「余為執筆」（玄奘伝）△	続高僧伝　訳経篇
⑲	豊干詩	寒山子詩集
⑳	「弁云、昭明」△	弁正論　十代奉仏篇
㉑	拾得詩	寒山子詩集
㉒	「通人云」以降△	弁正論　三教治道篇、十代奉仏篇

本書の引用方法は二通りある。このうち「～事」と章題が付けられた※印の文章と、△印の文章は、後から余白に書き込まれた挿入部分であろう。例えば、⑨文中の「晋武焚雉頭之裘」の典拠を⑫で示しているところからみて、※と△は本文の補足という役割を持っているとみられる。一方の①～⑪、⑬、⑯⑰⑲㉑は本書の本文とみてよい。このうち、筆者が異質に感じているのは、外典である⑨⑩の『貞観政要』の長文引用である。

⑨の冒頭は、「魏徴揀太宗云、貞観政要第十　十ケ条有之」とある。魏徴（五八〇～六四三）は、唐の高宗、太宗を支えた

政治家で、「貞観の治」と称えられた太宗に直接諫言する様子が『貞観政要』[7]に多く描写されている。ここでいう一〇か条は『貞観政要』の最終章「慎終」に収録されていて、太宗が倹約を忘れ贅沢を好むようになってしまったことを憂えた魏徴の一〇の誡めを指す。一つ目は駿馬や宝物を国外から買いあさり始めた太宗への諫言で、「此其漸不克終一也」つまり、次第に良い終わり方をすることができなくなる（行いの）第一です、と結ぶ。⑨は話の終わりに「此其漸不克終」と繰り返しながら、良い終わり方をするための魏徴の指南が続くのである。⑩は『貞観政要』の最終話の引用である。唐朝を永続させるためにはどうしたらいいかと考えた太宗が魏徴にその方法を問う話で、魏徴の「常能自制心、以保克終之美、則万代永頼」という助言で締めくくられる。魏徴は自制心を働かせれば有終の美を飾ることができると説き、それを唐朝永続の秘訣として述べたわけである。つまり、⑨⑩には「良い終わり方」という共通テーマがある。では、⑨⑩の前後の仏典はどうか。

⑧は明解という僧侶が生前、傲り高ぶり、人を敬う心を持たず、暴飲に明け暮れた結果、若くして病気になり死んでしまう話、⑦は会昌の破仏の時、道士・張賓との問答を制し、武帝に諫言したため怒りを買い、都を追われた智炫の伝記の文末で、一〇二歳で病気にもならずに臨終を迎えた彼の遺偈、⑬は辞世の詩を認めた後、筆を放り諸名徳と同様に坐ったままの姿で、五一歳で息を引き取った智愷示寂の場面である。つまり、⑦〜⑬までは、人生の終わり方を述べる文章で構成されていると言えるのではないだろうか。もしこれが妥当であるならば、他の部分にも編集テーマがあるのではないか。

①〜③は、洞山良价（八〇七〜八六九）の「三封家書」と呼ばれる書状である。『筠州洞山悟本禪師語録』[8]によれば、①は「辞北堂書」、②は「後寄北堂書」、③は「附嬢回書」の見出しを持つ。①②は洞山が出家に際し母に送った手紙、③は母から洞山に送られた手紙である。続く④は雲峰文悦（九九八〜一〇六二）が百丈和尚のもとに参禅した話である。教学も坐禅も理解できていないと大衆の前で言われた雲峰は、ここにいる修行僧たちが十分に飲食し、暖かい屋内で生活できるのは、他人の供養と労働によっていることを自覚しているかと切り返す。ここまでは、在家信者に支えられる出家者の心構えを言っ

ているようにみえる。⑤は相州禅門・北条時宗（一二五一～八四）が蘭渓道隆へ送った返信であるが、蘭渓は既に示寂していたことが「悲哉、尊顔已隠」の一言からわかり、⑥は道教を学んだ元帥楊素と真観法師が死生観を戦わせる問答である。ここで、在家信者は一般ではなく、為政者を想定していたことがわかる。つまり、本書前半は、為政者と関わる出家者の生活心得がテーマの抜書集なのではないだろうか。

本書後半の中心は、長文の⑯であろう。唐の紀国寺慧浄(9)（五七七～？）は、訳経僧として著名なインド僧・波羅頗迦羅蜜多羅のもとで、翻訳された漢文を執筆する係として、貞観元年（六二七）から唐の太宗主導で始まった訳経事業に携わった(10)。『続高僧伝』巻三から本書に抜粋された彼の行状は、皇帝を始めとする権力者の中で活躍する華々しい人生の描写である。本書の書写者である釼阿は、ここに何の見解も示していないが、続けて国清三隠と呼ばれた⑰寒山、⑲豊干、㉑拾得の詩を書写したのは徒とは思えない。正反対の人生を送った僧侶たちの足跡から、釼阿は為政者と関わる出家者の生活における現実と理想を見出し、抜書したのであろう。

引用文の典拠について

石井氏は、本書に用いられている『続高僧伝』は大正蔵所収テキストよりも古い版であることを指摘している。『続高僧伝』の引用文は、章題下に巻数が書かれている。⑥は「続高僧伝三一」、⑧は「二七」、⑬は「続高僧伝第二」、⑯は「伝第三」であるが、⑥⑧の巻数表記から、これらは宋版を用いており、高麗版を底本としている大正蔵より古い版を参照していることがわかる。称名寺には、弘長元年（一二六一）に開基である北条実時（一二二四～七六）が寄進した宋版一切経(11)のうちに含まれた『続高僧伝』が伝来しており、釼阿が利用した可能性は高い。また、本書の寒山詩は七言八句を二首書写しているが、ＣＢＥＴＡの底本となっている嘉興蔵（明版）と二首の順序が異なる。称名寺には『寒山子詩集』は現存していないが、これも宋版との比較が必要であろう。[12]
さて、『貞観政要』は九世紀末には日本に伝来し、[13]多くの写本が流布したが、原田種成氏[14]によると、写本系統は菅本、南本、刊本に大別できるという。金沢文庫印の模印が捺された写本[15]は南本の系統だという。一方、本書に引用された『貞観政要』は菅本に近いようにみえる。さらなる検討が必要である。

書名について

本書の表紙は後補で、題簽に「禅門詩文集」と書かれている。石井氏によれば、金沢文庫初代文庫長・関靖氏が「禅家詩文集」と名付けたという。その石井氏の解題には「禅宗詩文集」と記され、現在の国宝指定名称は『禅宗詩文集』となっている。とはいえ、これまで見てきたとおり、冒頭に禅僧の伝記が並んではいるが、本書のテーマは禅宗に限ったことではない。

称名寺には、本書とは別に同寸の「伝記勘文　□谷隠士桑門・（ケンア）」と記された表紙と、語釈を箇条書きした三紙の全四紙の袋綴装[16]が伝わっている（六七五頁より、参考資料『伝記勘文』として写真掲載）。語釈は本書の本文に対応していないので、ただちに同一書籍であるとは言えないが、本書も「伝記勘文」に類似した書名がふさわしいと思われる。

ちなみに、『伝記勘文』の表紙裏にあたる部分に、蘭渓道隆に関係するとみられる二つの覚書が記されているので、ここで翻刻しておく（／は改行）。

伏望／檀那　始終外護／宗乗　令法久住万幸／老僧風火相逼不及／面別　惶恐　道隆　懇切　申／法衣一頂／進上大宗

七月　日

用翳精術　三十余年／打翻筋斗　地転天旋／七月　日　道隆　珍重／首座大衆

おわりに

本書は引用文のみで構成されており、作者の編集意図を読み取ることは難しい。筆者は、為政者と関わる出家者のあるべき姿について考えるために、釼阿は本書を編集したのではないかという仮説を立てることとする。しかしそれは、釼阿が金沢北条氏、特に実時の子・北条顕時（一二四八～一三〇一）、孫の金沢貞顕（一二七八～一三三三）と深くかかわり、鎌倉赤橋の邸宅に留まるほど密接に関係していた実際の行状[17]に感化されているのかもしれない。今後の研究の進展に期待したいところである。

（1）『金沢文庫資料全書』第一巻　禅籍篇（一九七四年　神奈川県立金沢文庫）二八七頁。

（2）展示図録『蒙古襲来と鎌倉仏教』（二〇〇一年　神奈川県立金沢文庫）所収。

（3）納冨常天『金沢文庫資料の研究』（一九八二年　法蔵館）三九二頁。

（4）『伝法灌頂三昧耶戒作法』（称名寺聖教二三〇函九号）の識語（『金沢文庫文書』識語篇　一七七九）参照。

（5）福島金治『金沢北条氏と称名寺』（一九九七年　吉川弘文館）一五八～一五九頁参照。

（6）前掲注5、三四頁。

（7）呉兢撰『貞観政要』について筆者は、新釈漢文大系本（原田種成著　一九七八年　明治書院）と『貞観政要全集』（陳才俊主編、張婧注釈　二〇〇九年　海潮出版社）を参照した。
（8）『大正新修大蔵経』（以下、大正蔵）巻四七　五一六b～五一七a。
（9）中西久味「唐の紀国寺慧浄撰とされる『盂蘭盆経讃述』『般若心経疏』について」（『人文科学研究』一二二号　新潟大学人文学部　二〇〇八年）九五頁参照。
（10）『開元釈教録』巻八（大正蔵巻五五　五五三b～c）等参照。
（11）称名寺の「宋版一切経」は三四八六帖が現存し、国指定重要文化財となっている。
（12）筆者は未見である。花園大学国際禅学研究所禅籍データベース（http://iriz.hanazono.ac.jp/frame/data_f00a_240.html）によれば、宋版の寒山詩集は宮内庁書陵部が所蔵している。
（13）大津透・坂上康俊「二―中国隋唐時代を研究するための漢籍」の「22　貞観政要（大津著）」参照。池田温編『日本古代史を学ぶための漢文入門』所収（二〇〇六年　吉川弘文館）二三八頁。
（14）前掲注7参照。
（15）巻二は五島美術館所蔵（重要文化財）、巻一〇は成簣堂文庫所蔵。
（16）国宝　称名寺聖教　二六五函一号二番。
（17）高橋秀榮「金沢文庫の達磨宗関係資料と北条顕時」および「『小経蔵目録』解題」（『中世禅籍叢刊』第三巻　達磨宗　二〇一五年　臨川書店所収）参照。

傳記勘文

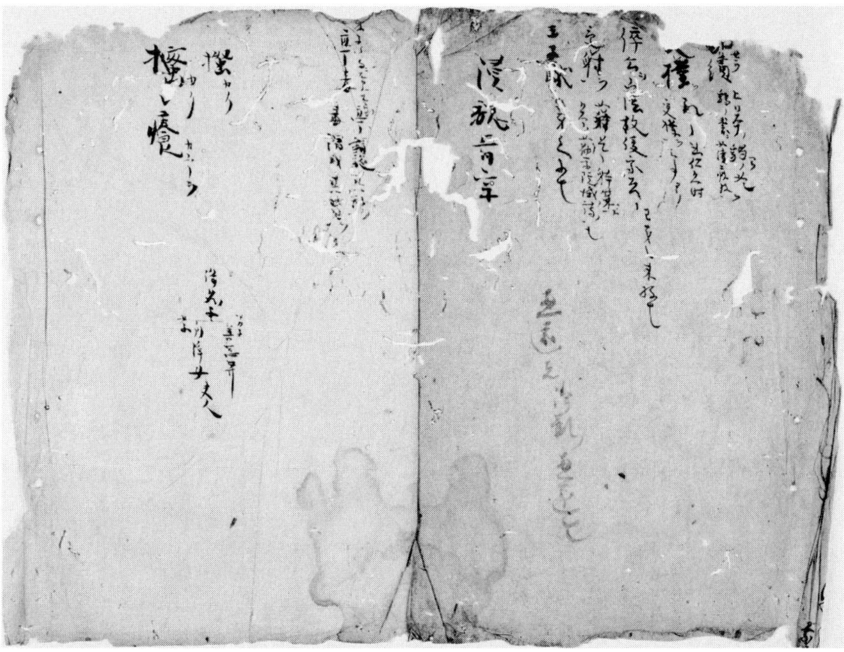

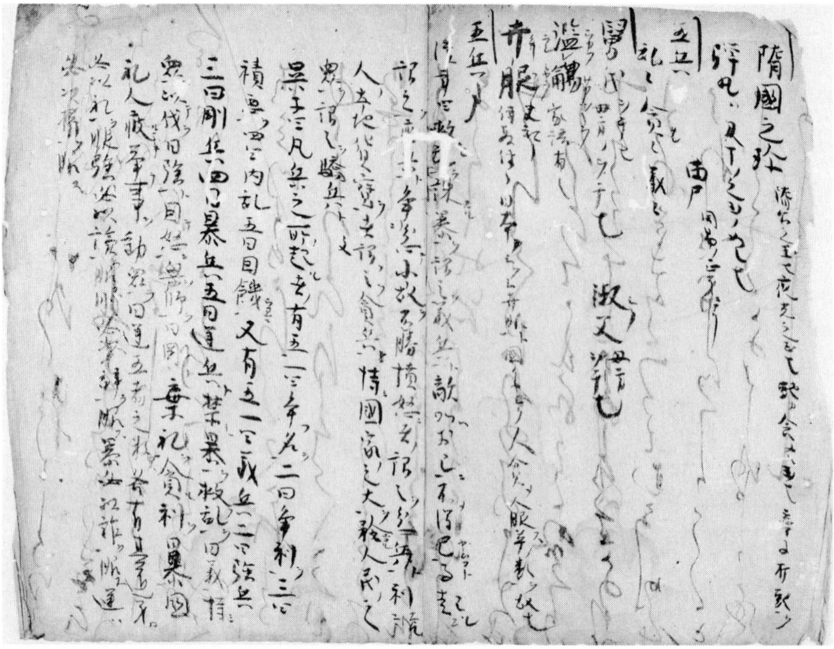

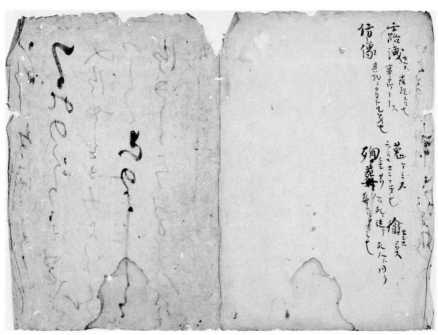

『嘉泰普灯録』解題

高橋秀榮

〈書誌〉
書名　嘉泰普灯録
数量　一冊
丁数　十七紙
紙質　楮紙
寸法　縦二六・二センチ、横一六・〇センチ
装丁　粘葉
刊写　写本
年代　鎌倉時代
筆者　不詳
奥書　欠
指定　国宝

〈解説〉

『嘉泰普灯録』は中国南宋時代の禅僧・雷庵正受が編述したもので、全三〇巻、目録三巻からなる大部な中国禅宗の史伝書である。後世、「五灯録」の一として高く評価された。

正受は淳煕一二年（一一八五）にこの禅籍の編集の筆を染めたが、完成をみたのは二十年後の嘉泰元年（一二〇一）であった。正受は本書が完成なるや、時の年号を書名に冠して『嘉泰普灯録』と名付け、寧宗皇帝に上進して入蔵の勅許を申請したと伝えられている。だが椎名宏雄氏は「東禅寺蔵経の目録には見えず、宋元代の各蔵経には本書の遺品も存在しないというふしぎな灯史文献なのである」と指摘される。

中国では唐時代に禅宗が隆盛し、その歴史と禅僧の伝記を集録した書物が数多く著わされた。本書が誕生する二〇〇年前の景徳元年（一〇〇四）には『景徳伝灯録』が完成している。それをうけて景祐三年（一〇三六）には『天聖広灯録』、建中靖国元年（一一〇一）には『建中靖国続灯録』、そして淳煕一〇年（一一八三）には『聯灯会要』が編まれた。『嘉泰普灯録』はそうした歴史を経て誕生したのである。中国禅宗の研究者は以上の五書を総称して「五灯録」と呼称する。

『嘉泰普灯録』には禅僧の略伝に限らず、王公、居士、尼僧らの出家の機縁や偈頌・詩文の類いなども収録されており、じつに多彩な内容の史伝集となっており、禅仏教に関心を寄せる好学の僧侶に愛読された。

我が国でも鎌倉時代以降、各宗派の僧侶、とりわけ禅僧に愛読された歴史を伝える。その理由の一つは、同書の巻二〇に比叡山延暦寺で修学した経歴をもつ「覚阿伝」が収録されているからでもあった。

覚阿は平安末期、中国貿易商を通じて伝えられる最新の禅宗の教えに心動かされ、それを修学する目的で渡海入唐した求法僧であった。海難に遭うこともなく、無事に渡海できた覚阿は、杭州の名刹・霊隠寺の仏海禅師瞎堂慧遠に師事して参禅学道に励む好き仏縁に恵まれ、かつ五偈に示した悟境が印可に結実するなど破格の待遇に浴した僧侶であった。

そのことが当時の僧侶の関心を集めたことは、例えば浄土宗典籍の『金剛宝戒章』下巻に、「本朝の人、若し仏心宗に志あらば、何れの録を依用すべきや」との幸西の質問に、師匠の源空が「広きは宗鏡、略なるは普灯なり。宗鏡は智覚禅師の古迹を尋ね、普灯は本朝覚阿の覚風を眠（ママ）む」と返答した、という記事が載っていることからも推察される。こうした伝承も加わり、覚阿の求法伝禅の軌跡を掲載する『嘉泰普灯録』の「叡山覚阿伝」は注目を浴び、鎌倉時代の学徒に一見されたようである。

ちなみに覚阿の事跡は、中国成立の書物では『嘉泰普灯録』や『五灯会元』巻二〇のほか霊隠寺の瞎堂慧遠の語録である『仏海慧遠禅師広録』巻三（「示日本国覚阿」伝）に、そして我が国で編述された書物では『大休和尚語録』、『元亨釈書』巻六「覚阿伝」、『本朝高僧伝』巻一九「覚阿伝」などに載録されている。

ところで、金沢文庫管理の『嘉泰普灯録』は鎌倉時代の写本である。初丁の冒頭には「嘉泰普灯録巻二十」の表記があるが、表紙および巻首二丁が失われ、さらに数丁の欠落がみられる。欠損している巻首二丁にはおそらく仏海慧遠禅師の法嗣であった「慶元府東山全庵斉巳禅師」と「撫州疎山帰雲如本禅師」の二人の上堂語などが書写されていたかに推察される。

本書は『嘉泰普灯録』全三〇巻のうちの巻二〇〜巻二九に収録されている僧伝の本文を忠実に書写したものではなく、巻二二の次に巻六の引用があるなど、筆者の興味と関心に寄り添った抜書きともみなされる内容に仕立てられている。おそらく筆者の主眼は「歌」「辞」「偈」「頌」「賦」「箴」などにあったらしい。このことに関しては以前、石井修道氏が「抜粋とはいえほとんどが偈頌を中心している点は見逃すことができない。禅の日本への定着において偈頌を重んじ、この抜粋例にもあるが、坐禅に関する偈頌を多く書写していることは興味深い。」（『金沢文庫資料全書』第一巻禅籍篇所収「嘉泰普灯録」解題）とコメントされたことがあるが、その指摘は重んじられてよく、ことに巻三〇の要文書写にはその傾向が濃厚である。

そこで現存する三丁以降の本文構成を目次代わりに表示すると、以下のように「偈頌」を主体に書写されていることが一目瞭然に知られる。

第二十（覚阿上人）
第廿二（真宗皇帝・徽宗皇帝・丞相王随居士・礼部楊傑居士）
第廿三（丞相富弼居士・彦脩居士）
第廿四（呂巌真人・張用成真人・千山智栄〈策〉禅師）
第六（黄龍死心悟新禅師）
第二十九（黄龍普覚南禅師・芙蓉楷禅師）
（中欠）
第三〇（蒋山泉禅師「黙庵歌」・呉山師子端禅師「睡辞」・同「報牛歌」・薦福常庵崇禅師「和陶潜帰去来辞」・「常庵賦」・「司空山歌」・上封仏心才禅師「坐禅儀」）
第二十九（欽山方禅師「四威儀頌」・宏智禅師「坐禅箴」）
続灯録第廿七（潭州大偽懐秀禅師）
続灯録第二十九（地蔵顕端禅師「玄唱頌」・洪州龍安兜卒従悦禅師「帰根頌」・廬州興化仁岳禅師「妙談不千舌頌」・碧巌集第二四則「仰山問僧」）
（後欠）

本文を書写した筆者の名は明らかでない。関靖初代金沢文庫長は、「称名寺住僧湛睿の書写であることが推知される」

（『金沢文庫研究紀要』第二号）との意見であるが、筆者が点検したところ、文字の姿、形に湛睿の書写と認めうる確かな特徴が見いだせなかったので、ここでは筆者不明としておきたい。ちなみに筆者は一人ではなく、二人の可能性が高い。ことに後半三丁の筆跡は前半の書き手とは別人のように思われる。

金沢文庫管理の「嘉泰普灯録」は鎌倉時代の写本であるが、称名寺の住僧が書写したものなのか、他所から称名寺に施入されたものか、この点は明らかでない。また本書の書名は釼阿が嘉暦三年（一三二八）頃に筆録した『小経蔵目録』には載録されていない。よって本書は嘉暦三年以後に称名寺の所蔵本になったものかと推察される。

『嘉泰普灯録』は鎌倉時代に版本として刊行された歴史を止めている。椎名宏雄氏の調査研究によれば、弘安年間頃（一二七八～八七）に五山版が刊行され、南北朝時代（一三三二～九二）に覆五山版が刊行されていると報告されている。覆五山版とは宋版のかぶせぼりと称される「覆宋五山版」のことで、宮内庁書陵部ほかに伝存している。『嘉泰普灯録』はただに禅宗寺院の室内で「五灯録」の一として評価されるだけでなく、鎌倉時代の後期から南北朝時代に活躍した禅僧たちの好学を満たす善き禅籍でもあったのである。

参考文献

川瀬一馬『五山版の研究』（日本古書籍商協会、一九七〇年）
椎名宏雄『五山版中国禅籍叢刊』第一巻「嘉泰普灯録」解題（臨川書店、二〇一二年）
藤田琢司「『元亨釈書』訳注（十）―叡山覚阿伝―」（『禅文化』二一二号、二〇〇九年）
佐藤秀孝「覚阿の入宋求法と帰国後の動向（上）」（駒澤大学仏教学部論集四十号、二〇〇九年）

『舎利礼文』解題

高橋秀榮

〈書誌〉
書名　外題　舎利礼文（内題は医王山参詣一歩一礼文）
数量　一帖
紙数　二紙
紙質　楮紙
寸法　たて一五・二センチ、よこ一四・三センチ
装丁　枡型折本
刊写　写本
書写　鎌倉時代
筆者　釼阿筆
奥書　なし
所蔵　金沢文庫管理
指定　国宝

〈解説〉

鎌倉時代は舎利信仰が熱烈に高まり流行した時代であった。上は天皇、公家、武士、僧尼、下は一般庶民まで多くの人びとがその信仰に心を寄せた時代であった。『舎利讃嘆』という声明資料の中に「ホトケノ御舎利ハアウコトカタシヤ、ウヤマウコトカタシヤ」という章句がみえるが、そのような覚えやすい文句も人々の関心を惹いたらしく、ひと目でいいから仏舎利を拝みたい、その功徳に預かりたいと願う人びともまた多かったようである。鎌倉時代に書写された聖教には舎利信仰に基づく霊験や功徳を強調した文章が数多く収められている。

舎利とは「仏舎利」の略で、釈尊の遺骨のことである。安居院流の説経集『言泉集』には「如来の舎利は滅後の福田なり。之を供養するものは必ず定めて三悪の果報を離れ、之を礼拝するものは三乗の菩提を得ん」と記されており、仏舎利が格別に尊崇された理由がそこはかとなく理解できる。その仏舎利を敬い尊ぶ信仰と密接にかかわるのが本書の『舎利礼文』である。

『舎利礼文』というと、常には「一心頂礼、万徳円満……」の文句で始まる短かい経文が思い浮かぶが、本書は内題に「医王山参詣一歩一礼文」と記されているように、中国浙江省寧波に所在する育王山広利寺に祀られている仏舎利を礼拝する時に称える宝号（舎利を讃歎供養する唱え文句）が書き記されたものである。表題の「医王山」は宛て字で、正しくは「阿育王山」である。この山号で知られた広利寺は南宋時代には中国五山の第五位という寺格の高い禅宗寺院として、また釈迦如来の真身舎利を奉安する霊験ゆたかな寺院として上下の篤い信仰を集めた。栄西の主著『興禅護国論』には「育王山舎利放光」は宋朝の奇特の一つであると記されている。平安末期以降、入唐・入宋僧の多くが仏縁豊かなこの寺院に巡礼することを憧れ、また主たる目的にしたことも十分推察されよう。

この礼文はいつ、どんな時に唱えられたか、というと、内題に「参詣一歩一礼」と記されているように、育王山広利寺の山門に向かって歩みをすすめる道々において、合掌礼拝し、「ナモヲイシンチンレイ、ヲイワウハマソセン、シキヤシヨライシンシン、シヤリヤハフタフハ」という宋音で唱えられたようである。わずか四句の短いものであるが、釈迦如来の真身舎利の尊さと功徳が讃えられた章句である。この資料は仏教音楽研究者の間でも注目され、「博士や笛孔名のほか、宋音（唐宋音）の記載は国語学的にも貴重な史料である」と評されている。

本書の表紙には称名寺の第二代釼阿の房号にちなむ「明忍」の署名がある。本文に書き込まれた細字の朱筆宝号も釼阿の自筆であることから疑いなく鎌倉時代の写本と知られる。釼阿は東大寺戒壇院の碩学凝然が著わした『声明源流記』に関東の能声として採録されているように、声明資料の収集にも熱心な好学の僧侶であった。

参考文献
『金沢文庫資料全書』第八巻　歌謡・声明篇　続（金沢文庫、一九八六年）
『寺院に響く妙音』（企画展図録、金沢文庫、二〇〇六年）

『宋人参詣医王山之時礼拝文』解題

高橋秀榮

〈**書誌**〉

書名　宋人参詣医王山之時礼拝文（端書「宗人参詣医王山之時礼拝文　実成之」）
数量　一帖
紙数　一紙八つ折り
紙質　楮紙
法量　たて三五・五センチ、よこ五五・五センチ
刊写　写本
書写　鎌倉時代
筆者　不詳
所持　実成
奥書　なし
紙背　衲衆交名（『金沢文庫文書』五九三二号）
所蔵　金沢文庫管理

指定　国宝

〈解説〉

鎌倉時代は仏法の再興を期した新たな信仰運動の気運に乗じて舎利信仰が盛んになった時代である。その契機は治承四年の歳末、平氏の暴挙によって甚大な被害を被った奈良の東大寺が後白河法皇や源頼朝らの絶大な支援により復興をなしとげ、本尊盧舎那仏の像内に仏舎利が奉納されたからであるが、さらには公家、貴族、武士、僧尼らが仏法の霊験や功徳にあずかることを願って、その信仰に熱意を注がれたからである。

本書は中国の宋時代に寺名を輝かせた育王山広利寺に祀られる仏舎利の礼讃文を書き記したものである。前掲の『舎利礼文』とほぼ同じ内容であるが、表題の違う聖教である。前者の内題は「医王山参詣一歩一礼文」であるが、本書は「宋人参詣医王山之時礼拝文」と記される。「宋人が育王山に参詣し、仏舎利に対して丁寧な礼拝をなす時に唱える文句」という意趣であるが、ことさらに「宋人参詣」ということが強調されている。宋人はなぜ育王山への参詣をめざしたか、というと、広利寺にインドの阿育王に由来する釈迦の身眞舎利を収めた宝塔が祀られていたからである。

本書はそうした仏舎利信仰に関わる珍しい聖教であるが、どのような経緯をへて我が国に伝わり、鎌倉時代の僧侶に書写される因縁を結んだのかは明らかでない。以前、『入宋貿易の研究』の著者で知られる森克己氏が「育王山が禅刹五山の一つとしても有名であったので、鎌倉時代入宋・入元禅僧の伝えたものであろう」（『図説日本文化史』図版解説）との短いコメントを示されたが、筆者は鎌倉時代の初頭に新たな禅宗一派を興した大日房能忍との関わりがあったかに推察している。というのは、開祖能忍の使命を帯びて入宋した練中、勝弁という二人の僧侶が海難に遭わず育王山広利寺に参詣し、時の住持拙庵徳光から同寺の霊験豊かな舎利の分与にあずかって無事に帰朝しているからである。このことは今後さらに考究していかねばならないが、本書は鎌倉時代に隆盛をみた舎利信仰に関わる貴重な文献の一つとして注目されるものである。
紙背の文書（「納衆交名」）の文中には「礼拝文」の発音が宋音読みであったことを示す片仮名の細字表記がみえる。おそらく表面にそれを書き込む余白が得られなかったからであろうが、「宝塔婆阿育王八万」という文句の真裏には「ホウタラハ」、「四千釈迦如来身真」の真裏には「シンラクシンシャク」、「舎利耶宝塔婆八万」の真裏には「イワウハマソセンシキヤ」、「四千釈迦如来身真舎」の真裏には「ヲクシンチンレイヲ」などの文字が書き入れられている。
料紙の端には本書の表題と実成の名前が書かれている。実成の履歴は不明であるが、声明を能くした僧侶であったらしい。ちなみにこの人物は「実成房久遠」という僧侶であったかもしれない。というのは、「明忍房」という房号を名乗っていた釼阿が、声明関係の所持本に「明忍」という署名を残しており、同様のことが実成にも該当するかも知れないと考えられるからである。紙背の「納衆交名」には声明を能くした僧侶の名前が列挙されており、それらの僧侶の生没年を勘案しつつ、本書の書写時期を探ってみたところ、鎌倉時代の嘉暦年間（一三二六～二九）であったかに推察される。

参考文献
『金沢文庫資料全書』第八巻　歌謡・声明篇　続（金沢文庫、一九八六年）
『寺院に響く妙音』（企画展図録、金沢文庫、二〇〇六年）

『伝心法要』解題

和田有希子

一、大谷大学蔵本『伝心法要』収録の経緯

『伝心法要』は、黄檗希運（?～八五〇）の説法を弟子の裴休が書き記したもので、大中一一（八五七）年の序を有している。本書には諸本現存するが、今回、なかでも大谷大学図書館蔵本（以下大谷大学本）を収録した経緯は次のとおりである。まず、今日一般的な『伝心法要』が、黄檗による鍾陵と宛陵での説法のうち、前半の『伝心法要』と後半の『宛陵録』とを合冊したものであるのに対し、大谷大学本は、前半の『伝心法要』の更に前半部分のみを載せ、『宛陵録』を持たず、続いて裴休の伝心偈、末尾に南宗の天真の慶暦戊子（一〇四八）年の跋文を有する特徴のあるテキストであることだ。次に、大谷大学本は伝達磨撰として伝来してきた『達磨三論』と『伝心法要』とを合冊していることがある。

この二つの特徴は、鎌倉時代初期の大日房能忍（生没年不詳）とその一派との関連を想起させる。近年名古屋市の真福寺から発見された仮称『禅家説』は、様々な禅籍を寄せ集めたテキストで、その中には『圜悟心要』や『如々居士語録』、『達磨安心法門』や仮名法語などに加え、長文にわたる『伝心法要』が全て収録されている。この『伝心法要』の奥書には次のようにある。

文治五年遣宋使帰朝時、宋国仏照禅師送遣新渡心要、有先段無後段、而奥有此伝心偈等。已上十八行二百七十七字是秘本歟。大日本国特賜金剛阿闍梨能忍、為弘通之、広灯心要後段了彫継之也。後賢悉之。彫料浄施財者尼無求。

つまり、能忍が宋に遣わした弟子を介して宋の禅僧拙庵徳光（一一二〇～一二〇三）から賜った『伝心法要』は、前半のみ有し、後半、つまり『宛陵録』部分が欠落したものであり、裴休の伝心偈と懶庵道枢の奥書を持つ「秘本」と思われるものだと能忍は記している。加えて後半部欠落のため、能忍は『天聖広灯録』に付された『伝心法要』によって補い、女性信者の援助を得て出版したと言っている。この奥書の発見は、能忍一門がこれまでに知られていた『達磨三論』以外に『伝心法要』をも重視していたこと、またそもそも能忍が積極的に出版活動を行っていたことなど、不明な点の多かった能忍とその一門の実態を知る上で非常に重要なものであった(1)。

以上のことを踏まえ、大谷大学本がまさに『伝心法要』前半部分を持つものであること、また能忍一門が重視していたと考えられる『達磨三論』を合冊するものであることから(2)、その『伝心法要』展開史における位置づけを検討しておく必要があると判断し、本巻に収録することとなった。

二、『伝心法要』の展開と大谷大学本

（一）『伝心法要』成立と景徳伝灯録本・大谷大学本

まず、大谷大学本の書誌を紹介しておこう。

・『達磨大師三論』と『伝心法要』の合冊。
・書名……達磨大師三論。『破相論』序の後に「達磨大師三論并伝心法要」の題簽あり。
・法量……縦二五、四センチ×横一八センチ。全一〇丁。
・形態……袋綴。表紙は後補表紙（茶色）
・末尾に「于時天文廿一壬子年九月十一日於相可浄土字書写之畢　沙門舜済慶林（花押）」の奥書がある。

『伝心法要』の展開において、その最初期に位置づけられると思われるのが、元版『景徳伝灯録』巻第九末に収録された『伝心法要』である。(3) これは、『伝心法要』の前半部分のみ有し、『宛陵録』を欠き、裴休の伝心偈の後に南宗の天真による跋文を持つものであり、大谷大学本は、これを引くテキストである。末尾に付された南宗の天真による跋文を見ておこう。

嘗聞河東大士親見高安導師、伝心要。於当年著偈章而示後、頓開聾瞽、煥若丹青。予惜其所遺、綴於本録云爾。慶歴戊子歳、南宗字天真者題。

天真については不明だが、裴休が黄檗から「心要」を伝えられ、「偈章」を著したことを記し、教えに暗い者の目を開かせる本書の魅力に感銘を受け、これを保存するため、慶暦戊子（一〇四八）年に「本録」（『景徳伝灯録』と思われる）に収めたとされる。つまり、一〇四八年当時、天真が目にした『伝心法要』は、前半のみ有し、後半を欠落させたものだったようだ。(4)

初期の『伝心法要』に『宛陵録』が付されていなかった可能性については既に柳田聖山氏が、『祖堂集』（広順二〈九五二〉年）など古い典籍にその呼称が見られないことから、『伝心法要』という書名も、また『宛陵録』の増補も後人によって成されたものではないかと指摘している。(5) たしかに『新唐書』芸文志（嘉祐五、一〇六〇年成立）に「希運伝心法要一巻、裴休集」とあり、一一世紀中盤には『伝心法要』と呼称されてはいたが、「一巻」とあり、『宛陵録』を欠いていた可能性がある。このように考えると、『景徳伝灯録』本、ならびに大谷大学本は最初期の『伝心法要』の姿を表すものと考えられる。

語句の特徴についても、『景徳伝灯録』本（＝大谷大学本）は、他本とは異なる特色を持っている。例えば他本では「一個無心道人。何故……」（『禅家説』本、一二ウ）とする所を「一無心人不可得」（大谷大学本、二オ）としている箇所、また他本では「蠢動含霊」（『禅家説』本、一四オ）とするところを「蠢動畜生」としていたり（大谷大学本三オ）、他本では「心不滅不生」（『禅家説』本、一六ウ）となっているところを「心不染不生」（大谷大学本、五オ）とするほか、独特で、古体と思われる語句の特徴を持っている。(6)

そして、若干ながら『四家語録』本、『古尊宿語録』本、金沢文庫本（五山版）、大東急記念文庫本とも共通する語句が認められる。(7) このことについては次節以下で触れたい。

また、奥書にあるように、大谷大学本『伝心法要』が伝来した相可浄土寺は、三重県多気郡にある天台真盛宗の寺院である。この寺院への本書の伝来の経緯については不明だが、大谷大学本と同本の『伝心法要』の日本への伝来は、貞和四（一三四八）年刊の五山版『景徳伝灯録』巻九末に、元版の覆刻が確認されるのが早い例と思われる。(8) 大谷大学本『伝心法要』が『達磨三論』と合冊されたものであり、『達磨三論』内の『悟性論』『破相論』が、鎌倉末の五山版に至徳四（一三八七）年刊の五山版を対校させたものと、宋本『血脈論』（紹興二三（一一五三）年刊）とを合冊したものと考えるならば、(9) 大谷大学本の全体は一四世紀末以降に五山版のテキストをもとに合冊されたものとみることができるだろう。

能忍一門と本書との関係はどう考えられるか。私見では、一三世紀後半〜一四世紀初頭に、能忍を権威化する「達磨宗」一門が確立されてくる。(10) そのように考えられるとすれば、その頃までに『達磨三論』と『伝心法要』とを重視した彼らが両者を合冊した可能性は十分にある。大谷大学本との直接的な関係は不明ながらも、少なくとも一四世紀末には他ならぬ『達磨三論』と『伝心法要』とを組み合わせた「禅籍」が登場する蓋然性が整っていたことは重要だ。大谷大学本成立の背景については、今後、より詳細に分析する必要がある。

（二）『伝心法要』『宛陵録』の合冊

最初期の『伝心法要』が『宛陵録』を伴っていなかったとすれば、両者が現在のように統合されるようになったのはいつなのか。古い奥書を持つものでは、先述の元豊八（一〇八五）年の楊傑の序をもつ『四家語録』がある。ただ後述の通り、『四家語録』の現存テキストが一一世紀にまで遡れず、当初の文面を確定できないため、一度『四家語録』を措くとすれば、確実に両者を合冊したものの最初期に当たるテキストは、大観三（一一〇九）年、東禅寺版大蔵経に入蔵した『天聖広灯録』巻頭に両者が付されたものになる。東禅寺版に続き、紹興一八（一一四八）年には福州開元寺における開元寺版大蔵経も同様の『伝心法要』を収録する。[11] ちなみに『天聖広灯録』が成立した景祐三（一〇三六）年時点では『伝心法要』『宛陵録』は、この巻頭に置かれていないため、一一〇九年東禅寺版時点で『天聖広灯録』の巻頭に置かれる形態が登場したものと思われる。東禅寺・開元寺版大蔵経本『伝心法要』は、後代まで続く基本的な形態の出発点となった。

この際もう一点注目しておきたいのは、東禅寺・開元寺版大蔵経本には、『景徳伝灯録』本や大谷大学本に見られるような裴休の伝心偈が掲載されていないことだ。『伝心法要』『宛陵録』の合冊が一般化する一方、裴休の伝心偈は、懶庵道枢本（一一七〇年）とそれを受けた『禅家説』本（一一九八年将来）、明版『四家語録』（一六〇七年）など以外には見られない。このことはおそらく、宋代に禅僧を顕彰する語録が多く編纂されるようになったことと関わっているように思われる。つまり、黄檗の説法を前面に出すために、裴休の伝心偈は省かれる傾向を有するようになったのではないだろうか。[12]『禅家説』所収本奥書で、能忍が拙庵徳光から授かった『伝心法要』が、前半のみを有し、後半を欠く一方で、裴休の伝心偈を持つ「秘本歟」と言っているのは、当時伝心偈を欠く形態の『伝心法要』が流通する中で、拙庵徳光本が異色に映ったことを示すものかもしれない。

（三）『伝心法要』テキストの安定と流通期

東禅寺・開元寺版大蔵経出版の後、紹興二三（一一五三）年には、右朝奉郎通判建昌軍事任哲が、『達磨三論』の中の『血脈論』に「血脈論幷黄檗伝心法要二説最為至論」という序を付す。伝達磨撰の『血脈論』と黄檗の『伝心法要』とが、禅を語る最重要の書として一括して認識されたことを示す。これは、『達磨三論』と『伝心法要』とを合冊する大谷大学本の製作意図や、『達磨三論』に加え『伝心法要』を重視する能忍一門の意識と関わることと見ることもできる。

乾道六（一一七〇）年には懶庵道枢本が出るが、これは懶庵道枢が『雲門室中録』を合冊した『黄檗心要』（＝『伝心法要』）の損失を憂えて、「伊川居士」所持本『伝心法要』を『雲門室中録』と合冊して出版したというテキストである。[13] 懶庵道枢本は先述のように、末尾に裴休の伝心偈を持つ形態で、文治五（一一八九）年、拙庵徳光から能忍が授けられた『禅家説』のもともとの底本である。これを受けた『禅家説』本は、欠落部分のある拙庵徳光本を『天聖広灯録』で補ったためか、冒頭に「広灯録第一帙」、末尾に「実」の千字文を持ち、そのまま『天聖広灯録』本（＝東禅寺・開元寺版大蔵経本）を掲載したものと見られる。したがって懶庵道枢本と合わせ、本文はほぼ東禅寺・開元寺版大蔵経本と同じとみてよい。[14] つまり一二世紀にはほぼ『伝心法要』『宛陵録』の内容は確定してくると考えて良いだろう。

東禅寺・開元寺版大蔵経本における『伝心法要』『宛陵録』を一括し、裴休の伝心偈を省く形態はこの後一般化していく。端平三（一二三六）年に出版された者庵並信の跋文を付す『伝心法要』もこれに当たる。このテキストは日本の弘安六（一二八三）年、北条顕時の請により、鎌倉寿福寺の大休正念（一二一五～九〇）が跋文を付して出版したものの原本であり、寛永・慶安和刻本の原本である（大東急記念文庫本[15]）。また正安四（一三〇二）年もこの系統で、そこには、この大休正念の跋文と、中国・宋代の黄龍派禅僧覚範慧洪（一〇七一～一一二八）の奥書を持つ『伝心法要』が、北条顕時の追善のために出版されている（金沢文庫本〈五山版〉[16]）。

近代になると、中国・南京の金陵刻経処から光緒一〇（一八八四）年、明版『四家語録』を用いた『伝心法要』が出版される。また朝鮮梵魚寺で隆熙二（一九〇八）年出版の『禅門撮要』本は、『伝心法要』と『宛陵録』の配置が逆になっている。これは、両者の範囲が完全に定着して継承されてきた結果生じたものといえるだろう。

（四）『四家語録』本、『古尊宿語録』本とその系統

一方、『伝心法要』『宛陵録』の範囲に差異のあるものに、先述した『四家語録』本に加えて『古尊宿語録』本がある。

『四家語録』は、東禅寺版・開元寺版大蔵経より早い元豊八（一〇八五）年の楊傑の序を持つが、現存中最古本は、南京大学図書館本（至正二三〈一三六三〉年以降[17]）と明版（万暦三二〈一六〇七〉年刊[18]）である。なお明版は、大谷大学本（＝『景徳伝灯録』本）同様、裴休の伝心偈と南宗の天真の跋文を有している。

『古尊宿語録』も『四家語録』同様、著名な禅師を選りすぐり、顕彰することを意図した語録である。宋代には『古尊宿語要』として出版されたが、黄檗が古尊宿（＝著名な禅僧）として収録されたのは、現存では明版『古尊宿語録』に見られるのが最古である[19]。

『四家語録』本は、『伝心法要』『宛陵録』を置いた後に黄檗の語録を掲載し、『伝心法要』最終段が所定の位置から切り離され、黄檗の語録の末尾に付されている。『古尊宿語録』本は、これとほぼ同じ構成ではあるが、まず「大鑑下四世」として黄檗の伝記と一つの上堂語が掲載された後に、『伝心法要』が、大谷大学本（＝『景徳伝灯録』本）の『伝心法要』が終

わった直後の箇所から収録されている所は独特である。『伝心法要』最終段が『宛陵録』を経て、黄檗の語録の最後に置かれることは『四家語録』と同様だ。つまり『四家語録』本と『古尊宿語録』本は、『伝心法要』の範囲が現行のものと異なっている。

また、本文の語句についても、『四家語録』本と『古尊宿語録』本とで共通する箇所が多数見受けられ、共通したテキスト継承関係を想定することができる。[20] そして『四家語録』本・『古尊宿語録』本には、大谷大学本（＝『景徳伝灯録』本）と共通する所も若干ながら指摘できる。例えば、南京大学図書館『四家語録』本が大谷大学本（＝『景徳伝灯録』本）と同じ一文を欠落させていること、[21] 明版『四家語録』本とは細かい表記の共通性がある。[22] そして明版『四家語録』が、その末尾に、大谷大学本（＝『景徳伝灯録』本）同様、裴休の伝心偈と南宗の天真の跋文を有していることも合わせ考えると、『四家語録』本と『古尊宿語録』本は大谷大学本（＝『景徳伝灯録』本）と関わりを持つものと考えられる。このように、『四家語録』本と『古尊宿語録』本は、『伝心法要』『宛陵録』を有しているとしても、東禅寺版・開元寺版大蔵経本以降のテキスト群とは異なるグループとして捉える必要がある。つまり、大谷大学本（＝『景徳伝灯録』本）以降、かつ東禅寺版・開元寺版大蔵経本における本文定着以前の形態を表しているといえるかもしれない。[23]

また先述のように、大谷大学本（＝『景徳伝灯録』本）は僅かながらではあるが、金沢文庫本（五山版）、大東急記念文庫本とも共通する語句を有することも考えると、古体の大谷大学本（＝『景徳伝灯録』本）から、『伝心法要』が現在の形へと展開していく様が有機的に捉えられるように思われる。[24]

三、大谷大学本『伝心法要』の存在から分かること

以上のように、大谷大学本は『伝心法要』の古体の姿を示すテキストといえ、このことは能忍が将来した拙庵徳光の『伝心法要』や、『禅家説』の能忍の奥書をより深く理解する際に重要であるように思われる。すなわち能忍の奥書には、拙庵徳光から拝受した『伝心法要』が前半部分のみを持ち、裴休の伝心偈と懶庵道枢の奥書を持つものだったと記されていた(25)。このことについて、大谷大学本『伝心法要』終了箇所の直後から『伝心法要』を掲載する『古尊宿語録』のような区切りを持つテキストの存在を参考にすると、拙庵徳光所持の『伝心法要』の「前段（＝前半部分）」というのは、あるいは大谷大学本と同じ範囲を指していて、後代の増補が成される前の黄檗の説法を聖典視するような意識によって成されたテキストだった可能性もあるように思われる。そして、能忍が裴休の伝心偈を持つ『伝心法要』を「秘本」と見たのも、東禅寺・開元寺版大蔵経本によるテキストの盛んな流通の陰で、伝心偈を持つテキストが異色に映る状況があったからなのではないだろうか。大谷大学本を視野に入れると、能忍将来の『伝心法要』のあり方が見えてくるように思われる。

加えて、『達磨三論』と『伝心法要』を合冊した大谷大学本が、五山版のテキストを用いて合冊されたものである可能性も見えてきた。『達磨三論』や『伝心法要』を重視する能忍一門が、両者を合冊した可能性は少なくなく、彼らの意識と営為が、大谷大学本のようなテキストを成立させた可能性は否定できない。大谷大学本と能忍一門との関係については、より詳細な分析が必要である。

（1）『中世禅籍叢刊』第三巻達磨宗（臨川書店、二〇一五年）、影印・翻刻、解題を参照。

（2）大谷大学本『伝心法要』と合冊された『達磨三論』の内、『血脈論』は『中世禅籍叢刊』第三巻達磨宗（前掲註一）に影印・翻刻・解題が掲載されている。
（3）『景徳伝灯録』（新文豊出版公司、一九九三年）。元版『景徳伝灯録』は、延祐三〈一三一六〉年）成立。
（4）椎名宏雄「金蔵本『景徳伝灯録』の性格」（『宗学研究』第四十号、一九九八年三月）。
（5）入矢義高『禅の語録』八（筑摩書房、一九六九年）の柳田聖山による解題参照。
（6）『景徳伝灯録』本では「深自悟認」（新文豊出版公司本、一六四頁）とするが大谷大学本では「深自悟入」（大谷大学本、三オ）と作る違いはあるが、大谷大学本が『景徳伝灯録』本系のテキストであることに間違いはない。
（7）他本が「境法」とする箇所（『禅家説』本、一八オ）を、大谷大学本と金沢文庫本五山版、大東急記念文庫本は「境縛」（六オ）、「遂」（一八ウ）を「随」（六ウ）、「為」を「謂」に作るなど。
（8）椎名宏雄編『五山版中国禅籍叢刊』第一巻、二〇一二年七月。
（9）和田有希子「『血脈論』解題」（前掲註1）。
（10）和田有希子「能忍一門と「達磨宗」」（前掲註1）。
（11）東禅寺版は、東寺・醍醐寺に現存。開元寺版は、柳田聖山主編『禅学叢書之五　宋蔵遺珍　宝林伝・伝灯玉英集』附録『天聖広灯録』（中文出版社、一九七五年）に影印がある。
（12）『四家語録』の最古本に属する南京大学図書館本本や、『古尊宿語録』には伝心偈は付されていない。
（13）金沢文庫に同本が所蔵されており、『金沢文庫資料全書　禅籍篇』（金沢文庫、一九七四年）に翻刻が掲載されている。
（14）懶庵道枢本のみが持つ字句の順序などあり（他本の「三十二経本」を「三十二部経本」と作るなど）、「伊川居士」所持本の特性を検討する必要があるが、原型はほぼ東禅寺版・開元寺版大蔵経本に類する系統のものと見て良い。『禅家説』本と他本との語句の差異は、書写時の誤写によるものとして良いと思われる。
（15）大東急記念文庫所蔵。影印が、椎名宏雄編『五山版中国禅籍叢刊』第六巻　語録1（臨川書店、二〇一六年七月）に収録されている。本書影印本の存在は、石井修道氏からご教授頂いた。
（16）金沢文庫管理五山版『伝心法要』。文庫の書庫には、マイクロフィルムの紙焼き本が配架されている。
（17）南京大学図書館本（柳田聖山・椎名宏雄編『禅学典籍叢刊』別巻、臨川書店、二〇〇一年に影印がある）は、至正二三（一三六三）年、建陽高仰大覚妙智禅寺の師敬による奥書があるが、途中で終わっており、成立は一三六三年以降とせざるをえない。このことについては、齋藤智寛氏のご教授による。なお、衣川賢次「臨済録テクストの系譜」（『東洋文化研究所紀要』一六二、二〇一二年）では、本テキストを明版と区分する。

(18) 柳田聖山主編『禅学叢書之三　四家語録・五家語録』（中文出版社、一九七四年）に影印がある。

(19) 『縮刷蔵経』三四九～三五一（弘教書院、一八八五年）、『卍続蔵経』一一九巻（新文豊出版公司、一九七六年）、野沢佳美編『山口快友寺所蔵明代南蔵本古尊宿語録』（宗教典籍研究会、一九八九年）に明版が見られるが、山口快友寺蔵本には錯簡がある可能性がある。本書の展開は、柳田聖山「古尊宿語録考」（『花園大学研究紀要』二、一九七一年三月）。

(20) 他本で「今情量処、情量若尽心無方所」（『禅家説』本二四ウ）を「今情量尽処為道、情量若尽心無方所」（明版『四家語録』巻四、一二ウ、『古尊宿語録』本巻二、一八二頁上）、他本では「明乃稟語」（『禅家説』二九オ）とあるところを「明上座於言下」（明版『四家語録』本巻四、一七オ、『古尊宿語録』本、一八四頁下）、他本で「輪廻生死」（『禅家説』本三九オ）を「輪廻不息生死」（明版『四家語録』巻五、九オ、『古尊宿語録』本、一八九頁下）ほか多数。南京大学図書館『四家語録』と『古尊宿語録』との共通性も指摘できるが、中でも他本における一問答（『禅家説』本、三七ウ～三八オ「問、諸仏如何行大慈悲」の問答）を欠落させる点での共通性は重要だ。

(21) 他本には存する「例皆広求知見」～「悟道者如角」（『禅家説』本、一二ウ）の一文欠落。

(22) 他本共通の「而已」（『禅家説』本、一九ウ）を「而矣」に作るなど細かな相違がある。

(23) 柳田聖山氏（前掲註4）は、『四家語録』本を、『古尊宿語録』本を経由して、天真が『景徳伝灯録』に『伝心法要』を付した（一〇四八年）前後に成立し、その時点で『伝心法要』を含めた現在の『四家語録』の形態が整ったとみるが、語句の特徴や『伝心法要』最終段の位置などから『四家語録』本は、東禅寺版・開元寺版大蔵経本の段階まで整備されたものではないと考えられる。

(24) 金沢文庫本（五山版）は、覚範慧洪（一〇七一～一一一八）の序を持ち、懶庵道枢本の底本となった「伊川居士」所持本は、懶庵道枢本成立（一一七〇年）以前のものであり、原型はできあがっていたとしても、東禅寺版・開元寺版大蔵経本と一括しきれない一一～一二世紀の『伝心法要』の展開も今後検討する必要がある。

(25) この奥書に関する詳細は、末木文美士・和田有希子「禅家説解題」（前掲註1）を参照されたい。

＊本書の写真掲載に際して多大なるご協力を賜りました資料所蔵者様・管理者様に謹んで御礼申し上げます。

＊本叢刊には、科学研究費基盤研究（S）「宗教テクスト遺産の探査と綜合的研究——人文学アーカイヴス・ネットワークの構築」課題番号26220401の研究成果が用いられています。

（臨川書店編集部）

＊本書はJCOPY等への委託出版物ではありません。本書からの複写を希望される場合は、必ず当社編集部版権担当者までご連絡下さい。

『中世禅籍叢刊』第十巻
稀覯禅籍集

二〇一七年七月三十一日　初版発行

編　集　中世禅籍叢刊編集委員会
編集責任　道津綾乃
　　　　　高橋秀榮
発行者　片岡　敦
印刷製本　亜細亜印刷株式会社
発行所　株式会社　臨川書店
606-8204 京都市左京区田中下柳町八番地
電話(〇七五)七二一-七一一一
郵便振替　〇一〇七〇-二-八〇〇

落丁本・乱丁本はお取替えいたします
定価は函に表示してあります

ISBN978-4-653-04180-1　C3315　©中世禅籍叢刊編集委員会 2017
〔セット　ISBN978-4-653-04170-2〕